Literatur und Recht

Band 11

AF872190

Reihe herausgegeben von

Klaus Stierstorfer, Münster, Deutschland

Die Reihe „Literatur und Recht" bietet eine Publikationsplattform für Forschungen im interdisziplinären Gebiet zwischen Literatur und Recht. In Monographien und thematisch integrierten Sammelbänden erscheinen hier Arbeiten in deutscher Sprache, die dieses hoch aktuelle und sehr produktive Feld bearbeiten, erweitern oder neu vermessen wollen.

Wie bereits im Reihentitel angedeutet, liegt der Schwerpunkt nicht nur auf rechtstheoretischen, rechtssoziologischen oder rechtskulturellen Arbeiten, die die Rolle von Literatur im Rechtsdiskurs und dessen ‚Humanisierung' erkunden. Diese Form von Arbeiten, die v. a. im Nachgang des amerikanischen Law and Literature Movement seit den 1970er Jahren entstanden sind, wird durch eine neue Akzentsetzung weiterentwickelt. Hier treffen sich die beiden Disziplinen von Literatur- und Rechtswissenschaft auf Augenhöhe ohne monodirektionale Voreinstellung inhaltlicher, theoretischer, politischer oder ideologischer Art. Grundlagenforschung im interdisziplinären Bereich steht neben Einzelstudien zu einschlägigen Spezialthemen. Darüber hinaus soll die Reihe zwar zum einen Literatur und Recht im europäischen Kontext vertieft erkunden, zum anderen aber auch den Blick weiten auf rechtskulturelle und literarische Kontexte, die durch die traditionelle Recht- und Literatur-Forschung noch wenig erschlossen sind, namentlich in Osteuropa, Asien und Afrika.

Nursan Celik · Sebastian Speth
(Hrsg.)

Rezipienten als Straf- und Kunstrichter

Oszillationen zwischen Urteil und Deutung

1682 J.B. METZLER

Hrsg.
Nursan Celik
Exzellenzcluster 2020 Temporal Communities: Doing Literature in a Global Perspective
Freie Universität
Berlin, Deutschland

Sebastian Speth
SFB 1385 Recht und Literatur
Universität Münster
Münster, Deutschland

ISSN 2730-7085 ISSN 2730-7093 (electronic)
Literatur und Recht
ISBN 978-3-662-68306-4 ISBN 978-3-662-68307-1 (eBook)
https://doi.org/10.1007/978-3-662-68307-1

Die Deutsche Nationalbibliothek verzeichnet diese Publikation in der Deutschen Nationalbibliografie; detaillierte bibliografische Daten sind im Internet über http://dnb.d-nb.de abrufbar.

© Der/die Herausgeber bzw. der/die Autor(en), exklusiv lizenziert an Springer-Verlag GmbH, DE, ein Teil von Springer Nature 2024

Das Werk einschließlich aller seiner Teile ist urheberrechtlich geschützt. Jede Verwertung, die nicht ausdrücklich vom Urheberrechtsgesetz zugelassen ist, bedarf der vorherigen Zustimmung des Verlags. Das gilt insbesondere für Vervielfältigungen, Bearbeitungen, Übersetzungen, Mikroverfilmungen und die Einspeicherung und Verarbeitung in elektronischen Systemen.
Die Wiedergabe von allgemein beschreibenden Bezeichnungen, Marken, Unternehmensnamen etc. in diesem Werk bedeutet nicht, dass diese frei durch jedermann benutzt werden dürfen. Die Berechtigung zur Benutzung unterliegt, auch ohne gesonderten Hinweis hierzu, den Regeln des Markenrechts. Die Rechte des jeweiligen Zeicheninhabers sind zu beachten.
Der Verlag, die Autoren und die Herausgeber gehen davon aus, dass die Angaben und Informationen in diesem Werk zum Zeitpunkt der Veröffentlichung vollständig und korrekt sind. Weder der Verlag noch die Autoren oder die Herausgeber übernehmen, ausdrücklich oder implizit, Gewähr für den Inhalt des Werkes, etwaige Fehler oder Äußerungen. Der Verlag bleibt im Hinblick auf geografische Zuordnungen und Gebietsbezeichnungen in veröffentlichten Karten und Institutionsadressen neutral.

Planung/Lektorat: Ferdinand Pöhlmann
J.B. Metzler ist ein Imprint der eingetragenen Gesellschaft Springer-Verlag GmbH, DE und ist ein Teil von Springer Nature.
Die Anschrift der Gesellschaft ist: Heidelberger Platz 3, 14197 Berlin, Germany

Das Papier dieses Produkts ist recyclebar.

Inhaltsverzeichnis

Laienstrafrichter und ihre juristische Unterweisung

Herausgeber- und Autorenverzeichnis

Über die Herausgeber

Nursan Celik ist Postdoktorandin am Exzellenzcluster 2020 Temporal Communities: Doing Literature in a Global Perspective an der Freien Universität Berlin.

Sebastian Speth ist Wissenschaftlicher Mitarbeiter im Sonderforschungsbereich Recht und Literatur (SFB 1385) an der Universität Münster im Teilprojekt A03 Das Recht der Erfahrungsseelenkunde. Der Pitaval als Milieu- und Prozessliteratur zwischen 1730 und 1840.

Autorenverzeichnis

Lea Baumgart ist Wissenschaftliche Mitarbeiterin für Neuere deutsche Literatur an der Universität Siegen.

Sandra Beck ist wissenschaftliche Mitarbeiterin am Lehrstuhl für Neuere Germanistik II: Neuere deutsche Literatur und qualitative Medienanalyse des Seminars für deutsche Philologie an der Universität Mannheim.

Melanie Foik ist wissenschaftliche Postdoc-Mitarbeiterin am SFB „Recht und Literatur" an der Universität Münster.

Hans-Joachim Jakob ist Privatdozent in der Abteilung Germanistik/Literaturdidaktik der Universität Siegen.

Christian Meierhofer ist Privatdozent mit einer Heisenberg-Stelle der DFG am Institut für Germanistik, Vergleichende Literatur- und Kulturwissenschaft der Rheinischen Friedrich-Wilhelms-Universität Bonn.

Michael Multhammer ist Universitätsprofessor für Neuere deutsche Literaturwissenschaft und PI im SFB 1472 „Transformationen des Populären" an der Universität Siegen.

Saskia Schicht ist wissenschaftliche Mitarbeiterin in der Bielefeld School of Education und Lehrende an der Fakultät für Linguistik und Literaturwissenschaft an der Universität Bielefeld.

Erik Schilling ist Privatdozent für Neuere deutsche und Vergleichende Literaturwissenschaft an der Ludwig-Maximilians-Universität München.

Joana van de Löcht ist akademische Rätin a. Z. am Deutschen Seminar der Albert-Ludwigs-Universität Freiburg.

Rezeption und Urteil – einleitende Bemerkungen

Nursan Celik und Sebastian Speth

> Guten Tag, meine Damen und Herren. Ich freue mich, dass Sie pünktlich kommen konnten. [...] Nur Sie sind dazu berufen, hier zu urteilen, Sie sind die Schöffen, die Laienrichter [...]. Das Gesetz stattet Sie mit der Macht aus, über das Schicksal eines Menschen zu entscheiden. Bitte nehmen Sie diese Verantwortung ernst. [...] Am Ende des Prozesses werden Sie Ihre Stimme abgeben müssen, und ich werde das Urteil verkünden, das Sie finden werden. (von Schirach 2016, S. 7 f.)

Dezidierter als in Ferdinand von Schirachs Theaterstück *Terror* kann ein Urteil des Publikums nicht eingefordert werden – eine bedrückende Aufgabe angesichts der Schwere des Tatvorwurfs. Denn aufgeworfen wird hier die Frage, ob ein Major der Luftwaffe ein Passagierflugzeug eigenmächtig abschießen darf, wenn er davon ausgehen muss, dass es andernfalls von Terroristen über einem vollbesetzten Stadion zum Absturz gebracht wird.

Auch wenn *Terror* einer rechtswissenschaftlichen Überprüfung nicht standhält,[1] bleibt es der Publikumserfolg der Spielzeit 2015/16. Der Kiepenheuer Bühnenver-

[1] Wolfgang Schild (2016, S. 49) nennt das Stück „juristisch betrachtet eine gewaltige Fehlleistung". So kann der Major kein Mörder, sondern ‚nur' ein Totschläger sein (vgl. Schild 2016, S. 24); seine Motive sind für die etwaige Strafhöhe, jedoch nicht für die Schuldfrage relevant (S. 21 und 43); von Schirach differenziert nicht zwischen ‚rechtfertigendem' und ‚entschuldigendem Notstand'

N. Celik
Exzellenzcluster 2020 Temporal Communities: Doing Literature in a Global Perspective, Freie Universität, Berlin, Deutschland
E-Mail: nursan.celik@fu-berlin.de

S. Speth (✉)
SFB 1385 Recht und Literatur, Universität Münster, Münster, Deutschland
E-Mail: sspeth@uni-muenster.de

© Der/die Autor(en), exklusiv lizenziert an Springer-Verlag GmbH, DE, ein Teil von Springer Nature 2024

N. Celik und S. Speth (Hrsg.), *Rezipienten als Straf- und Kunstrichter*, Literatur und Recht 11, https://doi.org/10.1007/978-3-662-68307-1_1

trieb listet bis Juli 2023 allein für Deutschland 1.583 Vorstellungen in 60 Theatern auf.[2] Die Rezipientinnen und Rezipienten nehmen die Bürde des richterlichen Entscheidungszwangs also gerne auf sich. Dies rührt wahrscheinlich daher, dass von Schirach eher ein ‚Rechtsgefühl' stimuliert als juristisch zu belehren versucht. Denn sein Stück verdankt den publizistischen Debatten mehr als dem kodifizierten Recht. Boulevard statt Aktenstaub. So ist von Schirachs Hauptperson ein moderner Michael Kohlhaas in Uniform, ein Wutbürger mit Luft-Luft-Lenkkörpergeschoss, der in der festen Überzeugung handelt, das einzig Richtige zu tun.

Die realen Theaterzuschauer teilen offensichtlich das Rechtsgefühl des Majors: In über 92 % der Aufführungen wurde der Beschuldigte vom Publikum freigesprochen. Dieses Votum beansprucht dabei nicht nur innerhalb der Theatermauern Geltung, insofern mit Mehrheit über ein alternatives Ende des Sprechtextes entschieden wird. Wichtiger ist, dass der Fall ein – moralisches – Dilemma für die Rezipientinnen und Rezipienten bleibt, das durch die aktive Partizipation Relevanz über die Vorstellung hinaus gewinnt. Denn entweder löst der Theaterbesuch Denkprozesse aus oder er trägt zur Verfestigung einer vorher gefassten Meinung bei.

Theatergeschichtlich schreibt sich von Schirach mit seinem Stück in die Tradition einer „Gerichtsbarkeit der Bühne" ein, die ihren prominentesten Ausdruck in Friedrich Schillers (1785, S. 10) Schaubühnenrede findet. Wie die Religion erreiche das Theater „die verborgensten Winkel des Herzens" (Schiller 1785, S. 8) und gehe dadurch über die Wirkungsmacht weltlicher Gesetzgebung hinaus. Doch sind es bei Schiller (1785, S. 10) die moralischen Laster, die vermittels der Schaubühne den Rezipientinnen und Rezipienten vor Augen gestellt und damit „vor einen schrecklichen Richterstuhl" gezogen werden. Schiller (1785, S. 10–12) erkennt den pädagogisch-moralischen (juristisch gedacht: generalpräventiven) Nutzen der dramatischen Vergegenständlichung historischer Verbrecher, deren Laster der Nachwelt selbst dann als abschreckende Beispiele dienen können, wenn diese vor der weltlichen Gerichtsbarkeit gar nicht justiziabel sind.

Dass Schiller eine solche Wirkung nicht allein auf Bühnenstücke beschränkt wissen möchte, erhellt aus seiner nur wenige Jahre später verfassten Einleitung zur Pitaval-Sammlung mit dem Titel *Merkwürdige Rechtsfälle als ein Beitrag zur Geschichte der Menschheit.* Anthropologisch betrachtet offenbaren Kriminalfälle nämlich die geheimen Motive („Triebfedern") der Menschen und ermöglichen so „tiefere Blicke in das Menschen-Herz" (Schiller 1792, fol. *3v.). Durch die literarische Adaptation ist diese Quelle der Erkenntnis nicht länger Kriminalrichtern vorbehalten, sondern der allgemeinen Leserschaft zugänglich. Ihrer „Divinationsgabe" werden die Fälle überantwortet (Schiller 1792, fol. *3r.). Durch „die Zweifelhaftigkeit der Entscheidung" werden Leserinnen und Leser gleichsam zu Richtern (Schiller 1792, fol. *4r.; vgl. Neumeyer 2006, S. 106 f.) und damit gezwun-

(S. 27 und 40–42) und überhaupt entwirft er die Zuschauerinnen und Zuschauer eher als Teil einer anglo-amerikanischen Jury denn als Schöffen nach deutschem Strafrecht (S. 11 f.).

[2] https://terror.theater/map, zuletzt zugegriffen am 14. Juli 2023.

gen, auch sich selbst ein Urteil zu bilden, mithin so etwas wie ein ‚Rechtsgefühl' zu trainieren und zu verinnerlichen.

Entsprechend heißt es in der Schaubühnenrede, dass letztlich die Moral des Publikums mit der auktorial auf der Bühne entfalteten zusammenfallen werde (vgl. Schiller 1785, S. 11). Das Theater erweist sich hier als ein Machtmittel zur Lenkung der Untertanen, aber im Sinne einer den Kulturschaffenden wohlgesonnenen Obrigkeit (vgl. Schiller 1785, S. 21). Die Literaten sind es, denen Schiller damit „die Verantwortung für die letztgültige Benennung von Recht und Unrecht" überträgt (von Matt 2013, S. 11). Somit wird aber nicht nur Recht zu Literatur, sondern auch umgekehrt Literatur zu Recht: Während im ersten Fall rechtliche Vorgänge und Probleme in eine künstlerisch-literarische Form gebracht werden, erhebt diese Form im zweiten Fall Anspruch auf Rechtsgeltung oder bescheidener formuliert: den Anspruch, als wirkmächtige Äußerung von Rechtskritik auf das Rechtsystem einzuwirken (vgl. Kirste 2021, S. 354–357).

Literatur entwirft damit nicht nur Alternativen zur rechtlichen Realität, durch ihre Rezeption prägt sie diese wiederum mit. Sowohl für Schiller als auch – und mehr noch – für von Schirach gilt, dass die Moral der Rezipierenden nicht im Sinne des geltenden Rechts, hier etwa auf der Basis einer freiheitlich-demokratischen Grundordnung, beeinflusst werden muss, sondern dass das populäre Rechtsgefühl umgekehrt auch in juristische Debatten hineinwirken kann und soll. Eine trennende Grenze von Recht und Moral gibt es hier nicht.

Innerhalb der Rechtsgeschichte gibt es einige störanfällige Punkte, an denen es sich besonders lohnt, auf die wechselseitige Beeinflussung von Literatur durch das Recht, aber auch des Rechts durch Literatur zu achten. Hervorzuheben ist etwa die Reform des Inquisitionsprozesses in der zweiten Hälfte des 18. Jahrhunderts, da sie das Thema dieses Bandes eigentlich erst ermöglicht. Insofern diese Reform mit einer stärkeren Berücksichtigung der Täterpsychologie einhergeht, wertet sie die Position des Richters auf, der nicht länger an die gesetzliche Beweisregel gebunden bleibt. Er kann die vorliegenden Beweise zunehmend frei würdigen und auch auf der Grundlage bloßer Indizien entscheiden (vgl. Ignor 2002, S. 179–190).

Der vorliegende Sammelband steht im Zusammenhang einer Kooperation zweier Teilprojekte des DFG-Sonderforschungsbereichs „Recht und Literatur" anlässlich des Paderborner Germanistentages 2022. Dessen Rahmenthema „Mehrdeutigkeiten" rührt an einen Grundunterschied von Recht und Literatur: Während Formen und Prozesse von Mehrdeutigkeit im Kontext des Literarischen ohne Schwierigkeit ausgehalten werden, ja als Potenzierung der ästhetischen Qualität gerühmt und forciert werden, stellen diese im juristischen Kontext ein unumgängliches Problem dar: Anders als in der literarischen Praxis steht Rechtsprechung unter dem Diktat der Urteilspflicht und muss daher Mehrdeutigkeit einhegen und urteilend auflösen. Die vorliegenden Beiträge sind Texten und Rezeptionszusammenhängen gewidmet, die Rezipientinnen und Rezipienten explizit in eine Richterposition setzen. Konkret geht es um literarische Phänomene, bei denen Rezipierende nicht bloß verstehen und deuten, sondern (be- und ver-)*urteilen* – zum einen im engen (juristischen) und zum anderen im weiten (ästhetischen) Sinne des Urteilbegriffs. Zu unterscheiden sind also Laienurteile in Strafsachen und die

Einforderung professioneller Urteile, bei denen Leserinnen und Leser (metaphorisch) als Kunst*richter* angesprochen, konstruiert oder zu agieren verpflichtet werden.

Für eine jede Behandlung von Urteilen ästhetischer Art erweisen sich die Gedankenführungen Immanuel Kants in seiner 1790 veröffentlichten dritten Kritik, der „Kritik der Urteilskraft", als unverzichtbar. So fasst Kant das Urteilsvermögen, ganz der Linie der von ihm im Wesentlichen initiierten kopernikanischen Wende innerhalb der Philosophiegeschichte, bekanntermaßen wie folgt in seiner Einleitung zusammen:

> Urteilen überhaupt ist das Vermögen, das Besondere als enthalten unter dem Allgemeinen zu denken. Ist das Allgemeine (die Regel, das Prinzip, das Gesetz) gegeben, so ist die Urteilskraft, welche das Besondere darunter subsumiert, (auch, wenn sie, als transzendentale Urteilskraft, a priori die Bedingungen angibt, welchen gemäß allein unter jenem Allgemeinen subsumiert werden kann) bestimmend. Ist aber nur das Besondere gegeben, wozu sie das Allgemeine finden soll, so ist die Urteilskraft bloß reflektierend. (Kant AA V, § 69)

Vor diesem Hintergrund erweisen sich Geschmacksurteile, zu denen ästhetische Urteile zweifelsohne gehören, im Sinne Kants als auf subjektive Allgemeinheit und einen Gemeinsinn abzielende Urteile, womit zugleich eine Absage an das Postulat willkürlicher Urteile und Deutungsprozesse formuliert wird. Infolgedessen äußert sich umso mehr die Parallelisierung zwischen ästhetischen Urteilen einerseits und juridisch-juristischen Urteilen andererseits, die beiderseits auf eine Allgemeinheit, einen *common sense* abzielen.

Mit dem gewählten Ansatz der Rezeption gerät eine Vielzahl von Akteuren mit ganz verschiedenen Formen und Aspekten von Urteilstätigkeit in den Blick.[3] Das im vorliegenden Band entfaltete Spektrum reicht vom Theaterpublikum über Literatur- und Kulturkritiker, Autoren und Leserinnen bis hin zu angehenden Juristen und Zensoren. Der erste Teil *Kunstrichter, Geschmacksurteile und Erzieher* steht hierbei ganz im Fokus des ästhetischen Urteils: Den Auftakt macht Nursan CELIK, die in ihrem Beitrag juristische und ästhetische Urteilsformen und -praktiken in den Blick nimmt und nach verbindenden Gemeinsamkeiten untersucht. Sie legt dar, dass Lektüreerfahrungen literarischer Texte Urteilsmomente aufweisen, die ähnlich wie beim Rechtsurteil durch einen Anspruch auf Gemeinsinn, einem *sensus communis,* charakterisiert sind. Diese Beobachtung wird anhand von Thomas Manns unvollendet gebliebenem Roman *Bekenntnisse des Hochstaplers Felix Krull,* der die strukturelle Nähe zwischen juridisch-juristischen und ästhetischen Urteilen zu demonstrieren vermag, exemplifiziert.

Das kunstrichterliche Urteil fokussiert auch Hans-Joachim JAKOB in seiner Untersuchung des Schaubühnenpublikums des 18. Jahrhunderts. Er behandelt die Spannungen zwischen der aufklärerischen Theaterkritik auf der einen Seite, die

[3] Für eine engere Fokussierung auf die Bühne vgl. nun das von Matthew Bell und Daniele Vecchiato (2023) herausgegebene Themenheft *Staging Justice: Trials and the Law on the German Stage* der Zeitschrift *Colloquia Germanica.*

der Schaubühne zur moralischen Veredelung zu verhelfen sucht, und dem Theaterpublikum auf der anderen Seite, das oftmals desinteressiert das Bühnengeschehen begleitet und infolgedessen Moralisierungsvorhaben maßgeblich erschwert. Der theaterkritische Unmut hierüber äußert sich exemplarisch in Theaterjournalen in Form von zahlreichen Echauffierungen über das Publikum. Daneben zeigt Jakob den alternativen Ansatz auf, das Publikum als kunstrichterliche Instanz zu nobilitieren.

Michael MULTHAMMERs Beitrag steht ganz im Zeichen des Populären respektive des Vulgären als dessen ursprüngliche Bedeutungskomponente, das sich im Laufe des 19. Jahrhunderts zunehmend zu einer eigenständigen Kategorie verselbstständigen kann. Das Vulgäre wird von Multhammer unter dem Aspekt möglicher Sanktionierungen vonseiten des Kunstsystems untersucht, unter besonderer Berücksichtigung der moralischen Dimension, die dem Vulgaritätsvorwurf anhaftet.

Der erste Teil des Bandes wird abgerundet durch Christian MEIERHOFERs Auseinandersetzung mit dem *Kunstwart,* der zu den populärsten Rundschauzeitschriften um 1900 zählt und ästhetisch-kulturkritische Urteilstendenzen feststellen lässt. Begleitet von den allgemeinen und zeitgleich stattfindenden Ausdifferenzierungstendenzen der Moderne weist die Zeitschrift Anknüpfungsmöglichkeiten an eine traditionelle Kunstrichtersemantik auf. Meierhofer fokussiert hierbei die Entwicklung des *Kunstwarts* hin zu einem Organ mit erzieherischem, kulturpublizistischem Anspruch.

Um die *Lust am Verbrechen und Zensurmaßnahmen* kreist der zweite Teil: Sandra BECK befasst sich in ihrem Beitrag mit der grundlegenden Frage, woher die Lust an wahren Verbrechen rührt und damit zusammenhängend, wo die möglichen Ursprünge von literarischen *true crime*-Formaten liegen. Ihre Spurensuche führt sie zu den transnationalen Pitaval-Fällen und deren spezifischen Erzählprogrammatik, die nicht selten von einem aufklärerischen Impetus begleitet wird. Ausgehend von der Erzählung *Die Marquise de la Pivardiere* (1820) von E. T. A. Hoffmann, die für diesen Zusammenhang einen hohen exemplifikatorischen Gehalt aufweist, befasst sie sich eingehend mit dem Erzählen wahrer Verbrechen.

Aufgegriffen werden erzählerische Strategien im Kontext von Kriminalgeschichten auch von Melanie FOIK, die ihren Fokus auf die Indizienlese legt, zu dem der Roman *Das Glück der Edith Hilge* (1913) von Otto Soyka seine Leserschaft auffordert, und die zusätzlich durch ein Preisausschreiben der Illustrierten *Zeit im Bild* angeregt wird. Aufgrund der Tendenz, eine bemerkenswerte Überfülle an Indizien aufzubieten, wird eine solche jedoch maßgeblich erschwert. Abhilfe schafft alsbald der Roman *Djablica* (1922) von Leo Belmont, der eine Lösung zu Soykas komplexem Kriminalfall anbietet.

Joana VAN DE LÖCHT verschiebt in ihrem Beitrag den Fokus auf die zweite Hälfte des 20. Jahrhunderts, konkret auf die Anthologie *Die deutsche Kriminalerzählung von Schiller bis zur Gegenwart* (1967–69) im Kontext der DDR-Zensur. Die gleichermaßen klassische Kriminalerzählungen und Gegenwartstexte umfassende Anthologie, die im Vorwort explizite Hinweise zur intendierten Leserschaft und zur Motivation der Zusammenstellung liefert, bietet den idealen Veranschaulichungsgegenstand, um textuell provozierte Urteilstätigkeiten unter Berücksichtigung paratextueller Marker und Einbettung von Zensurgutachten nachzuvollziehen.

Im abschließenden dritten Teil wird die bis dahin zuvorderst ästhetische Untersuchung des Sammelbandes durch ausgiebige laienstrafrichterliche Dimensionen ergänzt. Den Auftakt zu *Laienstrafrichter und ihre juristische Unterweisung* macht Sebastian SPETH mit seiner Illustration von Gayot de Pitaval als Autor, der sich mit dem Entwurf eines kunstrichterlichen Ideals gegen Angriffe aus dem professionellen Literatur- und Kunstkritikertum seiner Zeit zu wehren versucht. Daneben legt Speth dar, dass den Pitavalgeschichten eine praktische Relevanz gerade für ein dezidiert weibliches Publikum zuteilwird. Denn die Schulung im Hinblick auf konkrete Rechtsfragen führt zu einer Unterminierung der männlichen Machtdominanz im juristischen Bereich.

Wie bei Gayot de Pitaval handelt es sich auch bei dem Juristen und Schriftsteller Jodokus Temme um eine zentrale, zwischen Literatur und Recht changierende Figur: Seine Kriminalgeschichte *Wer war der Mörder?* steht im Mittelpunkt von Erik SCHILLINGs Untersuchung. Er diskutiert zum einen, inwiefern die besagte Kriminalerzählung als Muster juridisch-literarischer Wertung fungieren kann, die die Leserschaft mit dem konkreten Auftrag ausstattet, zwei intrikate Tötungsdelikte aufzuklären, und legt zum anderen dar, wie die Grenzen der Aufdeckungsmöglichkeiten zugleich zu Diskussionen hinsichtlich der Grenzen des Rechtssystems anregen.

Mit ausdrücklichen Rezeptionsaufgaben befasst sich auch Lea BAUMGART in ihrer Analyse von Leo Perutz' Roman *Der Meister des Jüngsten Tages* (1923), in dessen Zentrum eine Schuldfrage steht: Während der Erzähler Freiherr von Yosch seine Beteiligung an einem unaufgeklärten Selbstmord leugnet, wird er im Nachwort des fiktiven Herausgebers als Täter und unzuverlässige Erzählinstanz präsentiert. Der Roman changiert hierbei zwischen Indizien, die auf der einen Seite die Unschuld des Erzählers beweisen sollen, und solchen, die auf der anderen Seite das Gegenteilige annehmen lassen. Ohne die Spannungen zwischen diesen beiden Möglichkeiten aufzulösen wird das Rechtsurteil der Leserschaft übertragen.

Den Sammelband beschließt Saskia SCHICHTs Brücke zur Gegenwartsliteratur: Milo Raus *Die Zürcher Prozesse* (2014) werden von der Autorin einem Vergleich mit Bertolt Brechts *Die Maßnahme* (uraufgeführt 1930) unterzogen. Obwohl beide Stücke ein zeitlicher Abstand von über 80 Jahren trennt, lassen sich auffällige Parallelen sowohl in der formalen Gestaltung als auch in der inhaltlichen Ausrichtung feststellen. In beiden Stücken wird eine Handlung zur *Verhandlung* umfunktioniert. Sowohl die stückimmanenten als auch die empirischen Rezipierenden werden gleichermaßen mit einem Urteilsauftrag ausgestattet, der zwischen der Pflicht und der Fähigkeit bzw. Unfähigkeit, ein Urteil zu fällen, oszilliert.

Literatur

Bell, Matthew, und Daniele Vecchiato, Hrsg. 2023. *Staging Justice: Trials and the Law on the German Stage*. Tübingen: Narr Francke Attempto.

Ignor, Alexander. 2002. *Geschichte des Strafprozesses in Deutschland 1532–1846. Von der Carolina Karls V. bis zu den Reformen des Vormärz*. Paderborn u. a.: Ferdinand Schöningh.

Kant, Immanuel. [1790] 1900ff. Kritik der Urteilskraft. In *Kants gesammelte Schriften, Werke. Band V: Kritik der praktischen Vernunft, Kritik der Urteilskraft*, Hrsg. königlich preussische Akademie der Wissenschaften [= AA]. Berlin: G. Reimer.

Kirste, Stephan. 2021. Literatur und Recht. In *Handbuch Rechtsphilosophie*, Hrsg. Eric Hilgendorf und Jan C. Joerden, S. 351–362. 2., erw. Aufl. Stuttgart: J. B. Metzler.

Matt, Peter von. 2013. *Recht, Gerechtigkeit und Sympathie. Über die Gerichtsbarkeit der Literatur und ihre Strategien*. St. Gallen/Zürich: Dike und Baden-Baden: Nomos.

Neumeyer, Harald. 2006. ‚Schwarze Seelen'. Rechts-Fall-Geschichten bei Pitaval, Schiller, Niethammer und Feuerbach. *Internationales Archiv für Sozialgeschichte der deutschen Literatur* 31(1): S. 101–132.

Schild, Wolfgang. 2016. *Verwirrende Rechtsbelehrung. Zu Ferdinand von Schirachs „Terror"*. Berlin u. a.: LIT.

Schiller, Friedrich. 1785. Was kann eine gute stehende Schaubühne eigentlich wirken? *Thalia* 1(1): S. 1–27.

Schiller, F[riedrich]. 1792. Vorrede. In *Merkwürdige Rechtsfälle als ein Beitrag zur Geschichte der Menschheit. Nach dem Französischen Werk des Pitaval durch mehrere Verfasser ausgearbeitet und mit einer Vorrede begleitet*. Hrsg. [Friedrich] Schiller, fol. *2r–[*4]v. Jena: Christ[ian] Heinr[ich] Cuno's Erben.

Schirach, Ferdinand von. [2015] 2016. *Terror. Ein Theaterstück und eine Rede*. Neuausg. München: btb.

Kunstrichter, Geschmacksurteile und Erzieher

Quasi-Richter. Der *sensus communis* im Leserurteil

Nursan Celik

Wird, wie es in diesem Band mehrfach der Fall ist, die Frage nach dem Verhältnis von Rezeption und Kunsturteil aufgeworfen, so wird eines schnell deutlich: Grundsätzlich ist jede Leserin, jeder Leser zu einem kunstrichterlichen Urteil befugt, doch dürfe dieses, um eine Warnung Johann Jakob Breitingers (1741, fol.)(4r.) aufzugreifen, keineswegs auf „Gutdünken" erfolgen. Während Breitinger allerdings noch davon ausging, dass gelungene literarische Kunstwerke auf gewissen Regeln und Geschmacks- und Schönheitsprinzipien gründeten, müssen (literar-)ästhetische Rezeptionsurteile in diesem Beitrag anders betrachtet werden. Es geht nun nicht mehr so sehr darum, die Adäquatheit eines Urteils, etwa nach den Regeln des Geschmacks, regelpoetischer Ideale, der (öffentlichen) Sittlichkeit usw., zu bestimmen, sondern ausschließlich darum, nach den Möglichkeiten ihrer intersubjektiven Nachvollziehbarkeit, ihrem Hervorgehen aus dem sogenannten ‚gesunden Menschenverstand' und Ähnlichem zu fragen. Nicht zuletzt meint der viel verwendete, aber deshalb nicht minder diffuse Terminus ‚ästhetisches Urteil' nicht mehr ausschließlich das Geschmacksurteil, wie es die Geschichte dieses Begriffes geprägt hat. Es geht hier vielmehr um ein Urteil in dem Sinne, dass ein ästhetischer Gegenstand – in diesem Fall ein literarischer Text – Auslöser eines rezeptionellen Quasi-Richterurteils wird. Das macht das literarästhetische Urteil jedoch nicht zu einem willkürlichen Urteil, denn agieren Leserinnen und Leser als (metaphorische) Kunstrichter, so muss auch ihr Urteil gemäß eines authentischen Richterurteils gewissen Prinzipien folgen.

N. Celik (✉)
Exzellenzcluster 2020 Temporal Communities: Doing Literature in a Global Perspective, Freie Universität, Berlin, Deutschland
E-Mail: nursan.celik@fu-berlin.de

© Der/die Autor(en), exklusiv lizenziert an Springer-Verlag GmbH, DE, ein Teil von Springer Nature 2024

N. Celik und S. Speth (Hrsg.), *Rezipienten als Straf- und Kunstrichter,* Literatur und Recht 11, https://doi.org/10.1007/978-3-662-68307-1_2

Die literarischen und hierbei allen voran erzähltechnischen Möglichkeiten, um Rezipienten[1] den Impuls zu einer Urteilstätigkeit zu liefern, sind mannigfaltig und beanspruchen im Folgenden daher keinerlei Vollständigkeit: Direktansprache (nicht selten mittels einer Du-Deixis), polyperspektive oder wechselnde Fokalisierung und damit einhergehend der ausgestaffelte Blick auf einzelne Taten, ambige bis hin zu widersprüchliche Aussagen einer als unzuverlässig wahrgenommenen Erzählinstanz, die die Leserschaft zu einer Eigenprüfung anregen, ein offener Ausgang bei allen voran juristischen Konflikten u. v. m. Diese Möglichkeiten, die sich durch unzählige andere ergänzen ließen, zeigen zugleich, dass Urteilsappelle insbesondere in narrativen Gattungen vorkommen.

Nun ließe sich an dieser Stelle der berechtigte Einwand erheben, dass mittels der genannten Kunstgriffe Rezipienten zwar zu einem Urteil und zumindest metaphorisch in das Richteramt gedrängt werden, dass sie hierbei jedoch nur *vermeintlich* frei sind. Beobachten lässt sich nämlich, dass sich das rezeptionelle Eigenurteil mitunter bloß als illusionär erweist und nur dem Anschein nach ein aus freien Stücken heraus gebildetes ist. Denn nicht selten liegt dem jeweiligen Urteilsappell eine entweder offensichtliche oder aber subtile Vorprägung zugrunde, die hinsichtlich des diegetischen Verbrechens eine apologetische oder eine ablehnend-aversive Reaktion aufseiten der (impliziten) Leserschaft zu erzeugen intendiert. Aller Einschätzung nach dürfte Erstes ein häufigeres Muster darstellen als Zweites, was sich mit der Fokalisierungs- und Introspektionstendenz vieler literarischer Texte und dem dadurch intensivierten Einblick in die Täterpsychologie begründen lässt. Urteilsappell und konkrete Urteilsrichtung gehen oftmals Hand in Hand.

Doch um literarische Texte, die in eindimensionaler Manier ein spezifisches rezeptionelles Laien- bzw. Leserurteil forcieren, soll es in diesem Beitrag nicht gehen. Ungeachtet der Stärke der textuellen Urteilsvorprägung kann festgehalten werden, dass so manch ein literarischer Text von seiner Leserschaft eine quasi-richterliche Tätigkeit abverlangt. Denn dass Subjekte auch bei fiktiven Wertkonflikten, insbesondere wenn kriminelle Handlungen im Spiel sind, nicht indifferent reagieren und ein Urteil fällen, lässt sich nicht bestreiten.

Im Folgenden gilt es, die literarästhetische Urteilstätigkeit in ihrer quasi-richterlichen Ausprägung näher zu betrachten. In diesem Beitrag soll zum einen das Textphänomen von Interesse sein, das ein etwaiges Urteil von den impliziten, aber auch empirischen Rezipienten – sei es in expliziter Variante, sei es in impliziter Variante – beansprucht. Zum anderen sollen die literarisch-erzähltheoretischen Techniken und Lenkungs- und Ablenkungsmanöver, die zum Einsatz kommen und ein eindeutiges, schnelles Urteil verunmöglichen, genauer untersucht werden. Als konkretes literarisches Beispiel wird Thomas Manns zeitlebens unvollendet gebliebener Roman *Bekenntnisse des Hochstaplers Felix Krull* (1922/1937/1954) einer Analyse unterzogen, die sich allerdings auf einige wenige Beobachtungen

[1] Aus Gründen der Sprachökonomie und besseren Lesbarkeit wird in diesem Beitrag bisweilen das generische Maskulinum verwendet. Jedoch sind auch in einem solchen Fall stets alle denkbaren Geschlechtsformen mitgemeint.

beschränken muss. Für den Roman ist charakteristisch, dass die impliziten Leserinnen und Leser adressiert und zu einem Urteil angeregt werden. Die Direktadressierungen Krulls an die Rezeptionsgemeinschaft werden begleitet von zahlreichen Selbstapologisierungsversuchen seiner kleinkriminellen Handlungen (und zwar durchaus in der pikaresken Tradition). Mit diesem Literaturbeispiel soll somit eine Variante des expliziten Urteilsappells näher behandelt werden, für den außerdem eigentümlich ist, dass ein allzu voreiliges Leserurteil verkompliziert wird.

Zuvor heißt es jedoch, eine konkrete Hypothese auf den Prüfstand zu bringen: Auch literarästhetische, ja ästhetische Urteile im Allgemeinen zielen auf intersubjektive Nachvollziehbarkeit ab und „beanspruchen [in der Variante als Werturteil], für alle urteilsfähigen Rezipienten gültig zu sein" (Stenzel 2007, S. 837). Es gilt zu zeigen, dass literarästhetische Urteile insbesondere in Form von quasi-richterlichen Leserurteilen weder vollständig subjektiv noch vollständig objektiv sind. Aus diesem Grund ist eine Parallele zum juridischen Urteil – trotz der fundamentalen Unterschiede, die hier nicht infrage gestellt werden – in einigen Fällen zulässig. Um in diesem Beitrag Gemeinsamkeiten zwischen dem juridischen Urteil auf der einen Seite und dem (literar-)ästhetischen Leserurteil auf der anderen Seite herausarbeiten zu können, heißt es zunächst eine systematische Annäherung an den Urteilsbegriff zu erproben.

1 Vorbemerkungen zum ästhetischen Urteil

Nachdem eingangs mehrfach von einem ästhetischen Urteil die Rede ist, stellt sich die Frage, was ein solches überhaupt ausmacht. Denn nicht nur wegen des inflationären Gebrauchs erweist sich diese Urteilsart als überaus erklärungsbedürftig. Das zeigt nicht zuletzt ein Querschnitt der Ästhetikgeschichte, in der dieser zentrale Terminus ganz unterschiedlich verwendet wurde und Geschmacksurteile, Normurteile oder aber jegliche Aussagen über einen ästhetischen oder gar jeden wahrnehmbaren Gegenstand meinen kann. Dieser Beitrag versteht das ästhetische Urteilen nicht als die Tätigkeit eines professionellen Kunstrichters; es geht hier nicht um ein „expertokratische[s] Richten" (Schwarte 2012, S. 85), wie es auch für die Rechtspraxis (zumindest hierzulande) konstitutiv ist.

Was aber nun ist ein ästhetisches Urteil? Zunächst lässt sich der Gegenstand eines ästhetischen Urteils recht umstandslos bestimmen. Üblicherweise ist der Auslöser eines solchen Urteilstyps ein spezifisch *ästhetischer* Gegenstand. Als ästhetische Gegenstände kommen jegliche Arten an Kunstobjekten infrage, und zwar gattungs- und genreunabhängig. So ist ein Gemälde ebenso ein ästhetischer Gegenstand wie ein Roman, ein Film, ein Musikstück usw. und hat mit den genannten sowie mit anderen Arten von Kunstobjekten gemeinsam, dass es a) der Wahrnehmung zugänglich und b_1) als dezidiert künstlerisches produziert oder b_2) als Kunstobjekt institutionell festgelegt worden ist. Der Aspekt der Wahrnehmbarkeit wiederum führt zu einer umfassenderen Explikation des ästhetischen Urteils, die dann schlicht ein Wahrnehmungsurteil meint und nicht auf die Wahrnehmung von künstlerischen Gegenständen beschränkt ist. Wird nämlich ein Blick in einschlägige ästhetische Theorien und Definitionsansätze geworfen, so wird augenfällig, dass der Gegenstand eines ästhetischen Urteils kein notwendig künstlerischer ist.[2] Das ist allerdings dem Ästhetischen schon begrifflich inhärent, geht dieser Ausdruck nämlich auf das altgriechische *aísthēsis* zurück, was sich am ehesten mit ‚Wahrnehmung' übersetzen lässt. Auch Alexander Gottlieb Baumgarten, der federführend daran beteiligt war, die Ästhetik als eigenständige Disziplin zu etablieren, hatte bei seinen Überlegungen nicht allein die Künste im Sinn – stattdessen hieß es, mit der Ästhetik als philosophische Disziplin eine Wissenschaft der sinnlichen Erkenntnis („scientia cognitionis sensitivae", [1750] 2007, §§ 1, 10; vgl. einführend hierzu Strube 2011, S. 25) zu begründen, die er den anderen rationalen philosophischen Disziplinen wie der Logik analog verstanden wissen wollte („ars analogi rationis").

Auch wenn sich das ästhetische Urteil somit nicht auf künstlerische Gegenstände allein beziehen muss, sind im Folgenden nur solche, konkreter: literarische Gegenstände, von Interesse. Entsprechend stellt das ästhetische Urteil in diesem Beitrag das von einem künstlerischen Gegenstand, in diesem Fall also einem literarischen Text, ausgelöste Geschmacks- und Werturteil dar. Ein Werturteil in Bezug auf den hier relevanten Kontext meint im Wesentlichen eine attributive Zuschreibung an einen literarischen Gegenstand oder etwas präziser gefasst eine „sprachliche oder nicht-sprachliche Handlung, mit der ein Subjekt einem Objekt (Gegenstand, Sachverhalt oder Person) die Eigenschaft zuordnet, in Bezug auf einen bestimmten Maßstab bzw. Wert positiv oder negativ zu sein" (Winko 2013, S. 799). In Anwendung auf Literatur erfolgt die Zuschreibung zumeist nach den Wertungskategorien gut/schlecht,[3] gelungen/misslungen, komplex/unterkomplex usw.

Das lässt sich am Beispiel von Vladimir Nabokovs wegen der darin geschilderten Parthenophilie umstrittenen Roman *Lolita* (1955) nachzeichnen, dessen Erzähler Humbert Humbert längst zum Paradebeispiel für einen unaufrichtigen Erzähler avanciert ist. Nabokov setzt an den Romananfang eine Herausgeberfiktion des amerikanischen Psychiaters Dr. phil. John Ray jun. Dieser verweist auf Humbert als „keuchende[n] Verrückte[n]" und bettet ihn als konsequentes Produkt „herrschende[r] Übelstände" (Nabokov [1955] 2003, S. 9) ein. Das Credo, das er Hum-

---

[2] Das zeigt sich etwa bei Kant, dem zufolge dasjenige Urteil ein ästhetisches darstellt, „dessen Bestimmungsgrund in einer Empfindung liegt, die mit dem Gefühl der Lust und Unlust unmittelbar verbunden ist" (AA XX, S. 224). Da nicht allein Kunstobjekte Auslöser einer Lust- oder Unlust-Empfindung sein können, wird der Kunst kein Vorrang in Kants ästhetischer Theorie gewährt.

[3] Der Vollständigkeit halber sei betont, dass Werturteile zum Geschäft der Literaturrezeption und insbesondere zum Kompetenzbereich der Literaturkritik gehören, nicht jedoch zur eigentlichen Aufgabe der Literaturwissenschaft, die primär auf Theoretisierung, Deskription und Evaluation ausgerichtet ist. Siehe für einen kurzen Überblick zum Stellenwert der Wertung in der Literatur Meier 2011, S. 357–360.

berts Geschichte voranstellt, lautet: „Lolita sollte für uns alle – Eltern, Sozialarbeiter, Erzieher – Anlaß sein, uns mit noch größerer Wachsamkeit und Hellsicht der Aufgabe zu widmen, eine gesündere Generation in einer weniger unsicheren Welt großzuziehen" (Nabokov [1955] 2003, S. 9). Als Leserin kann ich Nabokovs *Lolita*-Roman trotz der problematischen Inhalte als gelungene Darstellung bezeichnen und gebe auf diese Weise ein ästhetisches Urteil ab. Hierfür ist es irrelevant, welchen Professionalisierungsgrad ich mitbringe, da das ästhetische Urteil nicht einem erlesenen, kleinen Expertenkreis – etwa Berufskunstkritikern – vorbehalten ist.

Auf eine wichtige Unterscheidung gilt es an dieser Stelle hinzuweisen: Während alle Leserinnen und Leser ein literarästhetisches Urteil treffen können, entspricht allerdings nicht jede Aussage, die Rezipienten in Bezug auf einzelne literarische Figuren, Handlungen oder Texte vornehmen, einem Urteil. Es gilt nämlich zwischen bloß deskriptiven Aussagensätzen und Aussagensätzen mit behauptender Kraft zu unterscheiden. Diese Unterscheidung, auf die bereits Gottfried Gabriel (1975, S. 53) aufmerksam macht, lässt erkennen, weshalb nur manche rezeptionelle Aussagen einen Urteilscharakter aufweisen. Bei Aussagen wie „Vladimir Nabokovs Roman *Lolita* wird aus Sicht einer Figur erzählt, die sich als Humbert Humbert vorstellt" und „Vladimir Nabokovs Roman *Lolita* wird aus Sicht einer moralisch zweifelhaften Figur erzählt, die sich als Humbert Humbert vorstellt" handelt es sich demnach nicht in beiden Fällen um potenzielle Urteilssätze. Die erste Aussage erfolgt genuin deskriptiv, wohingegen der zweiten Aussage durch den Zusatz der moralischen Zweifelhaftigkeit eine Behauptung und Wertung inhärent ist, die diese als ästhetisches Werturteil sichtbar werden lässt.

Es besteht kein Zweifel, dass die meisten literarästhetischen Urteile eine Wertung enthalten und sich allem Eindruck nach zumeist auf die Figuren (z. B. gut/schlecht, sympathisch/unsympathisch), die Handlung (z. B. spannungsreich/spannungsarm, kohärent/inkohärent) oder die erzählerische, dramatische, lyrische bzw. etwaige sprachliche Gestaltung (z. B. überzeugend/nicht überzeugend, innovativ/konventionell) beziehen.

Das literarästhetische Urteil kann allerdings, wie in diesem Beitrag, enger gefasst werden und ausschließlich Urteile meinen, die Leserinnen und Leser quasi-richterlich in literarischen Norm- und Wertkonflikten fällen, die sowohl für die literarische Textwelt als auch für die Rezeption signifikant sind. Doch auch bei den hier relevanten Urteilen in Bezug auf diegetische Vergehen von Figuren ist die Wertungskomponente dominant: Äußert eine Leserin ein Rezeptionsurteil etwa hinsichtlich der Schuldfähigkeit einer literarischen Figur, so handelt es sich hierbei um ein Werturteil. Dabei wird auch die entsprechende Einstellung der Rezipientin oder des Rezipienten zum jeweiligen Gegenstand ausgedrückt, die oftmals entweder affirmativ oder ablehnend ausfällt.

2 Was ist ein Urteil? Juridische und literarästhetische Annäherungen

Im Folgenden wird der hier zentrale Urteilsbegriff tiefergehend expliziert und anschließend seine Bedeutungsdimension im juridischen sowie außerdem im (literar-)ästhetischen Kontext näher betrachtet. Hierbei wird der *sensus communis* als Kernelement eines jeden Urteils ersichtlich, was eine Nähe zwischen dem realen Richterurteil auf der einen Seite und dem bloß quasi-richterlichen Leserurteil auf der anderen Seite ermöglicht.

2.1 Das Urteil in der Rechtspraxis und in der Literaturrezeption

Während in der Einleitung *en passant* vom Urteil die Rede war, lohnt es sich, aufgrund der Integration von Literatur und Recht in diesem Beitrag – zweier Bereiche also, in denen Urteilsverfahren im engeren (Recht) oder weiteren Sinne (Literatur) stattfinden – eine stärkere Präzisierung und Unterscheidung als bislang geschehen vorzunehmen. Indes bedarf der Urteilsbegriff einer Konturierung, ist dieser nämlich besonders im literarästhetischen, ja im ästhetischen Feld insgesamt überaus komplex und daher nur augenscheinlich ohne Mühe bestimmbar. Doch bereits der Ausdruck ‚Urteil' ist ungeachtet seiner konkreten bereichsbezogenen Anwendung erklärungsbedürftig.

Bei einem Urteil handelt es sich den üblichen Gebrauchsweisen zufolge in erster Linie um ein richterliches Urteil und in zweiter Linie um eine starke Meinungsform. Grundsätzlich ist allen Verwendungsweisen gemeinsam, dass Urteilen auf das Vermögen zur kritischen Unterscheidung anspielt. Der engeren Bestimmung dieses Ausdrucks, der vornehmlich im juristischen Kontext Anwendung findet, ist eine allgemeingültig-normative Dimension inhärent. Ein gerichtliches Urteil stellt nämlich nicht das Urteil einer einzelnen Person dar, sondern birgt einen konsensuellen Geltungsanspruch und ist durch Verbindlichkeit charakterisiert. Dieser Konnex von Urteil und Rechtspraxis ist bereits in der etymologischen Betrachtungsweise erkennbar: So meint der althochdeutsche Ausdruck ‚irteilan' und später das mittelhochdeutsche ‚urteil' im Wesentlichen, dass etwas einem zugeteilt wird. Der Urteilsbegriff wird seit jeher primär in der Rechtssprache und -praxis verwendet – gemeint ist vornehmlich eine ‚Zuteilung des Rechts' (vgl. Anonym 1993), wie sie sich bis in die Gegenwart hat durchsetzen können.

Was nun meint das Urteil im hier relevanten literarästhetischen Sinne? Diese Frage lässt sich am besten anhand des Auslösers solcher Urteile beantworten: Die literarische Landschaft hält zahlreiche Beispiele bereit, bei denen sich Leserinnen und Leser ein eigenes Urteil hinsichtlich zweier konfligierender Wert- bzw. Normvorstellungen bilden müssen, weil ein solches vom literarischen Ausgangstext zwar erfordert, jedoch in seinem konkreten Ausmaß nicht festgelegt wird. Eines der wohl bekanntesten Beispiele aus der Literaturgeschichte mit enthaltener, dabei aber äußerst subtiler Urteilsforderung ohne eindeutige Richtungstendenz ist Georg Büchners Dramenfragment *Woyzeck*. Dem Bühnenstück liegt der reale Mordfall des Leipziger Delinquenten Johann Christian Woyzeck zugrunde, der im Jahr 1821 seine Geliebte Johanna Christiane Woost erstach und nach einem mehrjährigen Gerichtsprozess zum Tode verurteilt wurde. Doch anders als es der Dramentitel nahelegt, zielt Büchner, soweit sich jedenfalls trotz Fragmentstatus plausibilisieren lässt, mit seiner literarischen Adaption keineswegs auf eine bloße Fallrekonstruktion ab, sondern lässt das Stück unmittelbar nach der Mordtat und somit vor dem Gerichtsprozess abschließen – die eindeutige Devise an die Leserschaft lautet also: Urteilt selbst im Hinblick auf die Zurechnungs- und somit auch Schuldfähigkeit des Täters. Stärker noch: Das Drama „konfrontiert den Leser mit der Notwendigkeit eines Urteils" (Höcker 2016, S. 81), wie sie für die Rechtspraxis, vor deren Eingreifen das Drama endet, den üblichen Fall darstellt.[4] Urteilsnotwendigkeit trifft auf Urteilsoffenheit, die es vonseiten der Leserin, des Lesers aufzulösen gilt.

Dass die konkrete Urteilsfindung so leicht nicht ist, zeigt auch Alfred Döblin. Er veranschaulicht mit seiner zwar auf einem realen Kriminalfall basierenden, aber mit fiktiven Zusätzen versehenen Erzählung *Die beiden Freundinnen und ihr Giftmord* (1924) die potenziellen Schwierigkeiten einer adäquaten Urteilsfindung beim Konflikt zwischen der Rechtsetzung auf der einen und dem von dieser bisweilen abweichenden Gerechtigkeitsempfinden auf der anderen Seite.[5] In Döblins Erzählung wird nochmals allgemeiner auf das grundsätzliche Problem verwiesen, dass einzelne Taten auf einem größeren Mechanismus gründen und daher als Ergebnis komplexerer Schuldzusammenhänge zu verstehen sind. Ein Mantra, das auf viele Konfliktbeispiele zutrifft, lautet: „Es hat sich so ereignet; auch die Akteure glauben es. Aber es hat sich auch nicht so ereignet" (Döblin [1924] 1992, S. 105).

In der impliziten Variante regen literarische Lektüren dazu an, über mindestens zwei widerstreitende Wert-/Normsysteme ein Urteil zu fällen. In der expliziten Variante wird die (implizite) Leserschaft ausdrücklich adressiert, ja dazu aufgefordert, in einer Art richterlichen Stellvertreterfunktion zu einem Urteil zu kommen und auf diese Weise metaphorisch in das Richteramt gedrängt.

---

[4] Die Urteilsnotwendigkeit ist der juridischen Praxis inhärent. Dass im juridischen Kontext ein Auskommen ohne ein Urteil nicht möglich ist, exemplifiziert Arne Höcker mit dem literarischen Verweis auf einen in Robert Musils *Der Mann ohne Eigenschaften* geschilderten Rechtsfall, wofür der Kapiteltitel *Es gibt für Juristen keine halbverrückten Menschen* (siehe Musil [1930] 2006, S. 534 [111. Kap.]) charakteristisch ist, „denn auch der vermindert Zurechnungsfähige ist eben doch zurechnungsfähig und darum einem strafrechtlichen Urteil zugänglich" (Höcker 2016, S. 82).

[5] Die Frage nach der Schulddimension der beiden Täterinnen, die ihre Ehemänner vergiften, verbleibt offen und wird gegen Ende der Erzählung durch eine weitere zentrale, aber unbeantwortete Überlegung gesteigert: „Ist der Haß der Frauen nur durch die Rohheit der Männer entstanden und ihre homosexuelle Liebe nur eine Folge der erworbenen Abneigung gegen das andere Geschlecht, oder war die gleichgeschlechtliche Empfindung bei ihnen angeborene Anlage und somit der eigentliche Grund der ehelichen Disharmonie?" (Döblin [1924] 1992, S. 102).

Wird der Urteilsbegriff nun vom juridisch-juristischen sowie auch vom literarischen Kontext abstrahiert, so wird in einer viel weiter und allgemeiner gefassten Verwendungsweise die Nähe zu ‚Meinung', ‚Überzeugung' oder gar schlicht ‚Aussage' (siehe ausführlicher hierzu van Zantwijk, Gabriel und Ogorek 2001) erkennbar. So spricht man davon, sich über etwas oder jemanden ein Urteil zu bilden und meint damit nichts anderes, als sich eine Meinung zu machen. Jedoch ist nicht jede Meinung zugleich ein Urteil – vielmehr muss es sich hierbei um eine starke Meinung bzw. Überzeugung handeln. Ob etwas potenziell als starke Meinung gelten kann, hängt wiederum wesentlich davon ab, ob dem Gegenstand, auf den sich die Meinung bezieht, eine gewisse Signifikanz zukommt. Triviale Dinge sind üblicherweise nicht dazu imstande, zu einem Urteil oder Meinungsbild anzuregen. Zu dem Stift, mit dem ich Anstreichungen im Buch tätige, habe ich üblicherweise keine Meinung und hege erst recht keine Überzeugungen; über das Buch, das ich mit Anstreichungen versehe, und den darin enthaltenen Aussagen bilde ich mir hingegen durchaus eine Meinung.

Man könnte den Unterschied zwischen der skizzierten engen und weiten Bedeutungsvariante von ‚Urteil' im Hinblick auf den Konsens- und Geltungsanspruch festmachen, der in der juridischen Bedeutungsvariante des Urteilsbegriffs wesentlich dominanter ist. Bei der Bewertung der Faktenlage eines Rechtsstreits muss schließlich ein Konsens gefunden werden (siehe Näheres hierzu bei Kertzer 2016). Die weitere Verwendungsweise von Urteil als starke Überzeugung einer Einzelperson ist hingegen allem Anschein nach primär subjektiv angelegt – den Zusatz *allem Anschein nach* gilt es nicht zu übersehen, da auch Überzeugungen durchaus den Anspruch ausdrücken, für andere nachvollziehbar zu sein, wie im Laufe dieses Beitrages noch deutlich wird.

Nachdem nun skizziert worden ist, was ein Urteil im juridischen und literarästhetischen Kontext ist, bleibt noch zu klären, wie die Urteilstätigkeit grundsätzlich abläuft. Das Urteilen umfasst in der Regel drei Kernmomente: erstens einen Auslöser, zumeist in Form einer Wahrnehmung *(Wahrnehmungsakt)*; zweitens die reflektierend-meditative Betrachtung des Wahrgenommenen *(Meditationsakt)*, die in einer Entscheidung und Haltung gegenüber dem Wahrgenommenen mündet; sowie drittens die sprachlich-soziale Weitergabe der Entscheidung *(Kommunikationsakt)*, die mit dem Anspruch auf Allgemeingültigkeit erfolgt. Das dritte Moment verdient eine besondere Berücksichtigung. Dass ein Urteil gar nicht erst zu trennen ist vom Anspruch auf intersubjektive Gültigkeit, kurzum: vom Wahrheitsanspruch, diskutiert Gottlob Frege ausführlicher. Auch er geht beim Urteilsakt von einem tertiären Prozess aus und umfasst hierbei

> 1. das Fassen des Gedankens — das Denken,
> 2. die Anerkennung der Wahrheit eines Gedankens — das Urteilen,
> 3. die Kundgebung dieses Urteils — das Behaupten. (Frege [1919] 1966, S. 35)

Demnach folgt das Urteil einem konkreten Denkakt, dessen Gedanken vom Subjekt als wahr anerkannt[6] und anschließend üblicherweise an andere Subjekte kommuniziert wird. Indem ich eine konstative Äußerung von mir gebe, die ihrerseits stets eine Behauptung enthält und somit eine Überzeugung von mir zum Ausdruck bringt, hege ich *implizit* den Anspruch, dass meine Überzeugung auch von anderen nachvollzogen und im Idealfall geteilt wird, „denn wer die Wahrheit oder Falschheit eines Gedankens anerkennt, der erwartet doch wohl für gewöhnlich von anderen, dass sie dies genauso tun" (Hilgers 2015, S. 23). Auch wenn in diesem Beitrag eine Konzentration auf Urteile stattfindet, die rezeptionell und hierbei quasi-richterlich, die Schuld oder aber Unschuld eines literarisch-diegetischen Täters oder einer Täterin bestimmen, so zeigt sich mit Freges Überlegungen einmal mehr die enge Verzahnung von Urteilsakt und Anspruch auf Gemeinsinn und Gültigkeit, die einem jeden Urteilsakt unabhängig seines konkreten Vorkommnisses einverleibt ist. Dass ein Urteil allgemeingültig und objektiv sei bzw. zumindest den Anspruch erhebt, es zu sein, bedeutet nichts anderes, als dass sich dieses rechtfertigen lässt. Rechtfertigungsfähigkeit gibt einem Urteil eine objektive Dimension und „Objektivität impliziert umgekehrt auch Rechtfertigungsfähigkeit" (von Kutschera 1998, S. 147). Es stellt sich nun die Anschlussfrage, welche Faktoren ein Urteil zu einem potenziell objektiven und damit rechtfertigungsfähigen machen. Als grundlegende Mindestkriterien für ein objektives Urteil werden allgemeinhin „Gegenständigkeit, Kohärenz und Intersubjektivität" genannt (von Kutschera 1998, S. 143). Aus dem Gesagten ergibt sich die folgende Minimaldefinition zum literaturästhetischen, quasi-richterlichen Leserurteil, wie es in diesem Beitrag bestimmt wird:

Bei einem quasi-richterlichen Leserurteil handelt es sich um das Interpretationsergebnis, mit dem ein signifikanter Norm- bzw. Wertkonflikt innerhalb eines literarischen Textes rezeptionell ausgewertet wird.

2.2 Der *sensus communis* im Rechts- sowie Leserurteil

Bis hierhin konnte nachgewiesen werden, dass sowohl für das Recht, in der Variante als Rechtspraxis, als auch für die Literaturrezeption die Urteilstätigkeit zentral ist. Dass Urteile für beide Bereiche wesentlich, ja notwendig sind, ist unstrittig – allein, was den konkreten Urteilstyp betrifft, besteht ein großer Spielraum.

Das juridische Urteil, welches auf größtmöglichen Konsens innerhalb der jeweiligen Rechtsgemeinschaft abzielt, mit dem (literar-)ästhetischen Urteil in Verbindung zu setzen, mag zunächst irritieren: Zu subjektivistisch angelegt das eine, zu konsensuell und rechtspositivistisch orientiert das andere, als dass sich hierbei unmittelbar eine Gemeinsamkeit erkennen ließe. Nicht zuletzt ist der ästhetische Urteilsbegriff, so ist ausgehend von den Überlegungen im vorherigen Abschnitt

[6] Zum inhärenten Verhältnis von Urteil und Wahrheitsbezug vgl. auch Schwarte 2012, S. 172 f.

abzuleiten, eng mit der Vorstellung einer Eigenerfahrung (hier: die individuelle Lektüre eines literarischen Textes) verbunden. Diese Vorannahme kann sukzessive widerlegt werden, sobald ein genauerer Blick auf die Besonderheiten der literarästhetischen Urteilspraxis geworfen wird. Mithin lässt sich sagen, dass sowohl Leser als Quasi-Richter als auch professionelle Richter gleichermaßen auf Konsens abzielen und hierhin eine besondere Gemeinsamkeit beider Bereiche besteht.

Zu unterscheiden ist das juridische Urteil vom literarästhetischen zunächst dahingehend, dass das erste die zwingende Einhaltung des „Wertfreiheitspostulats" zu gewährleisten hat. „In seiner einfachsten Form lautet das Wertfreiheitspostulat [...], dass Wissenschaftler [sowie Richterinnen und Richter] zwischen Aussagen über Sachverhalte und der eigenen Bewertung dieser Sachverhalte deutlich trennen sollten" (Hilgendorf 2021, S. 258). Daraus resultiert, dass Urteile der Rechtspraxis in aller Regel keine Werturteile darstellen, dafür allerdings mit dem Normurteil in einer anderen Unterart des Urteils münden, die dem Werturteil nicht konträr ist.[7] Grundsätzlich lassen sich nämlich zwei Formen des Urteils unterscheiden: zum einen das *normative* und zum anderen das *wertende* Urteil. Etwas vereinfacht dargestellt, lässt sich das Normurteil mit *es soll X* und das Werturteil mit *ich finde, dass X* angeben. Der Unterschied zwischen den genannten Urteilstypen lässt sich deutlicher erkennen, wenn die juridische Urteilspraxis kurz skizziert wird: Ein juridisches Urteil resultiert aus der Begutachtung einer stattgefundenen Handlung. Jedoch geht das Recht bei einer solchen Begutachtung alles andere als ausschließlich deskriptiv vor:

> Ein Charakteristikum des Rechts liegt vielmehr darin, die in seinen Kompetenzbereich fallenden Handlungen mit Normen zu verknüpfen. Die Rechtssätze treffen Sollensaussagen, die spezifische Anforderungen an das Verhalten der Individuen zum Ausdruck bringen. Das Recht stellt somit eine normative Ordnung dar, die wesentlich – wenn auch nicht ausschließlich – aus Verboten und Geboten besteht. (Dietrich 2021, S. 3)

Allerdings schöpft die Normativität rechtspraktischer Urteile nicht allein aus der Sollensaussage – vielmehr handelt es sich um eine Sollensaussage, deren Nichteinhaltung negativ sanktioniert wird. Damit stellt das Recht eine Normativität zur Schau, die nicht bloß im Idealfall als allgemeingültig angenommen und intersubjektiv akzeptiert wird, sondern die den eigenen Allgemeingültigkeitsanspruch zugleich umsetzt. Das juridische Urteil äußert nach seiner Verkündung somit nicht bloß Geltung, sondern es *gilt* und zwar immer schon ab dem Zeitpunkt der Verkündung.[8] Sie ist faktische Anerkennung und steht somit einem literarästhetischen

[7] Heuristisch betrachtet wäre der Kontrast zum Werturteil schlicht das Nicht-Werturteil. Legt man eine sehr weite Semantisierung des Urteilsbegriffs (Urteil als Aussage) fest, so käme noch das deskriptive Urteil (z. B. „es ist windig") hinzu.

[8] Einige sehen jedoch die Rechtsgeltung nicht bereits als ausreichend an und ergänzen, dass „die Geltung des Rechts aber nicht völlig unabhängig von seiner Wirksamkeit gedacht werden" könne (Dietrich 2021, S. 6).

Urteil, das als aus der Sphäre des Affekts hervorgehend gedacht wird, dem ersten Eindruck nach diametral entgegen.

Tatsächlich aber werden im literarästhetischen Leserurteil zwei Bereiche zusammengebracht, die in der juridischen Praxis üblicherweise getrennt werden, sich aber bei näherer Betrachtung auch als ihr inhärent erweisen: Affekt und Urteil (hierzu ausführlicher Wihstutz 2017, S. 81). Etwas vereinfacht dargestellt, meint das eine die subjektive, das andere die objektiv-reflektierende Ebene. Affekte sind Gefühlsregungen und werden der Ebene der Wahrnehmung und Einbildungskraft zugeordnet. Urteile hingegen gelten als das Resultat von Denk- und Reflexionsprozessen, die idealtypisch nicht auf Gefühlen basieren und als der Verstandesebene zugehörig bestimmt werden.

Zwischen dem Sinnesurteil und dem Verstandesurteil nimmt nun das ästhetische Urteil eine „Mittelposition" (Kurbacher-Schönborm 2001, ohne Pag.) ein. Dass sich beim Vergleich zwischen Rechts- und Leserurteil Vernunft und Empfindung gegenüberstünden, wäre eine überaus verkürzte Auffassung, wie schon Benjamin Wihstutz beobachtet. Denn eine wichtige Funktion bei einer Urteilstätigkeit kommt dem Gemeinsinn zu, der „einen Anspruch von Mitteilbarkeit bezieht und damit die Konstitution eines Spannungsverhältnisses von subjektivem Urteil und Öffentlichkeit markiert" (Wihstutz 2017, S. 83). Wihstutz verweist in diesem Zusammenhang auf die Nähe des Gemeinsinnbedürfnisses im ästhetischen Urteil zum Rechtsgefühl, das die im Rechtssystem sonst komplementär behandelten Aspekte Affekt und Urteil zusammenführt. Die Parallelen zwischen dem nur augenscheinlich affektiv gesteuerten ästhetischen Urteil und dem ebenso nur augenscheinlich rationalen juridischen Urteil werden so betrachtet offenbar: Denn so „wie bei Kant das ästhetische Urteil ein Gefühl ästhetischer Lust bezeichnet, das stets von individuellen Neigungen und subjektiven Interessen abstrahiert werden muss, geht auch in der Rechtstheorie das Urteil der Richterin von einem universellen Rechtsgefühl aus, das nicht an partikulare Interessen, sondern gewissermaßen an den Common Sense appelliert" (Wihstutz 2017, S. 83).

Der Common Sense bzw. *sensus communis* als Zielrichtung ist es, der eine unmittelbare Verbindung zwischen dem ästhetischen und dem juridischen Urteilen ermöglicht. Indem wir urteilen, verhalten wir uns zu einem konkreten Gegenstand, über den wir eine evaluative (und dabei zumeist normative) Entscheidung treffen. Fälle ich ein Urteil, so gehe ich *implizit* davon aus, dass jede andere Person, die gleichen Bedingungen etwa kognitiver und empirischer Art vorausgesetzt, zu einem ähnlichen, wenn nicht gar exakt demselben Urteil kommt. Dem Akt des Urteilens ist somit eine Notwendigkeitskomponente inhärent, die zugleich eine Distanz zu reiner Subjektivität und erst recht zu Willkürlichkeit markiert. Der Konsens- und Geltungsanspruch manifestiert sich hierbei im Kommunikationsakt als einem der drei wesentlichen Momente der Urteilstätigkeit, wie er im vorherigen Abschnitt vorgestellt ist.

Dass literarästhetische Urteile bei näherer Betrachtung ebenso wie juridische Urteile einen Konsensanspruch erheben,[9] auch wenn dieser auf andere Weise zutage tritt, und diese insofern nicht als bloße subjektive und situative Affekturteile aufzufassen sind, ist eine Feststellung, die so neu jedoch nicht ist: Tatsächlich begleitet sie die Ästhetikgeschichte seit jeher. Dass Überlegungen zum *sensus communis* zur Begriffsgeschichte des ästhetischen Urteils gehören, zeigt sich einschlägig bei Kant, der jedem Urteil genau zwei Dimensionen, namentlich eine sinnliche sowie eine intelligible, attestiert (vgl. Kant AA V, S. 203; siehe hierzu außerdem Klinger 2015, S. 13 f.) und somit auch ästhetische Urteile von dem Status als bloß subjektive Sinnesurteile ohne Anspruch auf Allgemeingültigkeit entfernt (sog. *subjektive Allgemeingültigkeit,* vgl. Kurbacher-Schönborn 2001). Sein Urteilsbegriff ist stark an Reflexion und Denken gebunden, sodass eine rein sinnliche Beobachtung und eine Empfindung allein noch nicht den Urteilsbegriff erfordern. Mit Kant gesprochen, handelt es sich beim Urteilen um ein Wechselspiel zwischen Einbildungskraft und Gemeinsinn (vgl. Menke 2013, S. 60) – der Gemeinsinn ist hierbei nicht fakultativ, sondern notwendig. Somit treffen die privat-subjektive Sinneserfahrung und der objektive Anspruch bei der Urteilstätigkeit aufeinander. Dem konkret ästhetischen Urteil (von ihm allerdings verstanden als Geschmacksurteil über das Schöne) attestiert er das Folgende:

> In allen Urtheilen, wodurch wir etwas für schön erklären, verstatten wir keinem anderer Meinung zu sein; ohne gleichwohl unser Urtheil auf Begriffe, sondern nur auf unser Gefühl zu gründen: welches wir also nicht als Privatgefühl, sondern als ein gemeinschaftliches zum Grunde legen. Nun kann dieser Gemeinsinn zu diesem Behuf nicht auf der Erfahrung gegründet werden; denn er will zu Urtheilen berechtigen, die ein Sollen enthalten: er sagt nicht, daß jedermann mit unserm Urteile übereinstimmen werde, sondern damit zusammenstimmen solle. (Kant AA V, S. 239)

Infolgedessen erschließt sich umso mehr die Parallele zwischen ästhetischen Urteilen einerseits und juridisch-juristischen Urteilen andererseits, die beide von einem *sensus communis* geleitet sind. Aufgrund der Modifikation des literarästhetischen Urteils in diesem Abschnitt lässt sich folgende erweiterte Explikation angeben:

> *Bei einem quasi-richterlichen Leserurteil handelt es sich um das Interpretationsergebnis, mit dem ein signifikanter Norm- bzw. Wertkonflikt innerhalb eines literarischen Textes rezeptionell ausgewertet wird. Trotz der subjektiven Dimension beansprucht ein solches Urteil eine intersubjektive Gültigkeit (sensus communis).*

[9] Eine ähnliche These äußerte schon Jon Kertzer (2016, S. 1): „Literary and legal judgments require, formulate, and defend, but also retain an urge to disrupt, a consensus of like-minded people".

3 Literarischer Urteilsappell: Exemplarische Textanalyse

Im Folgenden wird ein literarischer Beispieltext skizziert und diskutiert, der auf subtile Art und Weise den Rezipierenden ein Urteil, hier in erster Linie gemeint als ein Schuld- oder aber Unschuldsurteil, abverlangt, in der konkreten Gestaltung des Urteils jedoch eine textuelle Deutungsoffenheit liefert. Infolgedessen müssen Rezipienten analog zu professionellen Richterinnen und Richtern in ihrem literarästhetischen Quasi-Urteil eine Abwägungsentscheidung treffen.

3.1 Hochstapelei vor dem literarischen Gericht: Thomas Manns *Bekenntnisse des Hochstaplers Felix Krull* (1922/1937/1954)

Der letzte, unvollständig gebliebene Roman Thomas Manns ist in vielerlei Hinsicht schillernd. Denn auf der Suche nach einer adäquaten Genrebezeichnung für die *Bekenntnisse des Hochstaplers Felix Krull* stößt man sogleich auf Schwierigkeiten: Zwischen fiktiver Autobiografie, Memoire-Literatur, Schelmen-, Künstler- und Bildungsroman changierend knüpft der besagte Roman an eine Vielzahl von Genre- und Gattungstraditionen an und liest sich bisweilen außerdem als Intertext zu Rousseaus *Les Confessions* sowie Goethes *Dichtung und Wahrheit.*

Nicht minder schillernd ist Felix Krull, der in zweifacher Hinsicht in die Diegese integriert ist: Auf der Ebene der Extra- und Metadiegese steht der nunmehr 40-jährige, erzählende, auf der Ebene der Interdiegese der erlebende Krull, dessen Lebensverlauf in subjektiver Rückschau bis zum 20./21. Lebensjahr erzählt wird – und zwar häufig übertreibend und nahezu immer selbstapologetisch und seine Gaunertaten relativierend. Auch wenn der Erzähler durch zahlreiche Selbstapologisierungsversuche seine Dignität vor der impliziten Leserschaft zu bewahren versucht, wird den empirischen Leserinnen und Lesern im Laufe der Lektüre immer klarer, dass die Schilderungen vor mangelnder Glaubhaftigkeit und Aufrichtigkeit strotzen und die klein- wie auch großkriminellen Taten Krulls einer urteilenden Eigenprüfung bedürfen.

Worum geht es im Roman? Felix Krull, gleichermaßen Erzähler und Protagonist der Diegese, schildert als Inhaftierter sein Leben als Kind und Heranwachsender, das bereits früh gekennzeichnet ist von einer Begabung zur Verstellung und Täuschung. In bürgerlichen Verhältnissen als Sohn eines Sektfabrikanten im Rheingau aufgewachsen und mit einer auffallenden Schönheit ausgestattet, die ihn glauben lässt, zu weitaus Höherem und Vornehmerem nobilitiert zu sein, vermag Krull bei seinen Mitmenschen den Eindruck eines Wunderknaben zu hinterlassen. Jedoch ist die Figur Krull das Janusgesicht *par excellence:* Die Talente, die ihm zugeschrieben werden, entpuppen sich als bloße Gaukelei und Schauspiel – und zwar eines, das ihm in die Wiege gelegt worden ist, was sich beispielhaft anhand von Krulls Vater demonstrieren lässt, der in seiner Fabrik billigen Sekt herstellt und als weitaus edlere und teurere Ware verkauft und damit als Verpackungsschwindler seine Kundschaft geschickt hinters Licht führt (vgl. FK, S. 11 f.). Nur allzu konsequent ist es, dass der junge Knabe ausgerechnet von einem Theaterbesuch – dem Theater als Brutstätte der Verstellung schlechthin – nachhaltig beeindruckt ist, ebenso wie es wenig überrascht, dass Krull Genuss im Modellstehen für einen der Familie befreundeten Maler empfindet (vgl. FK, S. 29). Wiederholt wird die „Verbindung zwischen Künstlertum und Kriminalität" (Sprecher 2015, S. 78) gezogen. Kurzum: Die Lust an der geschickten Verstellung prägt leitmotivisch den Roman, denn Krull ist ein Hochstapler.

Auf die eher kleineren Täuschungen und unbemerkten Delikte des adoleszenten Krull (Krankheiten werden vorgetäuscht, um dem Schulunterricht fernbleiben zu können; kleinere Diebstähle im Delikatessenladen, die bald schon zur Routine werden; die Öffentlichkeit lässt er in dem Glauben, er beherrsche das Geigenspiel usw.) folgen nach dem Bankrott der väterlichen Schaumweinfabrik und dem darauffolgenden Umzug zunächst nach Frankfurt, alsbald nach Paris, wo er anfänglich als Hotelpage arbeitet, zunehmend großkriminellere Vergehen: Nun sind es Zuhälterei (Episode mit der Prostituierten Rozsa), Schmuckdiebstähle bis hin zu einem Doppelleben, in dem sich Krull als Marquis Louis de Venosta ausgibt und als solcher auf große Reise geht, denen er sich schuldig macht. Die Täuschung ist also nicht nur Programm, sondern der Grad dieser wird im Laufe der Handlung außerdem sukzessive gesteigert.

Während die Täuschung das Hauptinstrument des jungen Krulls darstellt, versucht der Erzähler Krull eine Distanz zu seinem früheren Ich zu signalisieren. Doch nur vermeintlich handelt es sich beim Erwachsenen Krull um eine reumütige Person. Wird mit den *Bekenntnissen* im Titel ganz im Sinne der Memoire-Tradition (und zusätzlich gesteigert durch die gewählte Ich-Form) die unmittelbare Erwartungshaltung authentischen Erzählens von ebenso authentisch Erlebtem erzeugt, so muss die Leserin und der Leser bald erkennen, dass der Erzähler keine eigentlichen Bekenntnisse ausdrückt. Stattdessen findet das Verstellungsspiel des jungen Krull auch beim erzählenden Krull eine Fortsetzung und so spiegeln sich die zahlreichen Täuschungs- und Ablenkungsmanöver *(red herring)* auf der extradiegetischen Ebene auch in der (inter-)diegetischen wider. Sämtliche Taten, die bei der Leserschaft die Infragestellung der Moral und Dignität Krulls bewirken könnten, werden vom Erzähler zu einem wichtigen Teil des Reife- und Bildungsprozesses eines naiven Jünglings stilisiert und auf diese Weise relativiert und selbstgerecht evaluiert. Der Erzählstil ist bisweilen ausschweifend und wirkt aus diesem Grund nicht selten ironisierend und parodistisch, das Erzählte ist durchsät von Selbstgefälligkeit und Selbstbeteuerungen. Auch die betonte Bildungssprache wirkt artifiziell und lässt die Leserin und den Leser umso mehr an der Aufrichtigkeit der Schilderungen dieses kriminellen Verwandlungskünstlers zweifeln.

Auffällig ist der Kunstgriff der *captatio benevolentiae* (siehe hierzu Sprecher 2015, S. 81) in der Gestalt der vielen Direktansprachen an den fiktiven bzw. impliziten Leser („Schwärmer und Gaffer! höre ich den Leser mir zurufen. Wo bleiben deine Abenteuer?", FK, S. 98; „ernsthafter Leser", S. 138; „Mitfühlender Leser!", S. 291), die den Anschein einer dialogischen Erzählsituation, eines Zwiegespräches erzeugen und die Schuld stets mit der Rechtfertigung verbinden. Krull nutzt diese vermeintlichen Leser-Zwiegespräche primär zum Zweck der Selbstrechtfertigung, um möglichen Negativurteilen vonseiten des Lesers präventiv entgegenzuwirken. Immer wieder gerät er dabei, um eine treffende Formulierung Claudia Kanz' aufzugreifen, in „hochstapelnde Wirklichkeitsbeschreibungen" (Kanz 2009, S. 23).

Ohne Zweifel: Der Erzähler ist unzuverlässig (vgl. Kablitz 2009), verdreht Wahrheiten, bagatellisiert Vergehen und gibt ein doppelzüngiges Bild von sich ab. Das führt unmittelbar zur Notwendigkeit eines rezeptionellen Eigenurteils, die Leserin und der Leser kann nicht allen Schilderungen Krulls Glauben schenken. Als Folge ließe sich annehmen, dass das Leserurteil entsprechend eindeutig, und das meint hier negativ auszufallen habe und Felix Krull als das be- und verurteilt werde, was bereits der Romantitel nahelegt, namentlich als *Hochstapler*.

3.2 Positives Recht versus individuelles Moralempfinden

Aus dem bis hierhin Gesagten ergibt sich also ein eindeutiges Leserurteil, so ließe sich nun annehmen. Allerdings wird das Ergebnis des Leserurteils dadurch maßgeblich erschwert, dass eine Aversion gegenüber Krull auf rezeptioneller Seite nicht zustande kommt. Seine Taten erfolgen nicht aus bloßer Bosheit, sodass dieser durchaus als liebenswürdig erscheinen kann, gar Sympathien zu erzeugen vermag. Auch kann es nicht zuletzt als nachvollziehbar und entschuldbar gelten, dass Krull, dessen Familie von den „vornehmen Fremden" (FK, S. 25) eher gemieden wird, nach Höherem trachtet. Zwar ist der Gauner, der Pikaro, „ein Außenseiter, der mit Wendigkeit und ohne große moralische Skrupel um sein Überleben und um soziale Anerkennung kämpft", doch sind es „die Not und die Aussperrung aus der etablierten sozialen Ordnung, die ihn zum Schelm machen" (Jacobs 1972, S. 10). Und dass die Frage nach der wahren Gestalt einer Person sich nicht ohne Weiteres beantworten lässt, weiß Krull mit einer treffenden Analogie gleich selbst zu metaphorisieren: „wann zeigt der Glühwurm sich in seiner wahren Gestalt, – wenn er als poetischer Funke durch die Sommernacht schwebt, oder wenn er als niedriges, unansehnliches Lebewesen sich auf unserem Handteller krümmt?" (FK, S. 40).

Das konkrete Leserurteil erschweren außerdem zwei wesentliche Feststellungen: Den auf der Zugfahrt nach Paris sich ereignenden Schmuckdiebstahl, den Krull an einer wohlhabenden Dame begeht, gesteht er ihr, die ihn später – seines Vergehens unwissend – als Hotelgast zum Liebhaber macht (Krull arbeitet zu diesem Zeitpunkt als Hotelpage). Dessen unbeeindruckt und der zahlreichen Schmuckstücke überdrüssig geworden, bittet sie ihn sodann inständig darum, einen weiteren Diebstahl an ihr zu begehen (vgl. FK [II,9], S. 195–212). Weil das Diebesgut für den besitzlosen Krull existenzsichernd, für die reiche Dame hingegen überaus verzichtbar ist, bewirkt dies ein nun differenziertes Bild von Krulls Vergehen. Auch Krulls vermeintlich größtes Verbrechen, nämlich sich als Marquis Louis de Venosta auszugeben, als solcher durch die Welt zu reisen und allerlei gesellschaftliche und reputative Vorteile aus dieser Rolle zu ziehen, muss um einen entscheidenden Aspekt ergänzt werden: Es ist nämlich kein Geringerer als der besagte Marquis selbst, der Krull wiederholt und inbrünstig um den Rollentausch bittet, um anstatt seinen gesellschaftlichen Standespflichten nachzukommen, Zeit mit seiner vor den Eltern verheimlichten Geliebten verbringen zu können (vgl. FK [III,4], S. 265–291). So betrachtet erweist sich Krulls Vereinbarung mit dem Marquis bei genauerer Betrachtung als Identitäts*tausch,* nicht jedoch als Identitäts*diebstahl.* Während die konsensuell getroffene Vereinbarung die Stärke seines Vergehens zwar mindert, nicht jedoch vollständig entschuldbar macht, sind es die *„Vertauschbarkeit"* und Zufälligkeit ökonomisch-sozialer Rollen, die der Leserschaft beim quasi-richterlichen Rezeptionsurteil zu denken geben: Krull sinniert durchaus überzeugend darüber, dass „[d]en Anzug, die Aufmachung gewechselt, hätten sehr vielfach die Bedienenden ebensogut Herrschaft sein und hätte so mancher von denen, welche, die Zigarette im Mundwinkel, in den tiefen Korbstühlen sich rekelten – den Kellner abgeben können" (FK, S. 257). Doch ist es dem bloßen „Zufall des Reichtums", der „Zufallsaristokratie" (FK, S. 258) geschuldet, dass dem nicht so ist. Warum, so stellt sich die Anschlussfrage, diese willkürliche Aristokratie nicht auf den Kopf stellen?

Aus dem, wenn auch nur skizzierend, Dargelegten ergibt sich, dass das Leserurteil einer Abwägung bedarf und dabei einem realen Richterurteil insofern ähnlich ist, als dass sowohl ein Für als auch ein Wider bei der Frage nach der Schulddimension Krulls in Betracht gezogen werden muss. Nüchtern betrachtet stehen hierbei das positive Recht als Normsystem (Krull als professioneller Hochstapler) und das individuelle Wert- und Moralempfinden der Leserin, des Lesers (die Sinnhaftigkeit oder wenigstens Nachvollziehbarkeit von Krulls Vergehen, die außerdem nicht immer seiner Initiative geschuldet sind) im Widerstreit zueinander. Zudem gilt es, Krulls Hochstapelei respektive Maskierung differenzierter zu betrachten, ist diese schließlich ein derart integraler Bestandteil seiner selbst, dass eine Trennung zwischen „Außen und Innen, Schein und Wesen, Uneigentlichkeit und Eigentlichkeit" verunmöglicht wird (Lange-Kirchheim 2015, S. 368; vgl. ausführlicher Schöll 2005).

Auch für das rezeptionelle Leserurteil spielt der *sensus communis* als ‚gesunder Menschenverstand' eine bedeutende Rolle, mittels dessen die ‚Faktenlage' angemessen zu bewerten ist und ein vertretbarer, intersubjektiv nachvollziehbarer Ausgleich zwischen der rechtlichen Schuld und der moralischen Schuld Krulls getroffen werden muss. Ohne damit für ein bestimmtes Leserurteil plädieren zu wollen, kann mit diesen Überlegungen zumindest nachgewiesen werden, dass Leserurteile durchaus als quasi-richterlich bestimmt werden können, was eine Verbindung zur strafrechtlichen Praxis sichtbar macht.[10]

[10] Etwas radikaler diesbezüglich ist Margaret Macdonald, derzufolge ein jedes ästhetische Urteil, das eine Bewertung beinhaltet, einem Richterspruch ähnlich ist (1954, S. 127 f.): „To judge a work of art, therefore, is to give a verdict on something to which the judge has contributed and this also ‚justifies' the verdict." Siehe direkt hierzu auch schon Franz von Kutschera (1998, S. 120): Er steht Macdonalds Einschätzung jedoch kritisch gegenüber und verweist auf den Ur-

4 Schlussbemerkungen

Wie gezeigt werden konnte, erweisen sich auch literarästhetische Urteile als auf subjektive Allgemeinheit und einen Gemeinsinn *(sensus communis)* abzielend, womit zugleich eine Absage an die Annahme willkürlicher Urteile und Deutungsprozesse formuliert wird. Diese sind in ihrer hier diskutierten Variante als quasi-richterliche Leserurteile als Reflexionsurteile bestimmbar, denen eine intersubjektiv nachvollziehbare Abwägungsentscheidung zugrunde liegt. Damit äußert sich die soziale Dimension von Leserurteilen, denen „eine hervorbringende Kraft [attestiert werden kann]: Indem ich urteile, versuche ich den sozialen oder öffentlichen Status eines Gegenstands zu bestimmen" (Menke 2013, S. 58). Auf diese Weise lässt sich eine Brücke zu realen Richterurteilen schlagen.

Um die intersubjektiv-soziale Dimension literarästhetischer Urteile sichtbar zu machen, wurde in diesem Beitrag die Möglichkeit diskutiert, dass literarische Texte (implizite) Leserinnen und Leser im Falle widerstreitender Wert- und Normvorstellungen zu einem Eigenurteil anregen und bisweilen in ein Richteramt drängen. Damit wurde – und das gilt es abschließend hervorzuheben – lediglich die offensichtlichste Variante von Rezipienten-als-Richtern demonstriert. Der hier diskutierte *sensus communis* ist jedoch nicht allein quasi-richterlichen Leserurteilen vorbehalten, sondern kann als eine zentrale Dimension ästhetischer Urteile im Allgemeinen vermutet werden. Das allerdings wäre Gegenstand einer weitaus umfangreicheren Untersuchung.

Literatur

Anonym. 1993. [Art.] urteilen. In *Etymologisches Wörterbuch des Deutschen*, Hrsg. Wolfgang Pfeifer et al. Digitalisierte und von Wolfgang Pfeifer überarbeitete Version im Digitalen Wörterbuch der deutschen Sprache. https://www.dwds.de/wb/etymwb/urteilen (zuletzt zugegriffen am 2. September 2022).

Baumgarten, Alexander G. [1750] 2007. *Ästhetik*. Teil 1: *§§ 1–613. Lateinisch – Deutsch*, Übers., mit einer Einführung, Anmerkungen und Register hrsg. Dagmar Mirbach. Hamburg: Felix Meiner.

Breitinger, Johann Jacob. (1741). Vorrede. In *Bodmer, Johann Jacob: Critische Betrachtungen über die poetischen Gemählde der Dichter*. Zürich: Conrad Orell und Comp./Leipzig: Johann Friedrich Gleditsch, fol.)(2r.–)(8v.

Dietrich, Frank. ^{2}2021. Recht als Sonderfall einer Normordnung. In *Handbuch Rechtsphilosophie*, Hrsg. Eric Hilgendorf und Jan C. Joerden, S. 3–8. Stuttgart: J. B. Metzler.

Döblin, Alexander. [1924] 1992. *Die beiden Freundinnen und ihr Giftmord*. Olten: Walter.

teilsspruch des Richters oder der Richterin als „eine sog. Tatsachenentscheidung, also eine Feststellung, die im Verfahren nicht mehr angezweifelt werden kann. Ein solches Verfahren, das bestimmte Feststellungen gewisser Personen als unanfechtbar auszeichnet, fehlt in der Kunstkritik jedoch".

Frege, Gottlob. [1919] 1966. Der Gedanke. Eine logische Untersuchung. In ders. *Logische Untersuchungen*, Hrsg. Günther Patzig, S. 30–53. Göttingen: Vandenhoeck & Ruprecht.

Gabriel, Gottfried. 1975. *Fiktion und Wahrheit. Eine semantische Theorie der Literatur*. Stuttgart/Bad Cannstatt: frommann holzboog.

Hilgendorf, Eric. ^{2}2021. Werturteilsproblematik im Recht. In *Handbuch Rechtsphilosophie*, Hrsg. ders. und Jan C. Joerden, S. 258–263. Stuttgart: J. B. Metzler.

Hilgers, Thomas. 2015. Was ist ein ästhetisches Urteil? In *Affekt und Urteil*, Hrsg. ders. et al., S. 2–48. Paderborn: Wilhelm Fink.

Höcker, Arne. 2016. Der Fall der Literatur: Beobachten – Zitieren – Urteilen. In *Paradigmatische Fälle. Konstruktion, Narration und Verallgemeinerung von Fall-Wissen in den Geistes- und Sozialwissenschaften*, Hrsg. Ruben Hackler und Katherina Kinzel, S. 67–86. Basel: Schwabe.

Jacobs, Jürgen. 1972. *Wilhelm Meister und seine Brüder. Untersuchungen zum deutschen Bildungsroman*. München: Wilhelm Fink.

Kablitz, Andreas. 2009. Bekenntnisse des Hochstaplers Felix Krull: Der unreliable narrator und die Struktur der Fiktion. In *comparatio* 1(1): S. 113–144.

Kant, Immanuel. [1790] 1900ff. Kritik der Urteilskraft [KdU]. In *Kants gesammelte Schriften, Werke. Band V: Kritik der praktischen Vernunft, Kritik der Urteilskraft*, Hrsg. königlich preussische Akademie der Wissenschaften [= AA]. Berlin: G. Reimer.

Kanz, Claudia. 2009. *Der Erzähler Felix Krull. Thomas Mann unernste Bekenntnisse*. Marburg: Tectum.

Kertzer, Jon. 2016. Literature and Law: Consensus and the Art of Disagreement. *University of Toronto Quarterly* 85(2): S. 1–24.

Klinger, Florian. 2015. Urteil und Leben. In *Affekt und Urteil*, Hrsg. Thomas Hilgers et al., S. 13–22. Paderborn: Wilhelm Fink.

Kurbacher-Schönborn, Frauke A. 2001. [Art.] Urteil, ästhetisches. In *Historisches Wörterbuch der Philosophie* [Onlineversion], Hrsg. Joachim Ritter, Karlfried Gründer, und Gottfried Gabriel. Basel: Schwabe. DOI: https://doi.org/10.24894/HWPh.4507.

Kutschera, Franz von. ^{2}1998. *Ästhetik*. Berlin/New York: De Gruyter.

Lange-Kirchheim, Astrid. 2015. [Art.] Gender Studies. In *Thomas Mann Handbuch. Leben – Werk – Wirkung*, Hrsg. Andreas Blödorn und Friedhelm Marx, S. 364–372. Stuttgart: J. B. Metzler.

Macdonald, Margaret. 1954. Some Distrinctive Features of Arguments used in Criticism of the Arts. In *Essays in Aesthetics and Language*, Hrsg. William Elton, S. 114–130. Oxford: Blackwell.

Mann, Thomas. [1922/1937/1954] 2012. *Die Bekenntnisse des Hochstaplers Felix Krull. Der Memoiren erster Teil*, Hrsg. u. textkritisch durchges. Thomas Sprecher und Monica Bussmann, in Zsm. mit Eckhard Heftrich. Frankfurt a. M.: S. Fischer.

Meier, Albert. 2011. [Art.] Wertung. In *Lexikon Literaturwissenschaft. Hundert Grundbegriffe*, Hrsg. Gerhard Lauer und Christine Ruhrberg, S. 357–360. Stuttgart: Reclam.

Menke, Christoph. 2013. *Die Kraft der Kunst*. Berlin: Suhrkamp.

Musil, Robert. [1930] 2006. *Der Mann ohne Eigenschaften*. Bd. 1. Hrsg. von Adolf Frisé. 13. Aufl. nach der neu durchgesehenen und verbesserte Ausg. von 1978. Reinbek b. Hamburg: Rowohlt.

Nabokov, Vladimir. [1955] ^{5}2003. *Lolita*. Dt. von H. Hessel et al., bearb. von D. E. Zimmer. Reinbek b. Hamburg: Rowohlt.

Schöll, Julia. 2005. „Verkleidet also war ich in jedem Fall“. Zur Identitätskonstruktion in *Joseph und seine Brüder* und *Bekenntnisse des Hochstaplers Felix Krull*. In *Thomas Mann Jahrbuch* 18: S. 9–29.

Schwarte, Ludger. 2012. *Vom Urteilen. Gesetzlosigkeit, Geschmack, Gerechtigkeit*. Berlin: Merve.

Sprecher, Thomas. 2015. [Art.] *Bekenntnisse des Hochstaplers Felix Krull* (1922/1937/1954). In *Thomas Mann Handbuch. Leben – Werk – Wirkung*, Hrsg. Andreas Blödorn und Friedhelm Marx, S. 78–87. Stuttgart: J. B. Metzler.

Stenzel, Jürgen. 2007. [Art.] Wertung. In *Reallexikon der deutschen Literaturwissenschaft*, Neubearbeitung, gem. mit Harald Fricke, Klaus Grubmüller und Jan-Dirk Müller. Bd. III: *P–Z*, S. 837–840. Berlin/New York: De Gruyter.

Strube, Werner. 2011. [Art.] Ästhetik. In *Lexikon Literaturwissenschaft. Hundert Grundbegriffe*, Hrsg. Gerhard Lauer, und Christine Ruhrberg, S. 25–29. Stuttgart: Reclam.

van Zantwijk, Temilo; Gabriel, Gottfried, und Ogorek, Regina. 2001. [Art.] Urteil. In *Historisches Wörterbuch der Philosophie* [Onlineversion], Hrsg. Joachim Ritter, Karlfried Gründer und Gottfried Gabriel. Basel: Schwabe. DOI: https://doi.org/10.24894/HWPh.5515.

Wihstutz, Benjamin. 2017. Gerichtsbarkeit. Über politisches und ästhetisches Urteilen im Theater. In *Recht fühlen*, Hrsg. Sigrid G. Köhler et al., S. 81–93. Paderborn: Wilhelm Fink.

Winko, Simone. ^{5}2013. [Art.] Wertung, ästhetische/literarische. In *Metzler Lexikon Literatur- und Kulturtheorie. Ansätze – Personen – Grundbegriffe*, Hrsg. Ansgar Nünning, S. 799–800. Stuttgart/Weimar: J. B. Metzler.

Die Macht im Parterre. Das Schaubühnenpublikum als Kunstrichter im Spiegel der Theaterjournale des 18. Jahrhunderts

Hans-Joachim Jakob

1 Das Theaterpublikum und seine ureigensten Interessen

Befasst man sich mit Quellen zum Verhalten von Zuschauerinnen und Zuschauern in der Schaubühne des 18. Jahrhunderts, ist der Unterschied zum 20. und 21. Jahrhundert sofort greifbar. Das zeitgenössische Theaterpublikum verharrt während der Aufführung in der Regel auf seinen Sitzplätzen, spendet zum Stückende erwartungsgemäß Applaus und äußert nur selten hörbar seinen Unmut. Ausnahmen bestätigen die Regel: Lautstarke Bekundungen von Unzufriedenheit über das soeben Gesehene können sich zum Theaterskandal entwickeln, dokumentiert in der Presse oder durch virale Mitschnitte des Geschehens. Ist das geräuschvolle Auditorium also aktuell die Ausnahme im Theatergeschehen, war es im 18. Jahrhundert die Regel. Der Zuschauerraum diente den Zuhörerinnen und Zuhörern vernehmlich als Treffpunkt und Selbstdarstellungsforum, in dem geplaudert, geflirtet, geschäftlich verhandelt und gestritten wurde. Das gerade auf der Bühne ablaufende Stück war eher ein Begleitumstand. Die nur wenig unterschiedlichen Lichtverhältnisse zwischen Bühne und Publikumsraum taten ein Übriges – vom Zeitalter der Verdunkelung war man noch weit entfernt. Versucht man die individuellen Interessen der Zuhörer weiter zu differenzieren, spielt die Organisationsform des Theaters von der berüchtigten ‚Schaubude' der Wandertruppen im gemieteten Saal bis zum opulent ausgestatteten, zunächst dem Adel vorbehaltenen Hoftheater eine wichtige

H.-J. Jakob (✉)
Germanistik – Literaturdidaktik, Universität Siegen, Siegen, Deutschland

© Der/die Autor(en), exklusiv lizenziert an Springer-Verlag GmbH, DE, ein Teil von Springer Nature 2024

N. Celik und S. Speth (Hrsg.), *Rezipienten als Straf- und Kunstrichter*, Literatur und Recht 11, https://doi.org/10.1007/978-3-662-68307-1_3

Rolle. Dennoch: Ob mobiles oder stehendes Theater, das Publikum war in erster Linie an seinen eigenen Lustbarkeiten interessiert.[1]

Das entsprechende Repertoire hatte den Publikumsinteressen zu gehorchen. Wenn das Auditorium sich doch einmal der Bühne zuwandte, wollte es sich vordringlich amüsieren. Lachtheater im weitesten Sinne dominierte den Spielplan – von den vielgescholtenen Possenspielen und Hanswurstiaden über das unverwüstliche Lustspiel bis hin zu feinsinnigeren Hybridformen, die Komik und Rührung zu verbinden wussten. Die tragische Muse und generell Dramen mit negativem Ausgang fristeten hingegen ein Schattendasein im Repertoire, lediglich Spektakelstücke wie die wiederum berüchtigten Haupt- und Staatsaktionen der Wanderbühnen konnten neben dem Lachtheater bestehen. Das Publikum bekam, was es sehen wollte. Sollte das einmal nicht der Fall sein, brachte es seinen Unmut in unüberhörbarer Akustik durch Klopfen, Zischen und Pfeifen[2] zum Ausdruck – abgesehen vom Repertoire auch durchaus bezogen auf mangelhafte schauspielerische Leistungen und unbeliebte Akteurinnen und Akteure.

Die Vorlieben und Verhaltensauffälligkeiten des Auditoriums gerieten umgehend in den kritischen Fokus von aufklärerischen Theaterjournalisten und -reformern, wobei Johann Christoph Gottsched im deutschsprachigen Raum als Vordenker einer tiefgreifenden Funktionsmodifikation der Schaubühne zu gelten hat (vgl. bündig Heßelmann 2014a). Aber auch seine Nachfolger stritten für eine sittlich gereinigte Schaubühne, auf der zur moralischen Firmung des Auditoriums nun die Verherrlichung der Tugenden und die Verdammung der Laster stattfinden sollte, vorzüglich transportiert durch ein regelkonformes Trauerspiel. Das Publikum war mit einer derartigen Umwidmung seines Unterhaltungsmediums Theater alles andere als einverstanden und forderte mit bewährter Lautstärke seine alten theatralen Lieblingsformate zurück. Die Theaterpublizisten reagierten mit der Stigmatisierung des lärmenden Auditoriums als ‚Theaterpöbel', der für die Rezeption von moraldidaktisch ausgerichteten Schauspielen erst einmal diszipliniert und erzogen werden musste. Georg-Michael Schulz (1999, S. 483–485) hat für dieses Programm die einprägsame Formulierung „Krieg gegen das Publikum" vorgeschlagen. Zuseherinnen und Zusehern wird dabei alle aktivistische Teilnahme am Theatergeschehen abgesprochen, sie werden konsequent demobilisiert und haben in Passivität zu verharren. Die Augen sind auf die Bühne gerichtet und folgen dem Geschehen, abgesehen von kontrolliertem Applaus (idealiter nur am Schluss) haben keine weiteren akustischen Einmischungen zu erfolgen.

---

[1] Vgl. zu den Zeugnissen der historischen Theaterpublikumsforschung den kurzen Überblick bei Jakob 2014, S. 53–56, und die einschlägigen Sammelbände der Reihe „Proszenium" aus dem Heidelberger Winter-Verlag, besonders Korte und Jakob, Hrsg. 2012 und Korte, Jakob und Dewenter, Hrsg. 2014.

[2] Vgl. die Quellensammlung bei Korte, Jakob und Dewenter, Hrsg. 2014, S. 115–141, als Auswertung Korte 2014, S. 31–37.

Den Hang der Theaterreformer zur Publikumsbeschimpfung, vorzüglich geäußert in Distanzmedien wie Kultur-, Literatur- und Theaterzeitschriften,[3] konnten sich Theaterprinzipale, Direktoren, Schauspielerinnen und Schauspieler nicht leisten – die Schaubühne war ihre Existenzgrundlage, ein gezielter Affront gegen die zahlenden Zuschauer bedeutete das Ausbleiben der Gescholtenen bei der nächsten Vorstellung und somit empfindliche finanzielle Einbußen. Ein genau gegenteiliges Konzept zur Herabwürdigung des Auditoriums zum ‚Theaterpöbel' brachten die Theaterpraktiker in Anschlag: die Panegyrik der hochgeehrten Zuseherinnen und Zuseher. Ideales Textformat für derartiges Lob war die Theaterrede mit ihren diversen Unterformen der Geburtstagsrede, der Abschiedsrede, der Neujahrsansprache, des Prologs, der Eröffnungsrede, der Dankesrede, des Epilogs usw.[4] Theaterreden wurden in der Regel vom Prinzipal, Direktor oder Theaterdichter verfasst und bei besonderen Anlässen vor oder nach der Aufführung vorgetragen. Als Rednerinnen oder Redner dienten vorzüglich besonders populäre Schauspielerinnen und Schauspieler. Allen unterschiedlichen Redeanlässen zum Trotz hatte die sprachlich ausgefeilte Lobeshymne ein vordringliches Ziel: durch eine versierte *captatio benevolentiae* die Gewogenheit des Publikums zu erringen. In diesem Zusammenhang bildete sich die Setzung heraus, den Zusehern und Zuseherinnen die absolute Beurteilungskompetenz für das Geschehen auf der Bühne zuzumessen – und sie dadurch mit dem Status eines Kunstrichters zu nobilitieren, dessen Urteil Prinzipal und Akteure bedingungslos anzunehmen hatten. Diese Anrede konnte sich an das gesamte Auditorium im Schauspielhaus richten, speziell aber auch und gerade an das Publikum im Parterre (vgl. zur besonderen Rolle des Parterres Korte 2014, S. 14–31), das die größte räumliche Nähe zur Bühne aufwies und traditionell der Ort war, an dem sich die theaterkritische Intelligenz versammelte. Aus der Perspektive der Theaterpraktiker und ihrem Medium der Theaterrede rückten die Überlegungen zum (Parterre-)Publikum als Kunstrichter allmählich in die theaterkritische Publizistik vor. Auch Theaterjournalisten und -reformer transzendierten ihre pauschale Schelte des ‚Theaterpöbels' und nahmen zusehends das Parterre als tonangebende Kraft im Schauspielhaus in den Blick.

Das Auditorium als Kunstrichter im Theater bringt jedoch eine begriffliche Problematik mit sich, die sich nicht auflösen lässt. Das Problem liegt in der Definition von ‚Kunst'. Es erscheint mehr als auffällig, dass in Werner Strubes verdienstvoller Überblicksdarstellung zur Begriffsgeschichte des Terminus ‚Kunstrichter' eine wie auch immer definierte Theaterkunst nicht vorkommt (vgl. Strube 1975). Im Durchgang durch die einschlägigen Abhandlungen Gottscheds, Johann Jakob Bodmers, Johann Jakob Breitingers, Gotthold Ephraim Lessings, Friedrich Justus

---

[3] Vgl. zum Theaterzeitschriftenwesen der Aufklärung grundlegend Heßelmann 2002, zum Diskurs über das Publikum S. 391–413.

[4] Vgl. zu 60 Berliner Theaterreden aus dem Aufführungszeitraum von 1767 bis 1800 und den oben genannten Textsorten Jakob 2017, speziell zum Theaterprolog vorzüglich Wolf 2006 und Wolf 2008.

Riedels, Johann Georg Hamanns, Friedrich Gottlieb Klopstocks und Johann Gottfried Herders gibt es zwar Hinweise auf Dichtung und bildende Kunst, durchaus auch auf dramatische Texte, insbesondere Tragödien (vgl. Strube 1975, S. 52, 57 f., 78 [Shakespeare]). Wenn überhaupt erwähnt, erscheint der Zuständigkeitsbereich des Kunstrichters aber in erster Linie die Versdichtung oder die bildende Kunst zu sein. Das Schauspielhaus wurde hingegen mindestens im 18. Jahrhundert nicht als Stätte der Kunst und die Theateraufführung nicht als Kunstwerk wahrgenommen – das Theater war ein Ort, der primär der Unterhaltung diente. In einem langen und zähen Prozess des Imagewandels emanzipierte sich die Schaubühne von ihrem vormaligen Ruf als ‚Bretterbude', in der schlecht ausgebildete Akteure vor einem ungehobelten Publikum zweifelhafte Scharteken zum Besten gaben. Dieser Imagewandel beruhte auf Veränderungen, die alle Bereiche des Theaters betrafen – sei es die dosierte Aufnahme von moraldidaktisch wertvollen Lust- und Trauerspielen in das Repertoire (vgl. Heßelmann 2002, S. 104–124), die Einrichtung stehender Bühnen (vgl. Heßelmann 2002, S. 153–226), das Verständnis von Theater als Teilbereich staatlicher Kulturpolitik (vgl. Heßelmann 2002, S. 227–251), die Aufwertung des Schauspielerberufs und die soziale Absicherung der Schauspieler (vgl. Heßelmann 2002, S. 253–277), die Professionalisierung und Normierung der Abläufe im Theater (vgl. Heßelmann 2002, S. 279–328), die theoretische Grundlegung und praktische Vermittlung der Schauspielkunst (vgl. Heßelmann 2002, S. 329–372) und schließlich die Disziplinierung des Publikums. Erst ein derartig idealisierter Tempel der Musen erscheint als adäquates Forum der Kunst.

Wo liegt nun aber in einer Aufführung das Anschauungsfeld für den Kunst- oder besser Theaterrichter – im Dramentext, in der Inszenierung, in den schauspielerischen Leistungen, gar in den Kostümen und Theaterbauten? Oder im Zusammenwirken aller Komponenten? Gerade der Dramentext, mithin der vornehmste Zuständigkeitsbereich des Kunstrichters als Literaturrichter, erweist sich in der Theaterpraxis als hochgradig prekäres Format. Theatermacher und -dichter sahen sich nicht als Gralshüter der Texttreue und Bewahrer des dramatischen Kunstwerks, sondern kürzten die Vorlagen rigoros zusammen, fügten gegebenenfalls Zwischenspiele ein und modifizierten den Ausgangstext radikal auf die Interessen des Publikums hin.[5] Vom ursprünglichen Kunstwerk blieb da nicht viel übrig.

Ist der Status von Theater als Ort der Kunstbetrachtung im 18. Jahrhundert also mindestens diskussionsbedürftig, so sollen in der Folge dennoch einige Zeugnisse gesichtet werden, in denen es um Figuren geht, die einem Kunstrichter – als Theaterrichter – zumindest nahekommen. Das ideale Publikationsforum derartiger Schilderungen und Überlegungen ist die Theaterzeitschrift. Auch ihre Vorgängerin vor der Ausdifferenzierung des Journalmarkts in verschiedene Sparten, die Moralische Wochenschrift, wird in einem Beispiel zu Rate gezogen. Darauf folgen drei frühe Theaterreden und eine Abhandlung, die sich mit dem Parterre beschäftigt,

[5] So wurden z. B. allzu tragische Trauerspiele kurzerhand mit einem glücklichen Ende versehen.

nun endgültig gezogen aus drei Theaterjournalen. In einem Ausblick geht es abschließend um die Textform, die der Autorität des Kunst- und Theaterrichters entgegengesetzt werden sollte: das Theatergesetz. Die Quellenauswahl ist dabei bis auf Weiteres punktuell und sicherlich auf breiterer Basis ausdehnbar.

2 Vorspiel auf dem Londoner Theater – der „Kistenmacher"

Schaubühne und Schauspielerei waren nicht eben die bevorzugten Themen in den deutschsprachigen Moralischen Wochenschriften, wurde das Geschehen auf dem Theater doch mit Verstellung, Lüge und Unmoral in Verbindung gebracht und stand so einer gottesfürchtigen, aufrechten und biederen Gesinnung direkt entgegen. Wolfgang Martens (1968, S. 469–492 [„Die Schaubühne"]) hat in seiner klassischen Studie zu den Moralischen Wochenschriften dann aber doch eine erkleckliche Anzahl von Quellennachweisen zum Thema Theater sammeln können. Für die Herausgeber der Wochenschriften gewann das zeitgenössische Theater in dem Moment an Relevanz, in dem die aufgeführten Lust- und Trauerspiele die Tugenden anpriesen und die Laster verdammten und somit dem Programm der Wochenschriften direkt entsprachen. Beurteilungen von Stücken und ihrer performativen Umsetzung blieben dabei aber selten.[6]

Die Moralischen Wochenschriften hatten ihren Ursprung in England und verbreiteten sich zunächst als Übersetzungen englischer Journale auf dem Kontinent, etwa im Fall von *The Spectator* (1711–1712, 1714) von Richard Steele und Joseph Addison, unter dem Titel *Der Zuschauer* (1739–1744, 2. erweit. Aufl. 1749–1751)[7] im translatorischen Teamwork erarbeitet von Luise Adelgunde Gottsched, ihrem Mann und Johann Joachim Schwabe.[8] In den englischen Journalen ist die darstellende Kunst offenbar verstärkt Thema, sicherlich auch bedingt durch die Nähe der Theatermetropole London,[9] wenn im folgenden Beispiel auch nicht in Form einer Theaterkritik. Der Berichterstatter („Mr. Spectator") referiert Gerüchte,

---

[6] Martens 1968, S. 483 f.: „Wenn der ‚Leipziger Zuschauer' [...] oder der ‚Hofmeister' [...] einmal ausführlich über Ereignisse der Leipziger Szene sprechen und dabei Stück, Aufführung sowie die Leistung der einzelnen Schauspieler beurteilen, so ist das die Ausnahme. So wie man sich nicht zu eigentlicher Literaturkritik nach Art der literarisch-kritischen Zeitschriften befugt fühlt – *es kleidet einen Wochenschriftsteller nicht zum besten, wenn er sich in das kritische Handgemenge der Kunstrichter einmischen will* –, so treibt man auch keine etwa gar sich regelmäßig fortsetzende Theaterkritik."

[7] Textgrundlage: Der Zuschauer 1751, S. 330–333. In der Folge abgekürzt als „Z" mit bloßer Nennung der Seitenzahl.

[8] Vgl. zum *Spectator* Stürzer 1984, S. 175–197, zur deutschen Übersetzung Knight und Peitsch 1992 und Brown 2012, S. 84–107 („Journalism").

[9] Stürzer 1984, S. 178: „Wie bereits erwähnt, stellte die Bühne aufgrund ihrer Verbindung von Literatur und Öffentlichkeit den naheliegendsten Ausgangspunkt für eine populäre Zeitschriftenkritik dar."

dass sich auf der oberen Galerie des „Comödienhauses" (Z, S. 330) ein ganz besonderer Zuschauer eingefunden hat, der sich selbst in die Rolle eines Kunst- respektive Theaterrichters versetzt hat. Seine Spezialität besteht darin, bei besonders gelungenen Dialogen oder Aktionen während einer Aufführung ein akustisches Signal zu setzen, indem er „seinen Beyfall durch einen lauten Schlag auf den Bänken oder dem Tafelwerke ausdrücket, welchen man über das ganze Haus hören kann" (Z, S. 330). Dieser mysteriöse Zuseher wird „unter dem Namen des Kistenmachers" (Z, S. 330)[10] gefasst, da es sein könnte, dass es sich tatsächlich um einen Handwerker handelt. Es kursieren mehrere Geschichten über die Herkunft und Profession des Kistenmachers, manche Zuschauer halten ihn sogar für ein „Gespenst" (Z, S. 330).[11] Der Berichterstatter macht sich daran, der Sache auf den Grund zu gehen und stellt fest, dass der Kistenmacher „ein dicker schwarzer Mann sey, den kein Mensch kennet" (Z, S. 331). Sein *modus operandi* lässt sich folgendermaßen beschreiben: „Man sieht ihn [den Kistenmacher] niemals lachen; allein, so bald er etwas höret, das ihm gefällt, so hebt er seinen Stab mit beyden Händen in die Höhe, und schmeißt ihn mit einer unglaublichen Stärke auf das nächste Stück Bauholz, das neben ihm steht" (Z, S. 331). Sein ästhetisches Urteil über die Güte des Stücks und die schauspielerischen Leistungen erscheint dabei unfehlbar: „Man hat bemerket, daß sein Schlag allemal so gehörig angebracht wird, daß auch der verständigste Kunstrichter niemals etwas dawider sagen könnte" (Z, S. 331). Der Kistenmacher animiert durch sein akustisches Signal schließlich auch das weitere Publikum im Schauspielhaus dazu, durch Szenenapplaus besonders gelungene Stellen zu honorieren. Sogar der Direktor des Theaters ist auf seinen auf Holz klopfenden Theaterrichter aufmerksam geworden und hat für ihn, als er anscheinend krank war und das „Comödienhaus" nicht besuchen konnte, einen Ersatzmann eingesetzt, dessen Klopfzeichen aber an den falschen Stellen zum Einsatz gelangten. Die Verzückung des Kistenmachers über schauspielerische und dramatische Qualität mündet in wahre Zerstörungsorgien:

> Zuweilen spielet er in der Oper; und man saget, daß er bey den ersten Spielen des Nicolins vor großem Vergnügen drey Bänke zu Drümmern geschlagen. Bey dem Dogget hat er ein halb Dutzend eichene Bohlen eingeschmissen, und aus einem Trauerspiele des Schakespear geht er sehr selten, ohne das Holzwerk in einem zerstümmelten Zustand zu lassen. (Z, S. 332)

Die möglichen Anspielungen auf den Sänger Nicolo Francesco Leonardo Grimaldi (1673–1732), genannt Nicolini, und den Schauspieler Thomas Doggett (ca. 1640–1721) illustrieren die Freude des Kunstrichters über großartiges performatives Geschick, nun auch im Musiktheater. Mit Shakespeare kommt ohnehin die theatrale

[10] Vgl. zur Figur des Kistenmachers Stürzer 1984, S. 193 („*Trunk-maker in the Upper-Gallery*").

[11] Man fühlt sich an die viel spätere Gestaltung eines höchst rätselhaften Theaterbesuchers erinnert, die Gaston Leroux in seinem berühmten Theaterroman *Le fantôme de l'opéra* (1910) zum Leitthema machen sollte. Vom Kistenmacher geht im Vergleich dazu aber nichts Bedrohliches aus.

Kanon-Größe schlechthin ins Spiel. Die Schauspielerinnen und Schauspieler des „Comödienhauses“ sind von den akustischen Akzentsetzungen ihres Kunstrichters begeistert, kommen für die entstandenen Schäden auf und verfolgen sogar den Plan, „eine Art eines hölzernen Amboßes“ (Z, S. 332) einzurichten, damit der Kistenmacher nicht weiter die Inneneinrichtung demoliert. Der Berichterstatter betont die immense Nützlichkeit des Theaterrichters für die Schaubühne und das Auditorium. Seine Qualitätskontrolle bringt sogar verborgene Talente ans Licht: „Es ist gewiß, daß der Kistenmacher manches gute Spiel gerettet, und manchen angenehmen Schauspieler in Aufnehmen gebracht hat, dessen man sonst nicht gewahr geworden wäre“ (Z, S. 332). Das Publikum reagiert beschämt, wenn es für etwas Applaus spendet, was der Kistenmacher nicht akustisch hervorhebt. Kritische Stimmen, die dem Mann mit dem Stab vorwerfen, bestochen worden zu sein, lässt der Berichterstatter nicht gelten. Der unglaubliche energetische Aufwand, mit dem der Kunstrichter das Instrument seines Urteils handhabt, demonstriert seinen unbedingten Wahrheitsanspruch:

> Seine Schläge sind allezeit gerecht, und seine Ermunterungen billig; er theilet sie nicht blindlings aus, sondern greift seine Sache allemal am rechten Orte an. Die unbeschreibliche Gewalt, womit er zuschmeißt, giebt selbst ein klares Zeugniß von der Stärke seiner Ueberzeugung ab. Sein Eifer für einen guten Schriftsteller ist gewiß grausam, und schlägt alle Umzäunungen und Abtheilungen, alle Dielen und Planken zu Boden, die dem Ausdrucke seines Beyfalles im Weg stehen. (Z, S. 333)

Abschließend stellt der Berichterstatter Überlegungen zur Nachfolge des Kistenmachers an. Er plädiert dafür, dass die Theaterleitung nach dem Ableben des Manns mit dem Stab „irgend einen handfesten Kunstrichter zu seinem Amte erwählen, und ihm ein billiges Gehalt auf Lebenszeit setzen möchte“ (Z, S. 333) – mithin der Vorschlag der Institutionalisierung eines akustischen Tonangebers. Dieser muss nun allerdings zwei recht unterschiedliche Qualifikationen mitbringen – „die stärksten Proben einer gesunden Urtheilskraft, und eines starken Armes“ (Z, S. 333). Der neue Kistenmacher müsse dazu in der Lage sein, dass er „so wohl einen Ochsen erschlagen, als eine Auslegungsschrift über Horazens Dichtkunst schreiben könnte“ (Z, S. 333).

Die wohl kaum gänzlich unironische Schlusswendung lenkt den Blick auf den satirischen Impetus des Textes und die groteske Vision von unüberschaubaren Bergen zerstörten Mobiliars, die der Kunstrichter hinter sich zurücklässt. Daneben entwirft die Skizze das Bild einer von der Allgemeinheit abgehobenen ästhetischen Urteilsinstanz. Der Kistenmacher kommuniziert über seine Klopfzeichen, ansonsten gibt es keinen Austausch zwischen ihm und weiteren Zusehern. Dennoch legt er Wert darauf, dass das Publikum seine Vorgaben in allgemeinen Applaus umsetzt, was es auch bereitwillig tut. Gleichfalls großes Ansehen genießt der Theaterrichter bei den Akteurinnen und Akteuren auf der Bühne und beim Theaterdirektor. Der signifikanteste Unterschied zwischen dem Kistenmacher in London und den tonangebenden Theaterkreisen auf dem Kontinent besteht in seinem Aufenthaltsort im „Comödienhaus“. Er sendet seine Klopfzeichen aus der oberen

Galerie, mithin aus dem Teil des Schauspielhauses, für den eher günstige Theaterkarten verkauft wurden, und gerade nicht aus dem kulturell elitären Parterre.

3 Drei Theaterreden des Jahres 1767 in Hamburg und Berlin

Auch wenn die Theaterreden in den Theaterjournalen einen respektheischenden Raum einnehmen – in den 150 überlieferten einschlägigen Periodika finden sich ca. 600 Theaterreden[12] –, handelt es sich beim Abdruck lediglich um eine Zweitverwertung. Der genuine Kommunikationskontext eines Theaterprologs, -epilogs usw. bestand in seiner kunstvollen Deklamation vor oder nach einer Aufführung, mithin in der mündlichen Form und nicht in der schriftlichen. Eröffnungsreden für ein neu in der Stadt angekommenes Wandertheater oder für eine neue Spielzeit haben dabei ein ganz besonderes Gewicht, musste das Publikum doch vordergründig für die am gleichen Spätnachmittag und Abend folgenden Darbietungen in den Bann geschlagen werden und – im Idealfall – auch gleich für alle Aufführungen nach dem Premierentag. Entsprechend hoch war der Erwartungsdruck im Hinblick auf die Eröffnungsrede.

Am 22. April 1767 eröffnete das Hamburger Theater mit dem Trauerspiel *Olint und Sophronia* (1760) von Johann Friedrich von Cronegk (1731–1758) (vgl. grundlegend Heßelmann 2014b, als Handlungsübersicht des Trauerspiels S. 66 f.). Lessing vermerkt diese Premiere im ersten Stück seines Theaterjournals *Hamburgische Dramaturgie* (1767–1769), das als publizistische Begleitung des Hamburger Theaterunternehmens konzipiert war.[13] Der Neustart einer Bühne mit einem Trauerspiel erscheint als riskanter Coup, war die tragische Muse doch aus bekannten Gründen beim Publikum nicht eben beliebt.[14] Zur Besänftigung der Zuseher gab es nach dem Trauerspiel noch ein kurzes Lustspiel.[15] Eingerahmt wurde der Theaterabend durch einen Pro- und einen Epilog ohne Verfasserangabe. Nachdem Lessing *Olint* und Sophronia ausführlich behandelt hat (HD, S. 187–212), widmet er sich den Rahmungstexten, die er komplett zitiert. Der Prolog (HD, S. 213–215),

[12] Vgl. das Register R 13 in: Bender, Bushuven und Huesmann 1994, Bd. 2, S. 1011–1017; Bender, Bushuven und Huesmann 1997, Bd. 3, S. 1301–1310; Bender, Bushuven und Huesmann 2005, Bd. 3, S. 1409–1415.

[13] Textgrundlage: Lessing [1767] 1985, S. 181–694. In der Folge abgekürzt als „HD" mit bloßer Nennung der Seitenzahl.

[14] Bereits in der „Ankündigung" (HD, S. 183–186) betont Lessing die unhintergehbare Beurteilungskompetenz des Publikums: „An Fleiß und Kosten wird sicherlich nichts gesparet werden: ob es an Geschmack und Einsicht fehlen dürfte, muß die Zeit lehren. Und hat es nicht das Publikum in seiner Gewalt, was es hierin mangelhaft finden sollte, abstellen und verbessern zu lassen? Es komme nur, und sehe und höre, und prüfe und richte. Seine Stimme soll nie geringschätzig verhöret, sein Urteil soll nie ohne Unterwerfung vernommen werden!" (HD, S. 184).

[15] „Den Beschluß des ersten Abends machte der Triumph der vergangenen Zeit, ein Lustspiel in einem Aufzuge, nach dem Französischen des le Grand" (HD, S. 212).

gesprochen von Madame Löwen, statuiert die Theaterkunst geradezu als moralisches Korrektiv für alle ruchlosen Tyrannen und für alle diejenigen, die weiteren Lastern zum Opfer gefallen sind. Die rhetorisch ausgefeilte Adressierung des edlen Publikums erfolgt ganz zum Schluss. Es mutet topisch für eine Eröffnungsrede an, dass die Theatergesellschaft in der jeweiligen Stadt ihrer Spielstätte einen sicheren Hafen gefunden hat, um nun ihre Kunst ungestört zelebrieren zu können:

> In Hamburg fand sie [die Kunst] Schutz: hier sei denn ihr Athen!
> Hier, in dem Schoß der Ruh, im Schutze weiser Gönner,
> Gemutiget durch Lob, vollendet durch den Kenner;
> Hier reifet – ja, ich wünsch', ich hoff, ich weissag' es! –
> Ein zweiter Roscius, ein zweiter Sophokles,
> Der Gräciens Kothurn Germaniern erneure:
> Und ein Teil dieses Ruhms, ihr Gönner, wird der Eure.
> O seid desselben wert! Bleibt Eurer Güte gleich,
> Und denkt, o denkt daran, ganz Deutschland sieht auf Euch! (HD, S. 215)

Die Erhebung des verehrten Publikums in den Rang des Kunstrichters erfolgt eher zögerlich und betrifft nur ganz bestimmte Bereiche. Die Zuhörer sind denn auch eher „Gönner" als unerbittliche Kritiker, das Ensemble heischt explizit nach „Lob" und nicht nach Kritik. Beim erlauchten Kreis der Theatergäste handelt es sich aber ganz eindeutig um „Kenner". Erst durch ihre Expertise können Spitzenleistungen in der Schauspielkunst („Roscius") und in der Dramenproduktion („Sophokles") nun auch in Hamburg gedeihen. Hervorstechende Charaktereigenschaft der verschworenen Gemeinschaft der Kenner muss aber ihre „Güte" sein.

Der Epilog (HD, S. 215–217), gesprochen von Madame Hensel, setzt wiederum andere Schwerpunkte. Der Epilog arbeitet die Märtyrerthematik von *Olint* und Sophronia heraus und weist dem hochgeehrten Publikum („Ihr Freund'", HD, S. 216) feinsinnige Emotionalität zu, die das schreckliche Geschehen auf der Bühne angemessen im Sinne einer ‚Dramaturgie der Träne' zu rezipieren weiß („Habt Dank für dies Gefühl, für jede Träne Dank!", HD, S. 216). Das Weinen als Ausdruck der höchsten Anteilnahme weitet der Epilog dann gleich auf das Andenken des früh verstorbenen Dramatikers Cronegk aus. Die eindringlichste Publikumsadressierung erfolgt erneut am Ende:

> Uns aber, edle Freund', ermuntre Gütigkeit;
> Und hätten wir gefehlt, so tadelt; doch verzeiht.
> Verzeihung mutiget zu edelerm Erkühnen,
> Und feiner Tadel lehrt, das höchste Lob verdienen.
> Bedenkt, daß unter uns die Kunst nur kaum beginnt,
> In welcher tausend Quins, für einen Garrick sind;
> Erwartet nicht zu viel, damit wir immer steigen,
> Und – doch nur Euch gebührt zu richten, uns zu schweigen. (HD, S. 216 f.)

Wie der Prolog mahnt auch der Epilog „Gütigkeit" als wichtigste Eigenschaft des Auditoriums an. Im Vergleich zum Prolog wird die Möglichkeit der Kritik – „so tadelt" – aber ausdrücklich eingeräumt. Die angebrachten Monita müssen aber konstruktiv sein, erst „Verzeihung" und „feiner" (!) „Tadel" spornen die Akteurinnen und Akteure zu besseren Leistungen an. Ohnehin ist das Verhältnis von durchschnittlichen zu herausragenden Darstellungen in der Schauspielkunst ungünstig verteilt, der Epilog hält James Quin gegen den Theaterstar David Garrick.[16] Außerdem verhindert eine niedrige Erwartungshaltung Enttäuschungen. Die letzte Zeile konstituiert das Publikum endgültig als Kunstrichter, „doch nur Euch gebührt zu richten, uns zu schweigen."[17]

In der *Hamburgischen Dramaturgie* sind der Pro- und Epilog ohne Verfasserangabe abgedruckt, was in der publizistischen Praxis wahrlich kein Ausnahmefall war. Das Berliner Pendant zum Hamburger Pro- und Epilog, die *Rede nach der ersten Vorstellung auf dem Döbbelinischen Theater zu Berlin im Jahre 1767 gehalten von Madame Döbbelin*, aufgeführt am 10. Dezember 1767 (vgl. Wahnrau 1957, S. 100), wenn auch erst 24 Jahre später in den *Annalen des Theaters* gedruckt,[18] gibt Karl Wilhelm Ramler als Verfasser an (vgl. zu Ramlers Leben und Werk umfassend Bach 2022, zu seinen Theaterreden S. 82–92). Mit sieben Druckseiten ist die Theaterrede die umfangsreichste, die in Berlin deklamiert und in einer Theaterzeitschrift abgedruckt wurde. Ramler unternimmt einen Rundumschlag, der den Theaterstandort Berlin als Refugium der Musen anpreist – wie der Prolog es für Hamburg unternommen hat – und ordnet bestimmten Publikumsgruppen besonders geeignete Dramen zu. Als anspruchsvolle Aufgabe sieht Ramler die Förderung und Professionalisierung der Schauspielkunst, die beim aktuellen Stand der Entwicklung durchgängig auf die Gunst und Nachsicht des Auditoriums angewiesen ist. Schließlich erscheint der Preis für eine Theaterkarte angesichts des Gebotenen angemessen, wenn man ihn mit den kostspieligen und ungesunden sonstigen Vergnügungen der Großstadt vergleicht. Ramler konstruiert dabei in seiner Anrede des Publikums – ähnlich wie im Hamburger Pro- und Epilog – eine idealisierte Gruppe der Schaubühnenliebhaberinnen und -liebhaber, nennt die Anwesenden „Gönner" (AT, S. 3, 8, 10), „Edelmüthige[]" (AT, S. 6) und „Kenner" (AT, S. 9). Ihre Kennerschaft beweisen die Zuschauer schon dadurch, dass sie mit den wechselhaften Fährnissen der Schauspielkunst bestens vertraut sind und performative Ausfälle generös zu verschmerzen wissen:

---

[16] Bohnen 1985, S. 959: „James Quin (1693–1766), engl. Schauspieler, an Bekanntheitsgrad an Garrick heranreichend, aber – im Gegensatz zu diesem – als Repräsentant eines veralteten Schauspielstils angesehen."

[17] Abgesehen davon taucht der Begriff „Kunstrichter" in der *Hamburgischen Dramaturgie* in verschiedenen Kontexten immer wieder auf und würde eine separate Studie zu Lessings Begriffsverwendung ohne weiteres rechtfertigen. Vgl. vorläufig Strube 1975, S. 60–64. Strube stützt sich überwiegend auf Lessings *Laokoon* und geht nur einigen wenigen Kunstrichter-Erwähnungen in der *Hamburgischen Dramaturgie* nach.

[18] Textgrundlage: *Annalen des Theater* 1791, S. 3–10. In der Folge abgekürzt als „AT" mit bloßer Nennung der Seitenzahl. Zu den *Annalen des Theaters* und ihrem Herausgeber Christian August Bertram vgl. kompakt Heßelmann 2002, S. 43, Anm. 8.

In euren Augen les' ich schon
Vergebung, nicht Beschämung. Ihr erkennet,
Wie schwer die Schauspielkunst. Nicht Einem ist vergönnet,
Daß er sie ganz erfüllt. Ihr wißt,
Daß in zweytausend Jahren
Vielleicht nur Roscius und Baron Meister waren,
Und Garrik: (der noch itzt der Abgott Englands ist,
Mit dem es lacht und weint, zagt, wütet, liebt und hasset)
Und dennoch blieben diese drey
Gewiß nicht fehlerfrey. (AT, S. 6 f.)

Im Vergleich zu den beiden Hamburger Theaterreden erscheint es auffällig, dass Ramler das Amt des Kunstrichters nicht in den letzten Zeilen der Rede festlegt, sondern eher beiläufig auf das richtende Publikum am Beginn seiner Apologie für die Kosten einer Theaterkarte eingeht:

Wie glorreich ist das Amt, das dich, Parterr', erhebt,
Amphitheater, dich, zum höchsten Richter
Der ganzen Schauspielkunst, der ganzen Kunst der Dichter,
Der Tonkunst, Mahlerkunst, Architektur,
Des Pantomimentanzes: –
Und dieß das ganze Jahr um vier Loth Goldes nur. (AT, S. 8)

Hier geht es nun um bestimmte Bezirke im Zuschauerraum: um das Parterre und das „Amphitheater" (die Logen) – und nicht nur um das Publikum ‚an sich'. Ausdrücklich ist die Rede vom „Amt" und vom „höchsten Richter", zu dem Parterre und Logen erhoben werden. Ihre unbedingte Beurteilungskompetenz bezieht sich jetzt nicht nur auf die Schauspielkunst, sondern auch auf die „Kunst der Dichter", also auf die Dramatik – so erscheint der Theaterrichter auch als Literaturkritiker. Darüber hinaus gilt sein Urteil aber auch für Artefakte des Musiktheaters („Tonkunst"), für das Bühnenbild („Mahlerkunst, Architektur") und für das Tanztheater. Die eingangs gestellte Frage nach dem Anschauungsfeld des Kunstrichters lässt sich mit Ramler dahingehend beantworten, dass der Theaterrichter über alle Teilbereiche des Theaterkunstwerks zu entscheiden hat, nicht nur über die schauspielerischen Leistungen oder den dramatischen Vorlagentext.

Für den Hamburger Pro- und Epilog und Ramlers Berliner Rede hat zu gelten, dass es sich bei der Nobilitierung des jeweils anwesenden Auditoriums um Setzungen handelt, um die Idealisierung der im Zuschauerraum Anwesenden gleichsam *ex cathedra*. Über die tatsächliche Eignung und die theaterkritische Qualifikation der heterogenen Zuschauergruppe, bei Ramler situiert im Parterre und in den Logen, sagt eine derartige Panegyrik hingegen wenig aus.[19]

---

[19] Abgesehen von den drei Beispieltexten wäre die Perspektive zu erweitern auf die Gesamtmenge der Theaterreden, die in den Theaterperiodika abgedruckt sind, darüber hinaus auf alle Theaterreden, die aus dem 18. Jahrhundert überliefert sind. Es wäre zu fragen, ob speziell in der Untergattung der Eröffnungsrede die Erhebung des Publikums – oder von Teilen des Publikums – zum Kunstrichter tatsächlich topische Qualität gewinnt.

4 Dem Parterre auf der Spur

Eine Abhandlung mit dem programmatischen Titel *Versuch über das Parterre* im 1775er-Band des langlebigen *Theater-Kalenders* aus Gotha[20] widmet sich dem Parterre dann ohne die Panegyrik auf das Publikum, die aus den Theaterreden geläufig war, sondern versucht die Zuschauergruppe direkt vor der Bühne phänomenologisch einzufangen.[21] Dem Abhandlungsautor mit dem Kürzel „E." (TK, S. 63) ist es um eine grundlegende Charakterisierung der Publikumsgruppe zu tun, wobei – im Unterschied zu allen bislang genannten Quellen – durchaus auch Kritik am Parterre anklingen kann.

Der Autor beginnt seine Ausführungen mit dem Statement, dass Kunstkritik (im weitesten Sinne) absolut unerlässlich ist, um die ausführenden Künstler zu Höchstleistungen anzuspornen. Das hat für einen Teilbereich besonders zu gelten: „Bey keiner Kunst aber ist die Beurtheilung unentbehrlicher als bey der Schauspielkunst" (TK, S. 47). Ausdrucksform und Korrektiv im Rahmen der Beurteilung ist dabei der Applaus: „Nichts kann also für die guten Schauspieler aufmunternder seyn, als der öffentliche Beyfall, und nichts für die Anfänger in der Kunst heilsamer, als das Urtheil billiger Richter" (TK, S. 47). Die Kompetenz für dieses Urteil wird nun nicht wie in den Hamburger Theaterreden und bei Ramler dem Auditorium automatisch untergeschoben.[22] Der Autor verortet die sachgerecht urteilenden Theater-Connaisseurs zwar in allen Teilen des Theaters – auf der Galerie, in den Logen, im Parterre –, muss aber dennoch festhalten, dass sich die theatrale Intelligenzia mitsamt ihrem Bewertungsanspruch merkwürdigerweise an einem Ort konzentriert: „Die Entscheidung des Urtheils ist dem Parterre allein überlassen. Dieses Vorrecht ist in der That höchst sonderbar" (TK, S. 48). In einem theatergeschichtlichen Rückblick verweist der Autor zunächst auf das antike Theater, in dem die Beifalls- und Unmutsbekundungen vom gesamten Publikum ausgingen und nicht nur von bestimmten Gruppen.[23] Ein Blick auf das Herkunftsland des Begriffs „Parterre" und die Theatermetropole Paris erbringt für die

[20] Textgrundlage: Theater-Kalender 1775, S. 47–63. In der Folge abgekürzt als „TK" mit bloßer Nennung der Seitenzahl. Zum *Theater-Kalender* und seinem Herausgeber Heinrich August Ottokar Reichard vgl. kompakt Heßelmann 2002, S. 49–51.

[21] Vgl. zum *Versuch über das Parterre* Korte 2014, S. 15–19, zum Parterre außerdem Wihstutz 2017, S. 87–91.

[22] „Wer über die Aktion des Schauspielers urtheilen will, muß Geschmack und Kenntniß in dieser Gattung der Dichtkunst, und in der Kunst des Schauspielers besitzen. Der größte Theil des Publikums besizt diese Eigenschaften nicht; er scheinet überhaupt auch aus keiner andern Ursache ins Schauspiel zu gehen, als um sich die Zeit zu vertreiben; höhere Absichten, die das Studium der Kunst voraussetzen, sind ihm unbekannt" (TK, S. 47 f.).

[23] Hier erscheinen die Zuschauerinnen und Zuschauer nun definitiv als Kunstrichter: „Vielmehr nahm das ganze Volk, so viel davon im Amphitheater versammlet war, an allen Arten der Beurtheilung Antheil. Es applaudirte, wenn der Schauspieler seine Rolle gut spielte, richtig deklamirte und accentuirte, so wie es zischte, pfiff oder pochte, wenn er sie nicht gut auswendig wußte, oder lange Sylben kurz und kurze lang aussprach" (TK, S. 50).

Datierung des ersten Parterres mitsamt tonangebendem Anspruch aber keine eindeutigen Daten. Und auch für den deutschsprachigen Raum erscheinen Festlegungen schwierig, gipfelnd in der Frage: „Aber, haben wir denn, oder bestimmter, hat man denn in denjenigen Städten Deutschlands, wo Schauspiele sind, ein Parterre?“ (TK, S. 53). Und nochmals dringt der Autor unerbittlich auf den Nachweis notwendiger ästhetischer Qualifikationen: „Giebt es Leute an einem Orte, wo Schauspieler sind, die Geschmack und Einsichten in die Kunst des Schauspielers besitzen, wodurch sie zur Entscheidung berechtiget werden?“ (TK, S. 53 f.). Statt diese Frage nun zu entscheiden, plädiert der Autor vielmehr für einen Parterre-Verhaltenskodex, der das zugewiesene Amt des Kunstrichters erst mit der nötigen Glaubwürdigkeit ausstattet. So fordert er neben Kennerschaft z. B. eine unparteiische Haltung, Unbestechlichkeit und ein diszipliniertes und geräuscharmes Gebaren im Zuschauerraum, das die komplette Aufmerksamkeit auf die Bühne zentriert und so adäquate Aussagen über Akteurinnen und Akteure überhaupt erst möglich macht. Auch eine gewisse Form der Zusammenarbeit zwischen Galerie und Parterre wäre denkbar – wenn das Parterre schweigt und die Galerie applaudiert, könnte das als beißender Spott ausgelegt werden und so die „Besserung der Schauspieler“ (TK, S. 56) befördern. Die alltägliche Theaterpraxis sieht aber leider ganz anders aus. Das Parterre ist missgünstig und korrumpierbar[24] und bedient sich gerade nicht subtiler Formen der Kritik wie „Stillschweigen“ (TK, S. 56), sondern setzt auf Lautstärke und Lärm, „Pfeifen und Pochen“ (TK, S. 56) – akustischer Terror, der Schauspieler nicht bessert, sondern höchstens traumatisiert. Im impliziten Verhaltenskodex muss die Urteilssicherheit des Kunstrichters hinzutreten, attraktive Schauspielerinnen nicht nach ihrem Aussehen, sondern nach der Güte der von ihnen zelebrierten Schauspielkunst zu klassifizieren. Überhaupt ist nochmals auf die Kernkompetenzen des Theaterrichters hinzuweisen: „Kenntniß“ und „Geschmack“ (TK, S. 57). Der Autor argumentiert, dass in der Erkenntnis die Theorie und die Regeln einer bestimmten Kunst gespiegelt werden. Der Geschmack des Kunstrichters erweitert das Spektrum dann auf die praktische Umsetzung und Ausführung einer Kunst. An dieser Stelle gilt es nun die Verdienste des Dramatikers, der ein überzeugendes Drama geschrieben hat, von denen des Schauspielers zu unterscheiden, der seine Rolle mit größter Eindringlichkeit gespielt hat – der Kunstrichter muss das „Werk des Dichters“ von dem „Werke des Schauspielers“ (TK, S. 58) klar trennen können.[25] Das Entscheidungsrecht des Parterres darüber, ob ein neues Stück so gut ist, dass es weitere Aufführungen von ihm geben kann,

---

[24] Gerade das Kunstrichteramt erscheint so höchst zweifelhaft: „Aber wo ist das Parterre, das sich dieses Rechts mit der Billigkeit und dem Anstande eines einsichtsvollen Richters bediente? bey den meisten artet es in Mißbräuche aus; es wird ein Raub der Kabbale, Partheylichkeit und jugendlicher Leidenschaften“ (TK, S. 56).

[25] Entsprechend unerfreulich sind die Konsequenzen, wenn beides durcheinandergerät: „Wenn die Glieder des Parterre, wie es denn oft zu geschehen pflegt, beydes vermischen, so begehen sie in ihrem Urtheil Ungerechtigkeiten; sie legen dem einen einen Werth bey, der einem andern gehört; sie machen den Schauspieler zum Dichter, und den Dichter zum Schauspieler“ (TK, S. 58).

oder so schlecht, dass es in der Versenkung der Theatergeschichte zu verschwinden hat, hängt von einem feinen Differenzierungsvermögen ab. Es gilt die Qualität (oder Minderwertigkeit) der literarischen Vorlage gegen die Güte (oder die Mängel) der schauspielerischen Umsetzung abzuwägen, um zu einem gerechten Urteil zu kommen, eine wahrlich anspruchsvolle Aufgabe.[26] Speziell in der Darstellungskunst sollte die Naturnachahmung die höchste Maxime sein. Ein kompetentes Parterre mit unbestechlicher Urteilsfindung erhält nun gewisse Privilegien. Die Zuschauergruppe direkt vor der Bühne ist die Adressatin der bereits erwähnten Theaterreden: „Die Anreden der Schauspieler geschehen an das Parterre“ (TK, S. 61). Die Gemeinschaft der Kunstrichter beansprucht außerdem das Recht des sogenannten Herausrufens. Nach der Vorstellung kann das Parterre also lautstark das erneute Heraustreten von Schauspielerinnen und Schauspielern erwirken, die in der gerade verstrichenen Vorstellung besondere Leistungen an den Tag gelegt haben. Das Parterre sichert sich sein Einflussrecht auf die Entscheidung, welches Stück am nächsten Tag aufgeführt werden soll, verhindert gegebenenfalls die Repertoirevorgabe der Direktion und fordert ein anderes Drama.[27] Das endgültige Votum über den Wert eines Stückes erfolgt schließlich durch den Schlussapplaus – einsetzend beim Wohlwollen und ausbleibend beim Missfallen der Kunstrichter. Das Aussetzen des Klatschens erscheint – wohlgemerkt – als Signum eines gesitteten Parterres, das nicht auf drastischere Formen des Protests gegen das soeben Gesehene setzte. In Theatermetropolen wie Paris oder London entschied das Parterre sogar darüber, ob ein Stück, dessen Inszenierung auf einem Manuskript oder einer Abschrift beruhte, nach der Premiere in den Druck gehen konnte. Die Gepflogenheit besteht in deutschen Landen nicht – es gibt sowohl Manuskriptfassungen als Vorlagen für eine Aufführung als auch gedruckte Dramen. Der Autor schließt mit dem Satz: „Es stehet einem jeden frey, diesen kleinen Codex der Rechte des Parterre, nach seinem Wohlgefallen mit noch andern Rechten zu vermehren; – aber daß ja keine Trommel und Pfeife mit unter die Zahl komme! –“ (TK, S. 63).

Die Abhandlung *Versuch über das Parterre* wirkt gerade durch den Vergleich mit den Hamburger Theaterreden und ihrem Berliner Pendant scharfsinnig und subtil in ihrer Beobachtung des Parterres. Anstelle der rhetorischen Inthronisation eines wie auch immer gebildeten Publikums in den Reden fordert der *Versuch* vom

[26] „Macht der Schauspieler ein gutes Stück schlecht, ein schlechtes gut, (wiewohl dieser Fall sehr selten seyn mag) ein gutes gut und ein schlechtes schlecht, so kömmt in der Beurtheilung, seine Aktion allemal mit in Anschlag, und er wird entweder frey gesprochen, und das Stück wegen seiner Unfähigkeit zur Vorstellung verdammt, oder das Stück freygesprochen, und der Akteur wegen seiner Ungeschicklichkeit getadelt“ (TK, S. 59).

[27] „Wenn es [das Parterre] merkt, daß man einen gewissen Akteur oder eine Aktrice zurücke setzen und sie verhindern will, ihre Talente zu zeigen; wenn es merkt, daß manche Stücke nur um deswillen vorgestellt oder wiederholt werden, damit immer nur der eine vorgezogen, und die andern neben ihm verdunkelt werden sollen, u.s.w. dann sucht es die Gleichheit der guten Schauspieler wieder herzustellen, und benennet auch wohl das Stück, das statt des abgekündigten aufgeführet werden soll“ (TK, S. 62).

Parterre umfassende Kenntnisse über die Schauspielkunst und im Hinblick auf die Dramen- und Theatergeschichte. Doch nicht nur eine vielseitige Bildung ist das Handwerkszeug des Kunstrichters. Sein geballtes Wissen muss mit einer offenen Geisteshaltung einhergehen, deren edelste – wenn auch nur schwer zu erreichende – Ausprägung die Objektivität ist. Soweit die Theorie. Im Theateralltag sieht es mit den Idealen dann schon weniger gut aus. Neben die bereits erwähnte drohende Korrumpierbarkeit des Parterres tritt immer wieder der wenig schmeichelhafte Begriff der ‚Anmaßung'[28] im Hinblick auf die tonangebende Zuschauergruppe, die sich gewisse Rechte herausnimmt und damit die anderen Zuseherinnen und Zuseher düpiert.

5 Ausblick: Kunst-Normierung: Theatergesetze

Insbesondere die Theaterreden setzen mindestens implizit auf ein ideales Publikum oder ein ideales Parterre, das nach der Aufführung in Begeisterungsstürme ausbricht und sein Lob direkt kundtut. Der Publizist aus dem *Theater-Kalender* hat hingegen auch die Kehrseite des Kunstrichteramts im Blick, die den Theaterprinzipalen und ihren Ensembles nicht gefallen haben dürfte: die Ablehnung und Kritik des gespielten Stücks oder der darstellerischen Leistungen.[29] Nahmen Direktoren und Akteure die Monita des Kunstrichters als gerechtfertigt wahr, besaßen sie die Möglichkeit, zumindest in der Zukunft für spielbarere Stücke und bessere Performanz zu sorgen – wenn sie nicht gleich darauf drangen, alle Abläufe auf und hinter der Bühne zu normieren und zu optimieren. Die geeignete Textsorte

[28] So indirekt im Hinblick auf die Galerie: „Letztere [die Galerie] hat sich nie das Recht angemaßt den Logen und dem Parterre in der öffentlichen Beurtheilung der Schauspieler vorzugreifen" (TK, S. 48). Im Rückblick auf das antike Rom: „Man sollte glauben, die römischen Senatoren und Ritter, würden sich vor den übrigen Zuschauern, ein besonderes Vorrecht in Beurtheilung der Schauspieler angemaßt haben; allein man findet keine Spur davon weder bey den Griechen noch Römern, ob man gleich in allen ihren Schriftstellern, die das Theater berührt haben, von Applaudiren, Akklamiren, Pfeifen und Auszischen vieles antrift" (TK, S. 49 f.). Und im Paris zur Zeit Molières: „Wahrscheinlich ist es, daß man schon angefangen haben muste, mit der Kunst des Schauspielers vertrauter zu werden, ehe man sich die Beurtheilung desselben überhaupt und das Parterre sich die Entscheidung besonders anmaste; denn wie kann man über etwas urtheilen, das man nicht versteht?" (TK, S. 52). Schließlich in deutschen Landen: „Auch in einigen Städten Deutschlands, wo sich von jeher Gesellschaften von Schauspielern aufgehalten haben und wo regelmäsige Schaubühnen aufgebauet worden sind, maßt sich das Parterre das Vorrecht der Entscheidung an" (TK, S. 53). Im gleichen Tenor: „Wenn nun auch an sich das Parterre bloß nur ein Ideal wäre; so haben wir doch eine gewisse Classe von Zuschauern, die sich diesen Namen beylegt; die sich gewisser Rechte anmaßt, und die, wenn sie nach und nach ihre Verbindlichkeiten beherzigen wollte, mit der Zeit dieses Ideal realisiren könnte" (TK, S. 54). „Das Parterre maßt sich zuweilen auch das Recht an, bey mündlicher Abkündigung der künftig zu spielenden Stücke, die Vorstellung eines Stücks zu verhindern, und hingegen die eines andern, zu befördern" (TK, S. 62).

[29] Vgl. dazu dezidiert Heßelmann 2002, S. 373–390 („Die Kritik der schauspielkünstlerischen Leistungen und die Reaktionen der Schauspieler").

für dieses weitreichende Vorhaben ist nun das Theatergesetz, nicht formaljuristisch z. B. im Sinne der lokalen Policeyordnungen, sondern als theaterinterner Regelkatalog unter den Bezeichnungen Hausordnung, Verordnung, Regularien, Reglement, Regulativ, Statut oder eben schlicht Theatergesetz – mit der Theaterzeitschrift als dem idealtypischen Ort seiner Veröffentlichung.[30]

Die Theaterbeteiligten setzten damit dem – je nach Perspektive – unterwürfig oder misstrauisch beäugten Kunst- und Theaterrichter mitsamt seinem gegebenenfalls wenig erfreulichen Urteil ein eigenes Gesetzeswerk entgegen, um kritischen Anwürfen eine möglichst kleine Angriffsfläche zu bieten – wenn sich denn alle Akteure auf und hinter der Bühne an die Verordnungen hielten. Derartige Regelsammlungen erließen die Theaterdirektionen schon aus dem Grund, um einer gegebenenfalls missliebigen lokalen Obrigkeit mit einem schriftlich niedergelegten Disziplinierungsprogramm für Schauspielerinnen und Schauspieler entgegenzukommen.[31] Ausgehend von der Maßregelung und Sanktionierung der angeblich liederlichen und zu unmoralischem Verhalten neigenden Akteure auf der Bühne entwickelten sich die Theatergesetze zu immer länger und ausführlicher werdenden Statutenkumulationen, in denen nun z. B. die Grundlagen des Rollenstudiums, die Verbindlichkeit der Proben, die Kompetenzen der Direktion und der pflegliche Umgang mit Requisiten und Kostümen zur Sprache kamen.[32] Die Tendenz zur Erfassung aller Bereiche der Schaubühne verstärkte sich dabei bis zum Ende des Jahrhunderts, offenbar von dem Ideal (!) beseelt, ein Drama als reibungslos laufendes Uhrwerk zu präsentieren, in dem alle theatralen Teilbereiche nahtlos ineinandergreifen. So bekam der Kunstrichter – mindestens vom Standpunkt der lückenlosen Organisation aus gesehen – keinerlei Ansatzpunkte für Kritik.

Der Hauptpunkt der theaterrichterlichen Monita, die darstellerischen Mängel, findet eigenartigerweise in den Theatergesetzen nur höchst selten ein geeignetes Paragraphenwerk, das einer derartigen Kritik vorbeugen und die Grundlagen der Schauspielerausbildung in den drei Kernbereichen Deklamation, Mimik und Gestik festhalten würde. Eine der wenigen Ausnahmen bilden Johann Wolfgang Goethes *Regeln für Schauspieler* (1816),[33] entstanden im Kontext von Goethes Intendanz am Weimarer Hoftheater, gedruckt allerdings erst im 19. Jahrhundert. Hier gibt es nun ein fein ziseliertes Regelwerk, das die Erfordernisse der Schauspielkunst umreißt und sich dazu anschickt – wenn es denn entsprechend in der Praxis

[30]Vgl. zu den Theatergesetzen des 18. Jahrhunderts Heßelmann 2002, S. 280–296, und Heßelmann 2018.

[31]Heßelmann 2018, S. 36: „Seit den späten siebziger Jahren des 18. Jahrhunderts erhielt nahezu jedes stehende Theater eigene Hausgesetze, die sich inhaltlich wenig unterschieden."

[32]Vgl. den Abdruck des ersten in einer Theaterzeitschrift publizierten Theatergesetzes, der *Regeln für die Hochgräflich Wied-Neuwiedischen Hof-Schauspieler* (1778), bei Heßelmann 2018, S. 38–40.

[33]Bastian Dewenter (2018) hat darauf hingewiesen, dass es bereits vor der bislang als Erstdruck angesehenen Publikation der *Regeln* in der Ausgabe letzter Hand (1832) einen Abdruck im 1816er Band des *Dramaturgischen Wochenblatts* aus Berlin gegeben hat.

umgesetzt wird –, den Einwürfen der Kunstrichter die Stirn zu bieten.[34] Bereits ins 18. Jahrhundert fallen weitere Bestrebungen, die Facetten der Darstellungskunst in spezialisierten Abhandlungen auszubreiten und so die theoretische Basis für eine strukturierte Schauspielerausbildung zu schaffen (vgl. Heßelmann 2002, S. 296–303). Einigen Theatergesetzen und den Abhandlungsautoren gemein ist die Vorstellung, die Schauspielkunst nicht als inkommensurabel und genialisch zu mystifizieren, sondern als handwerklich erlernbar auszuweisen, die durch klare Abläufe konservier- und reproduzierbar wird. Gerade die Theatergesetze dokumentieren die Tendenz, die Schaubühne nicht mehr einem externen Kunstrichter auf Gedeih und Verderb auszuliefern, sondern durch eine interne Qualitätskontrolle und -sicherung die bestmöglichen Ergebnisse auf und hinter der Bühne zu erzielen.

6 Fazit

Die explizite Begrifflichkeit des Kunstrichters scheint ihre Berechtigung im Laufe der Zeit verloren zu haben. Strube (1975, S. 80) konstatiert für das Kunstschöne und seine Beurteilung: „Das Wort ‚Kunstrichter' ist, wie bei Grimm richtig festgestellt wird, für die Dauer des 18. Jahrhunderts ein ‚vielgebrauchtes Wort'. Gegen Ende des 18. Jahrhunderts verschwindet es aus der Sprache der Ästhetik". Und auch der Theaterrichter scheint in dieser Zeit seine Ausdrucksformen zu wandeln. Die genannten Quellentexte präsentieren den Kunst- und Theaterrichter im Rahmen einer launigen Anekdote als kauzigen Connaisseur und Solisten bewaffnet mit einem schweren Stock (*Zuschauer*), als vollmundig herbeigesehntes Publikum ausschließlich bestehend aus feinsinnigen Schaubühnenästheten in den Theaterreden oder als unberechenbares Parterre, das seine Eignung für kritische Invektiven erst auszubilden hat (*Theater-Kalender*). Als Gemeinsamkeit teilen der Kistenmacher, das Publikum der Theaterreden und das Parterre ihre akustische Urteilsverkündung – sei es als nachhallender Stockschlag, aufbrandender Applaus oder Klopfen, Zischen und Pfeifen (im Idealfall stattdessen Stillschweigen). Neben diesem aktiven (und gut hörbaren) Einsatz im Schauspielhaus durch einzelne Zuseher, Zuschauergruppen oder ‚das' Publikum gibt es seit dem frühen 18. Jahrhundert auch die Form der gedruckten und ergo skripturalen Theaterkritik. Ihr Publikationsforum wechselt vom zumeist kurzlebigen Medium der Theaterzeitschrift insbesondere im 19. Jahrhundert zur Tagespresse mit entsprechend positiven Auswirkungen auf den Verbreitungsgrad und die Verstetigung der Rezensionen. Damit prägt sich endgültig das Berufsbild des Theaterkritikers heraus. Er agiert nun als Kunstrichter, der im Zuschauerraum Platz nimmt, seine Sympathie respektive An-

[34] Die *Regeln* unterscheiden sich dabei von anderen Theaterverordnungen: „Die einzelnen Regeln sind, anders als die Theatergesetze, keine normativen Vorschriften, sondern vielmehr eine Art Trainingsprogramm, das den Schauspielern durch stete Übung im Alltag die Darstellungsprinzipien eines rhetorisch geprägten Schauspielstils vermitteln soll" (Dewenter 2018, S. 197).

tipathie aber in der Regel nicht mehr auditiv kundgibt, sondern über die Macht der Feder verfügt.

Literatur

Annalen des Theaters. 1791. Achtes Heft. Berlin: Friedrich Maurer. [AT]

Bach, Maximilian. 2022. *Karl Wilhelm Ramler. Gelegenheitspanegyrik als Literatur- und Kunstpolitik*. Heidelberg: Winter.

Bender, Wolfgang F., Siegfried Bushuven und Michael Huesmann. 1994–2005. *Theaterperiodika des 18. Jahrhunderts. Bibliographie und inhaltliche Erschließung deutschsprachiger Theaterzeitschriften, Theaterkalender und Theatertaschenbücher*. 3 Tle. in 8 Bden. München [u. a.]: Saur.

Bohnen, Klaus. 1985. Kommentar. In Lessing, Gotthold Ephraim. [1767–1769] 1985. *Werke und Briefe in zwölf Bänden*. Bd. 6. *Werke 1767–1769*. Hrsg. Klaus Bohnen, S. 779–1134. Frankfurt a. M.: Deutscher Klassiker-Verlag.

Brown, Hilary. 2012. *Louise Gottsched the Translator*. Rochester, NY: Camden House.

Dewenter, Bastian. 2018. Goethes Regeln für Schauspieler im Kontext der Berliner Theaterzeitschrift *Dramaturgisches Wochenblatt* (1815–1817). In *Theatergeschichte als Disziplinierungsgeschichte? Zur Theorie und Geschichte der Theatergesetze des 18. und 19. Jahrhunderts*, Hrsg. Bastian Dewenter und Hans-Joachim Jakob, S. 193–207. Heidelberg: Winter.

Heßelmann, Peter. 2002. *Gereinigtes Theater? Dramaturgie und Schaubühne im Spiegel deutschsprachiger Theaterperiodika des 18. Jahrhundert (1750–1800)*. Frankfurt a. M.: Klostermann.

Heßelmann, Peter. 2014a. Die Geburt der gereinigten Schaubühne aus dem Geist des Aischylos. Gottscheds Theaterpoetik. In *Johann Christoph Gottsched (1700–1766). Philosophie, Poetik und Wissenschaft*, Hrsg. Eric Achermann, S. 203–219. Berlin: Akademie-Verlag.

Heßelmann, Peter. 2014b. „Cronegk starb allerdings für unsere Bühne zu früh“. Lessings Auseinandersetzung mit Johann Friedrich von Cronegks Tragödien „Olint und Sophronia“ und „Codrus“. *Lessing Yearbook* XLI, S. 63–86.

Heßelmann, Peter. 2018. Für ein „weises theatralisches Gesetzbuch“ und „Vehmgericht der deutschen Schaubühne“. Interne Theaterreglements und nationale Theatergesetzgebung in der zweiten Hälfte des 18. Jahrhunderts. In *Theatergeschichte als Disziplinierungsgeschichte? Zur Theorie und Geschichte der Theatergesetze des 18. und 19. Jahrhunderts*, Hrsg. Bastian Dewenter und Hans-Joachim Jakob, S. 31–65. Heidelberg: Winter.

Jakob, Hans-Joachim. 2014. Theaterperiodika und Kulturzeitschriften des 18. und frühen 19. Jahrhunderts als Quellen für die historische Theaterpublikumsforschung. In *„Das böse Tier Theaterpublikum“. Zuschauerinnen und Zuschauer in Theater- und Literaturjournalen des 18. und frühen 19. Jahrhunderts. Eine Dokumentation*, Hrsg. Hermann Korte, Hans-Joachim Jakob und Bastian Dewenter, S. 51–70. Heidelberg: Winter.

Jakob, Hans-Joachim. 2017. „Dann ist Berlin für uns die ganze weite Welt“. Theaterreden mit dem Aufführungsort Berlin in den Theaterjournalen des 18. Jahrhunderts. In *Berliner Aufklärung. Kulturwissenschaftliche Studien*. Bd. 6, Hrsg. Ursula Goldenbaum und Alexander Košenina, S. 109–143. Hannover: Wehrhahn.

Knight, Kenneth, und Helmut Peitsch. 1992. *The Spectator* and *Der Patriot*. In *Anglo-German Studies*, Hrsg. R. F. M. Bryn und Kenneth G. Knight, S. 15–26. Leeds: The Leeds Philosophical and Literary Society.

Korte, Hermann, und Hans-Joachim Jakob, Hrsg. 2012. *„Das Theater glich einem Irrenhause“. Das Publikum im Theater des 18. und 19. Jahrhunderts. Siegener Symposium zur Theaterpublikumsforschung*. Heidelberg: Winter.

Korte, Hermann, Hans-Joachim Jakob, und Bastian Dewenter, Hrsg. 2014. *„Das böse Tier Theaterpublikum". Zuschauerinnen und Zuschauer in Theater- und Literaturjournalen des 18. und frühen 19. Jahrhunderts. Eine Dokumentation*. Heidelberg: Winter.

Korte, Hermann. 2014. „Jedes Theaterpublikum hat seine Unarten". Die Akteure vor der Bühne in Texten aus Theaterzeitschriften und Kulturjournalen des 18. und frühen 19. Jahrhunderts. In *„Das böse Tier Theaterpublikum". Zuschauerinnen und Zuschauer in Theater- und Literaturjournalen des 18. und frühen 19. Jahrhunderts. Eine Dokumentation*, Hrsg. Hermann Korte, Hans-Joachim Jakob und Bastian Dewenter, S. 9–49. Heidelberg: Winter.

Lessing, Gotthold Ephraim. [1767–1769] 1985. *Werke und Briefe in zwölf Bänden*. Bd. 6. *Werke 1767–1769*. Hrsg. Klaus Bohnen. Frankfurt a. M.: Deutscher Klassiker-Verlag. [HD]

Martens, Wolfgang. 1968. *Die Botschaft der Tugend. Die Aufklärung im Spiegel der deutschen Moralischen Wochenschriften*. Stuttgart: J. B. Metzler.

Schulz, Georg-Michael. 1999. Der Krieg gegen das Publikum. Die Rolle des Publikums in den Konzepten der Theatermacher des 18. Jahrhunderts. In *Theater im Kulturwandel des 18. Jahrhunderts. Inszenierung und Wahrnehmung von Körper – Musik – Sprache*, Hrsg. Erika Fischer-Lichte und Jörg Schönert, S. 483–502. Göttingen: Wallstein.

Strube, Werner. 1975. Kurze Geschichte des Begriffs „Kunstrichter". *Archiv für Begriffsgeschichte* XIX, S. 50–82.

Stürzer, Volker. 1984. *Journalismus und Literatur im frühen 18. Jahrhundert. Die literarischen Beiträge in ‚Tatler', ‚Spectator' und den anderen Blättern der Zeit*. Frankfurt a. M. [u. a.]: Peter Lang.

Theater-Kalender, auf das Jahr 1775. Gotha: Carl Wilhelm Ettinger. [TK]

Wahnrau, Gerhard. 1957. *Berlin. Stadt der Theater. Der Chronik I. Teil*. Berlin: Henschel.

Wihstutz, Benjamin. 2017. Gerichtsbarkeit. Über politisches und ästhetisches Urteilen im Theater. In *Recht fühlen*, Hrsg. Sigrid G. Köhler et. al., S. 81–93. Paderborn: Wilhelm Fink.

Wolf, Werner. 2006. Der Prolog als traditionelle Form dramatischer Anfangsrahmung: Probleme der Definition und der Funktionsgeschichte im englischen Drama des 19. Jahrhunderts. In *Metamorphosen. Englische Literatur und die Tradition. Festschrift für Wolfgang Riehle*, Hrsg. Hugo Keiper, Maria Löschnigg und Doris Mader, S. 203–238. Heidelberg: Winter.

Wolf, Werner. 2008. Prologe als Paratexte und/oder dramatische (Eingangs-)Rahmungen? ‚Literarische Rahmung' als Alternative zum problematischen Paratext-Konzept. In *Die Pluralisierung des Paratextes in der Frühen Neuzeit. Theorie, Formen, Funktionen*, Hrsg. Frieder von Ammon und Herfried Vögel, S. 79–98. Berlin: LIT.

Der Zuschauer. Aus dem Englischen übersetzt. Dritter Theil. 2. verbess. Aufl. 1751. Leipzig: Bernhard Christoph Breitkopf. [Z]

„Vulgär!“. Zur Logik einer Invektive

Michael Multhammer

Die folgenden Überlegungen nehmen ihren Ausgang von einer auf den ersten Blick vergleichsweise unscheinbaren Beobachtung und Begriffsbestimmung.[1] Im Siegener Sonderforschungsbereich 1472 ‚Transformationen des Populären‘ versuchen wir zu verstehen, was es eigentlich heißt, populär zu sein, beziehungsweise welche Effekte damit einhergehen, populär zu werden. Eine der Pointen besteht im Begriff der ‚Transformation‘, denn wir gehen davon aus, dass sich Artefakte, Personen, Institutionen etc. selbst verändern, wenn sie populär werden. Aber was heißt denn nun populär in diesem Zusammenhang? Populär, so unsere Definition, ist, was bei vielen Beachtung findet.[2] Diese auf ein Minimum reduzierte Form einer Definition des Populären hat zwei Implikationen.

Erstens, es geht um Quantitäten, die das Populäre als Wesenseigenschaft ausmachen. Viele müssen es sein, die einem Artefakt, einer Person, einer Inszenierung, einer politischen Meinung und dergleichen Beachtung schenken, ohne dass damit zugleich eine Zustimmung gefordert wäre. Im Gegenteil, man kann sich durchaus ambivalent oder gar ablehnend gegenüber populären Gegenständen verhalten, das ändert aber nichts an der Popularität selbst. Vielmehr würde

[1] Dieser Aufsatz entstand im Rahmen des von der DFG geförderten Siegener Sonderforschungsbereiches 1472 ‚Transformationen des Populären‘. Das dort vom Autor verantwortete Projekt C03 trägt den Titel ‚Das Populäre der Anderen‘. Das Vulgäre zwischen Normativität und Zuschreibung. Weitere Informationen zum Projekt sowie zum SFB finden sich unter https://sfb1472.uni-siegen.de/ (zuletzt zugegriffen am 7. Oktober 2022).

[2] Zum Forschungsprogramm des SFB 1472 ‚Transformationen des Populären‘ siehe ausführlicher Döring et al. 2021, S. 1–24.

M. Multhammer (✉)
Germanistisches Seminar, Universität Siegen, Siegen, Deutschland
E-Mail: multhammer@germanistik.uni-siegen.de

© Der/die Autor(en), exklusiv lizenziert an Springer-Verlag GmbH, DE, ein Teil von Springer Nature 2024

N. Celik und S. Speth (Hrsg.), *Rezipienten als Straf- und Kunstrichter*, Literatur und Recht 11, https://doi.org/10.1007/978-3-662-68307-1_4

auch Ablehnung zur generellen Beachtung beitragen, mithin also das Populäre als solches mit generieren.[3] Findet etwas hingegen keine Aufmerksamkeit, wird konsequent nicht oder nur von sehr wenigen beachtet, was die Regel ist, verbleibt es in der Sphäre des schlicht Nicht-Populären; das Populäre ist seinem Wesen nach unwahrscheinlich.

Zweitens, und das hängt unmittelbar damit zusammen, ist diese Definition prima facie wertneutral. Popularität ist also nicht primär eine Eigenschaft, die auf eine etwaige Minderwertigkeit, Warenförmigkeit von Kunst und dergleichen mehr verweist, sondern konstatiert schlicht die Tatsache der Beachtung selbst. Eine qualitative Zuschreibung findet also gerade nicht statt. Und dennoch, damit wären wir beim Thema, gibt es selbstredend Erscheinungsweisen des Populären, die aufgrund bestimmter Normen, ästhetischer Überzeugungen oder sittlicher Grundwerte je einzelner Gruppen, als abzulehnen gelten. Worin ihre (vielleicht auch nur vermeintliche) Minderwertigkeit besteht, muss dementsprechend angegeben werden und mündet in einer Form der Zuschreibung zwischen striktem Verdikt und um Aushandlung bemühten Diskurs. Mit der Nobilitierung des Populären im Ausgang des 18. Jahrhunderts, zu denken wäre etwa an Volkspoesie im Sinne Johann Gottfried Herders oder die vielfältigen Bemühungen im Bereich der Volksaufklärung, entsteht mit dem Vulgären – aus dem Französischen entlehnten ‚vulgaire' (‚Vulgär', vgl. Grimm 1951) – eine Residualkategorie, die all diejenigen negativen und pejorativen Momente des Populären vereinigt, die nicht länger im positiv konnotierten ‚Populären' mitgedacht werden können.

1 Populär – vulgär. Zur Genese eines Geschmacksurteils

Wirft man einen Blick auf die historische Semantik seit der Frühen Neuzeit, so zeigt sich, dass Begriffe wie ‚niedrig', ‚gemein', ‚vulgär' und eben auch ‚populär' spätestens in der zweiten Hälfte des 18. Jahrhunderts einer neuen Dynamik hinsichtlich feiner Bedeutungsverschiebungen unterworfen sind.[4] Was zuvor weitestgehend statisch und im Gebrauch synonym war, wird im Durchgang durch die neu entstehende Disziplin der Ästhetik, die sich alle diese Begriffe aneignet, dynamisiert und vor allem in der Begriffsverwendung deutlich diffuser. Man kann hier sehr präzise beobachten, wie sich ein Feld neu sortiert und um begriffliche Stringenz im ästhetischen Diskurs gerungen wird. Friedrich Schiller ist hier einer der maßgeblichen Theoretiker (hierzu grundsätzlich der Sammelband von

[3] Wenn man sich etwa auf Twitter über die AfD echauffiert, dann trägt das in erster Instanz einmal zur Wahrnehmung und Beachtung eben dieser Partei bei, selbst im Widerspruch. Wenn man will, kann man das natürlich auch strategisch einsetzen, mit Polemik und bewusst zweideutigen Aussagen am Rande des (gerade noch) Anständigen kann man in ungemeiner Weise provozieren und damit Aufmerksamkeit generieren. Ein Mehr an Popularität ist die Folge.

[4] Zur begriffsgeschichtlichen Entwicklung siehe ausführlicher Ehrmann und Multhammer 2023.

Bollenbeck und Ehrlich 2007), der offensichtlich sehr früh begriffen hat, dass sich das ‚Gemeine‘, das ‚Niedrige‘ oder auch das ‚Formlose‘ komplementär zu den ästhetischen Grundbegriffen des ‚Schönen‘ wie auch ‚Erhabenen‘ verhalten. Gerade der letzte Aspekt, der Mangel an Form, wird zum entscheidenden Kriterium, das einem wie auch immer gearteten, anspruchsvollen Kunstcharakter entgegensteht.[5]

Mit dem Vulgären wird also in erster Instanz eine weitere Kategorie für ein Geschmacksurteil gebildet, die die pejorativen Bestandteile der Zuschreibung, etwas sei gemein oder eben populär, bündelt. Auffallend ist dabei, dass zwei semantische Felder hier in den Vordergrund rücken, das Vulgäre wird in Begriffen der Fläche und Ausdehnung gefasst (platt etc.) sowie in Termini, die in einer High-low-Axiologie auf das Unterste verweisen.[6] Als Geschmacksurteil bleibt auch das Verdikt des Vulgären zunächst ein rein subjektives Urteil, eben gerade kein Erkenntnisurteil. Vulgarität ist nicht essentialistisch zu erfassen, mithin keine Eigenschaft der Gegenstände, sondern bleibt nur als Zuschreibung zu begreifen. Daher kann es kaum verwundern, dass das Urteil meist mehr über die Normen und Anschauungen des oder der Urteilenden als über das beurteilte Artefakt verrät. Dennoch sticht das Urteil – etwas oder jemand sei vulgär – aus der Bandbreite an Möglichkeiten ästhetischer Zuschreibung in einer Beziehung heraus, denn es wird durch einen doppelten Zuschreibungscharakter gekennzeichnet.

2 Der Doppelcharakter der Vulgarität: ästhetisch-moralisch

Der Vorwurf der Vulgarität ist ein ästhetisches Verdikt mit notwendig moralischer Implikation. Im Gegensatz zum Hässlichen etwa lässt sich das Vulgäre nicht objektivieren, sondern bleibt unmittelbar an seinen Träger oder seine Trägerin gebunden. Das Vulgäre wird immer in einer doppelten Perspektive sanktioniert, neben der ästhetischen Minderwertigkeit, die attestiert wird, steht der – bisweilen auch gar

[5] So schon bei Schiller [1802] 2004, S. 452–459. Ebenso dann bei Adorno ([1970] 2006, S. 241), wo es über die Beurteilung antiker Kunstwerke heißt: „Was heute an der Antike sich aufdrängt, ist grundverschieden von der Korrespondenz mit dem europäischen Klassizismus in der Ära der Französischen Revolution und Napoleons, und noch der Baudelairschen. Wer nicht als Philolog oder Archäologe einen Vertrag mit der Antike unterzeichnet, wie er freilich seit dem Humanismus stets wieder als unverächtlich sich erwies, an dem wird der normative Anspruch der Antike zunichte. Kaum etwas spricht mehr ohne langwierigen Beistand der Bildung, die Qualität der Werke ist keineswegs über allem Zweifel. Was überwältigt ist das Formniveau. Kaum etwas Vulgäres, Barbarisches scheint überliefert, nicht einmal aus der Kaiserzeit, wo doch Ansätze zur manufakturellen Massenproduktion unverkennbar sind“.

[6] Es kommt zusehends zu einer Suspendierung der High-low-Differenz, die klar regelt, wer und was an der Hochkultur partizipiert und worin sich die vermeintlich unzureichende ‚Volkskultur‘ – was immer das zunächst auch sei – erschöpfe. Eine erste grundlegende Theoretisierung findet sich bei Fiedler 1971, S. 461–485. Zu ‚High/low‘ siehe auch Werber 2020, S. 63–84.

nicht explizit gemachte – Vorwurf des Unsittlichen, Anstößigen und Amoralischen im Raum. Dieser Umstand begünstigt invektive, populistische Argumentationsweisen.[7] Denn der Populismusvorwurf wird vor allem dort erhoben, wo etwas verstärkt Beachtung erfährt, was mit normativen Wertsetzungen und Geltungsansprüchen – hier allen voran in der Kunst und der Moral – kollidiert oder diese gar ignoriert oder brüskiert. Der Vorwurf der Vulgarität markiert unerwünschte Beachtungserfolge: Etwas findet trotz seiner – vermeintlichen – ästhetischen und sittlichen Minderwertigkeit Beachtung. Damit erfüllt der Vorwurf der Vulgarität die Voraussetzungen einer Invektive (siehe hierzu Ellerbrock et al. 2017), die mindestens zwei Eigenschaften und einen daraus resultierenden Effekt ausmacht: Erstens handelt es sich um eine Schmähung, mithin eine Diffamierung von Gegenstand und Person, also Träger, Hersteller, Konsumenten oder Rezipienten etc. Damit einher geht zweitens eine Herabsetzung selbiger. Von einer (wiederum vielleicht nur vermeintlich) höheren Warte der Kultur, der Moral, der Kunst usw. wird auf das Vulgäre herabgesehen, es selbst in einem Akt der Zuwendung herablassend behandelt.[8] Es entsteht ein Wertigkeitsgefälle, das explizit gemacht wird, zunächst einmal ganz gleich, ob dafür gute und überzeugende Gründe vorliegen oder auch nicht.[9] Herablassung markiert Minderwertigkeit. Das Explizitmachen des Vulgaritätsvorwurfes resultiert in einer Bloßstellung – das Vulgäre wird als Zuschreibung öffentlich gemacht und brandmarkt seinen Träger mit einem ästhetisch-moralischen Defizit. Dabei lässt sich diese Zuschreibung nicht nur in eine Richtung denken; es kommt zu einer Rückkopplung zwischen beiden Komponenten des Vulgären, mithin haben wir es mit einer zirkulären Argumentationsfigur zu tun. Das ästhetisch Minderwertige verweist auf die moralischen Defizite des Produzenten und auch der Rezipienten. Nämliches gilt in umgekehrter Richtung: Unsittliche und unmoralische, allgemein

[7] Im SFB 1472 verstehen wir ‚Populismen' – bewusst im Plural gesetzt – als unerwünschte Beachtungserfolge. Eine Institution, Partei, ein Urteil, ein Artefakt usw. wird populär, obwohl (gute) Gründe dafür in Anschlag gebracht werden können, es gerade nicht zu beachten. Beispiele ließen sich von politischen Manifestationen (Pegida) bis hin zum Trash-TV beliebig anführen. Auch vermeintlich ‚hochkulturelle' Elemente bleiben davon freilich nicht verschont.

[8] Herablassung ließe sich als ein Phänomen einer Popularisierung erster Ordnung – wie das in der Terminologie des SFB ‚Transformationen des Populären' heißt – beschreiben und ist daher unmittelbar mit dem Populären selbst verbunden. Seitdem der Eigensinn des Populären gegenüber tradierten beziehungsweise institutionalisierten Formen sozialer Geltung beobachtet werden kann, entstehen Popularisierungsprojekte, entweder als programmatische ‚Hebung' des Volkes oder ‚Herablassung' zum Volk (durch eine fortschrittsoptimistische Funktionselite), als programmatischer Kampf gegen falsche elitäre Anmaßung (durch politische, religiöse, wissenschaftliche, medizinische etc. Nonkonformisten) oder als eigensinnige Verbreitung von Beachtungserfolgen. Der SFB versteht die Aushandlungen des Populären zwischen Experten und Laien, Eliten und Subalternen als Popularisierung erster Ordnung. Dabei dominieren Popularisierungssemantiken, die am Ort institutioneller Deutungsmacht gebildet werden. Eine ‚Elite' sieht sich einem ‚Populus' gegenüber und projektiert Popularisierung nach einem Modell von Diffusion und Defizit. Typische Medienformate der Popularisierung erster Ordnung sind: Ratgeberliteratur, Benimmbücher, Klassikersynopsen und -anthologien, Opernführer, Reiseführer, billige Reproduktionen.

[9] Hierzu noch einmal grundsätzlich in historischer Perspektive Schwerhoff 2020, S. 1–36.

schlechte Charaktere produzieren keine ästhetisch wertvolle Kunst – so zumindest die Logik der Argumentationsfigur, die einen Realitätsabgleich mit Sicherheit nicht immer für sich entscheiden kann.

Eines steht indes zweifellos fest: Hier wird gerichtet, und zwar in der Regel über das künstlerische Artefakt, seinen Produzenten sowie seine Rezipienten. Gut illustrieren lässt sich dieser Zusammenhang etwa an Friedrich Schillers Rezension der Gedichte Gottfried August Bürgers und ihrer Kontexte (Schiller [1791] 2004, S. 970–985). Nachdem Schiller bereits den Stab über Bürgers Gedichte gebrochen hat – sie dienten sich allzu sehr einem allgemeinen Geschmack an und verlören dadurch ihre Eigenschaft, ‚Kunst zu sein' – gerät der Dichter selbst ins Visier. Die Minderwertigkeit der künstlerischen Produktivität sieht Schiller im Charakter des Poeten gespiegelt:

> Eben dieser große und nahe Antheil, den das eigene Selbst des Dichters an diesem und noch einigen andern Liedern dieser Sammlung hatte, erklärt uns beiläufig, warum wir in diesen Liedern so übertrieben oft an ihn selbst, den Verfasser, erinnert werden. Recensent kennt unter den neuern Dichtern keinen, der das *sublimi feriam sidera vertice* des Horaz mit solchem Mißbrauch im Munde führte, als Hr. B. Wir wollen ihn deßwegen nicht in Verdacht haben, daß ihm bei solchen Gelegenheiten das Blümchen Wunderhold auf dem Busen gefallen sei; es leuchtet ein, daß man nur im Scherz so viel Selbstlob an sich verschwenden kann. Aber angenommen, daß an solchen scherzhaften Aeußerungen nur der zehnte Theil sein Ernst sei, so macht ja ein zehnter Theil, der zehnmal wieder kömmt, einen ganzen und bittern Ernst. Eigenruhm kann selbst einem Horaz nur verziehen werden, und ungern verzeiht der hingerissene Leser dem Dichter, den er so gern – nur bewundern möchte. (Schiller [1791] 2004, S. 983)

Die charakterlichen Makel übertragen sich schlussendlich gar auf den Rezipienten, der eigentlich doch nur „bewundern" will. Diese Möglichkeit der Bewunderung wird ihm indes – will er selbst nicht mit dem Vorwurf des ungenügenden Kunstsinnes affiziert werden – verwehrt.[10] Und dennoch: Vulgarität ist in einem ersten Schritt nicht justiziabel, schlechter Geschmack zwar unschön, aber eben auch kein Verbrechen. Sanktionierbar bleibt immer nur der Doppelaspekt des Gemeinen und Vulgären in Werk und Person des Künstlers, daran lässt Schiller keinen Zweifel, wenn er schreibt:

> Vom Aesthetischen gilt eben das, was vom Sittlichen; wie es hier der moralisch vortreffliche Charakter eines Menschen allein ist, der einer seiner einzelnen Handlungen den Stempel moralischer Güte aufdrücken kann, so ist es dort nur der reife, der vollkommene Geist, von dem das Reife, das Vollkommene ausfließt. Kein noch so großes Talent kann dem einzelnen Kunstwerk verleihen, was dem Schöpfer desselben gebricht, und Mängel, die aus dieser Quelle entspringen, kann selbst die Feile nicht wegnehmen. (Schiller [1791] 2004, S. 972)

[10] Zum weiteren Kontext der Debatten um das Niedrige und Gemeine im Ausgang von Schiller siehe Ehrmann 2022.

Man sieht: Der Konnex ist eng und damit intrikat. Selbst Übung bis hin zur Könnerschaft – wie das noch in frühneuzeitlichen Kunstzusammenhängen von *imitatio* und *aemulatio* der Fall war – schaffen hier keine Abhilfe. Im Fall des Gemeinen, Niedrigen und Vulgären kennt das genieästhetische Paradigma kein Pardon, die künstlerische Leistung bleibt an die moralische Integrität des Künstlers gebunden. Wie langlebig dieser Umgang mit dem Vulgären ist, lässt sich vergleichsweise mühelos bis hinein in die ästhetische Theoriebildung im 20. Jahrhundert weiterverfolgen.

3 Adorno wettert …

Besonders deutlich sichtbar wird diese Hilflosigkeit gegenüber dem Vulgären bei Theodor W. Adorno, der es als das „Bild jenes Anderen" ([1970] 2006, S. 356) der Kunst begreift. Beide – wahre Kunst und das Vulgäre – sind dabei direkt aufeinander bezogen. Ich möchte im Folgenden in aller Kürze im Mitvollzug der Argumentation Adornos versuchen darzustellen, welchen Stellenwert das Vulgäre in seiner Theoriebildung einnimmt. Damit einher geht die Hoffnung, dass sich einige Komponenten des Vulgären, allen voran seine Kunstferne durch Formlosigkeit in ihren Folgen noch einmal präziser fassen lassen. Der Ausgangspunkt gestaltet sich wie folgt:

> Einzig wofern Geist, in seiner fortgeschrittenen Gestalt, überlebt und weitertreibt, ist überhaupt Widerstand gegen die Allherrschaft der gesellschaftlichen Totale möglich. Eine Menschheit, der nicht der fortschreitende Geist übermachte, was sie zu liquidieren sich anschickt, versänke in jener Barbarei, die eine vernünftige Einrichtung der Gesellschaft verhindern soll. Kunst verkörpert noch das tolerierte in der verwalteten Welt, was nicht sich einrichten läßt und was die totale Einrichtung unterdrückt. (Adorno [1970] 2006, S. 348)

Es ist also das ‚wertvolle' Kunstwerk als fortgeschrittene Gestalt, das einzig eine Regression in den Stand der Barbarei zu verhindern mag. Mit der Form geht schlussendlich, nach Adorno ([1970] 2006, S. 349), die genuine Qualität des Kunstwerkes einher, denn „Gebilde von Qualität sind, als in sich durchgeformt, objektiv weniger chaotisch als ungezählte mit ordentlicher Fassade, die ihnen notdürftig aufgeklatscht ist, während ihre eigene Gestalt darunter zerbröckelt. Das stört wenige". Es ist gerade dieses Skandalon des Minderwertigen, das eben zu wenige empört, an Formlosigkeit zu leiden. Es wird wohl kein Zufall sein, dass Adorno hier auf eine metrische Semantik – „ungezählte" ist das Stichwort – zurückgreift, die als Eigenschaft des Populären zu begreifen ist. Mit Kunst ist es nur ob seiner „ordentliche[n] Fassade" wegen zu verwechseln. Die Vorspiegelung eines Kunstcharakters ist mitbedingt durch eine Konzentration auf das Schöne, das sogar in den Avantgarden zu finden sei. Selbst die genuine Schönheit im Konzept des *l'art pour l'art,* so Adorno, unterminiert sich selbst und rückt damit die unter diesem Kunstparadigma versammelten Artefakte in den Bereich von Kitsch und

Kulturindustrie. Wenn Kunst aufhört Kunst zu sein, verliert sie zugleich die Legitimation ihrer gesellschaftlichen Funktion, wie wir sie seit Aristoteles kennen:

> Die Lehre von der Katharsis imputiert eigentlich der Kunst schon das Prinzip, welches am Ende die Kulturindustrie in die Gewalt nimmt und verwaltet. Index solcher Unwahrheit ist der begründete Zweifel daran, ob die segensreiche Aristotelische Wirkung je stattfand; Ersatz dürfte eh und je verdrückte Instinkte ausgebrütet haben. (Adorno [1970] 2006, S. 354)

Das Resultat ist Kitsch und damit ein dem Vulgären verwandtes Phänomen. Beide referieren auf die „Geistesart der Kunden der Kulturindustrie" (Adorno [1970] 2006, S. 355). Doch beide sind eben auch co-konstituierend für Kunst als deren ‚Anderes': „Kitsch ist nicht, wie der Bildungsglaube es möchte, bloßes Abfallprodukt der Kunst, entstanden durch treulose Akkommodation, sondern lauert in ihr auf die stets wiederkehrenden Gelegenheiten, aus der Kunst hervorzuspringen" (Adorno [1970] 2006, S. 355). Kurzum: „Kitsch parodiert die Katharsis" (Adorno [1970] 2006, S. 355) und entblößt die Kunst ihrer gesellschaftlichen, reinigenden Funktion. Am Horizont lauert die Barbarei. Was für den Kitsch gilt, findet sich auch im Vulgären: „Komplementär zum hergestellten und verschacherten Gefühl verhält sich die Kategorie des Vulgären, die auch alles verkäufliche Gefühl trifft" (Adorno [1970] 2006, S. 355).

Das Vulgäre ist gerade nicht essentialistisch zu denken, sondern bleibt als Zuschreibung zu verstehen: „Was an Kunstwerken vulgär sei, ist so schwer zu bestimmen", bemerkt Adorno, es stellt sich vielmehr die Frage, „wodurch Kunst ihrem apriorischen Gestus nach Protest gegen Vulgarität, dieser doch integriert werden konnte" (Adorno [1970] 2006, S. 355). Es ist genau dieser Umstand, der Adorno umtreibt, das Vulgäre ist ebenso wie der Kitsch das jeweils Andere der Kunst, und daher sind beide Sphären notwendig aufeinander bezogen. Dabei ist das Vulgäre häufig deutlich gefälliger und eingängiger, der Konsum von einer übermäßigen ‚Kunstschwere' entlastet:

> Nur verstümmelt repräsentiert das Vulgäre das von der sogenannten hohen Kunst draußen gehaltene Plebejische. Wo jene von plebejischen Momenten ohne Augenzwickern sich inspirieren ließ, hat sie eine Schwere gewonnen, die das Gegenteil des Vulgären ist. Vulgär ward Kunst durch Herablassung: wo sie zumal durch Humor, ans deformierte Bewußtsein appelliert und es bestätigt. (Adorno [1970] 2006, S. 356)

Hier haben wir es wieder – Herablassung und Ächtung durch Verlachen. Beiden invektiven Praktiken eignet ein Moment der Selbstbestätigung, das Vulgäre affirmiert sich selbst, indem es stattfindet. Das Absinken in niedere, kunstferne Sphären ist ein Makel, der sich auch jenseits des eigentlichen Artefaktes manifestiert und sozial wirksam wird: „Gesellschaftlich ist das Vulgäre in der Kunst die subjektive Identifikation mit der objektiv reproduzierten Erniedrigung" (Adorno [1970] 2006, S. 356). Mit der Annahme des Vulgären – dem nur vermeintlichen ‚Kunstgenuss' – erniedrigt sich der Rezipient selbst und bestätigt in diesem Akt seine intime Verbindung mit dem Vulgären. Die Erniedrigung ist also nicht einfach etwas, das nur passiert – und wieder abgelegt werden könnte, wie ein Mantel –, sondern stiftet im Akt des Anerkennens der Erniedrigung ein inniges Band zwischen Artefakt und Rezipient:

> Im Vulgären kehrt das Verdrängte mit den Malen der Verdrängung wieder [...]. Im Zeitalter totaler Verwaltung braucht Kultur gar nicht mehr primär die von ihr geschaffenen Barbaren zu erniedrigen; es genügt, daß sie die Barbarei, die sie seit Äonen subjektiv sich sedimentierte, durch ihre Rituale bekräftigt. (Adorno [1970] 2006, S. 356)

Die Barbaren geben sich selbst als solche zu erkennen, die Liga des Hochkulturellen muss hierzu keinerlei Beitrag leisten, wie Adorno meint. Einzig vielleicht – und das ist dann doch wichtiger als von Adorno gedacht – es muss hingesehen werden und das Vulgäre und Banausische damit in einen Bereich der beobachtbaren Öffentlichkeit gerückt werden. Das Vulgäre wäre somit zu verstehen als das Populäre der Anderen als eine Form des Erniedrigten und Erniedrigenden.[11]

Weil es sich primär um eine Einstellung den Gegenständen gegenüber handelt, lässt sich diese Form der Erniedrigung ahistorisch denken. Der Vollzug sei immer derselbe, wie Adorno meint: „Weil ästhetische Vulgarität undialektisch die Invariante sozialer Erniedrigung nachmacht, hat sie keine Geschichte [...]. Kein Stoff dürfte je als vulgär von der Kunst tabuiert werden; Vulgarität ist ein Verhältnis zu den Stoffen und denen, an welche appelliert wird" (Adorno [1970] 2006, S. 357). Das Vulgäre sei also als diskursives Phänomen zu begreifen, in dessen Zentrum ein Geschmacksurteil steht, das sich gerade nicht primär essentialistisch am Artefakt selbst entzündet, sondern als ein „Verhältnis zu den Stoffen" zu begreifen sei. Ebenso wie die Kunst selbst partizipiert auch das Vulgäre am Sozialen, insofern ist die Folge eine gesellschaftliche Erniedrigung der beteiligten Personae. Dieser Umstand schlägt sich auch in einer dazugehörigen Praxis nieder: „Der Gegenbegriff zum ästhetischen Verhalten schlechthin ist der des Banausischen, vielfach ins Vulgäre hinüberspielend, davon unterschieden durch Gleichgültigkeit oder Haß, wo Vulgarität mit Gier schmatzt" (Adorno [1970] 2006, S. 356 f.).[12] Es gibt also ein *‚doing vulgar'*, das nicht nur die Produzenten von vulgären Artefakten betrifft (diese tun es mitunter vielleicht nicht einmal vorsätzlich), sondern auch die Konsumentenseite. Das gierige Schmatzen der Vulgarität lässt sich schon vor Adornos Diagnose im diskursiven Feld greifen, es lohnt daher ein Blick zurück um die

[11] „Archetypen des Vulgären, das die Kunst des emanzipatorischen Bürgertums in ihren Clowns, Dienern und Papagenos zuweilen genial im Zaum hielt, sind die grinsenden Reklameschönheiten geworden, in deren Preis zugunsten von Zahnpastamarken die Plakate aller Länder sich vereinigen, und denen solche, die um soviel weiblichen Glanz sich betrogen wissen, die allzu blendenden Zähne anschwärzen und in heiliger Unschuld die Wahrheit über den Glanz der Kultur sichtbar machen. Dies Interesse zumindest wird vom Vulgären wahrgenommen" (Adorno [1970] 2006, S. 356 f.).

[12] Der (Kunst-)Banause wäre also gerade derjenige, der die Unterscheidung von Kunst und Vulgärem nicht meistert.

Jahrhundertwende von 19. zum 20. Jahrhundert auf die dort unternommenen Versuche einer Einhegung des Vulgären und Obszönen in einer rechtlich noch schwer greifbaren Zone.[13]

4 Sanktionsversuche im 19. Jahrhundert

Nach der zunehmenden Ausdifferenzierung des Populären und Formen des Vulgären um 1800 werden im Verlauf des 19. Jahrhunderts zahlreiche Versuche unternommen, die neuen Begrifflichkeiten im ästhetischen System zu verorten: Karl Rosenkranz' ‚Ästhetik des Häßlichen' ist nur der prominenteste Versuch in diese Richtung (Rosenkranz [1853] 2015). Gleichzeitig evolviert ein Diskurs, der über die Möglichkeiten einer Zurückweisung des Vulgären und Unsittlichen, des Amoralischen und Nicht-Schönen nachdenkt.[14] Ein Teil dessen, was am Vulgären partizipiert, kann die Gesetzgebung mit einer eigenen Rechtsprechung einholen. Diese ist jedoch vergleichsweise statisch, wenn man die Dynamik des Buch- und Zeitschriftenmarktes dagegenhält. Ein rechtlicher Rahmen ist gerade nicht daraufhin ausgelegt (und kann es auch gar nicht sein), mit den Herausforderungen des Tagesgeschäftes mitzuhalten. Wolfram Siemann (1995, S. 63–86) hat in einem richtungsweisenden Beitrag daher den ‚Normenhorizont der Zensur' als entscheidenden Parameter in den Mittelpunkt gestellt. Wenn das Recht nur die Rahmenbedingungen bilden kann, dann liegt es in der Verantwortung des Zensors, auf die Gegebenheiten adäquat zu reagieren. Und nach Siemann sind dafür die je eigenen Normen des Zensierenden entscheidend. Hier wird also im wörtlichen Sinne, ein Rezipient zum Richter, der zwar nicht Gesetz-, so doch Normgeber ist, was am Ende deutlich entscheidender sein könnte.

In England wird schon im späten 18. Jahrhundert versucht, sich des Phänomens von juristischer Seite her anzunehmen; in der *Proclamation for the Discouragement of Vice* (1797) werden vulgäres Verhalten wie übermäßiges Trinken, Fluchen, die Entehrung des Sonntages aber auch unsittliche und amoralische Schriften sanktioniert. Noch einmal elaborierter wird das Unterfangen dann im *Obscene publications Act* – erstmals 1857 in Kraft getreten.[15] Dabei handelt es sich um

[13] Roger Willemsen hat zurecht darauf aufmerksam gemacht, dass das Vulgäre gerade nicht allein auf Erotisches, Sexuelles und Pornographisches ziele. Das kann Bestandteil des Vulgären sein, muss es aber nicht. Zu einer möglichen Differenzierung des Obszönen und Vulgären siehe Willemsen 1997, S. 129–148.

[14] Am Beginn des Nachdenkens Jauß 1991.

[15] Der entsprechende Artikel ‚Obscene Publications Act' (2022) in der *Britannica* fasst die andauernde Kritik an dieser Regelung zusammen: „The 1857 law was under more or less constant attack, for it was widely felt that it often compelled authors to falsify social realities. The law was also criticized for reducing literary standards to the level of what was morally proper for the young. The application of the law in specific cases was also attacked, for judges frequently permitted prosecutions on the basis of isolated passages. Judges also refused to permit evidence of the author's intent or purpose or of his literary reputation, or to hear the testimony of recognized literary critics. The law was also criticized because the prosecutions were often directed against booksellers, who were indifferent to the fate of the book in question" (https://www.britannica.com/event/Obscene-Publications-Act [zuletzt zugegriffen am 11. Oktober 2022]).

vergleichsweise frühe Versuche einer Kodifizierung. Die Erfolge dieser Versuche bleiben indes überschaubar, wie die zahlreichen Klagen unter sittlich Empörten nahelegen.[16]

Die fehlende rechtliche Handhabe gegen schlechte und der allgemeinen Ordnung vielleicht gefährliche Literatur wird am deutlichsten greifbar in den Bemühungen der sogenannten Sittlichkeitsvereine des späten 19. Jahrhunderts.[17] Dafür möchte ich auf ein ganz konkretes Beispiel zurückgreifen.

Am 5. und 6. Oktober 1904 fand in Köln der ‚Internationale Kongress gegen die unsittliche Literatur' statt. Von dieser Zusammenkunft besorgter Bürger gibt es einen aufschlussreichen Bericht in der Schweizer Zeitschrift *Frauenbestrebungen.* Den Ablauf hat man sich nach der Darstellung folgendermaßen vorzustellen: Zunächst berichten die nationalen Sektionen über die Lage in den einzelnen Ländern, referieren die jeweilige Gesetzeslage und geben eine Einschätzung über deren Wirksamkeit, um dem Phänomen der Unsittlichkeit und des schlechten Geschmacks – denn dieser wird explizit auch behandelt[18] – zu begegnen. Im Anschluss daran wird ein Maßnahmenkatalog präsentiert und beschlossen; und hier wird es nun explizit interessant, was das Phänomen ‚Rezipienten als Richter' betrifft.

> Wie ein jeder von dem Milieu seiner Umgebung beeinflusst wird, so wirkt auch das Verhalten des Publikums gegenüber der Produktion der unsittlichen Literatur auf die Auffassung der Behörden ein. Lässt das Publikum diese Sachen ruhig passieren und regt sich nicht, dann wird die Behörde sie leicht auffassen und passieren lassen. Wehrt das Publikum sich, lässt es sich die frechen Schamlosigkeiten nicht gefallen, verlangt es immer und immer wieder, dass gegen diese Verseuchung behördlich eingeschritten wird, erachtet jeder Einzelne es als seine Pflicht, da, wo ihm solche Schmutzwerke zu Gesicht kommen, die Konfiskation und Bestrafung zu beantragen, und wird dabei in Versammlungen und in der Presse in geeigneter Weise die Verfolgung gefordert, dann muss mit der Zeit die beklagenswerte Zaghaftigkeit der Behörden auf diesem Gebiet gebannt werden, und dann wäre das meiste zu einer wirksamen Bekämpfung des Schmutzes erreicht. (Internat. Kongress gegen die unsittliche Literatur in Köln 1904, S. 11)

---

[16] Einen ersten Versuch einer Kartierung dieser Zone des ‚Schmutzes' und der medialen Voraussetzungen unternimmt Templin 2016.

[17] Die Geschichte der deutschsprachigen Sittlichkeitsvereine ist noch nicht so weit erforscht, dass man hier schon ein einheitliches Bild veranschlagen könnte. Ihr Ursprung in protestantischen und freikirchlichen Milieus ist unbestritten, die jeweiligen Ziele zur Aufrechterhaltung von Sitte und Anstand sind indes regional verschieden, ebenso wie die Bemühungen um weibliche Emanzipation. Das organisierte Vorgehen gegen ‚schmutzige', ‚vulgäre' und ‚unsittliche' (z. B. pornographische) Literatur ist nur ein kleiner Teilaspekt davon, der noch seiner Aufarbeitung harrt. Hier kann also nur auf ein Forschungsdesiderat verwiesen werden.

[18] So beklagt sich etwa der dänische Gesandte, „[g]esetzlich lasse sich gegen schlechte Literatur nicht viel ausrichten, da die bezüglichen Gesetzesbestimmungen sehr unbestimmt sind. Besser kann gegen obszöne Bücher vorgegangen werden" (Internat. Kongress gegen die unsittliche Literatur in Köln. 1904, S. 10).

Man sieht hier ganz deutlich, was mit einer Rückbindung an den eigenen Normenhorizont gemeint ist, nur mit dem Unterschied, dass es eben nicht, wie bei Siemann dargestellt, um professionelle Zensoren in Behörden am Beginn des 19. Jahrhunderts geht, sondern dass alle ‚anständigen' Menschen mit den – aus ihrer Sicht ‚richtigen Normen' – zusammen zu Gericht sitzen. Kommt man zu dem Urteil, etwas sei ‚vulgär', trifft man damit beabsichtigter Weise Gegenstand und Person gleichermaßen.

5 Zuschreibungslogiken und Invektivität

Das Vulgäre befindet sich seit seiner Ausdifferenzierung in der zweiten Hälfte des 18. Jahrhunderts in einem Spannungsfeld von Normativität und Zuschreibung. Die normativen Komponenten, zu wissen, was vulgär sei und warum, ist das Erbe der rhetorisch-poetologischen Tradition, in der auch das Populäre seinen Ursprung hat. Die Rangfolge der Gattungen und Schreibweisen *(genera dicendi)* bestimmten zu einem nicht unwesentlichen Anteil die normativen Gehalte auch derjenigen Artefakte, die man im Bereich des Populären situierte. Das Volkslied ebenso wie das – aus literaturwissenschaftlicher Sicht eher unpräzise sogenannte – Volksbuch, also der frühe und mittlere Prosaroman. Hier war die Zuschreibung nicht durchweg gleicherweise pejorativ, eine Dichtung im *genus humile* ist selbstredend nicht per se vulgär zu nennen, grundsätzlich abzulehnen schon gar nicht. Im System der Poetiken und der Rhetorik geht es primär um relationale Bestimmungen, die verloren gehen, sobald das Bezugssystem ein anderes wird. Mit der Aneignung gewisser Begrifflichkeiten – niedrig, gemein, platt etc. – im Bereich der Ästhetik kommt es zu einer für den weiteren Diskurs zentralen Umstellung: als Geschmacksurteil wird auch die Kategorie des Vulgären als ästhetisches Urteil ‚verhandelbar' und unterliegt damit den Logiken von Zuschreibung und zugehöriger Argumentation. Diese Zuschreibungslogiken sind in erster Instanz gar nicht so leicht zu bestimmen; die von Theodor W. Adorno vorgestellte Logik, dass sich das Vulgäre selbst entblößt und in seiner ausgestellten Barbarei sich stets aufs Neue selbst und seine zugehörigen Träger (Produzenten und Rezipienten) erniedrigt, ist sicherlich nur eine der denkbaren Spielarten. Viel häufiger wird es zu direkten Interventionen von Akteuren der Hochkultur kommen, die diese Erniedrigung im sekundären Diskurs (Rezensionen, Feuilleton, Programmgestaltung in Theatern und Museen etc.) aktiv betreiben oder doch bis zum Verlust der Gatekeeping-Macht im Zuge der Etablierung skalenfreier Netze innehatten.

In jedem Falle geht es darum, unerwünschte Beachtungserfolge zu verhindern und als solche zu kennzeichnen. Denn erst mit der Überführung in Öffentlichkeit und der Kommunikation derjenigen Kriterien, die die Beachtungserfolge als unerwünscht oder doch ungerechtfertigt markieren, wird das Verdikt ‚vulgär zu sein' auch gesellschaftlich wirksam.[19] Die Invektive kann man als ‚natürliche‘ Reaktionsmöglichkeit auf das Vulgäre begreifen; sie bietet die Option, unerwünschte Beachtungserfolge zu sanktionieren und diese Sanktionierung ebenfalls wieder populär zu machen, mithin einer breiten Öffentlichkeit als Möglichkeit der Wahrnehmung anzuempfehlen. Die Folgen können marginal (scheiternde Herabsetzung etwa) bis massiv (Ausscheiden aus dem Kunstsystem) sein – in beiden Fällen ist das Artefakt selbst ein anderes, wurde transformiert. Das geschieht zudem nicht zweckfrei, mit dem Verdikt des Vulgären werden eigene Positionen in der Abgrenzung stabilisiert oder vielleicht gar immunisiert, indem sie das ‚Andere‘ als kategorial verschieden abscheiden. Die Zuschreibung von Vulgarität bezieht sich aber immer auch auf das Gegenüber, wenn der Versuch unternommen wird, Diskurszusammenhänge zu stören oder ästhetische Selbstwahrnehmungen als ungerechtfertigt gar zerstört werden sollen. Die Folgen sind vielfältig. Welche unterschiedlichen Rechtsfolgen aus dieser Beurteilung im Bereich des Populären und Vulgären erwachsen, wenn sich Rezipienten anmaßen, Richter zu sein, wäre noch einmal in einem gesonderten Beitrag zu untersuchen.

Literatur

Adorno, Theodor W. [1970] 2006. *Ästhetische Theorie*. Frankfurt a. M.: Suhrkamp.

Bollenbeck, Georg, und Lothar Ehrlich, Hrsg. 2007. *Friedrich Schiller. Der unterschätzte Theoretiker*. Köln [u. a.]: Böhlau.

Döring, Jörg et al. 2021. Was bei vielen Beachtung findet: Zu den Transformationen des Populären. *Kulturwissenschaftliche Zeitschrift* 2(6), S. 1–24.

Ehrmann, Viktoria: Schillers *kleine Hasenjagd*. ‚Die beiden Abwege naiver und sentimentaler Poesie‘ als Invektive. *Weimarer Beiträge* 68 (2022), S. 574–592.

Ehrmann, Viktoria, und Michael Multhammer. 2023. Ästhetische Dynamisierungen: Vulgär – gemein – niedrig – populär. Einige begriffsgeschichtliche Beobachtungen am Ende der Frühen Neuzeit. Working Paper SFB 1472, Nr. 5. https://doi.org/10.25819/ubsi/10238.

Ellerbrock, Dagmar et al. 2017. Invektivität – Perspektiven eines neuen Forschungsprogramms in den Kultur- und Sozialwissenschaften. *Kulturwissenschaftliche Zeitschrift 2* (2017). Online unter https://kulturwissenschaftlichezeitschrift.de/artikel/ellerbrock-et-al-invektivitaet/ (zuletzt zugegriffen am 14. September 2022).

Fiedler, Leslie. 1971. Cross the Border – Close the Gap. In ders.: *The Collected Essays of Leslie Fiedler*. Volume II, S. 461–485. New York: Stein & Day.

Grimm, Jacob, und Wilhelm. 1951. ‚Vulgär‘. In *Deutsches Wörterbuch*, bearbeitet von Johannes Erben. Bd. 26, Sp. 2021. [Quellenverzeichnis: Bd. 33 (1971)] Leipzig: Hirzel.

Internat. Kongress gegen die unsittliche Literatur in Köln. *Frauenbestrebungen* 2 (1904), S. 10–12.

Jauß, Hans Robert. 1991. *Die nicht mehr schönen Künste: Grenzphänomene des Ästhetischen*. München: Wilhelm Fink.

[19] Solange diese vermeintlichen Normverstöße und Abweichungen von ästhetischen ‚Standards‘ in kleinen oder abgeschirmten Stilverbünden passieren, die gerade noch nicht populär im weiteren Sinne sind, bleibt das Moment der Sanktion ja in aller Regel aus. Dann heißt es schlicht: Jede/r nach seinem Geschmack.

Obscene Publications Act. In *Britannica*. Online unter https://www.britannica.com/event/Obscene-Publications-Act (zuletzt zuegriffen am 11. Oktober 2022).

Rosenkranz, Karl. [1853] 2015. *Ästhetik des Häßlichen*. Hrsg. u. mit einem Nachwort Dieter Kliche. Stuttgart: Reclam.

Schiller, Friedrich. [1791] 2004. Über Bürgers Gedichte. In ders.: *Sämtliche Werke. Band V Erzählungen, Theoretische Schriften*, Hrsg. Wolfgang Riedel, S. 970–985. München: Deutscher Taschenbuch Verlag.

Schiller, Friedrich. [1802] 2004. Gedanken über den Gebrauch des Gemeinen und Niedrigen in der Kunst. In *Ders.: Werke in fünf Bänden. Band V Erzählungen, Theoretische Schriften*, Hrsg. Wolfgang Riedel, S. 452–459. München: Deutscher Taschenbuch Verlag.

Schwerhoff, Gert. 2020. Invektivität und Geschichtswissenschaft. Konstellationen der Herabsetzung in historischer Perspektive – ein Forschungskonzept. *Historische Zeitschrift* 311(1), S. 1–36.

Siemann, Wolfram. 1995. Normenwandel auf dem Weg zur ‚modernen' Zensur. Zwischen „Aufklärungspolizei", Literaturkritik und politischer Repression (1789–1848). In *Zensur und Kultur. Zwischen Weimarer Klassik und Weimarer Republik mit einem Ausblick bis heute*, Hrsg. John A. McCarthy und Werner von der Ohe, S. 63–86. Tübingen: Max Niemeyer.

Templin, Christina. 2016. *Medialer Schmutz. Eine Skandalgeschichte des Nackten und Sexuellen im Deutschen Kaiserreich 1890–1914*. Bielefeld: transcript.

Werber, Niels. 2020. Populismus und Herablassung. In *Zwischen Feindsetzung und Selbstviktimisierung. Gefühlspolitik und Ästhetik populistischer Kommunikation*, Hrsg. Lars Koch und Torsten König, S. 63–84. Frankfurt a. M./New York: Campus.

Willemsen, Roger. 1997. Über das Obszöne. In *Die nackte Wahrheit. Zur Pornographie und zur Rolle des Obszönen in der Gegenwart*, Hrsg. Barbara Vinken, S. 129–148. München: Deutscher Taschenbuch Verlag.

„Makler des Guten". Zur Praxis ästhetischen und kulturkritischen Urteilens im *Kunstwart*

Christian Meierhofer

1 Programmatische Voraussetzungen

Der zunächst in Dresden selbstproduzierte und -vertriebene, ab 1894 von Georg Callwey in München verlegte und zweimal im Monat erscheinende *Kunstwart* (1887–1932) gehört zu einer Reihe von Rundschauzeitschriften, die seit den 1870er-Jahren neu gegründet werden und das thematische und funktionale Spektrum der bis dahin etablierten Familienblätter, Literatur- und Kulturzeitschriften erweitern. Diese neuen Zeitschriften reagieren im jungen Deutschen Reich auf Prozesse der gesellschaftlichen und kulturellen Ausdifferenzierung, die zeitgenössisch und schon seit Mitte des Jahrhunderts etwa unter Stichworten wie ‚Zersplitterung', ‚Zersetzung' oder „partielle Wissenheit", so der Kunsthistoriker Herman Grimm (1865, S. 8), diskutiert werden. Gleichzeitig treibt die aufmerksamkeitsökonomische Konkurrenz der Zeitschriften untereinander ebendiese Differenzierung auch wieder an, wenngleich der *Kunstwart* in seiner Frühphase auf mitunter unautorisierte Nachdrucke aus anderen Periodika setzen muss, um die Ausgaben zu füllen.[1] In der periodischen und revueartigen Überschau sollen darum eigentlich unvereinbare, disparate und disziplinenspezifische Gegenstände wieder zueinander geführt werden.[2] Mit der Kopräsenz des zusammengestellten Materials

[1] Zur sozialgeschichtlichen Verortung vgl. die Überblicke von Pross 1963, S. 28–49, und Kratzsch 1983. Zu den finanziellen Startschwierigkeiten vgl. Dimpfl 1990, S. 119 f. und 135.

[2] Vgl. auch Kauffmann und Jost 2006, S. 19, die als Konsequenz daraus einen „Essayismus als Set von Denk- und Darstellungsverfahren" bemerken.

C. Meierhofer (✉)
Institut für Germanistik, Vergleichende Literatur- und Kulturwissenschaft, Rheinische Friedrich-Wilhelms-Universität Bonn, Bonn, Deutschland
E-Mail: meierhofer@uni-bonn.de

© Der/die Autor(en), exklusiv lizenziert an Springer-Verlag GmbH, DE, ein Teil von Springer Nature 2024

N. Celik und S. Speth (Hrsg.), *Rezipienten als Straf- und Kunstrichter*, Literatur und Recht 11, https://doi.org/10.1007/978-3-662-68307-1_5

entfaltet sich ein gegenwartsdiagnostisches Potential, von dem das ästhetische und kulturkritische Urteil profitiert und Überblicksverlusten vorbeugen soll. In diesem Zusammenhang hat Syndram (1989, S. 80) die Rundschauzeitschriften auch als „Anwälte einer zeitgemäßeren Kunst gegen die aus ihrer Sicht überlebten und substanzlos gewordenen Maximen der gründerzeitlichen Kulturverwalter“ bezeichnet.

Dementsprechend soll bereits die programmatische Vorrede, die der Herausgeber Ferdinand Avenarius (1856–1923) im ersten Heft platziert, „den Stand der Künste in der Gegenwart“ sondieren (Avenarius 1887a, S. 1). Im Einzelnen sind das Kunsthandwerk, Baukunst, Bildhauerei, Malerei, Musik, Gesang, Mimik bzw. Schauspielkunst und zuletzt die Poesie. Avenarius' Bemerkungen greifen erkennbar auf jenes Paradigma zurück, das der öffentliche, auch populärwissenschaftlich und lebensreformerisch ausgerichtete Modernediskurs im späten 19. Jahrhundert anlegt und permanent aktualisiert.[3] Die Vorrede organisiert sich über semantische Oppositionen, wie sie für die moderne Selbstthematisierung üblich sind, also etwa Differenzierung und Entdifferenzierung, Aufstieg und Verfall, Tiefe und Oberfläche, Verstand und Phantasie, Fülle und Mangel, alte und junge Generation, hoher und niederer Genuss. So wird die Rede von „einer wahrhaft gesunden, keimtragende Früchte verheißenden Blüte des Kunstgewerbes“, die auf die beliebte Vorstellung einer entelechischen Entfaltung zurückgreift, konterkariert von einem „ruhelose[n] Wechseln von Stil zu Stil“ (Avenarius 1887a, S. 2). In Hinsicht auf die „heutige Dichtung“ sei diese Heterogenität vergleichbar mit

> *der* Stelle eines Meeres, an welcher verschiedene Flutungen bald sich bekämpfen, aufhalten oder fortschieben, bald durcheinander wirbeln: wir können die einzelnen nicht klar erkennen. Nach sachlichen, ästhetischen, überhaupt seelischen Gemeinsamkeiten ist eine Gruppierung der Schriftsteller, die heute im vollsten Mannesalter stehen, vielfach unmöglich. (Avenarius 1887a, S. 3 f.)

Solche Heterogenität gilt jedoch nicht nur für die künstlerischen und literarischen Gegenstände, sondern ebenso für deren publizistische Rezeption und Bewertung. Zur Urteilsbildung sei es notwendig, „nach Möglichkeit Stimmen *aller* Parteien zum Gehör zu verhelfen, [...] da wir uns einen Fortschritt nur durch Widerlegung, nicht durch Verschweigung der Gründe eines Gegners denken können“ (Avenarius 1888, S. 345).[4] Dieses Zugeständnis einer möglichst breiten Teilhabe ist deshalb erforderlich, weil der *Kunstwart* vor allem in den ersten Jahren große Mühe hat, sich auf dem Zeitschriftenmarkt zu behaupten und seine Auflage zu steigern. Allerdings erschwert die Mehrdeutigkeit, Stimmen- und Meinungsvielfalt zugleich das Herstellen eines Common Sense, um sich aus einer synchronen Beobachtungs-

---

[3] Vgl. dazu Carstensen 2016.

[4] Einen gesonderten Stellenwert nimmt dabei die deutsch-jüdische Literatur in der sogenannten Kunstwart-Debatte ein. Vgl. dazu die Detailstudien von Müller-Buck 1986, Voigts 1995, Kilcher 2002 und Renneke 2004. Vom *Kunstwart* als einem „frühe[n] Sammelbecken nationalkonservativer, rassistischer und präfaschistischer Denker“ spricht zuletzt Goßens 2015, S. 272.

position heraus über den jeweils gegenwärtigen „Stand der Künste" zu vergewissern (Avenarius 1887a, S. 1).

Eine zunächst produktionstechnische Konsequenz daraus ist ab Mitte Dezember 1887 die Erhöhung des Heftumfangs von zwölf auf 16 Seiten, der 1897 sogar auf 32 Seiten und 1907 auf 70 Seiten steigt. Avenarius' Begründung lautet (1887b, S. 61): „Wir gewinnen nun Raum, die unmittelbare Gegenwart und ihre Ereignisse genauer zu betrachten".[5] Nichtsdestoweniger vollzieht sich die Beschäftigung mit der Gegenwartskunst keineswegs ungefiltert. Neben den thematischen Abhandlungen werden die Hefte in regelmäßigen Abständen von programmatischen Leitartikeln eröffnet, mit denen der Herausgeber Avenarius eine Art diskursive Gatekeeperfunktion wahrnimmt und das kulturpolitische Agenda Setting seiner Zeitschrift zu konturieren sucht.[6] Als „Makler des Guten" soll der *Kunstwart* nicht nur als ‚kleines Archiv'[7] fungieren, wie es die Journalforschung für die Literatur- und Kulturzeitschriften nach 1850 betont hat; er soll auch ein Korrektiv gegenüber „Kolportage und Schmutzpresse", „Gassenhauer und Tingeltangel *à la mode*", „Zeitungen mit den dahinter stehenden Partei-, Klüngel- oder Verlagsinteressen" sowie allen „Kreise[n] der Gesinnungslumpen" sein (Avenarius 1904a, S. 7).

Dass der *Kunstwart* jedoch ab 1902 mit der Gründung des Dürerbunds, zu dem unter anderem bekannte Autoren wie Bölsche, Raabe und Hauptmann gehören, einem ganz ähnlichen Interesse folgt, unterschlägt Avenarius in seiner Argumentation gezielt. Sowohl die Zeitschrift als auch der Dürerbund werden als unabhängige Bewertungsinstanzen deklariert, um – so heißt es im Artikel über die Gründung des Bundes – „die Befreiung der künstlerischen Fragen aus der Verquickung mit Parteipolitik" zu erreichen (Avenarius 1902a, S. 509).[8] Dieses Befreiungspostulat beansprucht allerdings selbst ein kulturpolitisches Programm, wie es für die Entstehung sozialer und institutioneller Gemeinschaften im Weltanschauungsdiskurs um 1900 durchaus üblich ist. Wo sich der Dürerbund als „Vereinskonglomerat" (Kratzsch 1983, S. 375), das ganz unterschiedliche bürgerlich-soziale Gruppen zusammenführt, für Fragen der Kunst und Kultur zuständig erklärt, verstehen sich ab 1906 der von Ernst Haeckel initiierte Deutsche Monistenbund oder der mit ihm konkurrierende, ein Jahr später von Eberhard Dennert gegründete an-

[5] Zu Heftumfang, Seitenformat, Preisgestaltung und Auflagenzahlen vgl. auch Syndram 1989, S. 84, und Krause 1973, S. 217 f.

[6] Demgegenüber beruht die traditionelle Konzeption des Gatekeepers auf einem linearen Kommunikationsmodell und auf der Vorstellung von individuellen Selektionsentscheidungen. Siehe klassischerweise White 1950, S. 384: „Thus a story is transmitted from one ‚gate keeper' after another in the chain of communications. From reporter to rewrite man, through bureau chief to ‚state' file editors at various press association offices, the process of choosing and discarding is continuously taking place."

[7] Vgl. Frank, Podewski und Scherer 2009, S. 41–45.

[8] Vgl. dazu umfassend die Studie von Kratzsch 1969.

tidarwinistische Keplerbund insbesondere als Verteidiger der Naturwissenschaften und einer naturwissenschaftlich orientierten Weltanschauung.[9]

Markant ist nun, dass – zumindest im Leitartikel von 1904 – die Bedenken gegenüber einer allzu modeorientierten Literatur, Kunst und Berichterstattung auf eine juristische Voraussetzung zurückgeführt und konkret mit dem deutschen Urheberrecht in Verbindung gebracht werden. Avenarius (1904a, S. 7) kritisiert

> unser Urheberrecht, das nur nach dem Tages-Marktwerte entschädigt, so jeden gerissenen Spekulanten höher als den Werteschöpfer belohnt, die Verbreitung des guten Neuen verzögert und doch immer nur weiter „ausgebaut" werden soll. Wann ist von einer Beschränkung seiner schlechten Nebenwirkungen oder von einer Ergänzung die Rede, etwa durch einen „Urheberschatz", der die Urheberrechte bedeutender Geistesschöpfungen im Interesse der Gesamtheit ankaufen und verwerten würde?

Freilich betreffen die „Tages-Marktwerte" vor allem das publizistische Schreiben, dessen juristischer Rahmen vom sogenannten *Gesetz betreffend das Urheberrecht an Werken der Literatur und der Tonkunst* (1901) vorgegeben wird. Demnach ist die Vervielfältigung für literarische und künstlerische Produktionen zwar ohne „Einwilligung des Berechtigten" unzulässig; gleichwohl gelten für Periodika gesonderte Bestimmungen: „Vermischte Nachrichten thatsächlichen Inhalts und Tagesneuigkeiten dürfen aus Zeitungen oder Zeitschriften stets abgedruckt werden" (Gesetz, betreffend das Urheberrecht 1901, S. 230, §§ 15 und 18). Vor diesem Hintergrund beklagt Avenarius die kulturelle und finanzielle Aufwertung bloß aktueller Inhalte gegenüber den ‚schöpferischen' und vermeintlich überzeitlichen Geisteswerten, die in der Konkurrenz um Aufmerksamkeit benachteiligt würden.

Dass „ästhetische Bildung so wichtig wie intellektuelle ist", steht dabei außer Frage (Avenarius 1904a, S. 8). Aktualität und Intellektualität gelten als Merkmale eines aufmerksamkeitsökonomisch, rationalistisch und naturwissenschaftlich geprägten Modernediskurses, dem es an geistigen, innerlichen Werten mangelt. Diesen Mangel auszugleichen, ist das Ziel der Zeitschrift: „Erst wenn unser Volk wie heute die Sprache der Begriffe, so einst die der Gesichte und Gefühle verstehen, erst wenn unser Volk auf ihre Niederschläge in Kunstwerken und ästhetischen Erscheinungen überhaupt ‚lesen' kann, erst dann wird aus unserer Zivilisation die runde Kultur" (Avenarius 1904a, S. 8). Was Thomas Mann zehn Jahre später in einer konkurrierenden Zeitschrift, nämlich zu Beginn des Ersten Weltkriegs in der *Neuen Rundschau*, über das Verhältnis von Zivilisation und Kultur nachhaltig zuspitzen wird, findet sich paradigmatisch schon in Avenarius' Begründung. Bei Mann (1914, S. 1484 und 1471) werden die Deutschen bekanntlich zum „unbekannteste[n] Volk Europas" stilisiert, wobei Kultur mit „Geschlossenheit, Stil, Form, Haltung, Geschmack" und Zivilisation mit „Vernunft, Aufklärung, Sänftigung, Sittigung, Skeptisierung" gleichgesetzt ist. Ebendiese semantische Opposition aus kultureller Tiefe und zivilisierter Oberfläche, ästhetischer Rundung und

[9] Vgl. dazu Nöthlich et al. 2007 und Kaiser 2007. Zum Weltanschauungsdiskurs vgl. mit weiteren Hinweisen Brasch und Meierhofer 2020.

rationalistischer Geradlinigkeit organisiert bereits die redaktionellen und programmatischen Paratexte des *Kunstwarts*. Damit artikuliert sich eine kulturkritische Gegenwartsdiagnostik, die das Erreichen oder ebenjene Rundung von Kultur als Zukunftserwartung aufbaut und aufseiten der Produktionslogik eine notwendige Serialität der Zeitschrift legitimiert. Aufseiten der Rezeptionslogik gehört die erhoffte ‚Lesefähigkeit' zu einer populären Adressierungsstrategie, die auf Publikumsinklusion angelegt ist und zudem kulturelle bzw. nationalkulturelle Geschlossenheit erzeugen und diese nach außen hin signalisieren soll: „Ein Volk von Vollmenschen ist unser Ziel" (Avenarius 1904a, S. 8). Wichtige Wegmarken dorthin sind etwa Gedenkjahre und Jubiläen, zu denen sich wertungsgeschichtliche Traditionen fortsetzen und als kanonisches Wissen stabilisieren lassen. Sobald an die „Geisteshelden" der Vergangenheit erinnert wird, wie etwa im hundertsten Schiller-Gedenkjahr, erhöht sich auch das soziale und publizistische Inklusionspotential der Zeitschrift, denn „er war unser" (Avenarius 1905, S. 533).

Der theoretische Bezugspunkt für dieses Programm ist eine vom Subjekt her gedachte Gehalts- und Einfühlungsästhetik, wie sie spätestens in der Nachfolge Hegels (etwa bei Wackernagel, Vischer oder Carriere) und dann um 1900 nicht zuletzt von der Psychologie, insbesondere von Carl Weitbrecht und Theodor Lipps, begründet und im *Kunstwart* intensiv in Aufsätzen und Buchbesprechungen aufgegriffen wird.[10] Weitbrecht (1899, S. 293), der am Stuttgarter Polytechnikum auf Vischers Lehrstuhl folgt, wendet sich aufs Deutlichste gegen die „ästhetisch-ethische Impotenz" von Naturalisten und Formalisten, weil für ihn der Grundsatz gilt: „[A]lle Form wächst organisch aus dem Gehalt, der Gehalt aber ist persönlicher Art und enthält unmittelbar das Ethische des Künstlers miteingeschlossen." Komplementär hierzu soll das Publikum ein Kunstwerk „mit gefühls- und stimmungsmäßiger persönlicher Wertung und Anschauung" rezipieren und somit „ein persönlich ethisches Verhältnis zu seinem Objekt" eingehen (Weitbrecht 1899, S. 331). Für diese rezeptionsästhetische Position steht auch Lipps. In seiner Rubrik des „Literarischen Ratgebers" identifiziert Avenarius (1904b, S. 282) das zentrale Anliegen von Lipps' Überlegungen aus der *Grundlegung der Ästhetik* (1903) beispielhaft damit, dass „die ästhetischen Werte als Persönlichkeitswerte" auftreten, „die auch in leblose Objekte vom Subjekt ‚eingefühlt' werden."

Jenseits des theoriegeschichtlichen Einwands, Lipps' Konzept laufe lediglich auf eine „gefühlte Selbstobjektivation im ästhetischen Gegenstand", auf eine bloße „Ich-Erweiterung" und „ein vollständig Ego-besetztes Gebiet" hinaus (Voss 2008, S. 43), erweist sich gerade diese Zentrierung des Subjekts für die wertungsgeschichtliche Frage nach der zeitgenössischen Praxis des ästhetischen und literaturkritischen Urteilens als bedeutsam. In der Argumentation des *Kunstwarts* besitzen Kritiker und Künstler eine „verwandte Art des *Empfindens*", die jeweils die „geistige Tätigkeit speist" und beim Kritiker den Willen auslöst, „in bereits geformten

[10] Vgl. auch Koszinowski 1985, S. 102 f., und Kulhoff 1990, S. 106 f.

Kunstwerken das beherrschende psychologische Gesetz" zu erkennen (Schlaikjer 1916, S. 59). Ein begrifflich-konzeptueller Niederschlag dieser gehalts- und einfühlungsästhetischen Vorstellung lässt sich nur mancherorts am ‚Kunstrichter', aber viel deutlicher am ‚Erzieher' ausmachen. Denn dem *Kunstwart*, dessen Lesepublikum sich mehrheitlich aus den im Dürerbund vertretenen Lehrern, Geistlichen, Schülern, Studenten und Referendaren zusammensetzt (vgl. Kratzsch 1983, S. 375),[11] ist maßgeblich daran gelegen, die ästhetische Urteilsfähigkeit des ‚einfühlsamen' Subjekts zu schulen.

2 Begriffliche und konzeptuelle Transformationen – vom ‚Richter' zum ‚Erzieher'

Macht man sich in den Digitalisaten des *Kunstwarts* auf die Suche nach den Begriffen ‚Richter' oder ‚Kunstrichter', ergeben sich kaum mehr als eine Handvoll Treffer. Hierzu passt, dass die einschlägigen Lexika des späten 19. Jahrhunderts über keinen Eintrag zum ‚Kunstrichter' verfügen. Noch geringer ist die Zahl derjenigen Stellen im *Kunstwart*, an denen beide Termini nicht nur metaphorisch eingesetzt, sondern theoretisch, reflexiv oder poetologisch gedacht und eingeholt werden. Dazu gehört beispielhaft eine fragmentarische Textauswahl, die 1908 anlässlich der kritischen Gesamtausgabe von Karl Maria von Webers Schriften im *Kunstwart* abgedruckt wird. Mit Weber als dem Komponisten der bekannten romantischen Oper *Der Freischütz* (UA 18. Juni 1821) kommt nun aber kein Vertreter der zeitgenössischen Gegenwartskunst zu Wort, der sich dennoch und offenbar leicht in Avenarius' kulturpolitisches Programm einfügen lässt. Ein entsprechender Passus aus Webers *Dramatisch-musikalischen Notizen* (1812) lautet:

> Der Kunstrichter und das Publikum haben zwar nicht nötig, sich nach der Entstehung eines Kunstwerkes zu erkundigen, sondern dasselbe soll sich selbst rein aussprechen; wo es denn darauf ankommt, durch einen kleinen Fingerzeig etwas zur Rechtfertigung eines talentvollen Künstlers beizutragen, und wo es wie hier so interessant ist, dem letzten Auflodern desselben Schritt vor Schritt zu folgen, wird die Kritik Rücksicht nehmen und der Psychologe Stoff für sich finden. (von Weber, zit. n. von der Pfordten 1909, S. 334)[12]

Hiermit ist eine durchaus signifikante begriffs- und konzeptgeschichtliche Transformation angedeutet. Webers Auffassung vom Kunstrichter, der um 1800 gegenüber der Autonomie des sich selbst aussprechenden Kunstwerks nur eine schwache legitimierende und mit Blick auf eine etwaige Autorintention eine psychologische Funktion besitzt, ist für den *Kunstwart* um 1900 bloß noch als Zitat eines zu

[11] Zum gängigen Narrativ, dass Ästhetik und Pädagogik im ausgehenden 18. Jahrhundert die Rhetorik institutionell beerben, vgl. lediglich Geulen 2004.

[12] Das Zitat findet sich zuerst bei von Weber [1812] 1908, S. 326.

kanonisierenden Textes relevant. Anders als die emphatische Hervorhebung, mit der etwa Sulzer (1774, S. 632) den Kunstrichter als einen nahezu allwissenden und weisungsbefugten „Rathgeber des Künstlers" gefasst hatte, lässt sich das Kunstwerk für Weber auch ganz ohne diesen Rat herstellen und rezipieren.

Im *Kunstwart* schließlich unterliegt diese Position allein noch den Bedingungen von Aufmerksamkeitsökonomie und Aktualität, die weniger Weber als vielmehr der Neuausgabe seiner Schriften gilt. Der kultur- und literaturkritische Diskurs, den die Rundschauzeitschriften etablieren und in dem sie sich jeweils durchsetzen wollen, hat zwar nach wie vor Bedarf an kenntnisreichen und abgewogenen Urteilen über die neueste Kunst- und Literaturproduktion. Aber den Begriff des Richters oder Kunstrichters braucht es dafür ebenso wenig wie die mit ihm verbundene Vorstellung vom gelehrsamen Kritiker, der den genialen Künstler bewertet. Der *Kunstwart* – wie auch die Zeitschriften der Moderne wohl insgesamt – sind von solcher historischen Semantik des Richters konzeptuell und funktional längst geschieden, selbst wenn die sich in der publizistischen und disziplinären Stimmenvielfalt als ein zu tradierendes Element punktuell zu erkennen gibt.

Diskursiv weitaus präsenter und wirkmächtiger als der ‚Richter' ist hingegen der ‚Erzieher'. Mit dieser Figur kann sich die Kulturkritik – verstanden als ein „Reflexionsmodus der Moderne" (Bollenbeck 2007, S. 11) – nämlich nicht nur für die Vergangenheitsbewältigung und Gegenwartsdiagnose dienlich erweisen, sondern auch eine zukunftsoptimistische Perspektive eröffnen. Genau dieses triadische Denken, „das Vergangenheit, Gegenwart und Zukunft aufeinander bezieht und das Kulturkritik von einem grundsätzlichen Pessimismus" im Sinne Schopenhauers unterscheidet (Brasch und Meierhofer 2020, S. 17), kleidet Julius Langbehns *Rembrandt als Erzieher* (1890) semantisch aus. Sein Text wird damit zu einem Bestseller. Auf die verfallsgeschichtliche Diagnose vom „Spezialismus" aller Lebensbereiche folgt die Notwendigkeit einer neuen, zumal künstlerischen Zusammenschau: „Man ist einigermaßen übersättigt von Induktion; man durstet nach Synthese; die Tage der Objektivität neigen sich wieder einmal zu Ende und die Subjektivität klopft dafür an die Thüre" ([Langbehn] 1890, S. 1 f.). Mit dieser Syntheseleistung, die im *Kunstwart* als ‚Rundung' bezeichnet wird, überschneiden sich innerhalb der kulturkritischen Diskursordnung auch Welt- und Kunstanschauung. Doch um diese Leistung zu erbringen, ist eine ‚Didaktik des Sehens und Fühlens' als quasi-erzieherische und popularisierende Maßnahme vonnöten. Daher adressiert Langbehns Text (1890, S. 305) vorgeblich den gebildeten ebenso wie den „nichtgelehrten aber lebendig empfindenden Menschen". Die Prominenz des Erziehungsbegriffs wird dabei von Schillers berühmter Definition aus seiner Bürger-Rezension von 1790 hergeleitet und auf Rembrandt als „Volksdichter" übertragen: „[E]r vereinigt glückliche Wahl des Stoffs mit höchster Simplizität in Behandlung desselben" ([Langbehn] 1890, S. 33 f.). Schiller ist jedoch auch deshalb eine markante Schaltstelle, weil die in den *Horen* erstpublizierten Briefe *Über die Ästhetische Erziehung des Menschen* erstmals 1875 in einer gesonderten Buchausgabe erscheinen und ab dann eine paratextuell ständig neu angepasste „Verweltanschaulichung" erfahren (Ajouri 2020, S. 325).

An die publizistischen Reaktionen auf Langbehn und an seine Popularisierungsstrategie schließt der *Kunstwart* unmittelbar an. *Rembrandt als Erzieher* und das „ungewöhnliche Aufsehen“, das diese Publikation erregt, sind für Avenarius (1890, S. 177) einerseits „von symptomatischer Bedeutung für unsere Zeit“; andererseits betont er trotz der strukturellen Mängel des Textes „mit gutem Gewissen“ die argumentative und programmatische Nähe zur eigenen Zeitschrift und zum medial übergreifenden Vorhaben „einer einheitlichen Weltanschauung“. Der *Kunstwart* positioniert sich in einem Text- und Medienverbund, für den Autoritäten wie Nietzsche oder Paul de Lagarde einstehen und der im Übrigen auch Callweys Reihe der Kunstwart-Bücherei, die Dürerbund-Flugschriften oder Avenarius' Lyrikanthologien seit den frühen 1880er-Jahren umfasst. Aus diesem Verbund lassen sich populäre Aufmerksamkeitspotentiale abschöpfen und für die eigene publizistische Sichtbarkeit und volkserzieherische Legitimität nutzen. So wird etwa aus der *Deutschen Rundschau* recht schnell ein Artikel des Greifswalder Althistorikers Otto Seeck wiederabgedruckt, der Langbehn – in der typischen Semantik des ausgehenden 19. Jahrhunderts – als ‚großen Mann‘ und mithin als kulturpolitischen Diskursivitätsbegründer kennzeichnet: „Indem die Menge sich in den Gedankenkreis eines großen Mannes, welcher ihr anfangs ganz unverständlich war, unter dem Zwang der Mode allmählich hineinfinden lernt, kann dann der Künstler bis zu einem gewissen Grade wirklich zum Erzieher seiner Nation werden“ (Seeck 1891, S. 341). Dieser Duktus des Erzieherischen ist leicht auf andere Bereiche der Kunst übertragbar und verschafft den Akteuren dort ihren jeweils nötigen argumentativen Rückhalt: „Der Regisseur ist künstlerischer Erzieher, oder er ist eigentlich nichts“ (Dresdner 1897, S. 181). Und für Goethe steht ohnehin fest, dass er „durch das Wie seines Dichtens“ zugleich „der große ästhetische Erzieher der Deutschen“ sei (Avenarius 1899a, S. 310). Umgekehrt droht sofort ein Verlust der sozialen Kohäsion, sobald der Erzieher seiner ihm zugedachten Funktion gegenüber einem dispersen Publikum nicht verlässlich nachkommt: „Wenn sich auch unsre ersten Konzertdirigenten nicht mehr als Erzieher und Führer zur Kunst fühlen, sondern einfach als ausführende Angestellte der Publikums-Vielköpfigkeit, dann sind wir am Ende“ (Avenarius 1899b, S. 284).

Im Bewusstsein dieser Fliehkräfte gerät der Name einzelner historischer Personen im kulturkritisch-weltanschaulichen Diskurs zur Chiffre, an die sich unterschiedliche, auch gegenläufige Semantiken anlagern können. Mit dem metonymischen ‚Rembrandt‘ öffnet sich zum einen ein Paradigma des Renaissancismus, in dem „die Kontroversen um unterschiedliche Lebensmodelle und ‚Weltanschauungen‘ auf dem Weg ins 20. Jahrhundert Platz finden“; zum anderen resultiert aus dem paradoxen Rückgriff auf „ein altmeisterlich-handwerkliches Kunstverständnis“ ein Syntagma der nationalkulturellen Vereinheitlichung, das die eigene Position gegen etwaige Einsprüche von außen immunisiert (Althaus und Fauser 2016, S. 14). Die „innere Verbundenheit“ zwischen dem *Kunstwart* und Langbehn, die bereits mit der von Fritz Strich betreuten und ebenfalls bei Callwey verlegten Berner Dissertation Herbert Broermanns (1934, S. 54) auch germanistikgeschichtlich festgeschrieben wird, mag als Beleg dieser Immunisierung gelten. Franz Heims (1946, S. 65) ungedruckte Münchener Dissertation *Der Kunstwart als Erzieher*, die beim Zeitungswissenschaftler Karl d'Ester entsteht, verstärkt diesen Eindruck schon mit ihrem Titel und übernimmt in der Folge den sprachlichen Duktus ihres Untersuchungsgegenstands: „In seiner Art, zwischen den

Aufsätzen allgemeine Erziehungsabsichten unterzubringen, schüttet der Kunstwart seinen Spott über die scheinheilig Gebildeten, die mit ihrem Scheinbesitz von Wissen, mit tönenden Stichworten, witzigen Phrasen und Geistreichelei falsche Vorstellungen erwecken." Der kulturkritische Reflexionsmodus, so lässt sich schlussfolgern, bedarf, um überhaupt wirksam zu sein, eines publizistischen Kommunikationsmodus, den der *Kunstwart* idealtypisch bedient und der offenbar auf die fachwissenschaftliche Beschäftigung im frühen 20. Jahrhundert durchschlägt. Dieser Modus findet um 1900 – nach dem ‚Volksdichter' um 1800 – im ‚Erzieher' seine vielleicht schlagkräftigste Leitvokabel.

Dass die publizistische „Kunsterziehung" (Avenarius 1902b, S. 283) für die Zeitschrift an Relevanz gewinnt, hat zudem einen konkreten rechtsgeschichtlichen Hintergrund. Mit der Verschärfung des Strafrechts und der sogenannten Sittlichkeitsparagraphen, die am 14. Juli 1900 in Kraft tritt, aber bereits 1892 in einem ersten Entwurf vorliegt und seitdem als Lex Heinze in der kulturpolitischen Diskussion steht, ändern sich die Bedingungen der Kunstproduktion und -kritik grundlegend.[13] Anlass für die Gesetzesänderung ist eine Anklage des bereits vorbestraften Ehepaars Heinze. Die Prostituierte Dorothea und ihr fünfzehn Jahre jüngerer Zuhälter stehen im Verdacht, am 27. September 1887 einen Nachtwächter ermordet zu haben. Das Paar erzeuge insoweit *„ein schauderhaftes Bild von den Sittenzuständen* in gewissen Kreisen Berlins", weshalb mit diesem Exempel „das skandalöse Treiben" gegenüber „der breiten Oeffentlichkeit" unverzüglich eingeschränkt werden müsse, wie der Gerichtsberichterstatter Hugo Friedlaender (1908, S. 75) nachträglich festhält. Der Vorfall löst einen breiten Protest in der Literatur- und Kunstszene aus, weil die Straftat der Zuhälterei oder „Kuppelei" zu weitergehenden juristischen Maßnahmen führt, die alle möglichen Erscheinungen von angeblicher „Unzucht" verhindern sollen (Gesetz, betreffend Aenderungen und Ergänzungen des Strafgesetzbuchs 1900, S. 301, § 180). Der öffentliche Protest richtet sich insbesondere gegen den neuen ‚Kunstparagraphen' 184, der den Vertrieb „unzüchtige[r] Schriften, Abbildungen oder Darstellungen" und „Gegenstände" zu entsprechendem Gebrauch mit einer einjährigen Gefängnis- oder einer Geldstrafe von bis zu tausend Mark belegt sowie außerdem den „Verlust der bürgerlichen Ehrenrechte" und die „Zulässigkeit von Polizei-Aufsicht" präventiv androht (Gesetz, betreffend Aenderungen und Ergänzungen des Strafgesetzbuchs 1900, S. 302, § 184). Zeitgleich zu einer intensiven Debatte im Reichstag formiert sich ab März 1900 die Protestbewegung zum Goethe-Bund, der zuerst in Weimar und schnell auch in anderen Orten gegründet wird.[14] Im Anschluss daran geht die Lex Heinze

---

[13] Zum rechtshistorischen Hergang vgl. Stolleis [2010] 2015.

[14] Siehe in der Reichstagsdebatte etwa die auch im *Kunstwart* registrierte Kritik des sozialdemokratischen Hauptsprechers Georg von Vollmar (1900, S. 4702): „Was aber an sittlicher Rohheit wirklich vorhanden ist, das hat seinen Grund sicher nur in verschwindendem Maße von dem Anschauen von Kunstwerken und Dramen, sondern das ist vielmehr […] in allererster Linie und ausschlaggebender Weise auf soziale Ursachen, auf den schrecklichen Kontrast des immer höher steigenden Reichthums und Luxus zu der Armut, dem Elend der Abhängigkeit der großen Massen des Volks zurückzuführen. Gegen diese Ursachen aber helfen keine Strafgesetzesparagraphen, sondern allein durchgreifende, gründliche soziale Umgestaltungen."

in den regelmäßigen Sprachgebrauch über und dient prinzipiell als Synonym für jedwede „Gefährdung der Sittlichkeit" (Meyer 1905, S. 494).

In diesem kulturpolitischen „Kampf", der über „das Thema von dem Nackten" ein gut wiederverwendbares paradigmatisches Register erhält, wird von den Gegnern des Gesetzes auch an die „alten Meister" und „die üppigen Kunstwerke der Hochrenaissance als schönste Bethätigung eines reinen Idealismus" erinnert (Voll 1900, S. 5). Schon deshalb ist das juristische Kriterium der Sittlichkeit ungültig, weil es sich innerhalb des kulturpolitischen und -kritischen Diskurses nicht mit der Strategie einer renaissancistischen Selbstlegitimation vereinbaren lässt. Als mediale Konsequenz daraus kursieren zahlreiche satirische Illustrationen und Karikaturen in Zeitschriften (Abb. 1 und 2) und auf Postkarten (Abb. 3 und 4), die das Verbot künstlerischer Nacktheit aufgreifen und eine konservative und spießbürgerliche Rezeptionshaltung scharf verurteilen.

Der *Kunstwart* beteiligt sich an der variantenreichen satirischen Verhandlung der Lex Heinze jedoch nicht, sondern plädiert innerhalb und im Nachgang dieser Auseinandersetzung für eine übergeordnete Perspektive vom Standpunkt der Kunsterziehung. Avenarius' (1900, S. 48) Vorwurf richtet sich gegen eine staatliche Gesetzgebung, die zu Unrecht in das Hoheitsgebiet der professionellen Kunst- und Literaturkritik eingreift, aber nicht zwischen „Schmutzprodukten" und „echten Dichtungen" zu unterscheiden vermag. In der Rückschau wäre es nötig gewesen, „zwischen dem Parteistreit von links und von rechts her zunächst für eine Ausschaltung aller Verdächtigungen der Anhänger sowohl wie der Gegner des Gesetzes zu wirken", um daraufhin „eine rein sachliche Prüfung der Frage selbst" zu erreichen und bei Bedarf „die Schundliteratur, die lüsternen Bilder, die gemeinen Postkarten u.s.w. mit ihrer Gefährdung insbesondere der Jugend zu unterdrücken" (Avenarius 1902b, S. 282). Schließlich habe die langatmige und kontroverse Diskussion um die Lex Heinze gezeigt, wie unsachgemäß juristische und gesetzgebende Verfahren ablaufen und wie unvorteilhaft es ist, „dem Richter, ja dem Polizisten das Urteil über ernste Werke der Kunst in die Hand zu geben, die bei völlig anderem Kern für kurzsichtige und ungeübte Augen eine ähnliche Schale zeigen" (Avenarius 1902b, S. 282 f.). Die Popularisierungsabsicht des *Kunstwarts* zielt dagegen auf eine didaktische Schulung von Seh- und Lesegewohnheiten, die nicht an gesetzlichen Verboten und Zensurmaßnahmen, sondern an künstlerischen Erkenntnisleistungen orientiert sind.

Diese als legitim erachtete Praxis des kunst- und literaturkritischen Urteilens erlaubt dann auch polemische, abwertende Stellungnahmen gegenüber konkurrierenden Autorschaftsentwürfen und Schreibvorhaben, wie sie etwa eine Rezension über den „Schundromanfabrikanten" Karl May und seine anonym publizierte Streitschrift *Karl May als Erzieher* formuliert und wegen solcher „Volksgehirnerweichung" zu einer „Reform unsrer *Jugendliteratur*" aufruft (Avenarius 1902c, S. 585 f.). Andernorts wird Paul Dehns *Bismarck als Erzieher* in der Rubrik „Lose Blätter" als „eine sehr brauchbare Sammlung von stofflich geordneten Leitsätzen aus Bismarcks veröffentlichten Aeußerungen jeder Art" eingeschätzt, die sogleich in extenso zitiert werden (K[alkschmidt] 1903, S. 76). Solche programmatische Verdichtung auf die Figur des Erziehers lenkt den kulturkritischen Diskurs ebenso

Abb. 1 Arminius treibt die Lex Heinze (Mitte), das christlich-konservative Volksschulgesetz des Kultusministers Robert von Zedlitz (links) und die Umsturzvorlage des Reichskanzlers Chlodwig zu Hohenlohe-Schillingsfürst (rechts) als ‚Bestien' zurück ins ‚schwarze Loch'. – Arpad Schmidhammer. 1897. Lex Heinze. In *Jugend. Münchner illustrierte Wochenschrift für Kunst und Leben* 2(8), S. 129. UB Heidelberg

Abb. 2 Aphrodite von Knidos wird als Urtypus der schamhaften Venus (*Venus pudica*) von einem Borstenschwein verhüllt. – Ferdinand von Rezniček. 1900. Zur *lex* Heinze. In *Simplicissimus* 4(49), S. 396. DLA Marbach

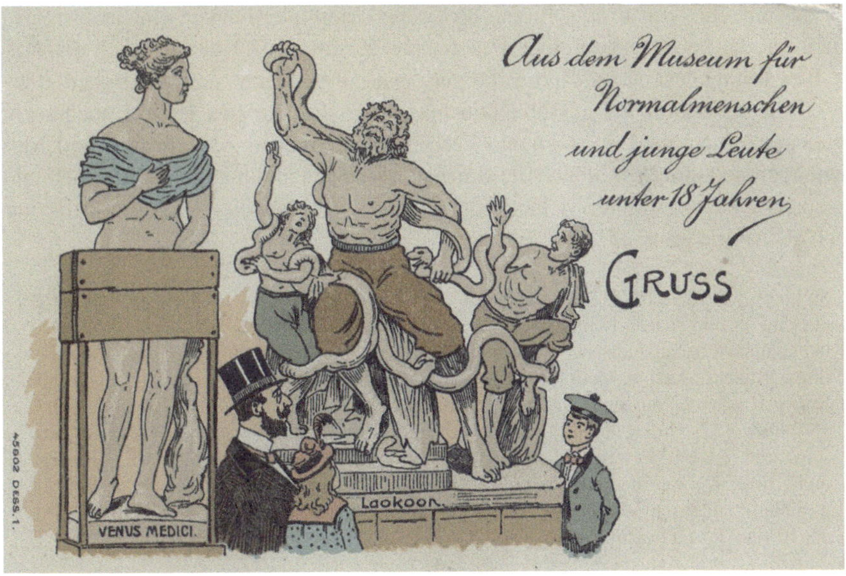

Abb. 3 Postkarten-Karikatur zur Lex Heinze mit Laokoon und Venus Medici. Um 1900. Wikimedia Commons

Abb. 4 Postkarten-Karikatur zur Lex Heinze mit Adam und Eva und Leda mit Schwan. Um 1900. Wikimedia Commons

wie das einzelne kunst- oder literaturkritische Urteil allerdings in eine ausweglose Situation, da das Vorhaben einer ästhetischen Zusammenschau eigentlich disparater Bewertungsgegenstände notwendigerweise alle anderen ‚erzieherischen' Perspektiven kommunikativ ausschließen muss. Was bei der Lex Heinze noch recht reibungsfrei und im Einvernehmen der unterschiedlichen Zeitschriften und Medienangebote gelingt, weil sich die Entrüstungsgesten allein an die politischen und gesetzgeberischen Akteure richten können, lässt sich diesseits der Kulturkritik nur noch als Aporie erfassen:

> So steht der Mensch der Gegenwart vor einem Büchermeer, das vor ihm sturmflutartig aufschwillt und sich in breitem Schwall durch sein Gehirn wälzen will. Hundert „Erzieher", zumeist fremdländischer Herkunft, dringen zu gleicher Zeit auf ihn ein, um ihn nach ihrem Bilde zu kneten. Und Tausende und Tausende, Männer und Frauen, ja schon unfertige Knaben lassen sich, von falschen Bildungsbegriffen mißleitet, von dem Geschrei verführen. [...] Und während „Ja" und „Nein" die werdenden unsicheren Geister umschwirren, jeder „Meister" sich als Erzieher und Erlöser empfiehlt – und von Verlegern und Kritikern empfohlen wird, schrillt über das wirre Getriebe von Wahrheiten des Tages die allen gemeinsame Forderung: „Werdet Persönlichkeiten – ich habe, *ich* allein, dazu das Rezept!" (von Leixner 1907, S. 631 f.)

Der überbordende Buchmarkt schafft einen wissenshistorischen und zugleich weltanschaulichen Orientierungsbedarf, den die ‚Erzieher' zu decken versprechen, dabei jedoch eigene Lektüre- und Wahrnehmungsangebote produzieren und den Bedarf ihrerseits wieder erhöhen. Darum kritisiert der Artikel das Ausbilden von „Persönlichkeiten" oder Individualitäten, obwohl genau dieses seit Langbehn und der Konjunktur des ‚Rembrandtdeutschen' oder ‚Renaissancemenschen' als ein populäres Schreib- und Vermittlungsanliegen auch im *Kunstwart* vertreten wird. Die erkenntnisphilosophisch grundierte Empfehlung hingegen lautet: „Der einzige Weg zur Persönlichkeit führt aus der bunten Außenwelt in die Tiefen des Selbst" (von Leixner 1907, S. 633). In letzter Konsequenz ist das aber eine Absage an jedwedes Medienangebot und nicht allein an die populären monographischen Erziehungsschriften. Unter der negativen Voraussetzung einer zu großen Textproduktion haben der *Kunstwart* und insofern die Rundschauzeitschriften insgesamt mit dem Paradox umzugehen, in jener „bunten Außenwelt" einen Überblick zu gewährleisten und gleichzeitig zu so etwas wie einer ‚homogenen Innenwelt' der deutschen Kulturnation und bestenfalls jedes einzelnen Rezipienten beizutragen. Dieser Widerspruch lässt sich freilich nicht auflösen. Denn selbst die Forderung nach einem weitgehenden oder vollständigen Verzicht auf die Verführungen des Buchmarktes kommt nicht ohne marktförmige Adressierung aus.

3 Kulturpolitische Führerschaft und Begründung ästhetischer Urteile

Mit dem Beginn des Weltkriegs tritt die individuelle Persönlichkeitsausbildung ohnedies in den Hintergrund. Jetzt gilt es, „das *Deutschtum* in Volk, Vaterland und Staat zu erhalten und zu stärken" und „mit diesem Deutschtum für *Alle* zu wirken"

(Avenarius 1915, S. 1). Die dazugehörige Umbenennung der Zeitschrift in *Deutscher Wille* reagiert auf die veränderten politischen Umstände und ermöglicht eine weitere programmatische Immunisierung gegenüber „den *neuen* Lesern, die der Kunstwart während des Krieges von allen Seiten her gewonnen hat" (Avenarius 1915, S. 1). War in Schopenhauers ([1819] 1859, S. 200 f.) verbreiteter willensmetaphysischer Kritik an Platons Ideenlehre und Kants ‚Ding an sich' vor allem „die Aufhebung der Individualität im erkennenden Subjekt" und die „Vielheit solcher Individuen" noch das Ausgangsproblem jedweder objektivierten Auseinandersetzung mit äußeren ‚weltlichen' oder künstlerischen Gegenständen, erleichtert der Krieg genau dies. Die vormals ‚bunte Außenwelt' schießt – in der Folge des allinklusiven ‚Augusterlebnisses'[15] – auch im *Kunstwart* zusammen auf das *„Erlebnis* der Völker" und „ihrer einflußreichen Führer", sodass „das persönliche Auftreten vieler Volksgenossen" von einem kollektiven „Lebensgefühl" bestimmt wird und sich ein „innere[s] Verhältnis" jedes Einzelnen „zu den großpolitischen Zielen eines Reiches" ergibt (Avenarius 1916, S. 46).

Ihre zumindest mittelbare fachwissenschaftliche Begründung und Plausibilisierung findet diese Argumentation in der neukantianischen Pflichtethik, wonach der Einzelne nicht nach „individueller Laune", sondern stets als „Glied einer Nation" agiert und dadurch „positiv bestimmte Kulturziele vor sich" hat (Rickert [1896] 1913, S. 625). Neben die logischen treten also jene überindividuellen ästhetischen und ethischen Werte, die vom kulturkritischen Diskurs und vom *Kunstwart* aufgegriffen und popularisiert werden. Die Vermittlung dieser Werte obliegt der Kunst- und Literaturkritik. Für Weitbrecht (1899, S. 333) ist die Frage, „was Kunst oder Unkunst sei", allein eine „Sache des ästhetisch-ethischen Urteils", dessen „Geltung" jedoch „über die Grenzen des individuellen ästhetischen Verhaltens" hinausreichen müsse. Die Ästhetik sei demzufolge nichts anderes als „angewandte Psychologie", die Kritik nichts anderes als „angewandte Aesthetik" (Weitbrecht 1899, S. 333). Die Kategorie der Moral oder gar eine moralische Abwertung der Kunst, wie sie im Falle der Lex Heinze zu beobachten war, hat in dieser Verbindung von Ethik und Ästhetik hingegen keinen Platz. Im Gegenteil gelte es, die „Durchschnittsmoral der Masse" mit gehaltvolleren, tiefergehenden Urteilen qualitativ anzuheben und so „aus dem unhaltbaren Wirrwarr im Kapitel ‚Kunst und Moral' [...] herauszukommen" (Weitbrecht 1899, S. 333). Aus diesem Gefälle zwischen *high* und *low culture*, also zwischen den ahnungsvollen, anschauungsbefähigten Persönlichkeiten der Kritik einerseits und dem „Moralphilistertum", der „Masse der Urteilslosen" andererseits (Weitbrecht 1899, S. 334), leitet sich ein kulturpolitischer Erziehungs- und Führungsanspruch ab. Diesen Anspruch zu begründen und durchzusetzen, fällt vor allem in jenen „geistigen Entwicklungsperioden" (Weitbrecht 1899, S. 333) leicht, deren historische Bedeutung ohnehin evident ist. Und über diese Evidenz verfügt der Weltkrieg allemal.

[15] Vgl. mit weiteren Hinweisen Meierhofer und Wörner 2015, S. 17–19.

Das Popularisierungs- und Inklusionspotential, das im gemeinsamen Erlebnis – jedenfalls zu Beginn des Krieges – freigesetzt wird, gleicht die programmatischen Legitimationsdefizite in einem nicht mehr überschaubaren Buchmarkt aus und gibt besonders den periodischen, auf Fortsetzung angelegten Medienangeboten einen nachhaltigen Aktualisierungsschub. Hierdurch bietet sich die bislang größte Option auf erfolgreiche Publikumsadressierung: Die „Kriegszeit ist die nie wiederkehrende Gelegenheit, die Gesamtheit des deutschen Volkes auch geistig zu organisieren" (Reichl 1916, S. 161). In dieser umfassenden Organisationsform des Krieges geht die Ausbildung von Persönlichkeiten als kulturelle Aufgabe zwar nicht verloren, aber sie wird nach militärischen Zwecken umgestellt, zu denen der weltanschauliche Diskurs mit seinen rhetorischen Überzeugungsstrategien leicht ein affirmatives Verhältnis entwickeln kann. Der auf Geistes- und Philosophiegeschichte spezialisierte Verleger Otto Reichl (1916, S. 162) notiert dazu in seinem Beitrag aus der ersten, noch aussichtsreichen Hälfte des Krieges: „Die höchste Form jeder Erziehung ist das persönliche Beispiel. Deshalb ist als nächstliegendes Ziel die Forderung aufzustellen, daß der deutsche Offizier in noch höherem Maße als bisher den eigentlichen Erzieher des Volkes verkörpern möge."

In dieser „Mischung von Oberlehrer- und Offizierseigenschaften" (Kratzsch 1969, S. 325) steht dem ‚Erzieher' in diversen Artikeln der ‚Führer' sehr nahe, wie etwa beim evangelischen Theologen und Pädagogen Walther Classen (1916, S. 5): „Die Zwanzigjährigen und Fünfundzwanzigjährigen, die natürlichen Führer dieser Jugend, stehen draußen im Feld und reifen zu Helden." Die daraus abgeleitete Pointe ist argumentativ so erwartbar wie typisch für die diskursive Ordnung der Kulturkritik. Die jungen Führer sollen im „Kampf mit der halben Welt eine neue Völkerwanderung" auslösen, um „uns mit der Arbeit den eigenen nordischen Heimatboden zu erobern", aus dem neue „Völkerlehrer und Völkererzieher erwachsen" und sich so „das verheißungsvolle Wort des Dichters" erfülle:

> Doch erfrischet neue Lieder,
> Steht nicht länger tiefgebeugt!
> Denn der Boden zeugt sie wieder,
> Wie von je er sie gezeugt! (Classen 1916, S. 9)

Der abschließende Wechsel von der eigenen Prosa zum kanonischen Verszitat – hier aus dem chorischen Trauergesang im dritten Akt des *Faust II* – gehört zu den gängigsten, im 19. Jahrhundert vielfach verwendeten Überzeugungstechniken populärer und populärwissenschaftlicher Abhandlungen. Classens Artikel, der außerdem im Medienverbund des *Kunstwarts* als gesonderte Flugschrift des Dürerbundes erscheint, nutzt die finale Goethe-Referenz für eine nationalkonservative Zukunftsprognose, die ihrerseits mit der formelhaften und beliebten Rede des ‚Stirb und Werde' assoziiert ist. Der literarische Text wird demnach nicht gedeutet oder beurteilt; vielmehr dient er dazu, eine kulturelle Deutungshoheit über das historische Geschehen zu erlangen.

Doch schon weit vor dem Krieg wählt Avenarius (1897, S. 1) den Begriff des Führers, „um uns so klarer zu werden nicht nur über das Verhältnis der Höhen und Thäler rings zu einander, sondern auch zu uns.“ Aber anders als der ‚Richter‘ und noch weniger als der ‚Erzieher‘ muss der ‚Führer‘ seine Wertungen und Urteile nicht eingehend begründen. Die Evidenz seiner Welt- und Kunstanschauung lässt sich argumentativ nicht widerlegen, sondern nur an anderer Stelle – also in einem anderen Publikationsorgan – rhetorisch und programmatisch überbieten. Ernst Haeckel (1899, S. 17) spitzt diesen kultur- und auch wissenschaftspolitischen Überbietungswettbewerb in seinen *Welträthseln* auf einen darwinistisch geprägten „Kampf der Weltanschauungen“ zu, Wilhelm Dilthey (1911, S. 14) spricht daraufhin von einer „Auslese“ der Angebote, und ebendieser Kampf oder Auswahlprozess wird nicht zuletzt in der Rundschaupublizistik ausgetragen und im Umfeld der beiden Weltkriege noch lange fortgesetzt. Die Rezipienten einer Zeitschrift wie dem *Kunstwart* fungieren nicht als eigenständige Richter. Viel eher sollen sie sich als Adressaten einer periodisch beständigen intellektuellen Meinungsführerschaft anvertrauen.[16]

Diese Konfrontation der Anschauungen setzt sich auch nach der deutschen Niederlage mit der Bewertung des Krieges, der Notwendigkeit eines internationalen Friedensplans und im Kontext des Versailler Vertrags und der Gründung des Völkerbundes fort. Insbesondere Alfred Fried, der bereits seit 1899 die Zeitschrift *Friedens-Warte* herausgibt, repräsentiert die Kritik der pazifistischen Bewegung gegenüber Avenarius' Position zur deutschen Kriegsbeteiligung. Fried (1919, S. 11) adressiert seinen Kontrahenten direkt:

> Herr Avenarius! Uns trennt ein Gegensatz, der es hindert, daß Sie mich verstehen. Ich *habe* die Überzeugung, daß dieser Krieg auf unserer Seite gewollt und „arrangiert“ wurde. Ich gehe daher von der Anschauung aus, daß wir, wenn wir eine bessere Zukunft wollen, mit dem „Rückblick“, den Sie für so überflüssig erachten, beginnen müssen. [...] Anders wird's nicht gehen; denn wir *sind* die Schuldigen, die *Urheber* des Krieges, somit die Urheber all des entsetzlichen Leids.

Zuvor hatte Avenarius in der Neujahrsausgabe des *Kunstwarts* die Neutralität der Verhandlungen nach Kriegsende infrage gestellt. Ins Feld führt er einen vorgeblich „unparteiischen Gerichtshofe“, dessen Entscheidungen aber allein „von der gegne-

[16] Wissenschaftsgeschichtlich signifikant ist in diesem Zusammenhang, dass der kommunikationstheoretische Ansatz zum Opinion Leader kurz nach Kriegsende und mit direktem Bezug auf den Krieg in die Diskussion gelangt. Siehe das Kapitel „Führer und Gefolgschaft“ in der klassischen Studie *Die öffentliche Meinung* (1922) von Walter Lippmann (1990, S. 166): „Es gibt viele Dinge, die nicht erst auf einen Volksentscheid warten können oder die Publizität vertragen, und es gibt Zeiten – zum Beispiel während eines Krieges –, wo eine Nation, eine Armee und selbst ihre Befehlshaber das strategische Vorgehen nur sehr wenigen Köpfen anvertrauen dürfen; wo zwei entgegengesetzte Meinungen, auch wenn die eine zufällig richtig sein sollte, gefährlicher sind als eine falsche Meinung. Die falsche Anschauung erzielt vielleicht schlechte Ergebnisse, aber die zwei Ansichten können durch Zerstörung der Einheit die Katastrophe im Gefolge haben.“

rischen Partei, der Entente" bestimmt würden und insofern nur ein Akt der ohnehin diskursiv verunglimpften „Zivilisation" seien (Avenarius 1919a, S. 2). Somit wiederholt sich auch nach der Kriegsniederlage das Argument von Deutschland als der ‚unverstandenen Nation', die „auf Irrwegen ein Unglück traf" und deren „Kräfte, die bisher Kapitalismus, Imperialismus und Militarismus gebunden hatten", nun frei für neue Zukunftsaufgaben in einer europäischen und internationalen Friedensgemeinschaft werden (Avenarius 1919a, S. 4). Der kulturelle Führungsanspruch wird also keinesfalls aufgegeben, wie auch der *Kunstwart* nach 1918 nicht eingestellt, sondern bis zum Ende der Weimarer Jahre verbreitet wird. Mit der Rückkehr zu ihrem alten Titel versichert sich die Zeitschrift noch einmal ihrer eigenen programmatischen Tradition und Zirkularität im Sinne des ‚Stirb und Werde': „Es sind ja nicht nur Sterbeseufzer und Todeszuckungen um uns, es sind auch Geburtswehen in der Welt", lautet Avenarius' (1919b, S. 138) entsprechender Kommentar. In der Ordnung des kulturkritischen und weltanschaulichen Diskurses können gegenläufige Positionen wie die von Fried und Avenarius miteinander kontrastiert werden, ohne dass sich eine Synthese oder Widerlegung daraus ergeben müsste. Statt der argumentativen Auflösung des Konflikts produziert die Debatte um die deutsche Kriegsschuld erneut unvereinbare Standpunkte, die sich immer nur rhetorisch festigen und publizistisch bewerben, nicht aber spontan wechseln lassen.

Eine Metareflexion dieser rhetorischen und publizistischen Verfahren wird zuletzt denjenigen Artikeln abverlangt, die sich mit dem weltanschaulich-kulturkritischen Diskurs im Rahmen der Literaturkritik auseinanderzusetzen haben. Die Rezensionen zu Oswald Spenglers *Der Untergang des Abendlandes* (1918/22), einem Bestseller der Nachkriegszeit und dem Texttypus der Weltanschauungsliteratur schlechthin, können das abschließend belegen. Spenglers (1918, S. 3 f.) geschichtsspekulatives Schreibvorhaben geht vom „Schicksal einer Kultur" aus, deren „lebendige Formen" mittels Analogiebildung zu früheren Epochen, in strenger Abgrenzung von Darwins mechanischer Entwicklungslehre, aber in emphatischem Bezug auf Goethes organische Morphologie ‚verstanden' werden sollen. Konstitutiv für das Darstellungsverfahren ist ein Erzähler-Ich, das den Krieg im Nachhinein als vorherbestimmten „*Typus eines historischen Aktes*" definiert und sich selbst als spätneuzeitlicher, alles überschauender Beobachter geriert (Spengler 1918, S. 68). Die Leser schließlich sind eingeladen, diesem „exklusiven Club" der Anschauungsbefähigten beizutreten (Thomé 2002, S. 210).

Dieser übergeordnete Standpunkt entgeht auch nicht der ersten Rezension im *Kunstwart*, die Ernst Troeltsch für die Rubrik „Vom Heute fürs Morgen" und unter dem Pseudonym ‚Spectator' verfasst. Dieser Name spielt wiederum auf den fiktiven Verfasser der bekannten englischen Moralischen Wochenschrift aus dem frühen 18. Jahrhundert an. Insofern stellt die Buchbesprechung einen wechselseitigen medienjournalistischen Beobachtungszusammenhang her, in dem Spenglers Publikation selbst zum Gegenstand der Kritik wird. Troeltsch, der während des Krieges mit seiner 1916 gehaltenen und in der *Neuen deutschen Rundschau* abgedruckten Rede über *Die Ideen von 1914* selbst zu den Wortführern der nationalistischen Bewegung gehörte, beginnt seine Rezension folgerichtig mit jenen Analogien, dem „Aufsuchen welthistorischer Parallelen", mit dem das anschauungsbefähigte Erzähler-Ich Spenglers sich zu der „Unsicherheit und Unbestimmbarkeit des Fortgangs" von Geschichte verhält (Spectator 1919, S. 83). Die narrative Zurichtung beider Texte, der Rezension wie der rezensierten Abhandlung, lässt sich daher nicht von ihren historischen und politischen Voraussetzungen ablösen. Sie wird bedingt von einer „Katastrophe des ganzen Kontinents und der ganzen Gesellschaft überhaupt", die mit den früheren Umbruchphasen von 1776, 1789 und 1815 nicht vergleichbar ist (Spectator 1919, S. 83).

Gerade deshalb kann die Rezension den programmatisch eindeutigen Erziehungs- und Führungsanspruch der Zeitschrift aber nicht mehr erfüllen. Sie kann allein noch „unvermeidliche und notwendige, quälende und beunruhigende Spiele der historischen Phantasie" vorführen (Spectator 1919, S. 87). Ein klares Urteil über „das nackte Problem der Gegenwart" lässt sich schlechterdings nicht fällen, weshalb sich auch jedwede Zukunftsprognose nur als variabel ausfüllbares Narrativ ausnimmt, nach dem „wir uns in steigender, fortgleitender oder sinkender Zeit befinden" (Spectator 1919, S. 87). Ebenso kann Spenglers Analogie zur „sterbende[n] antike[n] Welt" von Troeltsch wahlweise ersetzt werden durch „eine ständisch-mittelalterliche Rückbildung" oder „eine innereuropäische Parallele" zum „Dreißigjährige[n] Krieg" (Spectator 1919, S. 86 f.). In der kulturgeschichtlichen Rückschau eröffnet sich ein viel zu großes paradigmatisches Inventar, als dass die syntagmatische Ausformulierung einer konkreten Version der Verfallsgeschichte noch umfassend verbindlich wäre. ‚Beunruhigend' müssen diese kombinatorischen ‚Spiele' vor allem sein, weil sie weder eine erzählerische Darstellungs- noch eine objektivierende Entscheidungsinstanz jenseits von sich zulassen. Troeltschs Rezension kann lediglich in Variationen über Spenglers intellektuelles Untergangsszenario urteilen.

Ebendiese Variationsfähigkeit des Narrativs reicht aus, um die Aufmerksamkeit für die Publikation zu steigern und um eine weitere Auseinandersetzung in der Zeitschrift zu befördern. Der evangelische Pfarrer Arthur Bonus (1920, S. 145), Hausautor des *Kunstwarts* und auch des programmatisch verwandten Verlags von Eugen Diederichs in Jena, widmet sich einige Monate danach noch einmal in einem später publizierten Vortrag vor der „Freideutschen Jugend" dem „gewaltige[n] Buch", das wegen seiner erwartungslosen „Weltuntergangsstimmung" nach der Kriegsniederlage „fast zum Marktschlager" geraten sei. Das kritische Urteil entsteht genau in Opposition zu Spenglers historistischer Semantisierung und Strukturierung. Während Spengler als Vertreter einer regressiven „Niedergangszeit" über Begriffe wie Alter, Tod, Zivilisation und Geist bewertet wird, präsentiert sich der immerhin 16 Jahre ältere Bonus (1920, S. 148) selbst als Teil von progressiver Jugend, Kultur und Seele: „Wir glauben, daß die Vorwärtsschau mehr sieht als die lahme Rückschau." Der Niedergangs- wird mit einer Aufbruchs- und Aufstiegserzählung begegnet, die sich mit einer religiösen Schöpfungsvorstellung zusätzlich absichert. Ein solcher Widerspruch zu Spengler wird in der ursprünglichen

Rede vor der Jugendbewegung veranlasst, der *Kunstwart* und Avenarius seit dem Ersten Freideutschen Jugendtag 1913 ohnehin sehr nahestehen. Anders als Troeltschs Rezension steht Bonus' gedruckter Vortrag jedoch nicht vor dem Problem, die eigene Darstellungs- und Überzeugungsstrategie infrage stellen zu müssen. Der dort noch offene und unverlässliche ‚Spielraum historischer Phantasie' ist hier von Beginn an auf ein adressatenspezifisches Anschauungsprogramm und ein jugendliches Entwicklungspotential verengt.

Auf Bonus' Artikel folgt im Heft unmittelbar eine nicht nur kultur-, sondern auch literaturkritische Einordnung Karl Wilhelms. Nach einem Vergleich von Spenglers Geschichtsmodell mit ähnlichen historisch-soziologischen „Phasenreihen" von Franz Müller-Lyer und Kurt Breysig kommt Wilhelm (1920, S. 152) auch auf die Schreibverfahren zu sprechen. Er bemängelt, „daß Quellen und zusammenfassende Werke nie genannt sind", zudem eine fehlende „Literaturübersicht am Schluß des Bandes", doch zuallererst „Spenglers oft sehr gewagte Behauptungen" (Wilhelm 1920, S. 154 f.). Damit sind einige der entscheidenden Merkmale dessen aufgezählt, was literaturwissenschaftlich und gattungssystematisch dem Korpus der Weltanschauungsliteratur zugerechnet wird. Die mangelhafte wissenschaftlich-philologische Belegarbeit und die gleichzeitig dominierenden erzählerischen Verfahren erschweren ein sachgerechtes Urteil:

> Fern von nüchterner Sachlichkeit liebt Spengler das Geheimnisvolle, Mystische, ohne eine Gottheit als Grundlage aller Mystik einzuführen; seine „Symbole", seine „Bedeutungen" usw. lassen so den rechten Sinn vermissen. Vielfach hat es den Anschein, als ob die Vorliebe für suggestive Worte wie „magisch", „faustisch", „intuitiv", „Schicksal" usw. nicht ohne Einfluß auf die Darstellung blieb, deren philosophische Grundlagen hier nicht einer Kritik unterworfen werden können. (Wilhelm 1920, S. 155)

Eine Empfehlung für diejenigen Leser, die ihre „Selbstzucht und Selbstkritik" verbessern wollen oder argumentative „Klarheit und Folgerichtigkeit" suchen, kann Wilhelm (1920, S. 155) am Ende nicht aussprechen. Eine ausschließlich positive Wertung hat Spenglers Text auch gar nicht nötig. Ihm genügt die verlängerte und aktualisierte Aufmerksamkeit, die der Artikel schon für sich selbst und gegenüber Troeltsch und Bonus einfordert. Ein einstimmiges ästhetisches und kulturkritisches Urteil bleibt aus, da jeder Beitrag seine eigene Evidenz erzeugt.

Unabhängig vom Fall Spengler hat Kratzsch (1969, S. 429) die Auflösung der „Weltanschauungsgemeinschaft" zwischen *Kunstwart*, Dürerbund und Publikum nach 1918 hervorgehoben. Insbesondere nach Avenarius' Tod 1923 habe die massive Reduktion politischer Inhalte unter dem neuen Herausgeber Wolfgang Schumann zu einem entsprechenden Verlust der Leser geführt. Dass der *Kunstwart* dennoch fast ein weiteres Jahrzehnt fortbesteht, liegt nicht zuletzt am Publikationsformat der Zeitschrift, das mit disparaten Inhalten ebenso umgehen kann wie mit unterschiedlichen Perspektiven auf einen Gegenstand. Darüber hinaus hängt die Kontinuität des Weltanschauungsdiskurses nicht an einem einzelnen Angebot. Die publizistische Urteilspraxis vollzieht sich medien- und formatübergreifend, mit der Konsequenz, dass das Publikum nicht vom Selektionsdruck entlastet wird, sich einen jeweils geeigneten Kunstrichter, Erzieher oder Führer zu suchen[17].

Literatur

Ajouri, Philip. 2020. Die Verweltanschaulichung eines Klassikers. Friedrich Schillers Briefe *Über die ästhetische Erziehung des Menschen* in Buchausgaben (1875–1949). In *Weltanschauung und Textproduktion. Beiträge zu einem Verhältnis in der Moderne*, Hrsg. Anna S. Brasch und Christian Meierhofer, S. 325–356. Berlin: Peter Lang.

Althaus, Thomas, und Markus Fauser. 2016. Der Renaissancismus-Diskurs. Einleitung. In *Der Renaissancismus-Diskurs um 1900. Geschichte und ästhetische Praktiken einer Bezugnahme*, Hrsg. Thomas Althaus und Markus Fauser, S. 7–26. Bielefeld: Aisthesis.

Avenarius, Ferdinand. 1887a. Unsere Künste. Zum Überblick. *Der Kunstwart. Rundschau über alle Gebiete des Schönen* 1(1): S. 1–4.

Avenarius, Ferdinand. 1887b. An unsere Leser! *Der Kunstwart. Rundschau über alle Gebiete des Schönen* 1(6): S. 61.

Avenarius, Ferdinand. 1888. An unsere Leser! *Der Kunstwart. Rundschau über alle Gebiete des Schönen* 1(24): S. 345.

Avenarius, Ferdinand. 1890. Vom Zeitalter deutscher Kunst. *Der Kunstwart. Rundschau über alle Gebiete des Schönen* 3(12): S. 177–179.

Avenarius, Ferdinand. 1897. Wo stehen wir? *Der Kunstwart. Halbmonatsschau über Dichtung, Theater, Musik, bildende und angewandte Künste* 11(1): S. 1–8.

Avenarius, Ferdinand. 1899a. Goethe. *Der Kunstwart. Halbmonatsschau über Dichtung, Theater, Musik, bildende und angewandte Künste* 12(22): S. 305–310.

Avenarius, Ferdinand. 1899b. [Hofkapelle in Berlin]. *Der Kunstwart. Halbmonatsschau über Dichtung, Theater, Musik, bildende und angewandte Künste* 12(8): S. 284.

Avenarius, Ferdinand. 1900. Die Kunstparagraphen der Lex Heinze. *Der Kunstwart. Halbmonatsschau über Dichtung, Theater, Musik, bildende und angewandte Künste* 13(14): S. 41–48.

Avenarius, Ferdinand. 1902a. Der Dürerbund begründet. *Der Kunstwart. Halbmonatsschau über Dichtung, Theater, Musik, bildende und angewandte Künste* 15(24): S. 509–512.

Avenarius, Ferdinand. 1902b. Kunstpolitik. *Der Kunstwart. Halbmonatsschau über Dichtung, Theater, Musik, bildende und angewandte Künste* 15(19): S. 281–284.

Avenarius, Ferdinand. 1902c. Karl May als Erzieher. *Der Kunstwart. Halbmonatsschau über Dichtung, Theater, Musik, bildende und angewandte Künste* 15(12): S. 585–586.

Avenarius, Ferdinand. 1904a. Wo stehen wir? *Der Kunstwart. Halbmonatsschau über Dichtung, Theater, Musik, bildende und angewandte Künste* 18(1): S. 1–8.

Avenarius, Ferdinand. 1904b. Literarischer Ratgeber des Kunstwart für das Jahr 1905. Philosophie und Psychologie. *Der Kunstwart. Halbmonatsschau über Dichtung, Theater, Musik, bildende und angewandte Künste* 18(4): S. 280–287.

Avenarius, Ferdinand. 1905. Wie feiern wir Schiller? *Der Kunstwart. Halbmonatsschau über Dichtung, Theater, Musik, bildende und angewandte Künste* 18(8): S. 533–538.

Avenarius, Ferdinand. 1915. Deutscher Wille. *Deutscher Wille* 29(1): S. 1–5.

Avenarius, Ferdinand. 1916. Der Diplomat. *Deutscher Wille* 29(8): S. 41–47.

Avenarius, Ferdinand. 1919a. Zum neuen Jahr. Deutschland als Verbrecher. *Deutscher Wille* 32(7): S. 2–4.

[17] Die Arbeit an der vorliegenden Studie wurde gefördert durch eine Heisenberg-Stelle der Deutschen Forschungsgemeinschaft (DFG) – Projektnummer 504321174.

Avenarius, Ferdinand. 1919b. Und wieder „Kunstwart"! *Deutscher Wille* 32(12): S. 131–132.

Bollenbeck, Georg. 2007. *Eine Geschichte der Kulturkritik. Von J. J. Rousseau bis G. Anders.* München: C. H. Beck.

Bonus, Arthur. 1920. Alters- und Jugendurteil. *Kunstwart und Kulturwart. Halbmonatsschau für Ausdruckskultur auf allen Lebensgebieten* 33(10): S. 145–151.

Brasch, Anna S., und Christian Meierhofer. 2020. Weltanschauung und Textproduktion. Überlegungen zu einem Verhältnis in der Moderne. In *Weltanschauung und Textproduktion. Beiträge zu einem Verhältnis in der Moderne*, Hrsg. Anna S Brasch, und Christian Meierhofer, S. 9–42. Berlin: Peter Lang.

Broermann, Herbert. 1934. *Der Kunstwart in seiner Eigenart, Entwicklung und Bedeutung*. München: Callwey.

Carstensen, Thorsten. 2016. Auffrischungen für Leib und Seele. Der lebensreformerische Diskurs im *Kunstwart*. In *Die Literatur der Lebensreform. Kulturkritik und Aufbruchstimmung um 1900*, Hrsg. Thorsten Carstensen und Marcel Schmid, S. 119–136. Bielefeld: transcript.

Classen, Walther. 1916. Die Jugendlichen. *Deutscher Wille* 29(7): S. 4–9.

Dilthey, Wilhelm. 1911. Die Typen der Weltanschauung und ihre Ausbildung in den metaphysischen Systemen. In *Weltanschauung. Philosophie und Religion in Darstellungen von Wilhelm Dilthey/Bernhard Groethuysen/Georg Misch* […], Hrsg. Max Frischeisen-Köhler, S. 1–51. Berlin: Reichl & Co.

Dimpfl, Monika. 1990. Die Zeitschriften *Der Kunstwart*, *Freie Bühne / Neue Deutsche Rundschau* und *Blätter für die Kunst*: Organisation literarischer Öffentlichkeit um 1900. In *Zur Sozialgeschichte der deutschen Literatur im 19. Jahrhundert. Einzelstudien.* Teil II, Hrsg. Monika Dimpfl und Georg Jäger, S. 116–197. Tübingen: Max Niemeyer.

Dresdner, Albert. 1897. Der Regisseur. *Der Kunstwart. Rundschau über Dichtung, Theater, Musik, und bildende Künste* 10(12): S. 179–182.

Frank, Gustav, Madleen Podewski und Stefan Scherer. 2009. Kultur – Zeit – Schrift. Literatur- und Kulturzeitschriften als ‚kleine Archive'. *Internationales Archiv für Sozialgeschichte der deutschen Literatur* 34(2): S. 1–45.

Fried, Alfred H. 1919. „Kunstwart" und Pazifismus. *Die Friedens-Warte. Blätter für zwischenstaatliche Organisation* XXI: S. 9–11.

Friedlaender, Hugo. 1908. *Kulturhistorische Kriminal-Prozesse der letzten vierzig Jahre*. Bd. 1. Berlin: Continent.

Gesetz, betreffend Aenderungen und Ergänzungen des Strafgesetzbuchs. Vom 25. Juni 1900. *Reichs-Gesetzblatt. 1900.* […]. *Nr. 1 bis einschl. Nr. 57*, Nr. 23 (2683), S. 301–303. Berlin: Kaiserliches Post-Zeitungsamt.

Gesetz, betreffend das Urheberrecht an Werken der Literatur und der Tonkunst. Vom 19. Juni 1901. *Reichs-Gesetzblatt. 1901.* […] *Nr. 1 bis einschl. Nr. 50*, Nr. 27 (2778), S. 227–239. Berlin: Kaiserliches Post-Zeitungsamt.

Geulen, Eva. 2004. Erziehungsakte. In *Rhetorik. Figuration und Performanz*, Hrsg. Jürgen Fohrmann, S. 629–652. Stuttgart/Weimar: J. B. Metzler.

Goßens, Peter. 2015. Der Kunstwart (Kulturzeitschrift, 1887–1932). In *Handbuch des Antisemitismus. Judenfeindschaft in Geschichte und Gegenwart.* Bd. 7: *Literatur, Film, Theater und Kunst*, Hrsg. Wolfgang Benz, S. 271–273. Berlin/München/Boston: de Gruyter Saur.

Grimm, Herman. 1865. Ralph Waldo Emerson. In *Neue Essays über Kunst und Literatur*, Herman Grimm, S. 1–23. Berlin: Dümmler.

Haeckel, Ernst. 1899. *Die Welträthsel. Gemeinverständliche Studien über Monistische Philosophie*. Bonn: Strauß.

Heim, Franz. 1946. *Der Kunstwart als Erzieher*. München: Univ. Diss.

Kaiser, Jochen-Christoph. 2007. Christlicher Glaube und Naturwissenschaften: Der Keplerbund. *Jahrbuch für Europäische Wissenschaftskultur* 3: S. 240–256.

K[alkschmidt], Eugen. 1903. Aus Bismarcks Reden und Schriften. *Der Kunstwart. Halbmonatsschau über Dichtung, Theater, Musik, bildende und angewandte Künste* 16(14): S. 75–76.

Kauffmann, Kai, und Erdmut Jost. 2006. Diskursmedien der Essayistik um 1900: Rundschauzeitschriften, Redeforen, Autorenbücher. Mit einer Fallstudie zur Essayistik in den *Grenzboten*. In *Essayismus um 1900*, Hrsg. Wolfgang Braungart und Kai Kauffmann, S. 15–36. Heidelberg: Winter.

Kilcher, Andreas B. 2002. Interpretationen eines kulturellen Zwischenraums. Die Debatte um die deutsch-jüdische Literatur 1900 bis 1933. *Menora* 13: S. 289–312.

Koszinowski, Ingrid. 1985. *Von der Poesie des Kunstwerks. Zur Kunstrezeption um 1900 am Beispiel der Malereikritik der Zeitschrift „Kunstwart"*. Hildesheim: Olms.

Kratzsch, Gerhard. 1969. *Kunstwart und Dürerbund. Ein Beitrag zur Geschichte der Gebildeten im Zeitalter des Imperialismus*. Göttingen: Vandenhoeck & Ruprecht.

Kratzsch, Gerhard. 1983. „Der Kunstwart" und die bürgerlich-soziale Bewegung. In *Ideengeschichte und Kunstwissenschaft. Philosophie und bildende Kunst im Kaiserreich*, Hrsg. Ekkehard Mai, Stephan Waetzoldt und Gerd Wolandt, S. 371–396. Berlin: Gebr. Mann.

Krause, H. Fred. 1973. Der Kunstwart (1887–1937). In *Deutsche Zeitschriften des 17. bis 20. Jahrhunderts*, Hrsg. Heinz-Dietrich Fischer, S. 215–227. Pullach b. München: Verlag Dokumentation.

Kulhoff, Birgit. 1990. *Bürgerliche Selbstbehauptung im Spiegel der Kunst. Untersuchungen zur Kulturpublizistik der Rundschauzeitschriften im Kaiserreich (1871–1914)*. Bochum: Brockmeyer.

[Langbehn, Julius.] [16]1890. *Rembrandt als Erzieher. Von einem Deutschen*. Leipzig: Hirschfeld.

Leixner, Otto von. 1907. Die Zerlesenen. *Der Kunstwart. Halbmonatsschau über Dichtung, Theater, Musik, bildende und angewandte Künste* 20(11): S. 630–635.

Lippmann, Walter. [1922] 1990. *Die öffentliche Meinung*. Reprint des Publizistik-Klassikers [...] mit einem Beitrag von Elisabeth Noelle-Neumann. Bochum: Brockmeyer.

Mann, Thomas. 1914. Gedanken im Kriege. *Die neue Rundschau* 25(11): S. 1471–1484.

Meierhofer, Christian, und Jens Wörner. 2015. Der Weltkrieg und das Populäre. Ein interdisziplinärer Vorschlag. In *Materialschlachten. Der Erste Weltkrieg und seine Darstellungsressourcen in Literatur, Publizistik und populären Medien 1899–1929*, Hrsg. Christian Meierhofer und Jens Wörner, S. 9–63. Göttingen: Vandenhoeck & Ruprecht.

Meyer, Julius Hermann, Hrsg. [6]1905. *Meyers Großes Konversations-Lexikon. Ein Nachschlagewerk des allgemeinen Wissens*. Zwölfter Band. Leipzig/Wien: Bibliographisches Institut.

Müller-Buck, Renate. 1986. Heine oder Goethe? Zu Friedrich Nietzsches Auseinandersetzung mit der antisemitischen Literaturkritik des ‚Kunstwart'. *Nietzsche-Studien* 15: S. 265–288.

Nöthlich, Rosemarie, et al. 2007. Weltbild oder Weltanschauung? Die Gründung und Entwicklung des Deutschen Monistenbundes. *Jahrbuch für Europäische Wissenschaftskultur* 3: S. 19–67.

Pfordten, Hermann von der. 1909. Aus Karl Maria von Webers Schriften. *Der Kunstwart. Halbmonatsschau für Ausdruckskultur auf allen Lebensgebieten* 22(24): S. 324–337.

Pross, Harry. 1963. *Literatur und Politik. Geschichte und Programme der politisch-literarischen Zeitschriften im deutschen Sprachgebiet seit 1870*. Olten, Freiburg i. Br.: Walter.

Reichl, Otto. 1916. „Reichsstelle zur Pflege des geistigen Lebens in Heer und Marine". *Deutscher Wille* 29(10): S. 161–163.

Renneke, Petra. 2004. Jakob Loewenberg und die „*Kunstwart*-Debatte". In *Jüdische Literatur in Westfalen. Spuren jüdischen Lebens in der westfälischen Literatur. Symposion im Westfälischen Literaturmuseum Kulturgut Haus Nottbeck, in Oelde-Stromberg. 25. bis 27. Oktober 2002*, Hrsg. Hartmut Steinecke, Iris Nölle-Hornkamp und Günter Tiggesbäumker, S. 65–98. Bielefeld: Aisthesis.

Rickert, Heinrich. [1896] [2]1913. *Die Grenzen der naturwissenschaftlichen Begriffsbildung. Eine logische Einleitung in die historischen Wissenschaften*. Tübingen: Mohr.

Schlaikjer, Erich. 1916. Kritik eine Kunst? *Deutscher Wille* 29(8): S. 58–61.

Schopenhauer, Arthur. [1819] [3]1859. *Die Welt als Wille und Vorstellung*. Erster Band. Leipzig: Brockhaus.

Seeck, Otto. 1891. Individualität und Volkstümlichkeit in der Kunst. *Der Kunstwart. Rundschau über alle Gebiete des Schönen* 4(22): S. 339–341.

Spectator [d. i. Ernst Troeltsch]. 1919. „Der Untergang des Abendlandes". *Kunstwart und Kulturwart. Halbmonatsschau für Ausdruckskultur auf allen Lebensgebieten* 33(2): S. 83–87.

Spengler, Oswald. 1918. *Der Untergang des Abendlandes. Umrisse einer Morphologie der Weltgeschichte*. Bd. 1: *Gestalt und Wirklichkeit*. Wien/Leipzig: Braumüller.

Stolleis, Michael. [2010] 2015. Der *Mordfall Heinze* und die *Lex Heinze*. In *Margarethe und der Mönch. Rechtsgeschichte in Geschichten*, Michael Stolleis, S. 229–246. München: C. H. Beck.

Sulzer, Johann Georg. 1774. *Allgemeine Theorie der Schönen Künste in einzeln, nach alphabetischer Ordnung der Kunstwörter auf einander folgenden, Artikeln abgehandelt*. Zweyter Theil. Leipzig: Weidmanns Erben und Reich.

Syndram, Karl Ulrich. 1989. *Kulturpublizistik und nationales Selbstverständnis. Untersuchungen zur Kunst- und Kulturpolitik in den Rundschauzeitschriften des Deutschen Kaiserreiches (1871–1914)*. Berlin: Gebr. Mann.

Thomé, Horst. 2002. Geschichtsspekulation als Weltanschauungsliteratur. Zu Oswald Spenglers *Der Untergang des Abendlandes*. In *Literatur und Wissen(schaften) 1890–1935*, Hrsg. Christine Maillard und Michael Titzmann, S. 193–212. Stuttgart/Weimar: J. B. Metzler.

Voigts, Manfred. 1995. Moritz Goldstein, der Mann hinter der ‚*Kunstwart*-Debatte'. Ein Beitrag zur Tragik der Assimilation. *Heinrich Mann-Jahrbuch* 13: S. 149–184.

Voll, Karl. 1900. Einiges über das Nackte in der kirchlichen Kunst der alten Meister. In *Das Buch von der Lex Heinze. Ein Kulturdokument aus dem Anfange des zwanzigsten Jahrhunderts*, Hrsg. Otto Falckenberg, S. 5–14. Leipzig: Staackmann.

Vollmar, Georg von. 1900. [Reichstagsrede vom 15. März: Für die Freiheit der Kunst.] In *Stenographische Berichte über die Verhandlungen des Reichstags. X. Legislaturperiode. I. Session. 1898/1900*. Bd. 6. Berlin: Verlag der Norddeutschen Buchdruckerei und Verlags-Anstalt.

Voss, Christiane. 2008. Einfühlung als epistemische und ästhetische Kategorie bei Hume und Lipps. In *Einfühlung. Zu Geschichte und Gegenwart eines ästhetischen Konzepts*, Hrsg. Robin Curtis und Gertrud Koch, S. 31–47. München/Paderborn: Fink.

Weber, Karl Maria von. [1812] 1908. Vorwort zu J. G. W. Schneiders Trio für 3 Klaviere. In *Sämtliche Schriften*, Karl Maria von Weber, Kritische Ausgabe von Georg Kaiser, S. 325–327. Berlin, Leipzig: Schuster & Loeffler.

Weitbrecht, Carl. 1899. Ethisch und Aesthetisch. *Der Kunstwart. Halbmonatsschau über Dichtung, Theater, Musik, bildende und angewandte Künste* 12(9): S. 289–293 und 331–335.

White, David Manning. 1950. The „Gate Keeper": A Case Study in the Selection of News. *Journalism Quarterly* 27(4): S. 383–390.

Wilhelm, Karl. 1920. Phasen und Charaktere der Kulturen. Zur Kritik von Spenglers Buch „Der Untergang des Abendlandes". *Kunstwart und Kulturwart. Halbmonatsschau für Ausdruckskultur auf allen Lebensgebieten* 33(10): S. 151–155.

Lust am Verbrechen und Zensurmaßnahmen

Im Salon: Vergnügen und Schrecken des Erzählens wahrer Verbrechen. E. T. A. Hoffmanns *Die Marquise de la Pivardiere* im Pitaval-Universum

Sandra Beck

1 Am Ende etwas Gutes?

Am 12. Januar 2023 wurde Evan Peters für seine Darstellung des Serienmörders Jeffrey Dahmer in der Netflix-Produktion *Dahmer – Monster: The Jeffrey Dahmer Story* als bester Hauptdarsteller in einer Mini-Serie mit dem Golden Globe ausgezeichnet.[1] Nach den obligatorischen Dankesworten in der hinlänglich standardisierten Referenzreihe von Produktion, Familie, Freunde und Publikum folgte der hastig in den Raum gesprochene Hinweis auf eine sich im prämierten Kunstprodukt verbergende Zumutung, die den Entstehungsprozess der Serie ebenso bestimmt habe wie die Rezeption: „It was a difficult one to make, a difficult one to watch, but I sincerely hope some good came out of it" (zit. nach Crosbie 2023). Dieser vage formulierten Hoffnung auf eine unbestimmte, produktive Wirkung, die die Mühen der Produktion und die Schwierigkeiten der Lektüre andeutungsweise ethisch zu legitimieren sucht, lässt sich die Wortmeldung von Shirley Hughes, der Mutter des 1991 von Dahmer ermordeten Tony Hughes, gegenüber *TMZ* entgegensetzen, die sehr präzise ihre – enttäuschten – Erwartungen an etwas Besseres benennt: „Evan should have used his acceptance speech to mention the families who are still suffering from Dahmer's crimes, or to say Hollywood should

[1] Die Serie selbst wurde kontrovers besprochen und nachdrücklich kritisiert. Stuart Heritage (2022) etwa stellt sie im *Guardian* als „almost unwatchably quesy show" vor, deren erste Episoden nichts anderes seien als „a demonstration of every worst tendency that the true crime drama genre has to offer".

S. Beck (✉)
Lehrstuhl für Neuere Germanistik II: Neuere deutsche Literatur und qualitative Medienanalyse, Universität Mannheim, Mannheim, Deutschland
E-Mail: beck@uni-mannheim.de

© Der/die Autor(en), exklusiv lizenziert an Springer-Verlag GmbH, DE, ein Teil von Springer Nature 2024

N. Celik und S. Speth (Hrsg.), *Rezipienten als Straf- und Kunstrichter,* Literatur und Recht 11, https://doi.org/10.1007/978-3-662-68307-1_6

put an end to telling stories about killers and glorifying them“ (zit. nach Svendsen 2023). Beurteilt wird nicht das auf der Leinwand gezeigte künstlerische Vermögen des Schauspielers, sondern bewertet wird der in seiner Rede vermisste Einsatz des just zugesprochenen kulturellen Kapitals für ethische Belange und die Anerkennung von Leid.

Mit der Auszeichnung in einem glamourösen *Live-Event* Hollywoods wird somit ungewollt eine diskursive Konfliktkonstellation auf die Bühne gehoben, die nicht nur die Frage aufwirft, wem eine Geschichte gehört, sondern von kategorial widerstreitenden Bewertungspraxen zeugt: Gilt es die unumwundene Kapitalisierung der populärkulturellen Übersetzung wahrer Verbrechen in audiovisuelle Spektakel samt ihren Emotionalisierungsstrategien zu kritisieren oder ist das schauspielerische Spiel als ästhetische Leistung gerade in der Hochschätzung einer schwierigen Lektüre zu würdigen, die als ethische Zumutung auszuhalten ist und gerade im Rezeptionsangebot des angenehmen Grauens auch unterhält? Ist das Vergnügen am Schrecklichen nur zu rechtfertigen, wenn die Schau- und Leselust aufgehoben ist in moralischer Schulung oder historischer Aufklärung? Wessen Rede verfügt im hierarchisch gegliederten System öffentlicher Kommunikation und ihren unterschiedlichen medialen Kanälen über ausreichend Legitimität und kulturelles Kapital, um diese gesamtgesellschaftlich relevanten Fragen zu klären? Und nicht zuletzt: Wie will sich eine Gemeinschaft an ihre Toten erinnern?

Diese gegenwärtigen Diskussionen um *true crime,* die auch die Bruchlinien von Ästhetik und Ethik im (populärkulturellen) Erzählen wahrer Fälle umkreisen, weisen zurück in die literarischen Diskurse des 18. und 19. Jahrhunderts (vgl. grundlegend Zelle 1987). Die Forschung hat sich nach der intensiven Auseinandersetzung mit der Fallgeschichte[2] in jüngster Zeit insbesondere der Pitaval-Tradition zugewandt, ihren epistemologischen Strategien, *narrativen Formen und anthropologischen Funktionen* (Behrens und Zelle [Hrsg.] 2020). In diesem von François Gayot de Pitaval begründeten, transnational in Umschriften und Übersetzungen sich ausfaltenden Erzähluniversum der Rechtsfallgeschichten erscheint E. T. A. Hoffmanns Almanach-Erzählung *Die Marquise de la Pivardiere* (1820),[3] die im Zentrum dieses Beitrages steht, allenfalls in randständiger Position: als eine weitere Publikation, die die sensationellen Stoffe Pitaval'scher Archive auswertet. Im Anschluss an die grundlegenden Beiträge von Johannes F. Lehmann (2005) und Claudia Liebrand (2011) zu dieser – lange als „Auftragsarbeit“ (Achermann 2010, S. 231) unbeachtet gebliebenen – Erzählung wird im Folgenden eine Lektüre entwickelt, die von einer substanziellen Ergänzung Hoffmanns zu dem *ex actis* tradierten Fall und den in unterschiedlichen Fassungen zirkulierenden Fall-Erzählungen

[2] Für einen Überblick über die aktuelle Forschungslage sei verwiesen auf die grundlegenden Beiträge von Wegemann und King (Hrsg.) 2016; Pethes 2016; Höcker, Moser und Weber (Hrsg.) 2015; Bergengruen, Haut und Langer (Hrsg.) 2015; Düwell und Pethes (Hrsg.) 2014b; Leventhal 2019.

[3] Im Folgenden nachgewiesen nach der Ausgabe sämtlicher Werke von Hartmut Steinecke mit der Sigle ‚MP‘.

ausgeht: der Rahmung durch die Rede im Salon vom Fall Barré. Zu diskutieren ist, wie die Erzählung nicht nur die überlieferten juristischen Unsicherheiten und Unschärfen der Wahrheitsfindungsprozeduren im Rückgriff auf das bekannte kriminalliterarische Erzählmodell der *„Verkopplung von Verbrechen und Lebensgeschichte"* fortschreibt (Lehmann 2005, S. 230), sondern mit der fingierten Rahmenhandlung vielmehr jene konstitutive Ambivalenz zwischen mediatisierter Unterhaltung durch / über Mord einerseits, unmittelbarer Betroffenheit durch wahre Verbrechen andererseits verhandelt, die in den Fall-Anthologien der Pitaval-Tradition in der Regel paratextuell zugunsten epistemologischer und emotionaler Funktionspotenziale marginalisiert wird. In der Kontrastierung wohligen Grauens mit authentischem Schmerz stellt Hoffmanns *Marquise de la Pivardiere* dagegen die Frage nach dem historischen Ort des Erzählens wahrer Fälle im Schnittbereich von Faktualität und Fiktionalität.

2 Serielles Erzählen aus den Akten, beigegeben: Lektüreanweisungen

Die die Gegenwartskultur dominierende Obsession mit Erzählungen wahrer Verbrechen und insbesondere die gespenstische Wiederkehr der Serienmörder als *Natural Born Celebrities* (Schmid 2005) wird als transnational zu beobachtendes Phänomen mit einer Geschichte vielfältig diskutiert. Nach der These von Mark Seltzer (1998, S. 1) lässt sich die gegenwärtige ambivalente Faszination als Signum einer *„wound culture"* verstehen, die er definiert als „the public fascination with torn and open bodies and torn and opened persons, a collective gathering around shock, trauma, and the wound". Besondere Aufmerksamkeit verdient dabei nach David Schmid *true crime* als „phoenix of popular cultural genres":

> Ever since the genre assumed its modern form with the publication of Truman Capote's *In Cold Blood* in 1965, its demise has been predicted at regular intervals. Although true crime has been through periods of boom, it has never experienced a bust both because it has always found a way to adapt and identify new markets and because certain types of true crime have been reliable sellers decade after decade. (Schmid 2005, S. 175)

Laura Bowder (2010 S. 124) präzisiert dieses Attribut der Phönixhaftigkeit im Blick auf eine beeindruckende Kontinuität: „And just as the form of true crime literature has changed over time, so, too, is there a true crime to suit every decade" (vgl. grundlegend Punnett 2018). Angesprochen ist damit die epistemologische Gedankenfigur einer von Bowder auf Literatur- und Kulturgeschichtsschreibung angewandten Repräsentativität, die ein erkenntnistheoretisches Potenzial des fallförmigen Erzählens von wahren Verbrechen gerade in seiner faktualen Orientierung gegen ethische Vorbehalte abdichtet. Das zugesprochene moralische und gesellschaftskritische Funktionspotenzial der zeitdiagnostischen Indexikalität attestiert dem Interesse an wahren Fällen im Grenzbereich von Faktualität und

Fiktionalität eine charakteristische Ambivalenz zwischen hedonistischer Unterhaltung und wertvoller Aufklärung, auf Produktions- wie auf Rezeptionsseite. In der Folge kann auch das affektive Vergnügen am drastischen Gemetzel und die Preisgabe ethischer Rezeptionsparameter im Genuss an der Repräsentation entsetzlicher Fälle mit kognitiver Lust aufgewogen, ja erkenntnistheoretisch legitimiert werden. Angenommen wird, dass sich bereits in *einem* Fall eine ganze Gesellschaft entbirgt: ihre Geschichte, ihre politischen, sozialen, ökonomischen, juristischen Verwerfungen und Problemfelder. So wird zugesichert, dass sich dieses Erzählen nicht im voyeuristischen und sensationslüsternen Vergnügen erschöpft, sondern ein für Zeit und Ort je emblematisches Verbrechen vorstellt. Damit werden ethische Vorbehalte gegen eine Inszenierung verworfen, die den realen Schmerz der Wirklichkeit im als-ob-Spiel wiederholt, die echten Opfer als hingemetzelte Körper ohne eigene Biographie abseits des teleologischen Endpunktes noch einmal alle bekannten Torturen durchleben lässt und sich mit den Privilegien der Fiktion obsessiv in die Innenwelten einer pathogenen Psyche versenkt, um in einer kohärenten Narration jene Passung von Leben und Tat zu generieren, die in der imaginären Rückkehr an den biographischen Ursprung der exzessiven Gewalt den Abgrund des Verstehens überbrückt.

Spuren dieser Legitimationsstrategie, dass man eben in den Fiktionen nicht leichtfertig mediale Spaziergänge durch die Morgue kollektiver Erinnerung unternimmt, finden sich in der eingangs zitierten, vagen Redegeste Peters', die andeutungsweise Wertungsdiskurse der Hochkultur aktiviert, in denen das Leiden des Künstlers am Werk und die Zumutung der Lektüre im Bann der Gewalt nobilitiert werden durch das Potenzial einer sittlich-moralischen Wirkung eben jenes Kunstwerks. Im scharfen Gegensatz zu dieser versuchten Rechtfertigung medialer Gewaltrepräsentation, gesprochen auf der sich selbst feiernden Bühne prämierter Populärkultur, stehen jene Wortmeldungen der Angehörigen der Opfer auf *TMZ* und *Insider*, die das ambivalente Leiden an der Wiederholung realer Verbrechen in der Fiktion mit der Wiederkehr echten Schmerzes kontrastieren. Diesen kategorialen Unterschied zwischen fiktionalem *re-enactment* und retraumatisierendem Wiedererleben betont Rita Isbell (2022), die Schwester des 1991 ermordeten Errol Lindsey: „If I didn't know any better, I would've thought it was me. Her hair was like mine, she had on the same clothes. That's why it felt like reliving it all over again. It brought back all the emotions I was feeling back then." Amy McGuire insistiert in ihrer Kritik der Serie im *Guardian* hingegen auf einem verschenkten Aufklärungspotenzial:

> The retellings of the Dahmer story always focus on questions of how a man could become a monster, or whether he always was one. There are brief glimpses in the Netflix show of how a racist, homophobic society could provide the conditions for him to kill; and suggestions there is an impunity that allows for the killing of predominately young black men. But there is less focus on how a society founded on stolen Indigenous land and stolen black bodies – a settler-colony founded upon white supremacy – could give rise to the extreme dehumanisation perpetrated by Dahmer himself. (McGuire 2022)

Die Rezension gründet ihr Urteil offenkundig auf der erkenntnistheoretischen Gedankenfigur einer Aufklärung über die Vergangenheit im Erzählen wahrer Verbrechen. Leitend wird damit die Frage, inwiefern in der medialen Repräsentation die Unterhaltung am ‚Monster' ausbalanciert wird durch das historiographische Potential fallförmiger Narrative, um die individuelle Täter-Biographie als exemplarische Signatur ihrer Zeit lesbar zu machen und eine bis in die Gegenwart reichende Geschichte struktureller Diskriminierungen und historischer Schuld zu vergegenwärtigen.[4] McGuire fordert mithin für die Ausgestaltung der ‚kleinen Erzählung' (vgl. Düwell und Pethes 2014a, S. 9) eine Passung von (monströsem) Ereignis und (gesellschaftlicher) Struktur.

Aufgerufen ist in diesem dargelegten Zusammenspiel von Leitkriterium und Urteilsbildung die historische Linie der Pitaval-Tradition, und zwar in der Auslegung wie sie programmatisch in der deutschsprachigen Literaturgeschichte in dem von Julius Hitzig und Wilhelm Häring begründeten *Neuen Pitaval* (1842–1890, 60 Bde.) vertreten wird. Das *Vorwort* des siebten Bandes präzisiert für dieses Projekt – einmal mehr[5] – die konzeptionellen Linien der aneignenden Übersetzungspraxis und ihren spezifischen Erkenntnisanspruch, der in den gewählten Darstellungsverfahren sichtbar wird:

> Die Form des Rechtsverfahrens steht uns überall nur im zweiten Gliede; wir waren und sind weit davon entfernt, in unserm Pitaval nur ein Compendium zum Studium Dessen, was das beste Gerichtsverfahren sei, liefern zu wollen. Im ersten Gliede steht uns die historische und psychologische Bedeutung des Falles. Wie das Verbrechen und der Verbrecher sie gewinnen, im Verhältniß zu der Geschichte und Sitte ihrer Zeit, zu den Kreisen der Gesellschaft, des Glaubens, des Wahnes, aus denen die That hervorging, wie sie von ihnen beurtheilt ward. (Häring 1845, S. IX f.)

Offen gelegt werden die produktionsästhetischen Prämissen, die die Rezeptionsstrategien der vorgängigen aktenmäßigen Darstellungen und die Aufzeichnungsverfahren in der eigenen Repräsentation der Einzelfälle benennen, damit aber zugleich als Wirkungspotenziale für und Lektüreanweisungen an ein implizit adressiertes, vorgestelltes Publikum kommuniziert werden. Zugeschnitten ist die angekündigte Aufbereitung der aktenkundig gewordenen Textkorpora offenbar nicht mehr auf die Anforderungen einer genuin fachwissenschaftlichen Ausbildung, sondern auf eine metahistorische und erinnerungspolitische Auslegung, die die Indexikalität eines Falles im Kontext seiner Zeit und seiner zeitgenössischen Rezeption sondiert. Entsprechend dieser Programmatik wird die Sammlung mit der Rechtsfallgeschichte *Karl Ludwig Sand. 1820* eröffnet. Als erklärungsbedürftiges Rätsel setzt dieser Text einleitend die Reaktionen der Zeitgenossen, die einem Mörder „den Ruhm eines Märtyrers" (Hitzig und Häring 1842b, S. 2) verliehen. Der Rest der Erzählung löst nachgerade mustergültig ein, was das *Vorwort* als

[4] Exemplarisch verdeutlichen lässt sich diese hergestellte Beziehung zwischen Literatur und wahren Verbrechen in den Lustmord-Diskursen des 20. Jahrhunderts (vgl. Höcker 2012).

[5] Vgl. für eine diachrone Betrachtung Wessels 2003.

einheitliches, auf Wirkung berechnetes Erzählmodell vorgestellt hatte (vgl. Beck 2017, S. 185–193): „Um unserm Zwecke zu genügen, mußten wir im Allgemeinen die historische Auffassung, die lebendige Darstellung der Handlung, der That und ihrer Motive uns zur Hauptaufgabe stellen" (Hitzig und Häring 1842a, S. XIIIf.).

Obwohl eine umfassende Untersuchung des historisch variablen Zusammenspiels zwischen ‚Vorberichten' und ‚Vorreden' respektive *avertissements* und *préfaces* und den versammelten Rechtsfallgeschichten in ihren Erzählstrukturen ebenso ein Desiderat der Forschung ist wie die jeweilige Einbindung, Umschrift oder Ersetzung der vorgängigen Prätexte und Peritexte in der langen Linie der Übersetzungen und Aktualisierungen der Pitaval-Tradition,[6] kann als erster Befund doch festgehalten werden, dass die Sammlungen in den vorangestellten theoretischen Darlegungen erläutern, wie und „was zum Fall *gemacht* – d. h. als Fall beobachtet, konstituiert, konstruiert (und d. h. stets auch: geschrieben) – wird, und wie dieses Zum-Fall-Werden durch die Schreibweise des jeweiligen Textes konkret fokussiert, inszeniert und reflektiert wird" (Pethes 2016, S. 15). Mitgeführt wird ein ausufernder, in Neuauflagen erweiterter und aktualisierter Legitimationsdiskurs, der den epistemologischen Anspruch und die narrative Faktur ebenso vermisst wie den medialen Ort der Textproduktion – in der Erzähltradition fallförmiger Narrative und der ihnen zugrunde gelegten Quellen, aber auch in der fortgesetzten Konkurrenz zu literarischen Kriminalnovellen (vgl. Linder 1991) und zur faktualen Gerichtsberichterstattung etwa in der Tagespresse.[7] So begründet Gayot de Pitaval das Aufklärungskonzept seines Sammlungsprojekts, „le récit des Causes célèbres & interessantes" darzubieten, denn auch mit der sensationellen Qualität der nunmehr aufbereiteten Fälle:

> Lorsqu'elles ont été en mouvement, elles ont excité la curiosité universelle, elles ont fait l'empressement du Public, & le sujet de l'entretien des honnêtes gens & du Peuple; elles ont attiré la foule aux Audiances, & ont laissé les esprits en suspens dans l'attente des Jugemens que les Magistrats devoient prononcer; & cette suspension les a occupés & interessés. (Gayot 1735a, S. vj f.)[8]

Die angekündigte Offenlegung der „mysteres de la Jurisprudence" (Gayot 1735a, S. viij) am Beispiel dieser *causes célèbres* verhandelt nicht nur ein Selektionskriterium im Angesicht der juristischen Fallarchive, sondern lässt sich auch

[6] Vgl. hierzu bereits die Befunde von Wessels 2003 und Achim Saupe 2009. Saupe (2020, S. 25–29) hat jüngst seine Befunde knapp pointiert.

[7] Vgl. beispielhaft das *Vorwort* des 15. Bandes (Häring 1850).

[8] „Als dieselben in Bewegung gewesen, haben sie die Aufmerksamkeit aller Welt erwecket, und sind der Inhalt der Gespräche der Vornehmen so wohl als der Niedrigen gewesen. Das Volk ist mit ganzen Haufen in die Gerichtssäle geeilt, um bey den Verhören der Kläger und Beklagten gegenwärtig zu seyn. Man hat mit dem größten Verlangen auf die Entscheidungen derselben, welche die obersten Richter aussprechen sollen gewartet, und dieses Verlangen ist eine angenehme Beschäfftigung des Volkes gewesen" (Gayott 1747, fol. *4v.).

verstehen als Leitfaden zur Rekalibrierung öffentlicher Aufmerksamkeit, indem ‚wilde' gesamtgesellschaftliche Dynamiken der Meinungsbildung im Gegensatz zur regelgeleiteten fachwissenschaftlichen Urteilsfindung gesetzt werden. Retrospektiv können „les véritables motifs qui ont déterminé les Juges" und „les véritables régles qui doivent conduire le Jurisconsulte" (Gayot 1735a, S. xviij) zur Belehrung dargelegt und als Grundlage des konturierten Präzedenzfalles abgewogen werden, während es einem informierten Publikum umgekehrt Vergnügen bereite, die Schrift gewordene Eloquenz juristischer Rede in ihrer Beherrschung einer affektpolitischen Überzeugungskunst zu lesen.[9] In einem fingierten Salongespräch, das der erweiterten Neuauflage des ersten Bandes beigegeben ist, werden die intendierten wirkungsgeschichtlichen Folgen einer Publikation vorgestellt, die den „trésor d'une science prodigieuse" (Gayot 1735b, S. xxiij) für ein Laienpublikum aufschließt und „les secrets de la Jurisprudence entre le mains du beau monde" (Gayot 1735b, S. xiij) legt. Wie Sebastian Speth in seiner Analyse zeigt,[10] wird in der Konversation ein Streitgespräch aufgeführt, das idealtypisch widerstreitende (Geschmacks-)Urteile und die ihre Pitaval-Lektüren fundierenden Kriterien vergegenwärtigt. Verhandelt wird in diesem Kontext auch die Einsetzung der Leser*innen als Richter*innen, könne sich doch nun selbst die Marquise de***, die die *causes célèbres* „sans dégoût d'un bout à l'autre" gelesen habe, „sans peine avec les questions du Palais" (Gayot 1735b, S. xxj) vertraut machen.[11]

Dieses vielstimmige Gewebe aus *avertissements,* fingierten Ausschnitten aus zeitgenössischen Rezeptionskulturen und *ex actis* konfigurierten *causes célèbres* in ihrer Zuspitzung auf eine juristische Frage wird in den dezidiert als Übersetzungen ausgewiesenen Neubearbeitungen, Fortsetzungen und konzeptionellen Adaptionen der Pitaval-Tradition je unterschiedlich mitgeführt. Hoffmanns Almanach-Erzählung *Die Marquise de la Pivardiere* hingegen ist bedingt durch Entstehungsgeschichte und Publikationsort aus diesen, die Pitaval-Sammlungen als anthologische Reihen konstituierenden Verweisungszusammenhängen von Peritexten, Texten und Kommentaren entbunden, restituiert aber implizit im fingierten Salongespräch über den Fall Barré jenen theoretischen Diskurs, der – wie bereits bei Gayot de Pitaval – nun Literatur wird. Im Rückgriff auf das literarische Modell von Rahmenhandlung und Binnenerzählung wird die Darlegung des programmatischen Selbstverständnisses sowie die Erläuterung der Erzählstrategien und Darstellungsverfahren in ein literarisches Modell übersetzt, das die Vermittlung realer Fälle und die kriminalliterarische Frage nach der Lesbarkeit einer vermeintlich

[9] „Avec quel plaisir ne voit-on pas les Avocats qui trouvent dans les sources les plus cachées de la persuasion, des raisons qui remuent les passions, interessent les Juges & le Public?" (Gayot 1735a, S. vij).

[10] Vgl. den Beitrag von Sebastian Speth in diesem Band.

[11] Zu dieser Funktionalisierung der Peritexte zur Rechtfertigung des eigenen Projektes in Reaktion auf zeitgenössische Kritik vgl. bereits Lüsebrink 1983, S. 111 f.

verbrecherischen Biographie in die ‚Ursituation' novellistischen Erzählens verlegt: das Erzählen in Gesellschaft im Angesicht des Todes (vgl. Mielke 2006).

3 Eine Frage der Überlieferung

Gayots de Pitaval Fassung des Pivardiere-Falles, publiziert im dritten Band der Sammlung unter dem Titel *Femme accusée d'avoir fait tuer son mari, qui se justifie en le représentant,* formiert mit rechtshistorischer Expertise und juristischem Spezialwissen den Text einleitend zum Präzedenzfall:[12]

> ON a vû dans des Procès criminels, où il y avoit un corps de délit,* des innocens accusés d'homicide, qui succombent sous la calomnie; grace à la malice des Accusateurs, & à la prévention des Juges; ou, si l'on aime mieux, à la foiblesse de l'esprit humain, & aux preuves spécieuses mises en œuvre contre la vérité: mais, voici ce qu'on n'avoit point encore vû.
> * C'est un sujet qui démontre le crime après qu'il a été commis, un Coffre-fort brisé où l'on a volé de l'argent, une muraille rompuë d'un Cabinet, où il y avoit des effets qui ont été volés, un Cadavre percé de coups. (Gayot 1734b, S. 1 f.)

Die in der Überschrift angekündigte Kuriosität einer Mordanklage, gegen die sich die Angeklagte mit der Vorführung des wider Erwarten quicklebendigen Ehemannes verteidigt, wird im Erzählerkommentar der Einleitungspassage als nie dagewesenes Ereignis präsentiert. Selbst im Horizont anderer, aktenkundig gewordener falscher Geständnisse, die rationaler Aufklärung bedürfen, sei dieser Fall singulär – „l'épithete de *singuliere,* est faite exprès pour Bette avanture" (Gayot 1734a, S. viij) kündigte bereits das *avertissement* an. Dabei wird der entscheidende Differenzmarker, der diesen von allen anderen vergleichbaren Fällen unterscheidet, im juristischen Terminus des *corpus delicti* erfasst, dessen Bedeutung dem Laienpublikum in einer Annotation umgehend anschaulich erklärt wird. Die apostrophierte Einzigartigkeit verschaltet mithin die juristische Relevanz und den auffälligen Sensationswert zur unerhörten Ausnahme.

François Richers Fassung, die im Untertitel von Hoffmanns Erzählung explizit als Vorlage benannt wird, verschiebt demgegenüber nachdrücklich den Fokus der Eingangspassage:

> LA singularité des faits & des circonstances qui forment le tissu de cette affaire, l'ont rendue si fameuse, qu'elle a fait, pendant long-tems, l'objet de l'attention de la capitale. Elle a excité la curiosité de tout le royaume [...]: [L]a difficulté consiste à développer les faits. Ils ont été recueillis par plus d'un auteur; mais je les ai trouvés par-tout si compliqués, que l'attention qu'il faut apporter pour en présenter à son imagination le vrai tableau, leur

[12] Exemplarisch zeigt sich hier, was bereits Lüsebrink (1983, S. 108) als Aufgabe der Fall-Narration bestimmt hat: „Dem Diskurs des Erzählers fällt somit programmatisch die Aufgabe zu, die dialogische, problematisierende, polyphone Struktur der Texte der *Causes Célèbres,* die verschiedene Positionen zu Wort kommen läßt, zu umgreifen und auf einen konzisen Begriff zu bringen".

> ôte une partie de ce qu'ils peuvent avoir d'intéressant par eux-mêmes. Serai-je assez heureux pour que ma narration échappe à cet inconvénient? Si je ne réussis pas, je supplie le lecteur de me sçavoir au moins quelque gré de mon travail, & des efforts que je vas faire pour lui procurer une lecture qui ne lui déplaise pas. (Richer 1773, S. 431 f.)

Die Wiedererzählung wird gerechtfertigt mit dem gravierenden Missverhältnis zwischen der enormen langanhaltenden öffentlichen Resonanz dieses berühmten Falles und den bisher vorgelegten Darbietungen der Fakten. Richers Kritik apostrophiert mithin rezeptionsästhetisch eine mangelnde Balance. Denn bei der Lektüre vorgängiger Vertextungen gehe die zu investierende kognitive Anstrengung, um überhaupt dem komplizierten Prozessgeschehen folgen zu können, zu Lasten eines Lektüregenusses, dem die mimetischen Qualitäten der eigenen Vorstellungskraft Vergnügen bereitet. Entsprechend sind die Leser*innen zur ästhetischen Urteilsbildung aufgerufen: Die *captatio benevolentiae* stellt zur Diskussion, ob die erzählerische Beherrschung des Quellenmaterials im Zeichen von Richers vielfach zitierter „Kunst des *arranger les faits*" (Hitzig und Häring 1842a, S. XIV) zumindest so weit gelungen ist, dass die Lektüre kein Missvergnügen bereite.

Die Übersetzungen in die deutschsprachige Literatur zeigen am Beispiel des Pivardiere-Falles ein variables Spektrum der Aneignung und Fortschreibung der Pitaval-Tradition zwischen den ‚Nationalliteraturen'. So lässt Carl Wilhelm Franz (1782a, S. IV) im ersten Band seiner Übersetzung zwar unmittelbar auf den eigenen *Vorbericht,* der die vorgenommene Auswahl im Blick auf (unterstellte) Interessen „deutsche[r] Leser" rechtfertigt, den konzeptionellen *Vorbericht des Herrn Richer* folgen, tilgt allerdings in seiner 1783 publizierten deutschsprachigen Fassung der *Geschichte des Herrn de la Pivardiere* im dritten Teil der Sammlung den Einleitungsparagraph vollständig:

> Ludwig de la Pivardiere, war ein Edelmann aus einem sehr alten Hause in Touraine, besaß aber nicht Vermögen genug, die Vorzüge seiner Geburth, durch äuserlichen Glanz geltend zu machen, denn, als der jüngste von drey Brüdern, bekam er von dem väterlichen Nachlasse kaum so viel, daß er nothdürftig davon leben konnte. [...]
> Eine reiche Heyrath schien ihm zwar das beste Mittel zur Verbesserung seiner Glücksumstände zu seyn, allein seine Figur war nicht so beschaffen, daß er hoffen konnte, etwa eine reiche Witbe für sich empfindlich zu machen [...]. Bey seinen Heyrathsentwürfen richtete er seine Augen auf Franzisca Margaretha Chauvelin [...]. Sie war eine Witbe, und ihr verstorbener Gatte [...] hatte ihr fünf Kinder, vier Söhne und eine Tochter, hinterlassen. (Franz 1783, S. 1 f.)

Ebenso verfährt die von Friedrich Immanuel Niethammer „ab 1792 vorgenommene Überarbeitung der von Franz besorgten Übertragung der von Richer herausgegebenen Neuedition der von Pitaval gesammelten Rechtsfallgeschichten" (Neumeyer 2006, S. 109 f.) – freilich mit dem gravierenden (Rezeptions-)Unterschied, dass nicht mehr Richer, sondern Friedrich Schiller programmatisch die „tieferen Blicke in das Menschen-Herz" für die gesamte Sammlung legitimiert (Schiller 1792, fol. *3v.). Die deutschen Übersetzungen tilgen also den einleitenden

Erzählerkommentar der französischen Rechtsfallgeschichten, der jeweils aus unterschiedlicher Perspektive zur Urteilsbildung anregt. Stattdessen skizzieren sie ausgehend von den Lebensumständen Ludwig von la Pivardières die Geschichte einer Paarbildung und bereiten so die für Hoffmanns Umschrift zentrale Frage nach der Passung seiner Ehe mit Margarethe Chauvelin vor.[13]

Alle bisherigen Texte aus diesem Korpus rechtshistorischer Fall-Erzählungen entwickeln so zwar die zweifachen biographischen Umstände der Eheschließung, kennzeichnen diese in ihrer faktualen Darbietung der Geschichtserzählung aber als nicht weiter besprechungswürdig; sie gehören schlicht zur Lage der Fakten. Stattdessen konzentrieren sie sich im weiteren Verlauf auf die Darlegung komplexer Rechts- und Verfahrensfragen.[14] Der Tatbestand scheint zunächst einfach: Der Marquis de la Pivardiere ist spurlos verschwunden. „Dieses plötzliche Entfernen erregte Aufsehen bei der ganzen Nachbarschaft" (Niethammer 1793, S. 113). Gerüchte sind im Umlauf, denn am Abend vor seinem Verschwinden hatte eine unerfreuliche Konfrontation mit seiner Frau stattgefunden. Grund für die Verstimmung zwischen dem Ehepaar ist ein wechselseitiger Verdacht auf Untreue. Das „Gemurmel [wird] bald lauter" (Niethammer 1793, S. 113), sodass am 5. September 1697 die „nöthigen Verfügungen zur Untersuchung getroffen, Monitorien publicirt und inzwischen Zeugenverhöre angestellt werden sollten" (Niethammer 1793, S. 114). Die Ermittlung beginnt, Dienstmägde werden vernommen, die Marquise de la Pivardiere flüchtet, die gemeinsame Tochter wird befragt, der Verdacht eines Mordfalles und einer Täterschaft der Marquise erhärtet sich. Parallel wendet sich die Marquise an den Gerichtshof in Paris mit einer Bittschrift, „worin sie wegen der von einigen Privatleuten ausgesprengten verleumderischen Beschuldigung, daß sie ihren Gemahl ermordet habe, sich beschwerte, den Richtern Beweise vorlegte, daß er wirklich noch lebe, und sie bat, gerichtliche Untersuchung über den letztern Umstand anstellen zu lassen" (Niethammer 1793, S. 125); diesem Gesuch wird stattgegeben. Damit laufen zwei Ermittlungsverfahren parallel: die Untersuchung

[13] „Ludwig von la Pivardière war ein Edelmann aus einem sehr alten Hause in Touraine, besaß aber nicht Vermögen genug, die Vorzüge seiner Geburt durch äussern Glanz geltend zu machen. Als der jüngste von drei Brüdern, bekam er von dem was sein Vater hinterlassen hatte, kaum so viel, um nothdürftig davon zu leben. [...] Eine reiche Heirath schien das sicherste Mittel zu Verbesserung seiner Glücksumstände. Allein auch dazu hatte ihn die Natur sehr wenig begünstiget. [...] Margarethe Chauvelin [...] ward der Gegenstand seiner Wahl. Sie war Wittwe, und hatte von ihrem verstorbenen Gatten [...] vier Söhne und eine Tochter. [...] Ohne eine regelmäßige Schönheit zu sein, hatte sie doch viel Annehmlichkeit, durch ihr offenes und ungekünsteltes Benehmen, durch die heitere Stimmung ihres Gemüths und durch ihre Liebe zur Gesellschaftlichkeit. La Pivardière gefiel ihr durch seine muntere Laune, und sie heirathete ihn" (Niethammer 1793, S. 103 f.).

[14] Entsprechend wird die bei Pitaval beginnende Linie eines fachwissenschaftlichen Kuriosums fortgeführt, ist der Fall doch merkwürdig, da „hier über *einen* Gegenstand zu gleicher Zeit zwei einander entgegengesetzte Untersuchungsprozesse geführt wurden. Der eine war die Folge einer vom Fiskal angebrachten Klage wegen Ermordung des Herrn von la Pivardiere, der andere hingegen gründete sich auf den Parlamentsbefehl vom 18 September 1697, und betraf den Beweis, daß der nämliche Herr von la Pivardiere noch lebe" (Niethammer 1793, S. 140).

gegen die Marquise und die Suche nach dem Marquis. Hinzu kommt nun ein drittes, kirchenrechtliches, gegen Charost – und einige weitere anhängige, etwa die Anklage gegen die Mägde wegen des Verdachts auf Falschaussage. Die rechtshistorischen Fall-Erzählungen erklären und kommentieren nun, wie diese Gemengelage juristisch zustande kommt, inwiefern persönliche Motive eine zentrale Rolle spielen, kurz: verfolgen die Chronologie des Rechtsfalles und perspektivieren die gefundene juristische Lösung: die Identität des Marquis de la Pivardiere anzuerkennen und entsprechend die Verfahren gegen die Marquise und Charost einzustellen. Das weitere Leben der Beteiligten liegt dann auch recht klar vor uns: Die Ehe wird nicht restituiert, der Marquis stirbt „an der Spitze eines Kommando, mit dem er Schleichhändler in Verhaft nehmen wollte. – Seine Gattin überlebte ihn nur eine kurze Zeit. Man fand sie des Morgens todt im Bette“ (Niethammer 1793, S. 234 f.).[15]

Hoffmanns Adaption des transnational zirkulierenden Stoffes behält die wesentlichen Koordinatenlinien des Falles in der *plot*-Konfiguration bei: eine zerrüttete Ehe, ein unzweideutiges Streitgespräch vor konsterniertem Publikum, das spurlose Verschwinden des Marquis, das Anwachsen der Gerüchte, die Aufnahme von Ermittlungen, ein komplexes Untersuchungs- und Prozessgeschehen, das im Freispruch der Marquise und ihres Beichtvaters endet. Die Forschungsbeiträge haben sich bislang auf die Ergänzungen des Rechtsfalles um die ausgearbeitete und auslegungsbedürftige Lebensgeschichte der Marquise konzentriert.[16] Die folgende Lektüre schlägt vor, diese Abweichungen und Umschreibungen pointierter in der skizzierten Überlieferungsgeschichte zu lesen und dabei auch die Rahmung der Fallerzählung zu bedenken. Denn Hoffmanns *Marquise de la Pivardiere* – erstmals veröffentlicht nicht in einer anthologischen Fall-Sammlung erinnerungswürdiger Einzelfälle, spektakulärer Prozesse und Aufsehen erregender Urteile, sondern im *Taschenbuch zum geselligen Vergnügen auf das Jahr 1821,* zwischen *Liebeserhebung* und *Wiegenlied* – erhebt zweitens nicht nur die Passung der Pivardiere'schen Ehe zum Rätsel, sondern vergegenwärtigt im fingierten Salongespräch jene von Richer berichtete kollektive Affizierung der Gesellschaft.

[15] Die folgende Bearbeitung und Weitererzählung im *Neuen Pitaval* schließt mit einem ironischen Seitenhieb gegen die französischen Gerichte, denn sie notiert mit Blick auf das weitere Leben der Marquise nach Abschluss des Verfahrens: „Marguerite de Chauvelin, seine Gemahlin, überlebte ihn nur kurze Zeit. Sie hatte sich am Abend frisch und gesund zur Ruhe gelegt; am Morgen fand man sie todt im Bette, aber keinen Grund zu einem neuen Criminalprocesse“ (Hitzig und Häring 1843, S. 394).

[16] Zu den Deutungen der Ergänzungen zum Fall der Marquise vgl. bereits Achermann 2010; Lehmann 2005; Liebrand 2011 sowie Arnold-de Simine 2000, S. 462–476.

4 Vom Corpus Delicti zum Salongespräch

Der Text beginnt im spröden Ton mit der Darlegung eines Tatbestandes *ex actis:*

> Ein Mensch gemeinen Standes, Namens Barré, hatte seine Braut zu später Abendzeit in das Boulogner Holz gelockt, und sie dort, da er ihrer überdrüssig, um eine andere buhlte, mit vielen Messerstichen ermordet. (MP, S. 730)

Die Erzählung wird eröffnet mit dem Bericht einer eindeutigen Opfer-Täter-Konstellation, der ein objektives Wissen um die *species facti* des Verbrechens referiert: Tatort, Tatwerkzeug, Todesursache, Motiv, alles bekannt. Für unsere Erfahrung mit der ‚erfahrungsseelenkundig' verfahrenden Kriminalerzählung der Spätaufklärung vertritt „überdrüssig" in dieser Präsentation des Falles auffällig knapp eine (mögliche) weit komplexere Erzählung. Hoffmanns Text legt hier einen intrikaten Verweis auf die Faktur der titelgebenden Fall-Erzählung, denn seine Fassung der Geschichte der Marquise de la Pivardière erhebt mit der Ergänzung des ‚Familienromans' (vgl. Liebrand 2011) gerade jenen Entschluss zur Heirat zum Rätsel, der in den Vorlagen noch als Faktum denkbar knapp konstatiert wird: „La Pivardière gefiel ihr durch seine muntere Laune, und sie heirathete ihn" (Niethammer 1793, S. 104). Die Narration wendet sich unmittelbar nach der summarischen Darlegung der Fakten im Relationsstil dem kommunikativen Resonanzraum der Tat als dem eigentlich Erzählenswürdigen zu:

> Das Mädchen [...] war ihrer ausnehmenden Schönheit, ihres sittlichen Betragens halber, allgemein bekannt unter dem Namen der schönen Antoinette. So kam es, daß ganz Paris erfüllt war von Barrés Untat, und daß auch in der Abendgesellschaft, die sich bei der Duchesse d'Aiguillon zu versammeln pflegte, von nichts Anderm gesprochen wurde, als von der entsetzlichen Ermordung der armen Antoinette. (MP, S. 730)

In den Fokus rückt zunächst nicht die nähere Erörterung der Tat oder gar die ‚erfahrungsseelenkundig' aufgeschlüsselte Lebensgeschichte des Verbrechers, sondern vermessen werden die Koordinatenlinien der zeitgenössischen Rezeptionspraxis, die den Mordfall ästhetisch und ethisch beschriftet. Die über Schönheit und Tugend des Opfers vermittelte Popularität des Falles und die als ihre kausale Folge präsentierte emotionale Affizierung der Gesellschaft („ganz Paris") aktualisiert nicht nur im Sinne Elisabeth Bronfens (1987, S. 102) das kulturelle Paradigma der weiblichen Leiche, über deren „toten Körper [...] kulturelle und gesellschaftliche Normen verhandelt werden", sondern markiert auch den Ausgangspunkt immer neuer Lektüren der Tat im Rückgriff auf ästhetische und ethische Bewertungspraxen. Verfolgt wird mithin ein Übermittlungsprozess, in dessen Folge ein juristisch fassbarer und gefasster Sachverhalt sowie das komprimierte sachliche Wissen um die Tat rezipiert, angeeignet und in eine öffentliche Erzählung verwandelt wird, die über adjektivische Beifügungen klare Werturteile einträgt und aus dem Fakt der ermordeten „Braut" die Bilder „der schönen Antoinette" und „der armen Antoinette" gewinnt. Ausschnitthaft für diese Rezeption und kulturelle Wirkung in der Öffentlichkeit als Übersetzungsleistungen narrativer Anreicherung stehen jene

Unterhaltungen, die sich im Salon der Duchesse d'Aiguillon[17] um das Spektakel eines Mordes von Schönheit und Sitte zentrieren. Als Transmissionsriemen fungiert das empathische Mitleid mit dem Opfer, sodass das Verbrechen in das Register des Entsetzlichen eingeordnet wird – und umgehend eine Lektüre anstößt, die dem Beunruhigenden des Einzelfalles mit einer abstrakten, aus jenem Exempel deduzierbaren Gewissheit begegnet und so nicht mehr von diesem einen Verbrechen, sondern vom Verbrechen an sich und den Möglichkeiten der Verbrechensprävention zu sprechen beginnt:

> Die Duchesse verlor sich gern in moralischen Betrachtungen, und so entwickelte sie auch jetzt mit vieler Beredsamkeit, daß nur heillose Vernachlässigung des Unterrichts und der Religiosität bei dem gemeinen Volk Verbrechen erzeuge, die den höhern in Geist und Gemüt gebildeten Ständen fremd bleiben müßte. (MP, S. 730)

Angeschlossen wird eine erneute kommunikative Bearbeitungsleistung, die den eingangs juristisch gefassten Sachverhalt und bereits zur erzählerischen Miniatur ausgearbeiteten Fall nunmehr als zu verstehendes Ereignis perspektiviert, das nicht nur das Mitgefühl anspricht, sondern auch das kognitive Vermögen herausfordert. Die Duchesse passt die Tat entsprechend in den Horizont aufklärerischer Verbrechensdeutungen ein und entwickelt so eine erste, ins Allgemeine ausgreifende Theorie von den Entstehungsgründen des Verbrechens, die den Fall als Beispiel in der abstrakten Theorie aufhebt. Diesem kriminologischen Narrativ widerspricht allerdings der Graf von St. Hermine, indem er singuläre Fakten präsentiert, konkret: sein Wissen darum, dass Barré „vortrefflich" liest, „eine schöne Hand" schreiben, „sogar rechnen" kann, „überdies nicht übel die Geige" spielt, „Freitags in seinem Leben niemals auch nur eine Unze Fleisch genossen, regelmäßig seine Messe gehört und noch an dem Morgen, als er Abends darauf den Mord beging, gebeichtet" hat (MP, S. 730 f.). Der Widerspruch richtet sich gegen die von der Duchesse ins Allgemeingültige überführte und vom Erzähler summarisch rekapitulierte Verbrechensdeutung in einem Generalisierungsdiskurs, indem der Graf nicht vom Verbrechen, sondern vom Verbrecher und seiner Geschichte spricht – und die Konversation wiederum anreichert mit quantitativen und qualitativen Werturteilen.

Sein Gesprächsbeitrag bleibt aber ohne Resonanz, ja wird gleichsam mit einem Veto belegt, denn: „Man setzte das vorige Gespräch fort" (MP, S. 731), und zwar bis der Graf die Fassung verliert „[u]nd auf das heftigste erklärte, man würde ihn augenblicklich verjagen, wenn man nicht ein Gespräch ende, das mit scharfen Krallen in seine Brust greife und eine Wunde aufreiße, deren Schmerz er wenigstens auf Augenblicke in der Gesellschaft zu verwinden gehofft" (MP, S. 731). Erst angesichts einer rhetorisch hyperbolischen Bekundung echten Schmerzes, die in

[17] Nach Achermann lässt sich „die Namenswahl [...] mit Verweis auf einen mutmaßlichen Verschreiber Hoffmanns [...] erklären [...]. Hoffmann dürfte den historisch belegten Namen des Fürstengeschlechts ‚Aiguillon' (Stachel) aufgrund der lautlichen Ähnlichkeit mit ‚d'Aguesseau' und der durchklingenden etymologischen Assoziation (‚aigue' = spitz, stechend) gewählt haben" (Achermann 2010, S. 233).

indirekter Rede referiert wird, lässt man das Thema fallen und gibt ihm Gelegenheit zur Herzensaussprache:

> Da sprach er: „Man wird es nicht mehr Unmut nennen, was mich heute langweilig, unausstehlich erscheinen läßt; man wird es mir, meinem gerechten Schmerz verzeihen, daß ich das Gespräch über Barré's Untat nicht zu ertragen vermag, wenn ich offenbare, was mein ganzes Inneres tief erschüttert. Ein Mann, den ich hoch schätzte, der sich in meinem Regiment stets brav, tapfer, mir innig ergeben bewies, der Marquis de la Pivardiere ist vor drei Nächten auf die grausamste Weise in seinem Bette ermordet worden." (MP, S. 731)

An diesem Punkt legt die Erzählung die Ambivalenz zwischen der interessierten Salongesellschaft und dem Grafen als Störung der Konversationsroutinen vollends bloß. Während die einen den getöteten Körper (Antoinette) und die kriminalistisch aufgebrochene Seele (Barré) als spektakulären Gegenstand der Unterhaltung im Bewusstsein der Distanz vermessen – und in den skizzierten Übersetzungsprozeduren ästhetisch und epistemologisch in angeregter Konversation wieder und wieder als Gegenteil von Langeweile funktionalisieren –, verweigert sich der Graf diesen eingespielten Redeformen über Verbrechen, die er gleichsam mit einem kommunikativen Sperrvermerk zu versehen sucht. Indizierte bereits sein eingangs als merkwürdig markiertes Verhalten – „sonst das rege Leben jeder Gesellschaft, [...] an dem Abend tief in sich gekehrt" (MP, S. 730) – und die auffällige „Blässe seines Gesichts" (MP, S. 730) als Körperzeichen emotionaler Bestürzung eine unbekannte Erfahrung krisenhafter Erschütterung, erscheint der in zitierter Rede gestandene affektive Extremzustand rhetorisch in Bildern eines verwundeten und versehrten Körpers. Die Verletzung der gültigen Regeln geselliger Konversationspraxis im Salon, die die sozialen Kohäsionseffekte einer Unterhaltung am Mord stört, wird gerechtfertigt durch echten und „gerechten Schmerz" (MP, S. 731), wobei die Wahrheit der persönlichen Betroffenheit durch die eindeutigen Körperzeichen verbürgt wird.[18] Diese punktuelle Störung salonkonstitutiver Unterhaltungsroutinen durch den kontingenten Einbruch authentischen Schmerzes kann aber zunächst in der Re-Aktivierung der bereits am Fall der schönen und der armen Antoinette eingeübten Affektpolitik behoben werden. Denn kaum hat der Graf seine Offenbarung abgeschlossen, wendet sich die emotionale Anteilnahme der Salongesellschaft der Marquise zu. Man „vergaß [...] den ermordeten Marquis [...] und erschöpfte sich in Lobeserhebungen der anmutigen geistreichen Frau", bis der Graf wiederum die Fassung verliert und mit der „tiefsten Erbitterung" genau „diese geistreiche und tugendhafte Frau, die Zierde der ersten Zirkel in Paris" (MP, S. 731) als Täterin benennt. Unter Wahrung der Etikette gegenüber der Gastgeberin verlässt der Graf eine völlig verstörte Gesellschaft im paralysierten Zustand des Schweigens. Und auch der Text verordnet sich mit einem Gedankenstrich erstmal eine Pause:

[18] Zur Lesbarkeit der Körperzeichen vgl. Niehaus 2003.

> Stumm, von Entsetzen erfaßt, starrte Alles den Grafen an, der sich vor der Duchesse, die der Ohnmacht nahe, tief verbeugte und dann den Saal verließ. – (MP, S. 732)

Die Rahmenerzählung bricht an dem Punkt ab, an dem die Übersetzungs- und Vermittlungsprozeduren des wahren Falles zum kognitiven Amüsement nicht aufrechterhalten werden können, ein Weiter- und Wiedererzählen für den Moment nicht mehr möglich scheint. In der Konsequenz folgt auf den kommunikativen Zusammenbruch der Konversations- und Geselligkeitskultur, die in der Unterhaltung am Mord nicht zuletzt auf gesellschaftliche Verständigung und Erzeugung sozialer Kohäsionseffekte zielt, die eigentliche Erzählung des titelgebenden Falles der Marquise de la Pivardiere.

5 Schließungsfiguren oder: die Wiederkehr des Gedankenstrichs

Johannes F. Lehmann (2005, S. 244) hat die Funktionalität dieser einleitenden Szenerie des sozialen Todes für das nun beginnende erzählerische Spiel mit der Logik der spätaufklärerischen Kriminalerzählung klar benannt: „Man liest die Geschichte [der Marquise de la Pivardiere] nach dieser Exposition als Geschichte einer lebensgeschichtlichen Erklärung des augenscheinlich Unvereinbaren: wie eine tugendhafte Frau zur Mörderin wird, oder: wie eine Mörderin dennoch tugendhaft sein kann". Der Text fügt im fingierten Salongespräch mithin eine Leseanweisung bei, die in der Konfiguration der Fallgeschichte direkt aktiviert wird, wie Matteo Galli (2020, S. 113) pointiert: „Der Leser denkt: schon wieder ein psychopathologischer Fall, eine Mörderin mit plausiblen Ausreden, die ans Mitleid des Lesers appelliert". Nach der These von Arnold-de Simine (2000, S. 472) lässt sich eine auffällige „Analogiesetzung der Fälle" beobachten, die die Urteilsbildung der Leser*innen insofern anleitet, als nach der Unterhaltung um den Fall Barré wohl „niemand mehr [bezweifelt], daß hier tatsächlich ein Verbrechen vorgefallen ist, zumal diese Parallelisierung leitmotivartig wiederholt wird". Diese These einer kalkulierten Emotionalisierungsstrategie, die in intertextueller Systemreferenz eine spezifische kulturelle Lektüre anleitet, wäre allerdings im Blick auf die skizzierte inhaltliche Verschiebung in der Schwerpunktsetzung der Exposition um den Befund zu ergänzen, dass in der Pitaval-Überlieferung im Zusammenspiel von Peritext und Fallgeschichte stets neu ausgehandelte „Genreliminalität zwischen Recht und Literatur" (Bergengruen und Eder 2013, S. 149) im Salongespräch eingeholt wird und bereits den zentralen Effekt reflektiert: die Entbindung immer neuer Erzählungen im je unterschiedlichen Interesse für die gesellschaftspolitische Deutung des Verbrechens an sich bis hin zur affektiven Unterhaltung an Empathie und Trauer.

Diese Linie von der Orientierung an der kognitiven Lust und der emotionalen Spannungsunterhaltung ist Hoffmann indirekt bekannt, denn in der von ihm wohl benutzten Übersetzung des Richer-Pitavals,[19] herausgegeben von Carl Wilhelm Franz, ist auch die Vorrede Richers abgedruckt, die das Projekt der Neubearbeitung wie folgt vorstellt:

> Wenig Bücher sind wohl so begierig aufgenommen, und zu gleicher Zeit so sehr getadelt worden, als die Rechtsfälle des Herrn Gayot von Pitaval. Alles was lesen konnte, las diese Rechtsfälle, und alle Leser beschwehreten sich höchlich über den Verfasser, [...] daß die Thatsachen, ohne alle Ordnung, unter einander hin geworfen wären, und von einem Wuste gemeiner Betrachtungen und Anmerkungen, verschlungen würden [...]. (Franz 1782b, S. VII f.)

Die einleitende Erfindung Hoffmanns holt diese Gier in die erzählte Welt und fiktionalisiert sie als kommunikativen Austausch im medialen Milieu der Adelsgesellschaft, und zwar an einem Ort, der konstitutiv voraussetzt, dass es etwas zu besprechen gibt: der geselligen Intimsphäre des Salon (vgl. Schulz 2018). Vorgestellt werden dabei die Wirkpotentiale eines Erzählens von wahren Fällen, das in der skizzierten kulturellen Praxis ritualisierter Konversation einerseits soziale Kohäsionseffekte erzeugt: „Man setzte das vorige Gespräch fort" (MP, S. 731). Andererseits spiegelt der Text eine kategoriale Entstehungsbedingung begieriger Rezeption: Die Wundinspektion darf nicht den eigenen Körper betreffen, es darf kein bildliches Analogieverhältnis zwischen dem buchstäblich versehrten Körper und dem die Mordgeschichte rezipierenden Körper geben, andernfalls wird der dialogische Austausch abgebrochen, die just noch gemeinsam begierig Lesenden erstarren in namenlosem Entsetzen, die epistemisch spielerische als-ob-Haltung kollabiert. Die vorgestellte Szenerie formiert somit den Genuss am Erzählen von wahren Fällen selbst zum Fall, indem der Text einleitend verfolgt, wie die symbolische Codierung der juristischen *species facti* entlang der in Wiederholung geschalteten Konversationsroutinen jäh arretiert wird durch die unerwartete und dann als singulär gewertete Erfahrung persönlicher Betroffenheit, angesichts der eingespielte Deutungsmuster versagen und nur eine Leerstelle gesetzt werden kann. Es ist die Fall-Erzählung von einer emotional hochgradig volatilen Gesellschaft, die sich ausgehend von den Fakten mit eigenen Fiktionen affektiv und kognitiv unterhält, d. h.: Antoinette nachgerade allegorisch bedauert, Barré verdammt, das Verbrechen erklärt, um den Marquis trauert, die Marquise bemitleidet, sich nur knapp vor der Ohnmacht hält und letztlich in entsetztem Schweigen verstummt.

Dieses Verstummen markiert den Punkt, an dem die Fall-Erzählung der Marquise de la Pivardiere beginnt. An die Stelle der Redegesten eines Laienpublikums tritt der souveräne Erzählerbericht, der sich sukzessive literarisch anreichert. Die wiedergegebenen Zeugenaussagen etwa „erscheinen verdächtig ausgeschmückt,

---

[19] Nach Achermann (2010, S. 232) lässt „[d]ie französische Lautung des Untertitels" jedoch „eher vermuten [...], dass Hoffmann die weit verbreitete französischsprachige Ausgabe verwende[e]".

die Zeugen versuchen sich gegenseitig an drastischen Ereignissen, an Blutrünstigkeit und Theatralik zu überbieten und ihre Aussagen lesen sich wie Moritate" (Arnold-de Simine 2000, S. 473; vgl. Liebrand 2011). Nun haben die Lektüren von Liebrand und Lehmann präzise erwiesen, dass die Erzählung auf ganz grundsätzlicher Ebene mit Strukturen des Verstehens und der Zeichendeutung befasst ist und verfolgt, wie sich aus der Bezug-Setzung vermeintlich sicheres Wissen bildet. Nach Lehmann ist Hoffmanns *Marquise de la Pivardiere* entsprechend zu lesen

> als Umbau und Transformation der spätaufklärerischen und romantischen Kriminalerzählungen. Während diese vor dem Hintergrund eines reformierten Inquisitionsprozesses die *Verkopplung von Verbrechen und Lebensgeschichte* betreiben, die im Geständnis beglaubigt wird, versetzt Hoffmann mittels narrativ organisierter Irreführungen des Lesers diese Kopplung in die Schwebe eines *Spiels*. (Lehmann 2005, S. 230)

Liebrand (2011, S. 20) betont, dass in der entwickelten Fall-Erzählung und ihrer Rekapitulation der Ermittlungsgeschichte unübersehbar Lücken klaffen, die ihrerseits widerstreitende „Narrationen in Hülle und Fülle" generieren. Denn die erzählten Prozeduren der Wahrheitsfindung, die sich um die Lesbarkeit einer Lebensgeschichte und die Frage nach der Identifizierbarkeit zentrieren, werden nicht mit den Privilegien der Fiktion zweifelsfrei entschieden. An die Stelle sicherer Wahrheit tritt vielmehr die jähe Stillstellung der Wahrheitsfindungsprozeduren: „Genug! – nach allen Regeln des Rechts mußte das Gericht annehmen: daß der Beweis über die Person des Marquis de la Pivardiere auf das Vollständigste geführt sei" (MP, S. 761).

In der Erzählerrede markiert ist nicht ein Moment der Wahrheitsfindung, sondern benannt ist der Punkt, an dem der Erzähler verfügt, alle weiteren juristischen Wahrheitsfindungsprozeduren abzukürzen, sodass der „nach allen Regeln des Rechts" festgestellte Sachverhalt in der erzählten Fallgeschichte zu den Akten gelegt werden kann bzw. gemäß der kodifizierten wenn-dann-Korrelationen gelegt werden muss: Wenn der vor Gericht vorstellig gewordene Mann juristisch als Marquis de la Pivardiere zu gelten hat, dann ist die Mordanklage gegen die Marquise und ihren Beichtvater gegenstandslos. Das bedeutet aber nicht, dass die in der Erzählung gesetzten Lücken und Unbestimmtheiten in einer eindeutigen Geschichte des Nicht-Verbrechens aufgehoben werden.[20] Denn zugespitzt klärt die Fall-Erzählung eigentlich nur das Rätsel der einleitend erzählten Fast-Ohnmacht der Duchesse – wir erfahren im Verlauf der Erzählung, dass sie eine mütterliche Vertraute der Marquise ist – und die eklatante Fehleinschätzung des Marquis durch den Grafen, die nun nicht mehr als Herzensaussprache erscheint, sondern als öffentliche Verkündigung:

[20] Nach der prägnanten Argumentation Liebrands (2011, S. 18) spielt der Text „die Kontingenz der In-Bezug Setzung" in seiner eigenen Faktur durch.

> Ganz Paris, das von der Untat der Marquise erfüllt gewesen war, feierte jetzt ihren Triumph, und gerade diejenigen, die sie am Schonungslosesten verdammt hatten, ohne an die Möglichkeit ihrer Unschuld zu denken, erschöpften sich jetzt in dem übertriebensten Lob. Der Graf von Saint Hermine, der den ermordeten Marquis de la Pivardiere als einen rechtschaffenen, tapfern Mann bedauert, erklärte jetzt, da er lebte, daß er ein großer Taugenichts sei, der der gerechten Strafe nicht entgehen werde. (MP, S. 764)

Der „gerechte Schmerz" ist transformiert in die Forderung nach „gerechter Strafe". Diese Schließungsfigur führt mithin an den Anfang der Erzählung zurück: zu den so eingespielten wie exzessiven Konversationsroutinen der Salons. Die Modulation vom Ausdruck gerechten Schmerzes zum Insistieren auf gerechter Strafe weist einen Ausweg aus der ethischen Ambivalenz der Rezeption wahrer Verbrechen. Der Schmerz ist so durchzuarbeiten, dass am Ende die Anrufung der öffentlichen Instanzen steht. Dieser Weg vom Schmerz zur Strafe wird freilich über die ambivalente Figur des Grafen verfolgt, der seinerseits in seinen Lektüreanweisungen gegenüber dem Verbrechen als zwiespältig gezeichnet ist. Einerseits warnt er im Fall Barré davor, einfachen Wahrheiten Glauben zu schenken, andererseits vertraut er im Fall Pivardiere gefühlsmäßig dem ersten Anschein (vgl. Lehmann 2005). In der Auseinandersetzung mit Parallelen zwischen fingiertem Fall-Rahmen und aus der Überlieferung fortgeschriebener Fall-Erzählung – den unterschiedlichen Szenarien von Offenbarung, Herzensaussprache, Beichte und Geständnis – wäre präziser zu verfolgen, wie in dieser experimentellen Spiegelanordnung der Hoffmann'schen Erzählung das Reden über wahre Verbrechen beständig zwischen Unterhaltung und Verstummen, Ausschweifungen und Sperrvermerken, zwischen faktualer Vorlage und fiktionaler Ausschreibung oszilliert.

Festzuhalten bleibt in diesem Kontext, dass die Ergänzung des fingierten Salongesprächs paradigmatisch jene Entbindung phantasmagorischer Erzählungen vorführt, die sich nach der Deutung von Liebrand und Lehmann als Kern der von Hoffmann wieder- und weitererzählten Geschichte der *Marquise de la Pivardiere* erweist. Als Literatur gewordene Reflexion einer Gier des zeitgenössischen Publikums nach Unterhaltung an Mord und Totschlag, die eingespielte Konversations- und Deutungsroutinen mitsamt ihren Urteilspraxen aktiviert, holt der Text die theoretischen Diskursivierungen der legitimatorischen Peritexte aus der Überlieferungsgeschichte ein und übersetzt sie in einen Rahmenzyklus *en miniature*. Das Reden über wahre Fälle wird vorgestellt als Maschinerie zur Prozessierung von Affekten, die in Reihe geschaltet auch jene beispielhafte Übersetzung von Schmerz in Strafe produziert – oder zumindest Unterhaltung in Serie generiert. Mit Wissen oder gar Wahrheit warten die Erzählungen um den Fall Barré und den Fall Pivardiere nicht auf; sie beobachten aber, wie in der medialen Praxis mehr und mehr Fiktionen entbunden werden – bis einer in Ohnmacht fällt oder eine sagt: „Genug".

Literatur

Achermann, Eric. 2010. Die Marquise de la Pivardiere (Nach Richer's Causes Célèbres) (1820). In *E. T. A. Hoffmann. Leben – Werk – Wirkung*, Hrsg. Detlef Kremer, S. 231–236. 2. Aufl. Berlin/New York: De Gruyter.

Arnold-de Simine, Silke. 2000. *Leichen im Keller. Zu Fragen des Gender in Angstinszenierungen der Schauer- und Kriminalliteratur (1790–1830)*. St. Ingbert: Röhrig.

Beck, Sandra. 2017. *Narratologische Ermittlungen. Muster detektorischen Erzählens in der deutschsprachigen Literatur*. Heidelberg: Winter.

Behrens, Rudolf, und Carsten Zelle (Hrsg.). 2020. *Die Causes célèbres des 19. Jahrhunderts in Frankreich und Deutschland. Narrative Formen und anthropologische Funktionen*. Würzburg: Harrassowitz.

Bergengruen, Maximilian, und Antonia Eder. 2013. Recht. In *Literatur und Wissen. Ein interdisziplinäres Handbuch*, Hrsg. Roland Borgards et al., S. 142–151. Stuttgart/Weimar: J. B. Metzler.

Bergengruen, Maximilian, Gideon Haut und Stephanie Langer (Hrsg.). 2015. *Tötungsarten und Ermittlungspraktiken. Zum literarischen und kriminalistischen Wissen von Mord und Detektion*. Freiburg i. Br. u. a.: Rombach.

Bowder, Laura. 2010. True Crime. In *The Cambridge Companion to American Crime Fiction*, Hrsg. Catherine Ross Nickerson, S. 121–134. Cambridge: Cambridge University Press.

Bronfen, Elisabeth. 1987. Die schöne Leiche. Weiblicher Tod als motivische Konstante von der Mitte des 18. Jahrhunderts bis in die Moderne. In *Weiblichkeit und Tod in der Literatur*, Hrsg. Renate Berger und Inge Stephan, S. 87–115. Köln/Wien: Böhlau.

Crosbie, Eve. 2023. Jeffrey Dahmer victim Tony Hughes' mother slams Evan Peters' Golden Globes win. *Insider* 12. Januar 2023, URL: https://www.insider.com/jeffrey-dahmer-tony-hughes-mother-slams-evan-peters-golden-globe-2023-1?inline-endstory-related-recommendations= (Zuletzt zugegriffen am 15. Januar 2023).

Düwell, Susanne, und Nicolas Pethes. 2014a. Fall, Wissen, Repräsentation. Epistemologie und Darstellungsästhetik von Fallnarrativen in den Wissenschaften vom Menschen. In *Fall – Fallgeschichte – Fallstudie. Theorie und Geschichte einer Wissensform*, Hrsg. dies., S. 9–33. Frankfurt a. M.: Campus.

Düwell, Susanne, und Nicolas Pethes (Hrsg.). 2014b. *Fall – Fallgeschichte – Fallstudie. Theorie und Geschichte einer Wissensform*. Frankfurt a. M.: Campus.

Franz [, Carl Wilhelm]. 1782a. Vorbericht. In Gayot von Pitaval. *Sonderbare und merkwürdige Rechtsfälle*, umgearbeitet und vermehrt von Herrn Richer, deutsch herausgegeben. Bd. 1, S. III–VI. Jena: Cunoische Buchhandlung.

Franz [, Carl Wilhelm]. 1782b. Vorbericht des Herrn Richer. In Gayot von Pitaval. *Sonderbare und merkwürdige Rechtsfälle*, umgearbeitet und vermehrt von Herrn Richer, deutsch herausgegeben. Bd. 1, S. VII–XIV. Jena: Cunoische Buchhandlung.

Franz, Carl Wilhelm. 1783. *Geschichte des Herrn de la Pivardiere*. In Gayot von Pitaval. *Sonderbare und merkwürdige Rechtsfälle*, umgearbeitet und vermehrt von Herrn Richer, deutsch herausgegeben. Bd. 3, S. 1–144. Jena: Cunoische Buchhandlung.

Galli, Matteo. 2020. Pathologisierung als Absolution? Opfer-Täter-Diskurse bei E. T. A. Hoffmann. In *Opfer. Dynamiken der Viktimisierung vom 17. bis zum 21. Jahrhundert*, Hrsg. Harriet Rudolph und Isabella von Treskow, S. 105–114. Heidelberg: Winter.

[Gayot de Pitaval, François.] 1734a. Avertissement. In *Causes célèbres et intéressantes, avec les jugemens qui les ont décidées*. Bd. 3. S. i–xij. Paris: Cavelier.

[Gayot de Pitaval, François.] 1734b. *Femme accusée d'avoir fait tuer son mari, qui se justifie en le représentant*. In *Causes célèbres et intéressantes, avec les jugemens qui les ont décidées*. Bd. 3. S. [1]–118. Paris: Cavelier.

[Gayot de Pitaval, François.] 1735a. Avertissement. In *Causes célèbres et intéressantes, avec les jugemens qui les ont décidées*. Bd. 1. S. v–xx. Paris: Cavelier.

[Gayot de Pitaval, François.] 1735b. J'ai cru que je devois faire part au Public de la Lettre suivante. In *Causes célèbres et intéressantes, avec les jugemens qui les ont décidées*. Bd. 1. S. xxj–xxvj. Paris: Cavelier.

Gayott von Pitaval. [1734] 1747. Vorrede des Herrn Pitaval. In Causes Celebres, oder Erzählung sonderbarer Rechtshändel, sammt deren gerichtlichen Entscheidung. Aus dem Französischen übersetzt. Bd. 1, fol. *4r.–[*8]v. Leipzig: Kiesewetter.

Häring, W[ilhelm]. 1845. Vorwort. In *Der neue Pitaval. Eine Sammlung der interessantesten Criminalgeschichten aller Länder aus älterer und neuerer Zeit*, Hrsg. J[ulius] E[duard] Hitzig und W[ilhelm] Häring (W[illibald] Alexis). Bd. 7, S. V–XXXIV. Leipzig: Brockhaus.

[Häring, Wilhelm.] 1850. Vorwort. In *Der neue Pitaval. Eine Sammlung der interessantesten Criminalgeschichten aller Länder aus älterer und neuerer Zeit*, Hrsg. J[ulius] E[duard] Hitzig und W[ilhelm] Häring (W[illibald] Alexis). Bd. 15, S. [V]–XXXIV. Leipzig: Brockhaus.

Heritage, Stuart. 2022. Is Ryan Murphy's Jeffrey Dahmer show the most exploitative TV of 2022? *The Guardian* 23. September 2022, URL: https://www.theguardian.com/tv-and-radio/2022/sep/23/jeffrey-dahmer-netflix-ryan-murphy-exploitative-tv (zuletzt zugegriffen am 15. Januar 2023).

Hitzig [, Julius Eduard], und W[ilhelm] Häring (W[illibald] Alexis). 1842a. Vorwort. In *Der neue Pitaval. Eine Sammlung der interessantesten Criminalgeschichten aller Länder aus älterer und neuerer Zeit*. Bd. 1, Hrsg. J[ulius] E[duard] Hitzig und W[ilhelm] Häring (W[illibald] Alexis), S. [XI]–XXII. Leipzig: Brockhaus.

[Hitzig, Julius Eduard, und Wilhelm Häring.] 1842b. *Karl Ludwig Sand. 1820*. In *Der neue Pitaval. Eine Sammlung der interessantesten Criminalgeschichten aller Länder aus älterer und neuerer Zeit*. Bd. 1, Hrsg. J[ulius] E[duard] Hitzig und W[ilhelm] Häring (W[illibald] Alexis), S. [1]–123. Leipzig: Brockhaus.

Hitzig, J[ulius] E[duard], und W[ilhelm] Häring (W[illibald] Alexis). 1843. *Der Herr von Pivardiere. 1697–1701*. In *Der neue Pitaval. Eine Sammlung der interessantesten Criminalgeschichten aller Länder aus älterer und neuerer Zeit*. Bd. 4, Hrsg. J[ulius] E[duard] Hitzig und W[ilhelm] Häring (W[illibald] Alexis), S. [350]–394. Leipzig: Brockhaus.

Höcker, Arne. 2012. *Epistemologie des Extremen. Lustmord in Kriminologie und Literatur um 1900*. München: Fink.

Höcker, Arne, Jeannie Moser und Philippe Weber (Hrsg.). 2015. *Wissen. Erzählen. Narrative der Humanwissenschaften*. Bielefeld: transcript.

Hoffmann, E.T.A. [1820] 1985. *Die Marquise de la Pivardiere (Nach Richer's Causes Célèbres)*. In *Sämtliche Werke*, Bd. 3. Hrsg. Hartmut Steinecke. Frankfurt a. M.: Deutscher Klassiker Verlag, S. 730–765 [Sigle MP].

Isbell, Rita. 2022. My brother was murdered by Jeffrey Dahmer. *Insider* 26. September 2022, URL: https://www.insider.com/rita-isbell-sister-jeffrey-dahmer-victim-talks-about-netflix-show-2022-9 (zuletzt zugegriffen am 15. Januar 2023).

Lehmann, Johannes F. 2005. Lebensgeschichte und Verbrechen. E. T. A. Hoffmanns *Die Marquise de la Pivardiere* und die Gattungsgeschichte der Kriminalerzählung. *Schiller-Jahrbuch* 49, S. 228–253.

Leventhal, Robert. 2019. *Making the Case. Narrative Psychological Case Histories and the Invention of Individuality in Germany, 1750–1800*. Berlin/Boston: De Gruyter.

Liebrand, Claudia. 2011. Poiesis der Lücke. Hoffmanns *Marquise des la Pivardiere*. *Hoffmann-Jahrbuch* 19, S. 7–20.

Linder, Joachim. 1991. Deutsche Pitavalgeschichten in der Mitte des 19. Jahrhunderts. Konkurrierende Formen der Wissensvermittlung und der Verbrechensdeutung bei W. Häring und W. L. Demme. In *Erzählte Kriminalität. Zur Typologie und Funktion von narrativen Darstellungen in Strafrechtspflege, Publizistik und Literatur zwischen 1770 und 1920*, Hrsg. Jörg Schönert, S. 313–348. Tübingen: Max Niemeyer.

Lüsebrink, Hans-Jürgen. 1983. *Kriminalität und Literatur im Frankreich des 18. Jahrhunderts. Literarische Formen, soziale Funktionen und Wissenskonstituenten von Kriminalitätsdarstellung im Zeitalter der Aufklärung*. München/Wien: Oldenbourg.

McGuire, Amy. 2022. Jeffrey Dahmer's victims don't belong to the killer, to Netflix or to true crime fans. In: *The Guardian*, 15. Oktober 2022, URL: https://www.theguardian.com/commentisfree/2022/oct/16/jeffrey-dahmers-victims-dont-belong-to-the-killer-to-netflix-or-to-true-fans (zuletzt zugegriffen am 15. Januar 2023).

Mielke, Christine. 2006. *Zyklisch-serielle Narration. Erzähltes Erzählen von 1001 Nacht bis zur TV-Serie*. Berlin/New York: De Gruyter.

Neumeyer, Harald. 2006. ‚Schwarze Seelen'. Rechts-Fall-Geschichten bei Pitaval, Schiller, Niethammer und Feuerbach. *Internationales Archiv für Sozialgeschichte der deutschen Literatur* 31(1), S. 101–132.

Niehaus, Michael. 2003. *Das Verhör. Geschichte, Theorie, Fiktion*. München: Wilhelm Fink.

[Niethammer, Friedrich Immanuel.] 1793. *Geschichte des Herrn von la Pivardière*. In *Merkwürdige Rechtsfälle als ein Beitrag zur Geschichte der Menschheit*. Nach dem Französischen Werk des Pitaval durch mehrere Verfasser ausgearbeitet und mit einer Vorrede begleitet herausgegeben von Schiller. Bd. 3. S. 103–235. Jena: Cuno's Erben.

Pethes, Nicolas. 2016. *Literarische Fallgeschichten. Zur Poetik einer epistemischen Schreibweise*. Konstanz: Konstanz University Press.

Punnett, Ian Case. 2018. *Toward a Theory of True Crime Narrative. A Textual Analysis*. New York/London: Routledge.

Richer [, François]. 1773. *Histoire de la Pivardière*. In *Causes célèbres et intéressantes, avec les jugemens qui les ont décidées*. Rédigées de nouveau. Tome quatrième. S. 431–578. Amsterdam: Rhey.

Saupe, Achim. 2009. *Der Historiker als Detektiv – der Detektiv als Historiker. Historik, Kriminalistik und der Nationalsozialismus als Kriminalroman*. Bielefeld: transcript.

Saupe, Achim. 2020. Der Indizienbeweis in Rechtswissenschaft, literarischen Erzählungen und Geschichtsschreibung des 19. Jahrhunderts. In *Die Causes célèbres des 19. Jahrhunderts in Frankreich und Deutschland. Narrative Formen und anthropologische Funktionen*, Hrsg. Rudolf Behrens und Carsten Zelle, S. 21–38. Wiesbaden: Harrassowitz.

Schiller, F[riedrich]. 1792. Vorrede. In: *Merkwürdige Rechtsfälle als ein Beitrag zur Geschichte der Menschheit*. Nach dem Französischen Werk des Pitaval durch mehrere Verfasser ausgearbeitet und mit einer Vorrede begleitet herausgegeben von Schiller. Bd. 1, fol. *2r–[*4]v. Jena: Cuno's Erben.

Schmid, David. 2005. *Natural Born Celebrities. Serial Killers in American Culture*. Chicago/London: University of Chicago Press.

Schulz, Karin. 2018. *Konversation und Geselligkeit. Praxis französischer Salonkultur im Spannungsfeld von Idealität und Realität*. Bielefeld: transcript.

Seltzer, Mark. 1998. *Serial Killers. Death and Life in America's Wound Culture*. New York/London: Routledge.

Svendsen, Tim. 2023. Jeffrey Dahmer's victim's mother slams Evan Peters for winning the Golden Globe. *LocalToday* 12. Januar 2023, URL: https://localtoday.news/us/jeffrey-dahmers-victims-mother-slams-evan-peters-for-winning-the-golden-globe-264249.html (zuletzt zugegriffen am 15. Januar 2023).

Wegemann, Thomas, und Martina King (Hrsg.). 2016. *Fallgeschichte(n) als Narrativ zwischen Literatur und Wissen*. Innsbruck: Innsbruck University Press.

Wessels, Frank. 2003. „Bausteine zur Geschichte des Humanismus von der Kehrseite". Die redaktionelle Konzeption des „neuen Pitaval" 1842–1890. *Zeitschrift für Germanistik* N. F. 16(3), S. 525–536.

Zelle, Carsten. 1987. *„Angenehmes Grauen". Literaturhistorische Beiträge zur Ästhetik des Schrecklichen im achtzehnten Jahrhundert*. Hamburg: Felix Meiner.

Im Überfluss der Indizien. Otto Soykas *Das Glück der Edith Hilge* (1913) und Leo Belmonts *Djablica* (1922)

Melanie Foik

Der Wiener Journalist und Schriftsteller Otto Soyka (1881–1955) und der Warschauer Rechtsanwalt, Publizist und Schriftsteller Leo Belmont (Leopold Blumental, 1865–1941) teilten miteinander über mehrere Jahrzehnte hinweg das Schicksal der ‚vergessenen Autoren'.[1] Erst in jüngster Zeit werden sie allmählich – und zwar insbesondere mit Blick auf ihren Beitrag zur europäischen Kriminalliteratur – wiederentdeckt.[2] Bislang unbeachtet bleibt dabei die intertextuelle Verbindung zwischen Soykas in deutscher Sprache verfasstem Detektivroman *Das Glück der Edith Hilge*[3] aus dem Jahr 1913 und Belmonts auf Polnisch erschienener Fortschreibung, die 1922 unter dem Titel *Djablica*[4] (Die Teufelin) in Warschau erschien. Sowohl entstehungs- und rezeptionsgeschichtlich als auch inhaltlich findet sich in ihnen wiederkehrend das Motiv des ‚Rezipienten als Richter'.

[1] In seinem Buch über „vergessene Schriftsteller" erinnerte der Journalist und Schriftsteller Piotr Kitrasiewicz (2007, S. 117–121) an Leo Belmont; zuvor auch: Makowiecki 1998. – Im Falle Soykas leistet einen ähnlich konnotierten bio-bibliographischen Überblick Garstenauer 2003.

[2] Zu Otto Soykas Kriminalromanen vgl. Linder 2011, insb. S. 69–74; Karolle-Berg 2019; Peck 2022. – Zu Leo Belmonts Kriminalromanen vgl. Kiszczak 2012; Żmudziak 2016; Ruszczyńska 2019.

[3] Zitiert wird mit der Sigle EH nach der 1922 in der Reihe „Lutz' Kriminal- und Detektiv-Romane" erschienen Ausgabe *Das Glück der Edith Hilge.*

[4] Zitiert wird mit der Sigle D die einbändige Erstausgabe Leo Belmont: *Djablica. Romans modernistyczny* von 1922. – Nach dieser erschien im Jahr 1927 eine auf drei Bände aufgeteilte zweite Auflage sowie – erneut in einem Band und in der gegenwärtigen Schreibweise „Diablica" – 1992 eine späte Neuauflage.

M. Foik (✉)
SFB „Recht und Literatur", Universität Münster, Münster, Deutschland

© Der/die Autor(en), exklusiv lizenziert an Springer-Verlag GmbH, DE, ein Teil von Springer Nature 2024

N. Celik und S. Speth (Hrsg.), *Rezipienten als Straf- und Kunstrichter,* Literatur und Recht 11, https://doi.org/10.1007/978-3-662-68307-1_7

Der vorliegende Aufsatz geht zum einen den Bezügen zwischen den beiden Romanen und ihren Kontexten nach und beleuchtet zum anderen die Kommunikation mit den Leserinnen und Lesern, die in verschiedenen Dimensionen als Straf- und Kunstrichter adressiert werden.

1 Das 100.000-Mark-Preisausschreiben der *Zeit im Bild*

Im Frühjahr 1913 kündigte die in München erscheinende Illustrierte *Zeit im Bild* die Veröffentlichung eines neuen Kriminalromans des seinerzeit „bekannten Schriftstellers" Otto Soyka an und schrieb zugleich einen sich damit verbindenden Wettbewerb aus (Anonym 1913): Der Roman *Das Glück der Edith Hilge* gebe „die Schilderung einer Mordtat" wieder, wie es im Anreißer heißt, jedoch werde der Mörder „vom Verfasser nicht genannt" (Anonym 1913). Die literarische Überführung des Täters, die Preise im Gesamtbetrag von 100.000 Mark versprach, überließ die Redaktion stattdessen ihren Leserinnen und Lesern, die sie als richterliche Instanz im vorzulegenden Fall ansprach:

> Verschiedene Personen geraten in den Verdacht, den Mord begangen zu haben. Die Leser sollen nun nach den gegebenen Indizien selbst entscheiden und den Nachweis erbringen, wer als der wirkliche Mörder anzusehen ist. [...] Jeder Leser mag nach seinem Ermessen eine von den Personen, auf die Verdacht fällt, verurteilen; er muß sein Urteil aber auch begründen, indem er auseinandersetzt, auf welche Verdachtsgründe sein Urteil gestützt ist. (Anonym 1913)[5]

Ein „Preisrichter-Kollegium", so der Redaktionstext weiter, werde darüber entscheiden, wer „in präzisester und zwingendster Art dem Schuldigen den Mord nachweist" und dafür den Hauptpreis erhält (Anonym 1913). Den auf die Veröffentlichung des Fortsetzungsromans sowie einer intensiven Bewerbung der Zeitschrift und ihres Preisausschreibens folgende Zustrom an Einsendungen – „2237 Preisarbeiten [...], der Mehrzahl nach 30 bis 70 Seiten lang" (Anonym 1914)[6] –, den das neunköpfige Preisgericht kaum zu bewältigen wusste, hatten die Initiatoren des Wettbewerbs offenbar in dieser Quantität nicht erwartet: Als Antwort auf die inzwischen eingegangenen kritischen Nachfragen angesichts der erheblichen Verzögerung des Verfahrens meldete die Zeitschrift nach Ablauf eines knappen Jahres seit der ersten Ankündigung einen scharfzüngig formulierten Zwischenstand, der die ungeduldig Wartenden zurechtwies und die Vorstellungen über die Arbeit der Jury zu korrigieren versuchte: Entgegen der Ansichten vieler Leserinnen und Leser negierte die Redaktion sowohl die Rolle des Preisgerichts

[5] Zu Otto Soykas *Glück der Edith Hilge* und dem damit verknüpften Preisausschreiben vgl. auch Linder 2011, S. 69–74.

[6] Beim Verfasser handelt es sich um einen Anonymus, der seine Identität mit einem „X. Y. Z." verschlüsselt.

als eine „Art Lotterieaufsichtsbehörde“ als auch deren vermeintliche Aufgabe „den wahren Mörder Georg Winhards festzustellen“ (Anonym 1914).

Überraschenderweise veröffentlichte die *Zeit im Bild* schließlich doch bereits ab dem Folgemonat, nämlich ab April 1914, unter dem Titel *Der Erbe Hauffelds,* als dessen Autor „Josef Kaisler, München“ angegeben wird, in mehreren Tranchen die – so will es jedenfalls die Inszenierung des Blattes – mit dem Hauptpreis ausgezeichnete Arbeit (Kaisler 1914). Die Herausforderung der Preisrichter, die die Feststellung einer Gewinnerin oder eines Gewinners zuvor beträchtlich prolongiert hatte, dürfte in erster Linie darin bestanden haben, die eingesandten Texte nach ihrer schlüssigen Darlegung eines potentiellen Mordhergangs wie auch der biographisch-psychologischen Tathintergründe zu beurteilen. Eine sich allein aus dem Paradigma der (literarischen) ‚Deduktion‘ ableitende Aufklärung anhand der im Zuge der Ermittlungen gesammelten Spuren, Beobachtungen und Zeugenaussagen, wie sie sich im zeitgenössischen Kriminalroman etabliert hatte, war indes aufgrund der von Soyka konstruierten Überfülle an Indizien schlichtweg unmöglich, was im Folgenden betrachtet wird.

2 Otto Soykas *Das Glück der Edith Hilge*

Otto Soykas Roman *Das Glück der Edith Hilge,* der erstmals 1913 in der Münchner Zeitschrift *Zeit im Bild* in 16 Folgen abgedruckt wurde und später in zahlreichen Auflagen in Buchform erschien, verfolgt einen provozierend andersartigen Ansatz, als er der klassischen Detektivgeschichte zugrunde liegt und sticht damit in eigenartiger Weise aus der zeitgenössischen Kriminalliteratur heraus. Das Originelle an der Geschichte ist, dass über einen längeren Anfang hinweg noch gar kein Mord passiert ist, sondern die Figur des späteren Opfers persönlich einen jungen Detektiv engagiert und diesen in seine Aufgabe einführt, sich zunächst – verkleidet als Diener – ein Bild über die potentiellen Täter zu verschaffen und nach Eintritt der erwarteten Tat – dann schon in seiner beruflichen Rolle als Inhaber des Detektivbüros „Blitzlicht“ – die zu ihrer Aufklärung dienlichen Indizien zu sammeln. Zu diesem Zweck hat Georg Winhard, der Auftraggeber, auch bereits zahlreiche Vorkehrungen getroffen und sein Apartment im Parkhotel derart präpariert, dass möglichst viele auf seinen späteren Mörder hinweisende Spuren erhalten bleiben: Kleine Reißnägel etwa sollen Wollflocken von Kleidungsstücken einfangen, auf dem Fußboden ausgestreuter Graphitstaub Schuhabdrücke aufnehmen, eine manipulierte Uhr den Tatzeitpunkt festhalten. Außer dem eigens engagierten Privatdetektiv Friedrich Gerold, der in der Mordnacht dem im Hause reichlich betriebenen Glücksspiel verfällt und dadurch seine Pflichten vernachlässigt, befindet sich in diesem Moment auch schon der später ebenfalls ermittelnde Polizeibeamte Adalbert Grann im besagten Parkhotel. Er kann die Tat jedoch ebenso wenig verhindern wie der auf Abwege geratene Gerold.

Nachdem der vorausgesehene Mordfall schließlich eintritt, lassen sich im Rahmen der sogleich von den beiden bereits anwesenden Detektiven aufgenommenen Ermittlungen, vor allem aufgrund der prospektiv getroffenen Maßnahmen des Opfers, zahlreiche Indizien sicherstellen, sodass bald schon ein überschaubarer Kreis an Verdächtigen benannt werden kann: Da ist zunächst der schlecht gekleidete Eugen Altritter, ein zu Gewaltausbrüchen neigender Falschspieler niederer sozialer Herkunft, der dem Privatdetektiv Gerold schon vor der Mordnacht verdächtig vorgekommen war. Altritter hegte Groll gegen Winhard, da dieser auf unerklärliche Weise jeden Abend 3.000 Mark beim Glücksspiel zu gewinnen pflegte und nun ihm, Altritter, einen angesichts solcher Summen kaum ins Gewicht fallenden Kredit für eine Geschäftsbeteiligung verweigert hatte. Die drei weiteren Figuren, gegen die ebenfalls viele Verdachtsmomente vorliegen, stammen alle aus dem Umfeld der der Leserschaft fast nur vom Namen her bekannten Edith Hilge: Andreas Hauffeld, ein ehemaliger Freund Winhards, der sich für die Gestaltung von Ediths Bekanntenkreis zuständig fühlt und ihr Personen zur Unterhaltung zuführt. Ihr Glück, das er als seine ‚sportliche' Lebensaufgabe versteht, sah er inzwischen durch Winhard gefährdet und musste daher etwas gegen ihn unternehmen. Der dritte Verdächtige ist Arthur Berni, ein unbedeutender Schauspieler, der seine große Rolle im Hass gegen Georg Winhard erblickt und unmittelbar am Tag nach der Mordnacht ein nach öffentlicher Aufmerksamkeit heischendes Geständnis ablegt. Und schließlich verweisen die im Apartment gefundenen Indizien in gleichem Maße auf den jungen Max Weyer, der Gerold in der Mordnacht sein vermeintlich unfehlbares System für Glücksspielgewinne zu verkaufen versuchte. Der erhoffte Erlös sollte ihm jenes Geld ersetzen, das Edith Hilge ihm für eine gemeinsame Flucht vor den anderen sie umgebenden Männern gegeben hatte, das er aber inzwischen verspielt hatte.

Während Soyka den noch unerfahrenen Privatdetektiv Gerold in den fast schon zynisch überschriebenen Kapiteln „Indizien" (EH, S. 85–104) und „Die Sprache der Dinge" (EH, S. 104–122) zunächst noch recht zuversichtlich Schlüsse aus den Spuren ziehen und daraus wiederum Theorien über Tathergang und Mörder entwickeln lässt, offenbart sich mithilfe der Figur des abgeklärten Kriminalbeamten Grann allmählich die Wertlosigkeit all der materiellen Beweisstücke, die letztlich gerade als diese nicht taugen: Jedes Indiz, ja sogar die im weiteren Verlauf hinzukommenden Geständnisse und Zeugenaussagen lassen stets mindestens zwei gegensätzliche Interpretationen zu, wie der asymmetrische Schlagabtausch zwischen den beiden Ermittlern angesichts eines aufgefundenen Manschettenknopfes – den Leo Belmont später in humorvoller Weise aufgreifen wird – besonders eindrücklich illustriert:

> „[...] Wir wissen jetzt einiges von der Person des Täters und haben in dem Knopf einen Anhaltspunkt, von dem die Nachforschung ausgehen kann. – Was sagen Sie dazu?"
>
> „Daß das sehr liebenswürdig ist, – von dem Knopf."
>
> „Wie?" Gerold war verblüfft. „Der Knopf, – wie meinen Sie? Der Manschettenknopf – –?"
>
> „Hat Ihnen Anlaß zu Schlußfolgerungen gegeben, die falsch oder richtig sein können. Ich will vorläufig annehmen, daß ihn der Hausdiener hier verloren hat. Vielleicht ist er auch irgendwie in Winhards Besitz geraten und vom Tisch, wo er lag, herabgefallen. [...] Geben Sie sich weiter keine Mühe. Ich will Ihnen meine feste Überzeugung verraten: Es

> gibt in der Kriminalgeschichte keinen Manschettenknopf, aus dem man mit Sicherheit die Schuld eines Menschen gefolgert hat, zu dem sich nicht eine Manschette finden ließe, die ebenso sicher seine Unschuld beweist." (EH, S. 98 f.)

In diesem Sinne erweisen sich die zahlreich gesammelten Spuren, die auf den ersten Blick noch wie ein Glücksfall aussahen, schließlich als nutzlos für die Feststellung der Täterschaft. Damit stellt Soyka eine sich primär auf äußere Indizien und die sich daraus ableitenden Überlegungen stützende Kriminalistik und deren Abbild im zeitgenössischen Kriminalroman entschieden infrage. Den Fortschrittsoptimismus der medizinischen Semiotik – „einer Wissenschaft, die es erlaubt, die durch direkte Beobachtung nicht erreichbaren Krankheiten anhand von Oberflächensymptomen zu diagnostizieren, die in den Augen eines Laien – etwa Dr. Watsons – manchmal irrelevant erscheinen" (Ginzburg [1979] 1983, S. 68 f.) –, deren Indizienparadigma sich seit dem späten 19. Jahrhundert sukzessive in nahezu allen Wissensfeldern und schließlich auch in der Kriminalistik selbst sowie in der literarischen Darstellung kriminalistischer Ermittlungen durchgesetzt hatte, teilt Soyka längst nicht mehr.

Seine zeitgenössischen Leserinnen und Leser, die dem Redaktionstext der *Zeit im Bild* zufolge „nach den gegebenen Indizien selbst entscheiden" sollten (Anonym 1913), führte Soyka durch die konsequente Anzweiflung der von ihm selbst literarisch inszenierten Spuren gründlich in die Irre: Ein erheblicher Teil der Leserschaft dürfte nach dem Wortlaut des Preisausschreibens jedenfalls keinen „unfairen Schwindel" (Brockhoff 1937, S. 173) – wie derlei Abweichungen später in den Deontologien des Krimihandwerks genannt werden sollten –, sondern einen Kriminalroman nach dem gängigen Schema erwartet haben, aus dem man nur sorgfältig genug die Indizien herauszulesen und zu deuten brauchte, um schließlich die folgerichtige – sprich: die einzig richtige – Lösung des Falls und damit den Romanschluss abzuleiten. Nach der Hälfte der Lektüre etwa dürfte der aufmerksame Leser jedoch schrittweise zur Erkenntnis gelangt sein, dass die ihm gestellte Aufgabe allein unter Anwendung konjekturaler Verfahren nicht zu bewältigen sei.

Doch stellt Soyka das Scheitern der indiziengeleiteten Ermittlungen – Gerolds bei Sherlock Holmes abgekupferte Praktik der ‚Deduktion' – nicht als alternativlos hin. Vielmehr entwickelt er im weiteren Fortgang der Geschichte die durch die Figur des Polizeibeamten Grann vertretene Methode der „literarisierenden Einfühlung" (Linder 2011, S. 70) als komplementäres Verfahren zum ‚logischen Schließen' aus vorfindlichen Spuren. Grann, der der Überzeugung ist, Indizien seien ohnehin „speziell für Justizirrtümer erfunden" und der Fall Winhard unterscheide sich von allen anderen Fällen auch noch „dadurch, daß seine Indizien für die Justizirrtümer der letzten zwanzig Jahre Stoff geben könnten" (EH, S. 129), möchte „den Leuten in die Augen sehen", und zwar nicht „kriminell Verdächtige[n]", sondern „Menschen": Man müsse zur Wahrheitsfindung, so lässt Soyka es Grann selbst formulieren, „die Romane der Personen entwerfen, ihre möglichen Schicksale" (EH, S. 130, Hervorhebung im Original); der Erzähler resümiert: „Es [ist] die Arbeit eines Dichters, nicht die eines Kriminalisten“ (EH, S. 173).

In der Konsequenz verbleiben alle Bemühungen des idealistischen, aber stark desillusionierten Ermittlers auf der Ebene des Literarischen, denn seine Methode und deren Resultate sind juristisch nicht haltbar, der Mörder daher „vor jedem Richterspruch geschützt“ (EH, S. 198). Ohnehin interessiert sich die fiktive Öffentlichkeit, die sich an der Sensation des Falls ergötzt und immer neue literarische Neuigkeiten darüber verlangt, schon kaum noch für die von Soyka lakonisch auf einer Viertelseite abgehandelte Gerichtsverhandlung und deren Resultate: Eugen Altritter wird wegen Diebstahls zu einigen Jahren Zuchthaus verurteilt; Arthur Berni erleidet angesichts seines Freispruchs einen Nervenzusammenbruch und wird in eine Anstalt verbracht, und Max Weyer wird freigesprochen, woraufhin er die Stadt verlässt, während Andreas Hauffeld vor seinem Suizid offenbar der Edith Hilge noch zur Flucht verhelfen konnte.

3 Leo Belmonts *Djablica* im Kontext seiner früheren Gerichtsromane

Leo Belmont (1912, S. VI) – mit bürgerlichem Namen Leopold Blumental – dürfte sich von Otto Soykas Roman *Das Glück der Edith Hilge* als Schriftsteller, Jurist und selbsterklärter (Rechts-)Psychologe nicht nur in mehrfacher Hinsicht angesprochen, sondern zur literarischen Ergreifung des Mörders geradezu herausgefordert gefühlt haben. Unter dem Titel *Djablica* (Die Teufelin) veröffentlichte er – in polnischer Sprache und schon allein deswegen unabhängig vom Preisausschreiben der *Zeit im Bild* – 1922 eine „Lösung des Rätsels vom Mord Winhards“ (D, S. 381),[7] in der er auf literarischem Wege einen Täter überführt und so als ein von Soyka zum Urteilen aufgeforderter Rezipient auftritt. Den zeitlichen Abstand von immerhin neun Jahren erklärt Belmont erzählerisch mit eigenen Zweifeln an seiner angeblich lange zuvor fertiggestellten Geschichte, die erst nach den Wirren des Ersten Weltkriegs mithilfe der bereits von Soyka entworfenen und von Belmont fortentwickelten Figur des Dr. Röder hätten ausgeräumt werden können (vgl. D, S. 380 f.).

Pikanterweise beruht Belmonts *Djablica* – jedenfalls aus heutiger Sicht – zunächst auf einem Plagiat: Beinahe die Hälfte des Buches besteht aus einer gekürzten, mitunter freien, aber unverkennbaren Übersetzung der *Edith Hilge,* die Belmont kühn als „Prolog“ deklariert und deren Vorlage er lediglich in einer Fußnote zum Vorwort erwähnt:

> Die Protokolle des Friedrich Gerold sind früher bereits unter dem Titel „Das Glück der Edith Hilge“ in einer der Münchner Zeitschriften in einer ausgezeichneten, für uns hilfreichen literarischen Überarbeitung des Romanschriftstellers Otto Soyka erschienen

[7] Die Übersetzungen aus dem Polnischen stammen von der Verfasserin.

> – indes ohne Lösung. Die Redaktion schlug den Lesern vor, das Rätsel selbst zu lösen, sofern sie dieser interessanten Aufgabe gewachsen seien. Die Redaktion lobte unter ihren Abonnenten einen Preis von 100.000 Mark für die richtige Lösung aus. Wie der Wettbewerb ausging – ob jemand den Preis bekommen hat – ist dem Autor von „Djablica" nicht bekannt. Es kann sein, dass es dem talentierten Autor des „Glücks der Edith Hilge" um eine humorvolle Satire zur Schundliteratur ging, in denen sich das ganze Gewicht des Interesses auf die materiellen Spuren legt, die so sehr in die Irre führen können, wenn man nicht zugleich in die menschliche Seele blickt... Das Geheimnis des Verbrechens versinkt in ihnen oft spurlos, und nur das Auge eines Psychologen vermag es zu ergründen... (D, S. 4, Auslassungszeichen im Original)

Eine seiner eigenen Fortschreibung vorangestellte Übersetzung der Geschichte Soykas war, da der Roman nach derzeitigem Kenntnisstand zuvor nicht ins Polnische übersetzt worden war, nahezu unabdingbar.[8] Statt jedoch diesen Umstand den Leserinnen und Lesern transparent vor Augen zu führen, bedient Belmont sich eines verschleiernden Tricks: Mittels eines Framings, das die Fiktion von Authentizität zu erzeugen beabsichtigt, führt er die weitgehend übereinstimmende Geschichte auf eine gemeinsame Quelle zurück: Während des Besuchs eines Bekannten in einem österreichischen Sanatorium für Nervenkranke, so Belmont in seinem Vorwort, habe er einige Zeit in einem Kreis von Künstlern verbracht, in dem man „bei schwarzem Kaffee ein Gespräch über die menschliche Seele" (D, S. 1) geführt habe:

> Das Gespräch dominierte der junge Romanschriftsteller S[oyka], dem man aufgrund einiger Romane, die einen starken Eindruck auf breite Leserkreise machten, schon damals großen Ruhm in der literarischen Welt voraussagte. Er fiel uns allen wegen seiner ungewöhnlichen Intuition auf, durch die Fähigkeit bereits nach einem kurzen Blick den Charakter eines Menschen zu bestimmen und sogar dessen Schicksal vorherzusehen. Dies wirkte wie eine übernatürliche Gabe, der wir unwillkürlich huldigten. (D, S. 1)

Alsdann sei man jenem Privatdetektiv begegnet, der im literarisch aufzurollenden Fall ermittelt habe und letztlich an dieser Aufgabe zerbrochen sei, woraufhin Soyka – dessen Name Belmont im Haupttext mit der Initiale „S." verschlüsselt – sogleich dessen Geschichte erraten und seinen baldigen Tod vorausgesagt habe. Als dieser schließlich bereits am Folgetag eingetreten war, so Belmont in der Vorrede weiter, hätten beide Schriftsteller – er selbst und Soyka – die Aufzeichnungen des Detektivs gesichert, um sie später zu ihrem jeweiligen Kriminalroman zu verarbeiten. Während Soyka die Auflösung des Falls seinen Leserinnen und Lesern überantwortet habe, biete er, Belmont, eine eigene Lösung an, sei sich deren Arbitrarität jedoch bewusst und überlasse das Urteil über das Gelingen seiner Lösung wiederum *seinen* Leserinnen und Lesern. Zugleich – und hier offenbaren sich gleichermaßen Belmonts Koketterie im zuvor Geschriebenen wie auch das

---

[8] Zeitgenössisch wurden jedoch mindestens drei andere Romane Soykas ins Polnische übersetzt, und zwar *Die Söhne der Macht* von 1911, *Der Geldfeind* aus dem Jahr 1923 sowie *Das Geheimnis der Akte K.* von 1934. – In dieser Reihenfolge Soyka 1919; 1931; 1938.

Spiel mit der Mischung aus Wirklichkeit und Fiktion – schickt er das Motto „se non e vero e ben trovato" als sein eigenes Urteil hinterher (D, S. 4).

Sowohl die Literaturkritik als auch die gegenwärtige literaturwissenschaftliche Forschung haben *Djablica* kurioserweise bislang nicht im Zusammenhang mit Soykas *Glück der Edith Hilge* gelesen, obwohl aus Belmonts Rahmenerzählung hinreichend viele Hinweise auf einen intertextuellen Bezug hervorgehen und eine Parallellektüre rasch auf eine dichte Konkordanz der im Zentrum stehenden Geschichte schließen lässt. Die literarische Qualität des Romans, die auch durch das Wissen um die nicht-deklarierte Übernahme von Soykas Geschichte nicht geschmälert wird, fand hingegen bereits bei den Zeitgenossen Anerkennung. So hob etwa der Literaturhistoriker Stanisław Baczyński, der den polnischen Kriminalromanen der Zwischenkriegszeit fast durchweg politischen Dogmatismus und literarisches Philistertum vorwarf, Belmonts *Djablica* als einen seltenen Sonderfall hervor:

> Als Ausnahme in der gesamten schablonenhaften Produktion kann Leo Belmonts polemischer Kriminalroman [*Djablica*] gelten, der über eine tiefere intellektuelle Grundlage verfügt. Der Autor widersetzt sich darin der seit den Zeiten Poes und Conan Doyles bei den Ermittlungen geläufigen deduktiven Methode und entwickelt in origineller und eindrucksvoller Weise das Prinzip der Induktion [...]. Wie üblich, führte viele Jahre später der amerikanische Schriftsteller S. S. Van Dine dieselbe Methode ein, dessen Roman „The Canary Murder Case" auf jenen bei uns resonanzlos verhallten Ideen beruht. (Baczyński 1932, S. 98)

Ob Belmont und Soyka einander möglicherweise tatsächlich begegnet sind oder ob es sich bereits bei dem Detail der persönlichen Bekanntschaft um einen Aspekt der fiktionalen Rahmenerzählung handelt, ist ungewiss. Gewiss ist hingegen, dass Belmont das Verwischen von Fakt und Fiktion wie auch das darauf aufbauende psychologisch-kriminalistische Spiel mit der Leserschaft meisterlich beherrschte und dies schon 1910 mit seinem Gerichtsroman *Sprawa przy drzwiach zamkniętych* (Unter Ausschluss der Öffentlichkeit) – einem „psychologischen Rätsel vor dem Hintergrund eines Strafprozesses", wie der Untertitel anzeigt – unter Beweis gestellt hatte. Dieser frühe polnische Kriminalroman besteht aus einer fiktionalen, zugleich jedoch auf Belmonts beruflichen Erfahrungen als Rechtsanwalt beruhenden und auf größtmögliche Authentizität abzielenden Darstellung eines Prozesses vor dem Geschworenengericht, der den sexuellen Missbrauch eines Kindes juristisch aufzuarbeiten versucht (vgl. Foik 2022, Rn. 18). Ähnlich wie Soykas *Glück der Edith Hilge* überhäuft der Roman die Leserinnen und Leser mit Indizien und Zeugenaussagen, deren Wert permanent in Zweifel gezogen wird. Zugleich hebt Belmont die Bedeutung psychologischer Fragestellungen bei der Rekonstruktion von Tathergängen hervor und kritisiert die mangelnde psychologische Expertise im zaristischen Gerichtswesen. Wenn auch mit deutlich weniger finanziellem Aufwand betrieben und freilich nicht mit einem Schreibwettbewerb verknüpft, sparte auch die *Sprawa przy drzwiach zamkniętych* in aufmerksamkeitssteigernder Weise die Lösung des Falls – hier in Form der Urteilsverkündung – zunächst aus und wies damit den Rezipientinnen und Rezipienten buchstäblich die Rolle des Richters zu. Erst im Folgejahr – und auch dies kann durchaus als Parallele zum später erschienenen *Glück der Edith Hilge* von Soyka gesehen werden – folgte mit der Romanfortsetzung unter dem Titel *Pomiędzy sądem i sumieniem* (1911, Zwischen Gericht und Gewissen) *eine* mögliche Auflösung des Falls.

4 Leo Belmont in der Rolle des ,Rezipienten als Richter'

Vor diesem Hintergrund ist auch der Kriminalroman *Djablica* zu lesen, wenngleich Belmont hier die Lösung eines *fremden* Falls angeht und damit selbst die Rolle des ,Rezipienten als Richter' einnimmt. In einer geschickten Verschachtelung von Rahmenerzählung, Übersetzung der *Edith Hilge* sowie dem darauf aufbauenden eigenen Roman geht Belmont allerdings weit über die im Preisausschreiben an die Leserschaft herangetragene Aufgabe hinaus, wie sie sich nicht zuletzt im Gewinnertext realisiert hatte: Angereichert mit einer Fülle rechtsphilosophischer und kriminalpsychologischer Überlegungen betreibt Belmont sein mit den bereits erwähnten Gerichtsromanen begonnenes Projekt der Psychologisierung des Kriminellen und seiner juristischen Bewertung weiter. Dabei verfolgt er zugleich die Absicht, jede andere mögliche ,Lösung' des ,Falls Winhard' – und letztlich freilich auch die sich einer Lösung entziehende Geschichte Soykas selbst – sowohl unter logischen wie auch unter ästhetischen Gesichtspunkten zu übertreffen.

Ein Blick auf die Komposition von *Djablica* soll die Komplexität des Romans und seiner Bezüge zum Ursprungstext verdeutlichen: Ein vierseitiges „Vorwort des Autors" erzählt zunächst eine den Anschein von Authentizität vermittelnde ,Vorgeschichte' der Genese des Romans wie sie bereits oben wiedergegeben wurde. Der ,Fall Winhard' wird darin als eine wahre Begebenheit ausgewiesen, die den Stoff sowohl für Soykas *Glück der Edith Hilge* als auch für Belmonts *Djablica* geliefert habe. Der sich daran anschließende „Prolog" – die gut 160 Buchseiten füllende Übersetzung von Soykas Roman – inszeniert Belmont als *seine* literarische Ausarbeitung der in der Nervenheilanstalt vorgefundenen Aufzeichnungen des gescheiterten Privatdetektivs Friedrich Gerold, der in einer Art Doppelfiguration aus der Erzählung des von Soyka erdachten, von Belmont hingegen als ,authentisch' deklarierten Kriminalfalls heraustritt und in die Rahmenerzählung hineindiffundiert. Nun wiederum folgt auf etwas mehr als 200 Seiten der eigentlich als „Djablica" gekennzeichnete Roman Belmonts in Form einer Auflösung des von Soyka aufgestellten Rätsels, die ihr Autor – anders als den Fall an sich – als spekulativ, als von seiner „Phantasie geschaffen" (D, S. 4) markiert. Den Abschluss bildet ein achtseitiger Epilog mit dem Untertitel „Resumé" – der zweite und schließende Teil der Rahmenerzählung –, der ebenfalls von einer aus der Haupterzählung heraustretenden literarischen Figur, nämlich der des Arztes Dr. Röder, und deren Begegnung mit der Figur des Autors dominiert wird.

In der Art eines Negativfilms, der weitgehend die Hergänge der von Soyka erzählten Geschichte voraussetzt, mitunter auch ausdrücklich auf einzelne Momente oder ganze Kapitel in der übersetzten und vorangeschickten Fassung verweist, stellt der sich über die zweite Buchhälfte aufspannende Hauptteil von *Djablica* eine Komplementärerzählung zum *Glück der Edith Hilge* dar. In diesem Sinne füllt Belmont die von Soyka nicht belichteten Stellen mit detailliert ausgearbeiteten Erzählsträngen aus, die letztlich zur lückenlosen und für die Leserschaft sukzessive nachvollziehbaren Aufdeckung der Tat und ihrer – teilweise zeitlich weit vorgelagerten – Hintergründe führen: So entwirft Belmont nicht nur für jeden der vier als Täter infrage kommenden Personen ein Szenario der Mordnacht, das jedes einzelne der von Soykas Ermittlerfiguren gesammelten Indizien mit einer plausiblen Erklärung hinterlegt,[9] sondern entwickelt die Figuren – insbesondere auch jene der mysteriösen Edith Hilge – in ihren für die Tat relevanten biographischen und psychologischen Dimensionen fort.

Spiegelte sich die titelgebende Figur Edith Hilge in Soykas Roman nahezu ausschließlich in dem sie umgebenden männlichen Personal, so führt Belmont sie weitläufig aus, ja lässt sie – vermittelt durch ihre Tagebucheinträge – gar selbst zu Wort kommen. Das Resultat ist eine *femme fatale,* wie sie für eine ganze Reihe an Romanen der Bewegung des polnischen Jugendstils (‚Młoda Polska') typisch ist: In einem „Spiel von Liebe und Tod" (Kolbuszewski 1991, zit. nach Kiszczak 2012, S. 187) offenbart sich die geheimnisvolle Edith Hilge allerdings nicht nur als dämonischer Anziehungspunkt eines ganzen Kreises männlicher Protagonisten, sondern auch als Vatermörderin. Nach dem frühen Tod der Mutter zwang Ediths Vater sie in die Rolle seiner Ehefrau und hielt sie als seine Gefangene. Erst die Lektüre von Percy Bysshe Shelleys Buch über den wahren Fall der Beatrice Cenci ließ Edith die Grausamkeit des Inzests wie auch die Option des Vatermordes erkennen: „Und vielleicht zog mich das Schafott infolge des Mordes mehr an als der Mord selbst. Aber ich wusste bereits, dass ich morden musste" (D, S. 185).

Nur langsam lässt Belmont in seiner weit ausholenden Geschichte über Edith Hilge die Bezüge zu Soykas Vorlage erkennen: Andreas Hauffeld,[10] einer der späteren Verdächtigen im Fall des Mordes an Georg Winhard, rettet mithilfe des Arztes Dr. Röder die junge Frau, die eigentlich Erna von Meyerhold heißt, am Meeresufer und drängt sie erneut in die Rolle „eines anderen Menschen" (D, S. 24), nämlich jene von Hauffelds verstorbener Schwester Edith Hilge, und gibt ihr deren Namen. Georg Winhard jedoch, das spätere Opfer des im Zentrum stehenden Kriminalfalls, erkennt Erna alias Edith aufgrund ihrer Ähnlichkeit zur Mutter und nimmt ihr unter Hypnose ein Eheversprechen ab, das sie ins Unglück

---

[9] Das gilt auch für den fraglichen Manschettenknopf, dessen Herkunft inszeniert nachgeschoben und wie zum Beweis der vollständigen Aufklärung des Falls erst auf der vorletzten Seite von *Djablica* aufgedeckt wird.

[10] Belmont verwendet die von Soyka übernommenen Figurennamen, wie zeitgenössisch üblich, in polonisierter Form, so z. B. für „Andreas Hauffeld" „Andrzej Haufeld".

stürzt und nur durch Winhards Tod annulliert werden kann: Paradoxerweise verlangt Winhard selbst, dass derjenige, der Edith am meisten liebe, ihn töten möge.

Mit dieser Antwort auf die bei Soyka sicherlich für die Leserschaft drängendste Frage, nämlich warum das spätere Opfer vom bevorstehenden Mord wusste und ihn nicht zu verhindern versuchte, führt Belmont schließlich die Enden der beiden Geschichten zusammen und fährt mit den wunderlichen Vorkehrungen Winhards zur späteren Spurenaufnahme fort. Der weitere Verlauf der Geschichte ist aus Soykas *Glück der Edith Hilge* respektive dem „Prolog" Belmonts eigentlich bekannt. Jedoch nimmt letzterer nun in systematischer Weise – mit „mathematischer Genauigkeit" (D, S. 1), wie er sein Vorgehen selbst charakterisiert – die losen Fäden der Geschichte auf, um sie in ein logisches Ganzes einzuknüpfen. Für jeden der vier Verdächtigen entwirft er ein Kapitel, in dem er genauestens schildert, wie die später von den Ermittlern aufgenommenen Indizien zustande gekommen sind, wobei er sich zugleich einer weiteren Erzählstrategie bedient: nämlich der vom Kriminalbeamten Grann angewandten Methode, die ‚Romane' jener Menschen zu schreiben:

> Lasst uns die Geheimnisse jener Nacht lüften – mithilfe des Rechts der *rekonstruierenden Phantasie und dem forschenden Verstand, d. h. sowohl durch das gründliche Abwägen jeder Spur als auch dadurch, die Leerstellen durch Erraten zu füllen – die beiden Mittel der Seele, die zur Wahrheit führen!* (D, S. 308, Kursivierung im Original)

Mithilfe dieser beiden Erzähltechniken ergibt sich in Belmonts *Djablica* folgendes Lösungsbild: Eugen Altritter schleicht sich in das Hotelapartment Winhards, um doch noch an die für sein Geschäft benötigte Geldsumme zu gelangen. Dabei zieht er einen Mord durch Erwürgen durchaus in Betracht und relativiert ihn mit dem Gedanken: „Das ist auch wieder nicht so viel – ein Menschenleben! Ein Menschenleben lassen täglich Tausende, und doch geht die Welt davon nicht unter!" (D, S. 311). Schließlich ist er aber erleichtert darüber, dass sein Opfer tief schläft und er unbemerkt – und ohne Mord – das sich unter Winhards Kopfkissen liegende Geld stehlen kann. Allerdings hinterlässt Altritter seine Spuren an den aufgestellten Fallen, die am nächsten Morgen verraten werden: „Er war da!", worauf „die irrende Phantasie der Ermittler die Unwahrheit hinzufügen wird: Er hat den Mord begangen!" (D, S. 317).

Ähnlich wankelmütig, wenn auch aus ganz anderen Gründen, betritt der Schauspieler Arthur Berni als zweiter das Apartment. Er träumt davon, einmal im Leben ein Held zu sein, und glaubt, durch den Mord nicht nur all die erduldeten Kränkungen vergessen zu können, sondern überdies das „Glück der Edith Hilge" zu bewirken – und darin Andreas Hauffeld zuvorzukommen, der andernfalls „das [göttliche] Urteil vollstrecken" und Edith „die Freiheit wiederbringen" würde (D, S. 318). Aufgrund seiner Schwachheit versucht er seine Tat jedoch zugleich zu verhindern: Er lärmt umher und versucht Winhard aufzuwecken, was jedoch aufgrund dessen zuvor selbst zugefügter Betäubung nicht gelingt. Schließlich erkennt Berni in einem auf dem Tisch liegenden Messer – jener potentiellen Tatwaffe, an die er zuvor gar nicht gedacht hatte – ein göttliches Zeichen und begeht den Mord.

Da er durch eine Verkettung von Zufällen keine eindeutigen Spuren hinterlässt, erscheint sein bald schon abgelegtes Geständnis den Ermittlern als tendenziell unglaubwürdig.

Wie bereits Altritter, so führen auch den Studenten Max Weyer Geldsorgen in das Apartment Winhards. Das von Edith Hilge für die gemeinsame Flucht – ihr ‚Glück' – vorgesehene Geld hat Max verspielt und nimmt – ebenso hin- und hergerissen wie seine Vorgänger – nun den Mord an Winhard in Kauf, um seine Geliebte doch noch retten zu können. Denn, so lässt ihn Belmont sinnieren: „Waren diese beiden Leben weniger wert als das eine?" (D, S. 325). Auch Weyer hinterlässt Spuren am Tatort, findet jedoch nur einen von Altritter verlorenen Tausendmarkschein, der für die Flucht mit Edith nicht ausreicht, im Zuge der Ermittlungen jedoch als Indiz gegen ihn sprechen wird.

Als vierter und letzter betritt schließlich Andreas Hauffeld Winhards Wohnung in dem festen Entschluss, seinen Widersacher zu töten. Vom leichtsinnigen Privatdetektiv Gerold hatte er zuvor von den Vorkehrungen zur Sammlung von Spuren erfahren, sodass er die Fallen bewusst meidet. Er, der Edith am meisten zu lieben und sich der Aufgabe des Mordes an Winhard daher verpflichtet glaubt, gelangt zu der Erkenntnis, dass ihm ein anderer bereits zuvorgekommen ist. Hauffeld, der meint, es sei Altritter gewesen, verzweifelt daher: „Der erstbeste Schurke tat für Geld, was er für das Glück der Edith Hilge so lange zu tun gezögert hatte! Altritter hat sie befreit, und nicht er, Hauffeld!" (D, S. 336). Doch kann er sich mit einer solchen Niederlage nicht abfinden, fühlt sich im Geiste als wahrer Mörder und überhöht seine Intention zur eigentlichen Tat: „Und wenn Winhard noch gelebt hätte, dann hätte schließlich er, Hauffeld, dasselbe getan. Er hätte es getan" (D, S. 336).

Dass Belmont sich für die Figur des Schauspielers Berni als Mörder entscheidet, mag insofern überraschen, als in Soykas Geschichte auf eben diesen möglicherweise am wenigsten Verdacht fällt, deutet doch ein rasches Geständnis im Kriminalroman im Regelfall gerade *nicht* auf die wahre Täterschaft hin. Zudem zeichnet Soyka das Psychogramm eines derart labilen Menschen, dass die Leserschaft im Ermittlungsgeschehen ihm den Mord an einem übermächtigen Gegner schlichtweg gar nicht zutraut. Jedoch gelingt Belmont mit dem Kniff, gerade die Persönlichkeitsschwäche Bernis in dessen Hauptmotiv zu transformieren, eine überzeugende und nachvollziehbare Lösung des ‚Falls Winhard', bei der es sich letztlich jedoch nur um eine gegenüber den Rezipienten offenbarte, der Justiz nicht zugänglichen ‚Wahrheit' handelt: In einem dreistündigen Plädoyer, in dem er sowohl materielle Indizien wie auch psychologische Aufschlüsse zu nutzen weiß, überzeugt die von Belmont eingeführte Figur eines jungen Rechtsanwalts das Geschworenengericht – entgegen den Beteuerungen des Angeklagten selbst – von dessen Unschuld. Stattdessen lenkt er die Aufmerksamkeit der Jury auf Hauffeld, dessen Suizid in seinen Worten ein „unbeabsichtigtes Schuldeingeständnis" und eine „Flucht vor dem Gericht" darstellen (D, S. 376 f.), und resümiert zynisch: „Das Anwaltshonorar ist die einzige Realität; die Wahrheit hingegen […] ist das Ergebnis der Gerichtsverhandlung" (D, S. 377).

Der Clou von Belmonts ‚Lösung' besteht letztlich darin, alle von Soyka aufgestellten Verdächtigen – trotz der literarischen (nicht juristischen!) Überführung eines physischen Mörders – in gleichem Maße schuldig und unschuldig zugleich auftreten zu lassen. Erkenntnis und Gerechtigkeit erscheinen in diesem Licht unmöglich, das Strafgericht und dessen Unzulänglichkeit erweisen sich – wie schon in seinen früheren Romanen – als Farce. Darüber hinaus führt Belmont, indem er die naheliegende ‚Lösung' des Rätsels, Andreas Hauffeld als einzig möglichen Mörder zu identifizieren, gnadenlos verspottet, sowohl den Gewinner des Schreibwettbewerbs wie auch das Preisgericht der *Zeit im Bild* als naiv und uninspiriert vor.

Literatur

Anonym. 1913. Hunderttausend Mk. Preisausschreiben der Zeit im Bild. *Zeit im Bild*, 26. März 1913. O. P.

Anonym [X. Y. Z.]. 1914. Zuschriften in Sachen „Glück der Edith Hilge". *Zeit im Bild*, 19. März 1914. S. 656.

Baczyński, Stanisław. 1932. Powieść kryminalna. Kraków/Warszawa: Wydawnictwo Literacko-Naukowe.

Belmont, Leo. 1910. Sprawa przy drzwiach zamkniętych. Zagadka psychologiczna na tle procesu kryminalnego. Warszawa: Selbstverlag.

Belmont, Leo. 1911. Pomiędzy sądem i sumieniem. Rozwiązanie zagadki psychologicznej „Sprawy przy dzwiach zamkniętych". Warszawa: Gebethner i Wolff.

Belmont, Leo. 1912. O potrzebie ekspertyzy psychologicznej. Warszawa: Nakładem Redakcyi „Wolnego Słowa".

Belmont, Leo. 1922. Djablica. Romans modernistyczny. Warszawa: B. Rudzki. [Sigle D]

Brockhoff, Stefan [Dieter Cunz, Richard Plant und Oskar Seidlin]. 1937. Zehn Gebote für den Kriminalroman. *Zürcher Illustrierte*, 5. Februar 1937. S. 173 f.

Foik, Melanie. 2022. Der polnische Kriminalroman. In *Enzyklopädie Recht und Literatur*, Hrsg. Thomas Gutmann, Eberhard Ortland und Klaus Stierstorfer. doi: https://doi.org/10.17879/71089504487. https://lawandliterature.eu/index.php/de/inhalt?view=article&id=25&catid=11 (zuletzt zugegriffen am 9. Januar 2023).

Garstenauer, Werner. 2003. Otto Soyka (1881–1955). *Literatur und Kritik* 371/372: S. 103–110.

Ginzburg, Carlo. 1979. Spie. Radici di un paradigma indiziaro. In *Crisi della ragione. Nuovi modelli nel rapporto tra sapere e attività umane*, Hrsg. von Aldo Gargani, S. 57 – 106. Torino: Einaudi. Deutsche Ausgabe: Ginzburg, Carlo. 1983. Spurensicherung. Der Jäger entziffert die Fährte, Sherlock Holmes nimmt die Lupe, Freud liest Morelli – die Wissenschaft auf der Suche nach sich selbst. In *Spurensicherungen. Über verborgene Geschichte, Kunst und soziales Gedächtnis*, S. 61–96, Übers. G. Bonz. Berlin: Wagenbach.

Kaisler, Josef. 1914. Der Erbe Hauffelds. *Zeit im Bild*, 16. April 1914. S. 851 f.; 1. Fortsetzung, 23. April 1914. S. 918–920; 2. Fortsetzung, 30. April 1914. S. 963 f.; Schluß, 7. Mai 1914. S. 1012 f.

Karolle-Berg, Julia. 2019. The Case of the Forgotten Kriminalromane: Rediscovering Otto Soyka's „Metaphysical Detective Stories". *Journal of Austrian Studies* 52(4): S. 1–21.

Kiszczak, Dariusz. 2012. *Twórczość publicystyczna i literacka Leo Belmonta*. Łódź: UMCS.

Kitrasiewicz, Piotr. 2007. Leo Belmont. W kleszczach lęku. In Ders.: *Pisarze zapomniani*. S. 117–121. Warszawa: Jirafa Roja.

Kolbuszewski, Jacek. 1991. Powieść popularna na przełomie XIX i XX wieku. Od „powieści dziennikarskiej" przez „grę miłości i śmierci" do historii w romans przemienionej. *Acta Universitatis Wratislaviensis* 1205(1): S. 97–110.

Linder, Joachim. 2011. Die Polizei als Reflexionsinstanz: Ermittlung in Kriminalromanen von Otto Soyka, Heimito von Doderer und Ernst Jünger. In *Doderer, das Kriminelle und der literarische Kriminalroman. Zu Heimito von Doderers ‚Ein Mord den jeder begeht'*, Hrsg. Gerald Sommer und Robert Walter. S. 69–90. Würzburg: Königshausen & Neumann.

Makowiecki, Andrzej Z. 1998. Leo Belmont, warszawski człowiek-instytucja. In *Pisarze Młodej Polski i Warszawa*, Hrsg. Danuta Knysz-Tomaszewska, Roman Taborski und Jadwiga Zacharska. S. 19–23. Warszawa: Instytut Literatury Polskiej Uniwersytetu Warszawskiego.

Peck, Clemens. 2022. Psychotechnologien. Otto Soykas Kriminalromane und der Diskurs der Suggestion. In *Verbrechen als „Bild der Zeit". Kriminalitätsdiskurse der Weimarer Republik in Literatur, Film, und Publizistik*, Hrsg. Susanne Düwell und Christof Hamann. S. 161–188. Stuttgart: J. B. Metzler.

Ruszczyńska, Marta. 2019. *Polski kryminał i wiek XIX*. Zielona Góra: Oficyna Wydawnicza Uniwersytetu Zielonogórskiego.

Soyka, Otto. [1913] 1922. *Das Glück der Edith Hilge*. Stuttgart: Robert Lutz. [Sigle EH]

Soyka, Otto. 1919. *Pojedynek mocarzy. Powieść z życia i fantazyi miliarderów*. Lwów: o.V. [1918. *Die Söhne der Macht. Ein Zukunfts-Detektivroman*. Berlin: S. Fischer]

Soyka, Otto. 1931. *Wróg pieniędzy*. Warszawa: Renaissance Universum. [1923. *Der Geldfeind*. Berlin: Ullstein]

Soyka, Otto. 1938. *Akta T.* Warszawa: Polska Agencja Prasowa. [1934. *Das Geheimnis der Akte K.* Leipzig: Goldmann]

Żmudziak, Magdalena. 2016. Co mówią zeznania? O dwóch powieściach kryminalnych Leo Belmonta (Sprawa przy drzwiach zamkniętych i Pomiędzy sądem i sumieniem). In *Kryminał między tradycją a nowatorstwem*, Hrsg. Marta Ruszczyńska et al., S. 119–129. Zielona Góra: Oficyna Wydawnicza Uniwersytetu Zielonogórskiego.

„Wer ist schuld?“ – Herausgeber, Zensoren und Leser als richtende Instanz am Beispiel der DDR-Anthologie *Die deutsche Kriminalerzählung von Schiller bis zur Gegenwart* (1967–69)

Joana van de Löcht

1 Fragestellung und Untersuchungsgegenstand

Eine Kriminal-, Verbrechens- oder Prozesserzählung kommt selten allein. Bereits in François Gayots de Pitaval *Causes Célèbres et Intéressantes* ist die Form der Sammlung unterschiedlicher Fälle angelegt, erfuhr jedoch in den folgenden Jahrhunderten einen Wandel weg von der Ausbildung dienenden exemplarischen Fällen hin zur Popularisierung (vgl. Achermann et al. 2022). Zwei der Möglichkeiten einer Zusammenstellung von Texten sind die Serienbildung (etwa um einen Detektiv) oder die Kombination von Texten unterschiedlicher Autoren in einer Anthologie. Während die Serie die Variation etablierter Schemata bevorzugt (vgl. Genç 2018, S. 4), bietet die Anthologie die Möglichkeit, ein größeres narratives Spektrum abzubilden.[1] Deshalb können anthologische Zusammenstellungen für die Frage nach Rezipienten als Richtern ergiebig sein, bieten sie doch „aufgrund ihrer engen Bindung ans Publikum bestimmter sozialer Schichten, ihrer meist erkennbaren Herausgeber-Intentionen und ihres eruierbaren situativen Rezeptionskontextes verläßliche Auskünfte über die Interdependenz zwischen Texten, Verlegern und Lesern“ (Häntzschel 2007, S. 100). Wir können folglich im Vergleich zu vielen anderen Texten präziser rekonstruieren, wer die intendierten Rezipienten waren, die als Richter hätten fungieren können.

[1] In einer Anthologie kommt es grundsätzlich zu einer „Nachbarschaft heterogener Texte“ (Pforte 1969–70, S. XXIV), deren Anordnung von einem Herausgeber bestimmt wird.

J. van de Löcht (✉)
Deutsches Seminar, Albert-Ludwigs-Universität Freiburg, Freiburg, Deutschland
E-Mail: joana.van.de.loecht@germanistik.uni-freiburg.de

© Der/die Autor(en), exklusiv lizenziert an Springer-Verlag GmbH, DE, ein Teil von Springer Nature 2024

N. Celik und S. Speth (Hrsg.), *Rezipienten als Straf- und Kunstrichter,* Literatur und Recht 11, https://doi.org/10.1007/978-3-662-68307-1_8

Zudem können die Herausgeber selbst als eine Rezipientengruppe identifiziert werden, die durch die Aufnahme ein Urteil über den erwählten Text trifft wie auch über die mit ihm konkurrierenden Texte, die gleichfalls zur Wahl standen, jedoch aus unterschiedlichen Gründen nicht aufgenommen wurden. Anthologien partizipieren dabei zentral an der Kanonbildung, insofern sie einerseits häufig bereits kanonisierte Texte aufnehmen und andererseits durch die Aufnahme zur Kanonisierung eines Texts und folglich zur Gestaltung des Kanons beitragen. Dirk Rose (2022, S. 45 f.) unterscheidet mit Blick auf Lyrikanthologien die „Überblicksanthologien", die vor allem Texte, die bereits anderweitig gedruckt vorliegen, unter einer literaturhistorischen Ordnung wie Epochen- oder Gattungszugehörigkeit vereinen, von solchen, die programmatisch Einfluss auf den gegenwärtigen Kanon nehmen. In diese programmatisch ausgerichteten Anthologien werden vor allem bislang unveröffentlichte Texte mitaufgenommen, es findet folglich eine ‚Arbeit am Kanon' (vgl. Anz 1998, S. 8) statt. Diese Zweiteilung lässt sich auch auf Prosaanthologien erweitern, die jedoch im Vergleich zu Lyrikanthologien, deren Texte oftmals deutlich kürzer sind, in der Anzahl der Texte, die aufgenommen werden können, eingeschränkter sind. Über Anordnungsprinzipien, intendierten Rezipientenkreis und Anlass für die Anthologie geben Herausgeber immer wieder in der paratextuellen Rahmung, vor allem in Vor- bzw. Nachworten Auskunft. Diese sind für die Fragestellung des Bandes folglich besonders ergiebig.

Im Folgenden sollen anhand der Anthologie *Die deutsche Kriminalerzählung von Schiller bis zur Gegenwart* drei Formen von Rezipienten als Richter diskutiert werden. Erstens der in unterschiedlichen Paratexten enthaltene Aufruf an die Leser zu einem ästhetischen wie verbrechensbezogenen Urteil, zweitens die implizite Herausforderung eines Richterspruchs durch die jeweils in die Anthologie aufgenommenen Erzählungen und drittens – eine Sonderform des Lesers, jedoch zumindest im literarischen System der DDR üblich – Zensorinnen und Zensoren als richtende Instanz über den Text.

1967 erschienen im Verlag Das Neue Berlin die ersten zwei Bände der dreibändigen Anthologie *Die deutsche Kriminalerzählung von Schiller bis zur Gegenwart.* Ein dritter Band unter dem für den hier verhandelten Gegenstand vielversprechenden Titel *Wer ist schuld?* folgte im Jahr 1969. Bis 1978 erlebten die von Herbert Greiner-Mai und Hans-Joachim Kruse herausgegebenen Bände insgesamt vier Auflagen, sie dürfen folglich als „erfolgreiche" Anthologie gelten (Schönert 1992, S. 5, Anm. 19). Der erste Band umfasst in chronologischer Reihenfolge Kriminalerzählungen von Friedrich Schillers 1786 veröffentlichten Text *Verbrecher aus verlorener Ehre*[2] – der titelgebend für den Band ist – bis zu Karl Emil Franzos' *Der Stumme* aus dem Jahr 1886 und vereint vor allem umfangreichere Texte

[2] Kruse unterschlägt in seiner Einleitung, dass der Titel der Erstausgabe *Verbrecher aus Infamie* lautet. Auch wenn er explizit von der Erstfassung schreibt, nutzt er allein den Titel *Verbrecher aus verlorener Ehre*.

der bekanntesten Autorinnen und Autoren des 19. Jahrhunderts.[3] Der zweite Band widmet sich unter dem Titel *Die Ursache* der Zeit um 1900 bis zum Ersten Weltkrieg, beginnend mit Gerhart Hauptmanns *Bahnwärter Thiel* und schließend mit Leonhard Franks *Die Ursache*.[4] Der dritte Band *Wer ist schuld?* setzt mit Bertolt Brechts *Javameier* aus dem Jahr 1921 ein und schließt mit zeitgenössischen Erzählungen von Autorinnen und Autoren der DDR.[5] Die Einteilung der Bände erfolgt somit im Falle des Übergangs vom ersten zum zweiten Band nach literaturhistorischen Kriterien, im Fall der Abteilung des zweiten vom dritten Band scheint hingegen das historische Ereignis des Ersten Weltkriegs ausschlaggebend gewesen zu sein. Auch wird die chronologische Anordnung im dritten Band nicht mehr konsequent durchgehalten.

Das Anthologieprojekt erscheint zwar im Verlag Das Neue Berlin, ist jedoch personell eng mit dem Aufbau-Verlag verknüpft: Der 1927 geborene Herbert Greiner-Mai studierte in Jena Anglistik und Germanistik und war nach seinem Abschluss zunächst im Volksverlag Weimar als Lektor bzw. Cheflektor und ab 1964 beim Aufbau-Verlag als leitender Lektor tätig (vgl. Grahn 1996, S. 242). Unter seiner Ägide erschienen ebendort verschiedene Klassikerausgaben, so von Goethe, Heine und Lessing. Hans-Joachim Kruse war gleichfalls Lektor im Aufbau-Verlag. Er gab unter anderem ab 1976 E. T. A. Hoffmanns *Gesammelte Werke in Einzelausgaben* heraus, entwickelte sich jedoch in den 1970er- und 1980er-Jahren vor allem zu einem Herausgeber von Kriminalerzählungsanthologien, mit unterschiedlichem

[3] Die im ersten Band vereinten Titel sind die folgenden: Friedrich Schiller: *Der Verbrecher aus verlorener Ehre* (1786), Clemens Brentano: *Geschichte vom braven Kasperl und dem schönen Annerl* (1817), E. T. A. Hoffmann: *Das Fräulein von Scuderi* (1819), Annette von Droste-Hülshoff: *Die Judenbuche* (1842), Friedrich Hebbel: *Anna* (1847), Friedrich Halm: *Die Marzipan-Lise* (1854), J. D. H. Temme: *Die Hallbauerin* (1858), Levin Schücking: *Märtyrer oder Verbrecher?* (postum 1887), Ludwig Anzengruber: *Eine Geschichte von bösen Sprichwörtern* (1884) und Karl Emil Franzos: *Der Stumme* (1886).

[4] Stärker als im ersten Band werden hier auch Autorinnen und Autoren aus der zweiten Reihe aufgenommen. In Reihenfolge des Abdrucks finden sich im zweiten Band Gerhart Hauptmann: *Bahnwärter Thiel* (1888), Ferdinand von Saar: *Die Troglodytin* (1887), Frank Wedekind: *Der Brand von Egliswyl* (1896), Isolde Kurz: *Unsere Carlotta* (1901), Jakob Julius David: *Růžena Čapek* (1904), Richard Dehmel: *Der Werwolf* (1907), Heinrich Mann: *Die arme Tonietta* (1908), Arthur Schnitzler: *Der Mörder* (1911), Arnold Zweig: *Die Krähe* (1913), Alfred Döblin: *Das Femgericht* (1915), Hermann Sudermann: *Miks Bumbullis* (1917) und Leonhard Frank: *Die Ursache* (1915).

[5] Bertolt Brecht: *Der Javameier* (1921), Jakob Wassermann, *Das Amulett* (1927), Oskar Maria Graf: *Wer ist schuld?* (1929), Theodor Däubler: *Der Marmorbruch* (1930), Werner Bergengruen: *Der Flankierbaum* (1939), Robert Neumann: *Die Öffentlichkeit ist ausgeschlossen* (1928), Walter Bauer: *Anfang der Freiheit* (1932), Hermann Kesten: *Der Freund im Schrank* (1957), Thomas Valentin: *Die Socken* (1964), Wolfdietrich Schnurre: *Man sollte dagegen sein* (1960), Egon Erwin Kisch: *Die Mutter des Mörders* (1947), Boris Djacenko: *Das Glockengeläut* (1960), Franz Fühmann: *Kameraden* (1955), Stephan Hermlin: *Die Zeit der Einsamkeit* (1951), Kurt Stern: *Der einsame Weg* (1956), Heiner Müller: *Das Eiserne Kreuz* (1956), Günter Spranger: *Kein Fall für den Staatsanwalt?* (1968), Rolf Schneider: *Plädoyer* (1965), Karl-Heinz Jakobs: *Der Mast* (1964) und Brigitte Reimann: *Das Geständnis* (1969).

– zumeist regionalem – Schwerpunkt.[6] Dass die beiden Aufbau-Lektoren für ihre Kriminalerzählungsanthologien nicht den eigenen Verlag, sondern Das Neue Berlin wählten, liegt an der Gestaltung des DDR-Buchmarkts, auf dem einzelne Verlage für bestimmte Sparten verantwortlich waren. Das Neue Berlin ist der Verlag, in dem ein Großteil der Kriminalerzählungen, aber auch der SciFi-Literatur, in der DDR erschien, darunter etwa die beliebte Reihe „Delikte – Indizien – Ermittlungen" (DIE) oder die Pitaval-Bände Friedrich Karl Kauls.[7]

2 Paratextuelles Framing

Die Arbeit an der Anthologie wurde unter den Eindrücken des 11. Plenums des Zentralkomitees der SED aufgenommen,[8] das im Dezember 1965 stattfand und als sogenanntes Kahlschlag-Plenum nachhaltige Wirkung auf Verlage und Autoren übte. Jeder Text, der im Verdacht stand, unter westlichem Einfluss zu stehen und nicht den sozialistischen Werten zu entsprechen, lief Gefahr, von der Zensur angemahnt zu werden und im schlimmsten Fall harte Repressionsmaßnahmen für seine Urheber nach sich zu ziehen.[9] Dies galt zwar vor allem für Autorenwerke, doch blieben auch Herausgeberschaften von den drohenden Repressalien nicht unbehelligt. Herausgeber waren deshalb wohlberaten, ihre eigene politische Linientreue

[6] In chronologischer Reihenfolge gab er teils allein, teils mit Herbert Greiner-Mai und teils mit Irene Kruse folgende Titel heraus: *Das rote Gasthaus. Französische Kriminalerzählungen*, (1972); *Das Lächeln der Gioconda. Englische Kriminalerzählungen* (1976); *Der Prozeß des Fähnrichs Jelagin. Russische Kriminalerzählungen* (1976); *Finnischer Tango. Nordische Kriminalgeschichten* (1978); *Amtsbericht des Pfarrers zu Eichengrün. Deutsche Kriminalerzählungen* (1983); *Die Heirat des Herrn Stäudl. Österreichische Kriminalgeschichten* (1985). *Lord Arthur Saviles Verbrechen. Englische und amerikanische Kriminalerzählungen* (1987); *Der Polizeidiener in der Rattenfalle. Kriminalhumoresken aus aller Welt* (1987); *Heimliche Enthauptungen. Geschichten von Henkern und ihren Opfern* (1988). Ab der zweiten Hälfte der 1980er-Jahre wandte er sich mit seinen Anthologien dem angrenzenden Genre der Gespenstergeschichten zu.

[7] Carmen Ulrichs (2021, S. 579 f.) Feststellung, dass Anthologien in der (frühen) DDR unter anderem auch dazu dienten, „die engen Programmgrenzen und Leitlinien eines Verlages zu überschreiten", trifft also in diesem Fall nur insofern zu, als dass der wissenschaftliche Anspruch der Ausgabe in den Augen der Zensoren das für den Verlag intendierte Maß überschritt (vgl. Abschn. 4). Dass das Verlagsprogramm von Das Neue Berlin den Zensoren ein Dorn im Auge war, schildert Siegfried Lokatis (2008, S. 235): „[N]ichts lag dem Zensor so schwer im Magen wie die strategische Antwort auf die amerikanische Schmutz- und Schund-Literatur, die Thriller-Produktion aus dem Verlag Das Neue Berlin."

[8] Der Antrag auf Druckgenehmigung datiert den Vertragsabschluss auf den 5. Dezember 1966.

[9] So heißt es in der Rede Erich Honeckers ([1965] 2000, S. 241 f.): „Unsere DDR ist ein sauberer Staat. In ihr gibt es unverrückbare Maßstäbe der Ethik und Moral, für Anstand und gute Sitte. Unsere Partei tritt entschieden gegen die von den Imperialisten betriebene Propaganda der Unmoral auf, die das Ziel verfolgt dem Sozialismus Schaden zuzufügen. […] Wir stimmen jenen zu, die feststellen, daß die Ursachen für diese Erscheinungen der Unmoral und einer dem Sozialismus fremden Lebensweise auch in einigen Filmen, Fernsehsendungen, Theaterstücken, literarischen Arbeiten und in Zeitschriften bei uns zu sehen sind."

sowie die Bedeutung herausgegebener Werke für die sozialistische Idee in ihren Paratexten herauszustellen. Dieses paratextuelle Framing setzt einerseits eine bestimmte Lesart der herausgegebenen Texte voraus, blickt also kritisch-richtend auf den edierten Text, muss jedoch zugleich bedenken, dass es selbst zum Gegenstand eines (zensorischen) Richterspruchs werden kann.

Dies gilt auch für den vorliegenden Untersuchungsgegenstand: Dass mit der Anthologie ein übergeordnetes Ziel verfolgt wird, das den Interessen der kulturpolitischen Bildung entsprach, betonen die drei programmatischen Vorworte, für die Hans-Joachim Kruse verantwortlich zeichnet – in besonderem Maße das umfangreichste im ersten Band (Kruse [1967] 1978).[10] In diesen führt Kruse aus, welche Rolle der Kriminalerzählung im Sozialismus zukommen könne. Seinen Schwerpunkt legt er zunächst auf einen ausführlichen historischen Abriss der Entwicklung der Kriminalerzählung, wobei er sich der Gestaltung der Sammlung entsprechend vor allem auf fiktionale Texte konzentriert. In Terminologie und Argumentationsstruktur folgt er, ohne dies im Einzelnen auszuweisen, Hans Pfeiffers 1960 erschienener Studie *Die Mumie im Glassarg. Bemerkungen zur Kriminalliteratur.* Pfeiffer wie auch Kruse ([1967] 1978, S. 12) trennen die Entwicklung der Kriminalerzählung in „drei Stadien“: die bürgerlich-realistische Verbrechergeschichte, die bürgerliche Detektivgeschichte und schließlich die sozialistische Kriminalerzählung. Zu den Grundeigenschaften der bürgerlich-realistischen Verbrechergeschichte gehöre „die aufklärerische Tradition und die sozialkritischen Tendenzen“, die in der sozialistischen Kriminalerzählung wieder aufgegriffen würden (Kruse [1967] 1978, S. 12).

Kruses grundlegende These mit Blick auf die dazwischenliegenden Detektivgeschichten, die er zunächst als zu überwindende Gattung ausführlich behandelt, ist, dass die amerikanischen, französischen und britischen Detektivromane – angefangen mit Edgar Allan Poe, Emile Gaboriau, William Wilkie Collins und Arthur Conan Doyle – Produkte des Bürgertums, des Positivismus und der kapitalistischen Industriegesellschaft des 19. Jahrhunderts seien (vgl. Kruse [1967] 1978, S. 6–12). Während Poes Detektive sich durch ein „Hirn mit der Präzission [sic] eines Uhrwerk[s]“ als eine „thinking machine“ bezeichnen ließen, die vor allem durch die Methode der „rationcination“ – also mittels Entschlüsseln verborgener Zusammenhänge – den Fall lösen, nutze Doyle vor allem „die naturwissenschaftlichen Methoden seiner Zeit“ (Kruse [1967] 1978, S. 6), um seinen Helden

[10] Während die Einleitung zum ersten Band ursprünglich als Einführung in die Gattung und sämtliche Bände des Anthologieprojekts fungierte, mahnten die Zensoren an, den einleitenden Essay weniger wissenschaftlich zu gestalten und die beiden folgenden Bände zusätzlich mit einer Einleitung zu versehen. Dahinter stand unter anderem die Überlegung, dass es auch möglich sein sollte, die Bände separat zu erwerben. Die Einleitungen des zweiten und dritten Bands konzentrieren sich folglich auf eine Einführung in die Epoche und die in ihr entstehenden „Verbrechergeschichten“ im Allgemeinen und die ausgewählten Texte im Speziellen.

Sherlock Holmes die Verbrechen „nach den Spielregeln einer Denksportaufgabe" aufklären zu lassen (Kruse [1967] 1978, S. 7).[11] Gemeinsam sei ihnen dabei eine „Entfernung vom wirklichen Leben", mit dem einzigen Ziel einer „größtmögliche[n] Intensität" der Spannung (Kruse 1978 [1967], S. 7). Dies bedeute eine „radikale Abwendung von der Tradition der dichterischen Behandlung des Verbrechens, wie sie durch die Strafrechtsreformbewegung der Aufklärung im 18. Jahrhundert ins Leben gerufen worden war" (Kruse [1967] 1978, S. 7) und komme daher einer Abkehr von der „Realität mit ihren Widersprüchen" (Kruse [1967] 1978, S. 9) gleich. „Hier interessieren weder die sozialen Verhältnisse als Quelle der Kriminalität noch die Fragwürdigkeit der Rechtsprechung, noch die Unwahrheit der These von der Gleichheit aller Bürger vor dem Gesetz" (Kruse [1967] 1978, S. 9). Literatur und Rechtspraxis erscheinen hier eng verknüpft, so hebt Kruse hervor, dass besonders die Gründung einer Kriminalpolizei, wie sie zunächst 1824 in Form der Pariser „Sûreté Générale" und 1834 als „Criminal Investigation Department" bei Scotland Yard entstand, Einfluss auf die Gestaltung der Kriminalerzählung ausübte (Kruse [1967] 1978, S. 9).

In den folgenden Jahrzehnten habe sich der Detektivroman einerseits zur beliebten Gattung der Populärliteratur entwickelt, die als literarische Droge sowohl die Wälder, die für die Papierproduktion dieser minderwertigen Druckwerke benötigt wurden, wie auch die kleinbürgerlichen Massen ausgebeutet habe (vgl. Kruse [1967] 1978, S. 10). Mit Marx gesprochen brandmarkt er sie als „Schmutz, diese Versumpfung, Verfaulung der Menschen, der Gossenablauf der Zivilisation" (Kruse [1967] 1978, S. 10). Andererseits habe sich in diesem Bereich jedoch auch die Hochliteratur einer Agatha Christie, einer Dorothy Leigh Sayers bis hin zu einem Friedrich Dürrenmatt entwickelt, auf die vor allem auch die literaturhistorischen Strömungen des Realismus und Naturalismus gewirkt haben (vgl. Kruse [1967] 1978, S. 10–12).

Enger miteinander verbunden erscheinen Kruse ([1967] 1978, S. 12 f.) die bürgerlich-realistische Verbrechergeschichte des 18. Jahrhunderts und die sozialistische Kriminalerzählung der Gegenwart, böten sie doch die Möglichkeit, die sozialen Bedingungen für das Verbrechen stärker in den Blick zu rücken. Die Entwicklung einer sozialistischen Kriminalerzählung sei dabei vor allem durch die „Errichtung der sozialistischen Gesellschaftsordnung und […] de[n] grundsätzliche[n] Wandel im Strafrechtswesen" bestimmt, wobei die „Verbrechensbekämpfung im Sozialismus der Erziehung zur sozialistischen Gemeinschaft" diene und

[11] Auch in der gegenwärtigen Forschung werden die Detektivfiguren Poes und Doyles als Typus des „rational-analytischen Detektiv[s]" identifiziert, der zumeist ein „hochgebildeter Intellektueller, der über überdurchschnittliche Kenntnisse in Form eines Universalwissens oder eines ausgeprägten Fachwissens in bestimmten Bereichen verfügt" und oftmals der sozialen Oberschicht angehört (Hanauska 2018, S. 225). Zudem handelt es sich oftmals um einen Außenseiter und Exzentriker, der laut Kracauer (1925) Gefahr läuft, zur „Unperson" zu werden (Hanauska 2018, S. 225).

ihr „Hauptaugenmerk auf die Ausrottung der Wurzeln des Verbrechens" richte (Kruse [1967] 1978, S. 13). Die Kriminalerzählung scheint in seinen Ausführungen einerseits durch das sozialistische Rechtssystem bedingt zu sein, dient aber andererseits dazu, dieses in edukativer Weise zu festigen. Hieraus lässt sich für die Anthologie der implizite Anspruch erheben, das sozialistische Menschenbild und Rechtsverständnis zu vermitteln und eine Form von staatsbürgerlicher Erziehung auszuüben. Es geht dabei weniger um ein Fakten- oder Prozesswissen, wie es etwa für die Pitaval-Sammlung in Anschlag gebracht werden kann, sondern um ein grundlegendes Gesellschaftsvertrauen hinsichtlich der DDR in Abgrenzung zu einem westlichen System einer diskriminierenden Klassenjustiz.[12]

Ausführlich referiert Kruse ([1967] 1978, S. 14) die Entwicklung des Rechtssystems vom Absolutismus, der auf Ausbeutung der Untertanen basierte, deren Ungehorsam sofort zum Verbrechen erhoben wurde, bis zur eigenen Gegenwart. Besonders die Hals- oder Peinliche Gerichtsordnung Karls V. habe ein grausames Strafsystem etabliert.[13] Erst die „führenden Köpfe der Aufklärung" erhellten den „Zusammenhang zwischen den realen sozialen Mißständen und den begangenen Delikten" (Kruse [1967] 1978, S. 14), angefangen mit Voltaires Eingreifen in den Fall um Jean Calas aus Toulouse bis zu Jean-Jacques Rousseaus *Contrat sociale* (vgl. Kruse [1967] 1978, S. 16 f.). Als Zwischenglied führt Kruse ([1967] 1978, S. 17] François Gayot de Pitaval an, der „die Öffentlichkeit für die Zustände in der Strafjustiz zu interessieren versucht".

Da das hauptsächliche Interesse der Anthologie auf der deutschsprachigen Kriminalerzählung liegt, kommt neben Gotthold Ephraim Lessing vor allem Friedrich Schiller als Verfasser der „ersten Kriminalnovelle von Weltrang" eine besondere Position zu. Konsequenterweise folgt unmittelbar auf das Vorwort der Abdruck von Schillers *Verbrecher aus Infamie* – im Vorwort wird fälschlicherweise auch für die Erstausgabe der Titel *Verbrecher aus verlorener Ehre* genannt.[14] In der Vorrede zu diesem Text habe Schiller hervorgehoben, dass „Gefängnis, Gerichtshof und

---

[12] In ähnlichem Sinne findet sich folgender Passus in der Präambel des StGB der DDR vom 12. Januar 1968, S. 1: „Das sozialistische Strafgesetzbuch ist Bestandteil des einheitlichen sozialistischen Rechtssystems der Deutschen Demokratischen Republik. Es dient im besonderen dem entschiedenen Kampf gegen die verbrecherischen Anschläge auf den Frieden und die Deutsche Demokratische Republik, die vom westdeutschen Imperialismus und seinen Verbündeten ausgehen und die Lebensgrundlagen unseres Volkes bedrohen. Es dient zugleich dem Kampf gegen Straftaten, die aus dem Fortwirken der Überreste der kapitalistischen Zeit erwachsen und durch feindliche Einflüsse und moralische Verfallserscheinungen aus den imperialistischen Staaten genährt werden. Damit gewährleistet das sozialistische Strafrecht den wirksamen Schutz der sozialistischen Staats- und Gesellschaftsordnung und der sozialistischen Gesetzlichkeit."

[13] Für die Informationen über die Carolina bezieht sich Kruse auf Hans Planitz' *Deutsche Rechtsgeschichte* (1950).

[14] Laut Quellenverzeichnis am Ende des ersten Bandes richtet sich der Abdruck nach der Ausgabe von Schillers *Kleineren prosaischen Schriften*, Leipzig 1792/1802.

auch *Kriminalakten* eine ausgezeichnete Belehrung für die gesetzgebende Gewalt" böten,[15] worin sich auch seine Auswahlübersetzung des Pitaval einfüge (Kruse [1967] 1978, S. 23). Ein umfangreiches Zitat aus Schillers Pitaval-Vorrede, das Kruse in seiner Einleitung abdruckt, bildet dabei das Analogon zur Argumentation für seine eigene Ausgabe bürgerlich-realistischer und sozialistischer Kriminalgeschichten, wobei er sich die entsprechenden Schlagworte aus Schillers Vorrede zusammensucht. Kruse zitiert Schiller wie folgt:

> „Der Samen nützlicher Kenntnisse soll mit diesem Vorhaben ausgestreut", eine Unterhaltung geboten werden, die „eine Realität für den Verstand" enthält und zum Nachdenken anregt über die Triebfedern des Verbrechens, „welche sich im gewöhnlichen Leben dem Auge des Beobachters verstecken…". (Kruse [1967] 1978, S. 23, die Referenzstelle ist Schiller 1792, fol. *3rf.)

Der Blick in das Schiller'sche Vorwort jenseits des Zitats zeigt, dass Kruse möglicherweise auch weitere Argumentationslinien ohne entsprechende Attribution in sein Vorwort übernommen hat, wie die ausführliche Kritik an den Machwerken „mittelmäßiger Scribenten und gewinnsüchtige[r] Verleger[]" (Schiller 1792, fol. *2r), der allgemeinen Rezeptionsmaxime eines horazischen *prodesse et delectare* oder das Ideal, mit den geschilderten Verbrechenserzählungen zur „Geistesbildung" beizutragen (Schiller 1792, fol. *2r).[16] Auf den verbleibenden Seiten gibt Kruse eine Übersicht über die Kriminalliteratur des 19. Jahrhunderts, die die „soziale Motivierung des Verbrechens" (Kruse [1967] 1978, S. 24) einbezieht, und gibt somit zugleich eine literaturhistorische Einordnung der im ersten Band versammelten Werke.

Die Paratexte sind darauf ausgelegt, den Leser zu einer urteilenden Instanz zu erheben, am augenfälligsten sicherlich durch den Titel des dritten Bandes *Wer ist schuld?*,[17] implizit ergeht dieser Lektüreauftrag jedoch auch in den Vorworten an den Leser. So heißt es etwa in der Einleitung zum dritten Band:

> In unserer Sammlung geht es nicht um oberflächliche Unterhaltung, verbunden mit der Spannung um Gewalttat und Mord, sondern um die gesellschaftliche Wahrheit, die immer spannender, reicher und zugleich belehrender ist als ein noch so raffiniert ausgeklügeltes

[15] Im ersten Absatz von Schillers *Verbrecher aus Infamie* (1786, S. 20) heißt es: „Die Seelenlehre, die Moral, die gesezgebende [sic] Gewalt sollten billig diesem Beispiel folgen, und ähnlicherweise aus Gefängnissen, Gerichtshöfen und Kriminalakten – den Sektionsberichten des Lasters – sich Belehrungen holen."

[16] Zur Rolle des Lesers bei der Lektüre der Fälle und seiner Nähe zum Richteramt heißt es bei Schiller (1792, fol. 3r): „Man erblickt hier den Menschen in den verwickelten Lagen, welche die ganze Erwartung spannen, und deren Auflösung der Divinationsgabe des Lesers eine angenehme Beschäftigung gibt."

[17] Der Klappentext des dritten Bandes beginnt wie folgt: „Die in diesem 3. Band der Anthologie gesammelten Kriminalerzählungen sind Streiflichter der Wirrungen und Abgründe menschlicher Existenz. Mit dem Eintritt des Kapitalismus in seine allgemeine Krise stellt sich die Frage ‚Wer ist schuld?' in immer neuen Verkettungen der Schicksale und Umstände, sie reicht bis in die persönlichsten und intimsten Bereiche des Lebens hinein."

> Rechenexempel mit einer fix und fertigen Verbrechermarionette. Hier geht es um menschliche Katastrophen, deren Ursachen im Namen der Menschlichkeit auf den Grund gegangen wird. (Kruse [1969] 1979, S. 5)

Verbindendes Element zwischen den Kriminalgeschichten „bürgerlich-humanistischer Autoren" mit den Texten sozialistischer Autoren, die den dritten Band dominieren, sei ein aus der zuvor formulierten Anforderung der Gattung entstehendes „humanistische[s] Verantwortungsgefühl" (Kruse [1969] 1979, S. 5). Die Frage „Wer ist schuld?" wird auf zwei Antwortmöglichkeiten hin zugespitzt: das Individuum, das die Tat begeht, oder die es umgebende soziale Situation bzw. die Gesellschaft. Ziel nicht allein der Paratexte, sondern auch der Textauswahl der Anthologie scheint zu sein, den richtenden Leser zur Wahl der zweiten Antwort zu bewegen.

Nicht zuletzt macht das Vorwort auch die intendierte Arbeit am Kanon explizit, so endet Kruse ([1967] 1978, S. 32): „Die Literatur des 19. Jahrhunderts ist reich an Verbrechergeschichten, manche von ihnen sind vergessen, zum Teil auch, weil das Vorurteil einer zünftigen Literaturwissenschaft die Kriminalgeschichte zur Trivialliteratur stempelte", ein Urteil, in dem sich ein Angriff des Lektors gegen den akademischen Betrieb finden mag. Ziel der Anthologie sei es deshalb, einen Überblick über die Fülle von Stoffen und Motiven zu geben.

3 *Wer ist schuld?* – die Leserlenkung in den ausgewählten Erzählungen

Wie im vorigen Abschnitt ausgeführt wurde, antizipieren nicht allein die Paratexte eine urteilende Leseinstanz, sondern auch die Textauswahl selbst motiviert den Leser immer wieder zur Frage nach Schuld oder Unschuld der Figuren. Exemplarisch sei im Folgenden anhand ausgewählter Erzählungen des dritten Bandes diskutiert, inwiefern die Frage nach Schuld und Mitschuld in den jeweiligen Texten gestellt bzw. die Antwort darauf in der Schwebe gehalten wird. Dabei rücken Fragen der narrativen Gestaltung und vor allem der Informationsvergabe, der Sympathielenkung und Figurenzeichnung in den Blick.

Zunächst sei die titelgebende Erzählung des dritten Bandes, *Wer ist schuld?* von Oskar Maria Graf, näher betrachtet.[18] Am Anfang der Erzählung steht eine Frauenleiche, die durch den Fluss in einem kleinen Dorf angeschwemmt wird. Dem von Kruse gesetzten Ideal entsprechend, nicht den Aufklärungsprozess eines *Whodunit* zum Hauptgegenstand der Verbrechergeschichte zu erheben, ist der Mörder schnell gefunden: Ein Junggeselle aus dem kleinen Örtchen zeigt sich selbst an und berichtet der Polizei, wie es zur Tat kam. Er habe die junge Frau auf dem Weg zu einem Volksfest im Nachbarort getroffen und sei mit ihr ins Gespräch gekommen. Sie habe ihm gut gefallen und er konnte sie für einen kleinen Spazier-

[18] Die Erzählung erschien erstmals 1929 als Teil von Grafs *Kalendergeschichten*.

gang jenseits des Hauptwegs ins angrenzende Gebüsch gewinnen. Er sei sich der bevorstehenden Erfüllung seiner sexuellen Wünsche sicher gewesen. Als sie sich jedoch widersetzte, sei er in Rage geraten, habe sie mit der Luftpumpe erschlagen und Leiche wie Tatwaffe in den nahebei fließenden Fluss geworfen. Die Frage nach der Schuld ist bis zu diesem Punkt als eindeutig beantwortbar zu bestimmen, die titelgebende Frage erscheint überflüssig. Die Kurzgeschichte endet schließlich mit einer knappen Darstellung der Verhandlung am Schwurgericht in München, in der der Schwerpunkt auf die Aussage des Ehemanns der Verstorbenen gelegt wird: „Das Interessanteste am ganzen Prozess waren die Aussagen des Ehemannes der Ermordeten, eines Münchner Straßenbahnschaffners namens Karl Ettlersberger" (Graf [1969] 1979, S. 57). Seine günstige Schilderung über seine Gattin endet mit den Worten:

> „Sie ist ganz selten ausgegangen und meistens zu Bekannten oder Verwandten, weil ich im Dienst hab sein müssen … Oder sie ist hinausgefahren und hat größere Fußtouren gemacht … Ihr Hauptwunsch war, einmal, wenn wir besser stehen, ein Kind, ein nettes Buberl, das wo studieren hätt dürfen …", sagte Ettlersberger. Er war ein bereits ergrauter Fünfziger, hager und abgerackert. Als er mit einem schmerzlichen „Aber" weiterfahren wollte, wurde die Öffentlichkeit ausgeschlossen. (Graf [1969] 1979, S. 57)

Durch diesen Satz wird die Frage der Schuld auf eine Verkettung sozialer Umstände, des „abgerackert[en]" und wohl zeugungsunfähigen älteren Mannes, der jungen Frau, die versucht auf andere Weise schwanger zu werden und ihren späteren Mörder in eben dieser Absicht in das Gebüsch lockte, erweitert. Während aus der Perspektive des Rechts die Täterschaft und damit die Schuld eindeutig erscheint, weckt der Titel den Verdacht einer Mitschuld, den das Opfer und ihr Ehemann tragen. Hierbei kann jedoch nicht von Schuld im juristischen Sinne gesprochen werden, eine solche trägt allein der Mörder, der die Tat begangen hat. Stattdessen rückt ein alternatives Schuldverständnis, das eher als Ursache-Wirkungs-Verknüpfung in einer Kausalkette verstanden werden kann, in den Blick, an deren Anfang der Kinderwunsch und der zeugungsunfähige Ehemann stehen.[19]

Ähnliche Momente der Verunsicherung hinsichtlich der Frage, bei wem die Hauptschuld liegt bzw. ob es nur einen eindeutig identifizierbaren Schuldigen gibt, finden sich in fast allen in den drei Bänden versammelten Erzählungen, angefangen mit Schillers *Verbrecher aus verlorener Ehre*, die als Prototyp für die gesamte Sammlung gelten darf und in der der soziale Abstieg des Sonnenwirts geschildert wird. Kriminalität erscheint hier als einzige Möglichkeit für ein Individuum, das in unterschiedlichen Formen in Bedrängnis geraten ist, sein Leben zu fristen.

[19] Ähnlich fasst es auch Kruse in seiner Einleitung: „Die Frage ‚Wer ist schuld?' wächst in diesen Erzählungen immer wieder vor uns auf. Sie stellt sich mit dem Eintritt des Kapitalismus in seine allgemeine Krise in immer neuen Verkettungen der Schicksale und Umstände, sie reicht bis in die scheinbar persönlichsten und intimsten Bereiche des Lebens, die feinverästelten Beweggründe des menschlichen Herzens hinein, wie die Geschichte von Oskar Maria Graf zeigt" (Kruse [1969] 1979, S. 7).

Besonders drängend wird im dritten Band der Anthologie die Frage nach der Schuld mit Blick auf die Verbrechen, die während der NS-Zeit verübt wurden, stellt sich die Frage nach der Verantwortung von Individuum und Gesellschaft hier doch in zugespitztem Maß. In exemplarischer Weise diskutiert dies die letzte Erzählung des dritten Bandes, Brigitte Reimanns *Das Geständnis*, die 1960 erstmals im Aufbau-Verlag erschien (Reimann [1969] 1979). In ihr wird die Selbstanzeige des für ein Lehramtsstudium zugelassenen Martin D. geschildert, der als 15-Jähriger in den letzten Tagen des Krieges einen Deserteur der Feldgendarmerie übergab und sich damit für dessen Exekution mitverantwortlich und dem hohen moralischen Anspruch des Lehrberufs nicht würdig fühlt. Die Leser werden durch die narrative Struktur des Textes zu einem eigenen Urteil herausgefordert, wobei die Gestaltung die Entlastung Martins nahelegt – ein Urteil zu dem letztlich auch der Staatsanwalt K. kommt, an den sich Martin mit seiner Selbstanzeige wendet. Ausführlich wird Martin als der Idealtypus des sozialistischen Arbeiters inszeniert, der sich sowohl im Werk als auch in der Jugendarbeit der lokalen FDJ-Gruppe engagierte. Das günstige Bild wird zudem durch die Perspektive seiner Verlobten Karla unterstützt, die während Martins vierstündigem Gespräch mit dem Staatsanwalt vor der Tür wartet und deren Gedankenrede die positiven Charakterzüge Martins betont. So überrascht die Entscheidung des Staatsanwalts und seiner Kollegen nicht, die am Ende der Erzählung steht und die sich darauf beläuft, Martins Tat nicht zur Anzeige zu bringen. Grund hierfür seien sein Alter zum Ende des NS-Regimes und sein großes Engagement für den Aufbau der DDR.

Damit fungiert Martin als Gegenbild zum Protagonisten in Heiner Müllers nur wenige Seiten umfassender Erzählung *Das Eiserne Kreuz* (Müller [1969] 1979). Ein mit der titelgebenden Auszeichnung dekorierter Familienvater beschließt nach dem Bekanntwerden von Hitlers Suizid im April 1945, seine Frau, seine Tochter und sich selbst umzubringen. Zu diesem Zweck führt er sie in den Wald und erschießt zunächst seine Tochter, dann seine Gattin. Als die beiden Frauenleichen vor ihm liegen beschließt er, dass seine Lage nicht hoffnungslos sei, wirft Waffe und Orden fort und macht sich auf den Weg gen Westen. Handlungen und Gedankenrede charakterisieren dabei den durch die nationalsozialistische Ideologie verdorbenen Menschen, der bereit ist, ohne zu zögern die eigene Familie zu töten, doch zu schwach ist, selbst den vermeintlichen Heldentod zu sterben.

Ähnlich eindeutig ist die Figurenzeichnung in der Erzählung *Die Socken* des westdeutschen Autors Thomas Valentin, die erstmals 1964 in Hamburg im Band *Nachtzüge* erschien (Valentin [1969] 1979). Geschildert werden zwei kurze Szenen: Zunächst die Ankunft des Häftlings 2991, des Katholiken Peter Maria Schmuck, im Lager und der erste verbale Angriff des Hauptscharführers Gellinek auf ihn sowie schließlich zwei Jahre später die körperliche Gewalt, die Gellinek an Schmuck verübt. Auslöser für diese sind die Löcher in Schmucks Socken, die, wie dieser erklärt, bereits bei der Ausgabe der Kleider in diesen gewesen seien. Dies sei laut Gellinek in einem „deutschen Konzertlager [sic]“, in dem Ordnung herrsche, nicht möglich (Valentin [1969] 1979, S. 135). Als Schmuck nicht einlenkt, hält Gellineck ihm zusätzlich vor, dass er ihn, „ein[en] deutsche[n] SS-Hauptscharführer“ (Valentin [1969] 1979, S. 136), wohl der Lüge bezichtige. Er verhängt als Strafe das Marschieren vor den anderen Lagerinsassen verbunden mit der Selbstbeleidigung als „verlogene, schwarze Pottsau“ (Valentin [1969] 1979, S. 136). Als Schmuck marschiert, jedoch schweigt, traktiert Gellinek ihn mit Tritten, bis er vom Barackenältesten, Korrudan, einem Kommunisten, in den Krankenbau getragen werden muss. Die Schuldfrage besitzt in diesem Text zwei Dimensionen, einmal intradiegetisch in der Frage nach den Socken und zugleich extradiegetisch in der Darstellung des menschenverachtenden Lagersystems und der dort verübten Gewaltexzesse.

Die drei Beispiele zeigen unterschiedliche Möglichkeiten, die Antwort auf die Schuldfrage zu lenken: Im Text von Reimann wird das Urteil der Rezipienten durch die Erzählweise und vor allem durch die Informationsvergabe gesteuert. Es handelt sich nicht um einen Fall, in dem zwei Parteien gleichberechtigt zu Wort kommen, stattdessen dienen Charakterzeichnungen und Perspektivierung dazu, ein bestimmtes Urteil nahezulegen. Der Leser ist folglich kein unabhängiger Richter, sondern einer, der sein Urteil auf Basis einer parteiischen Datenbasis treffen muss. Im Falle der beiden Erzählungen über die Zeit des Nationalsozialismus wird das Urteil bereits durch den behandelten Stoff nahegelegt, dem Informationsvergabe und Figurengestaltung entsprechen. Das Moment der Unsicherheit in der Schuldfrage, wie es für die anderen Erzählungen im Band konstitutiv ist, bleibt hier bewusst aus.

4 Zensoren als Richter über den Text

Abschließend sei der dritte in der Einleitung umrissene Bereich betrachtet: der richtende Zensor als Sonderfall des Lesers. Die politische Kontrolle über sämtliche Druckerzeugnisse wurde seit 1963 durch die Hauptverwaltung Verlage und Buchhandel koordiniert. Das ‚Druckgenehmigungsverfahren‘ wurde von den Verlagen selbst initiiert, die einen ausgefüllten Antragsbogen, das fertige Buchmanuskript sowie mindestens zwei Gutachten für die Freigabe vorlegen mussten. Häufig kamen noch zusätzliche Außengutachten hinzu, auch ging dem eigentlichen Antragsverfahren oft eine verlagsinterne Prüfung voran, die die zu veröffentlichenden Texte sowohl ideologisch als auch stilistisch begutachteten und die Autorinnen und Autoren zu entsprechenden Verbesserungen anhielten. Die Verlage waren in der DDR also selbst zentraler Teil der Zensur (vgl. Korn 2021, S. 175). Die Unterlagen wurden in Zensurakten gesammelt. Diese sind heute größtenteils im Bundesarchiv in Berlin-Lichterfelde archiviert und inzwischen auch in Teilen digital zugänglich.[20]

[20] Diese Bestände können auf der Seite http://www.argus.bstu.bundesarchiv.de gefunden werden (zuletzt zugegriffen am 6. April 2023).

Neben dem Antragsformular zur Erteilung der Druckgenehmigung findet sich in der entsprechenden Zensurakte der Anthologie im Bundesarchiv Berlin-Lichterfelde eine vom Verlag vorgelegte Kurzzusammenfassung des Buchprojekts, die die politische Linientreue herausstellt und mit folgendem programmatischen Satz eröffnet: „Im Zeitalter der Aufklärung schuf das junge Bürgertum neben dem modernen Drama, dem Gesellschafts- und Entwicklungsroman auch die Kriminalerzählung als selbständiges Genre. Sie berichtete über die Entstehung und das Wesen des Verbrechens und über die Zerstörung des Menschenbildes in der Klassengesellschaft."[21] Zunächst wird allein um Freigabe des ersten Bandes gebeten, doch wird der Gesamtumfang der Anthologie bereits projektiert.

Das Verlagsgutachten mit Bitte um Freigabe von Marianne Kaufhold datiert auf den 16. Februar 1967 und schildert das Projekt als ein geplantes „Standardwerk des Verlages", dessen Qualität durch die einschlägige Erfahrung der beiden Herausgeber „auf dem Gebiet der klassischen deutschen Literatur" gewährleistet sei. Als Hauptargument dient ihr dabei die Arbeit am Kanon und der Einfluss auf gegenwärtige Schriftsteller.[22] Ziel sei die „Schulung des literarischen Geschmacks des Leserpublikums" und die „Schärfung des Urteilsvermögens", wobei unklar bleibt, ob es sich um eine Schärfung im kunstkritischen oder rechtlichen Sinne handelt.[23]

In der den Prozess beschließenden Aktennotiz zum Druckgenehmigungsverfahren vom 31. März 1967 werden letztlich zwei Änderungsforderungen kommuniziert: Zum einen muss das umfangreiche Vorwort angepasst werden, zum anderen wird keine Freigabe für den dritten Band erteilt. Stattdessen wird vermerkt, dass der Verlag „die Überlegung, eine Sammlung sozialistischer Kriminalgeschichten anzuhängen, im Augenblick" ausklammern und sich allein auf die Herausgabe „klassische[r] deutsche[r] Kriminalerzählungen" beschränken werde.[24] Dies mache entsprechende Anpassungen in der Einleitung erforderlich: Insgesamt sei diese zu kürzen und solle „den Charakter einer populären Einführung durchgehend wahren".[25] Damit entspricht der Verlag auch dem an anderer Stelle in der Akte zu findenden Kritikpunkt des Fachgebietsleiters Eberhard Günther, dass die geplante

[21] BArch DR 1/3626a Verlag Das Neue Berlin, 1966, S. 390.

[22] „Absicht von Verlag und Herausgebern ist es, die Geschichte eines Zweiges der deutschen Dichtkunst, nämlich der Kriminalliteratur, in ihrer Wandlung und Entwicklung zu zeigen und deutlich zu machen, an welche Traditionen eine künstlerisch hochwertige, sozialistische Kriminalliteratur heute anknüpfen muß. Bisher ist noch wenig bekannt, daß die Kriminalerzählung als selbständiges Genre ein Produkt der Emanzipationsbewegung der jungen bürgerlichen Klasse im Zeitalter der Aufklärung ist, die damit die Frage nach dem Wesen, der Ursache des Verbrechens gestellt und die Zerstörung des Menschenbildes in der Klassengesellschaft konstatiert hat" (BArch DR 1/3626a Verlag Das Neue Berlin, 1966, S. 406).

[23] BArch DR 1/3626a Verlag Das Neue Berlin, 1966, S. 406 f.

[24] BArch DR 1/3626a Verlag Das Neue Berlin, 1966, S. 402.

[25] BArch DR 1/3626a Verlag Das Neue Berlin, 1966, S. 402.

Ausgabe einen „annähernd wissenschaftlichen Charakter“[26] trage und damit über den Bereich des populären Verlags Das neue Berlin hinausgehe, der sich alleine auf Unterhaltungsliteratur konzentrieren solle. Die Genehmigung für Kruses Einleitung erfolgte erst nachträglich nach einer Überarbeitung im Sinne der Gutachter.[27]

Die Entscheidung, von einem dritten Band bis auf weiteres abzusehen, wird damit begründet, dass das Material für diesen „besonders sorgfältiger Prüfung“ bedürfe und zum Teil „noch gar nicht mit Sicherheit vorhanden“ sei.[28] Die Prüfstelle entscheidet sich folglich dafür, die Möglichkeiten der Anthologie, selbst an Kanonisierungsprozessen mitzuwirken, zu beschneiden, äußert jedoch zugleich die Hoffnung, dass die beiden freigegebenen Bände wiederum „fördernd auf die literarische Qualität der sozialistischen Kriminalliteratur wirken“ mögen.[29]

Auch im Freigabeprozess für den zweiten Band wird erneut die Textauswahl verhandelt. So wird im zusammenfassenden Verlagsgutachten vom 26. Juni 1967 konzediert, „daß es den Herausgebern darum ging, relativ Unbekanntes aufzuspüren bzw. solche Erzählungen aufzunehmen, die bisher zu Unrecht wenig veröffentlicht wurden“. Auch werden die Befürchtungen eines der Gutachter, dass bei aller literaturhistorischer Sorgfalt nicht der Lesergeschmack aus dem Blick zu verlieren sei, mit den Worten ausgeräumt, dass es der Ausgabe gelinge „die Entwicklungslinien zu zeigen *und* dem Leser Gewinn und Genuß zu geben“.[30] Das Zielpublikum sei zudem nicht der „landläufige[] Leser von Kriminalliteratur“, sondern der „Kenner“ und „Eingeweihte“.[31]

Während im ersten Band vor allem die „bürgerlich-realistischen Verbrechergeschichten“ gesammelt werden, fügen sich die Kriminalerzählungen, die zur Zeit der „bürgerlichen Detektivgeschichte“ entstanden, deutlich schwerer in einen sozialistischen Kanon ein. So erklärt auch das Gutachten, dass die im zweiten Band behandelte Zeit um 1900 „nicht eben reich an besonderen Talenten“ gewesen sei, „die tief in die gesellschaftlichen Probleme eindringen, spannend schreiben konnten und sich nicht scheuten, die herrschende Klasse der Kapitalisten und Junker anzuklagen“.[32] Die Freigabe des Bandes erfolgte letztlich jedoch wohl ohne größere Probleme.

---

[26] BArch DR 1/3626a Verlag Das Neue Berlin, 1966, S. 403.

[27] Vgl. BArch DR 1/3626a Verlag Das Neue Berlin, 1966, S. 392. Die Freigabe für die herausgegebenen Texte datiert auf den 1. April 1967, die zusätzliche Freigabe für die Einleitung erfolgt nur wenige Tage später am 7. April 1967 (BArch DR 1/3626a Verlag Das Neue Berlin, 1966, S. 391 f.). Wie umfangreich die Überarbeitungen tatsächlich waren, wurde für diesen Beitrag nicht rekonstruiert.

[28] BArch DR 1/3626a Verlag Das Neue Berlin, 1966, S. 402.

[29] BArch DR 1/3626a Verlag Das Neue Berlin, 1966, S. 403.

[30] BArch DR 1/3627 Verlag Das Neue Berlin, 1968–69, S. 280.

[31] BArch DR 1/3627 Verlag Das Neue Berlin, 1968–69, S. 280.

[32] BArch DR 1/3627 Verlag Das Neue Berlin, 1968–69, S. 281.

Ende 1968 wurde schließlich das Freigabeverfahren für den dritten Band aufgenommen. Im Verlagsgutachten wird deutlich, dass vor allem die Auswahl von Texten zum Verbrechen im NS-Staat nicht unstrittig war. So spricht sich der externe Gutachter Karl Heinz Berger „gegen die Aufnahme von KZ-Literatur und Kriegsliteratur" in die Sammlung aus.[33] Hiergegen wendet das Verlagsgutachten ein, dass es sich bei den geplanten Erzählungen um Grenzfälle handle und dass – mit Blick auf Thomas Valentins knappe Erzählung *Die Socken* –

> in der „Mörder[-]Physiognomie des SS-Hauptscharführers Gelinek ... das Ensemble moralischer Verwüstung in einem einzigen Menschen" angeklagt wird. Die KZ-Literatur soll in keiner Weise dem Begriff „Kriminalliteratur" subsummiert werden, sondern im Ensemble der Verbrechergeschichten soll mit Valentins Beitrag „Die Socken" *eine* Variante der Verbrechen des Faschismus vertreten sein. Wir halten das für notwendig.[34]

Das Plädoyer für die Aufnahme von *Die Socken* in die Veröffentlichung gegen den Wunsch des externen Gutachters war letztendlich erfolgreich. Dass es sich bei Valentin um einen westdeutschen Autor handelte, kam in der Diskussion überhaupt nicht zum Tragen. Zurückgezogen wird hingegen der Versuch, Karl Mundstocks *Bis zum letzten Mann* (1956) in die Sammlung aufzunehmen. Auch Erzählungen von Georg Britting, Adam Scharrer und Erik Neutsch[35] entfallen – „wegen literarischer bzw. thematischer Mängel"[36]–, als Ersatz wird schließlich Brigitte Reimanns *Das Geständnis* aufgenommen. Für den vorliegenden Beitrag einschlägig ist nicht zuletzt der Kommentar zum Titel des Bandes: Neben der Frage nach den Schuldigen werde auch „immer wieder die Frage ‚Wer waren die Richter?' auftauchen".[37]

5 Fazit

Ziel des Beitrags war es, unterschiedliche Dimensionen von Rezipienten als Richtern anhand der Anthologie *Die* deutsche Kriminalerzählung von Schiller bis zur Gegenwart auszuloten. Die Publikationsform der Anthologie und der Publikationskontext in einem DDR-Verlag versprachen dabei Urteilssituationen, die in anderen Publikationsformen implizit mitschwingen, in exemplarischer Weise nachzuvollziehen zu können. Die untersuchte Anthologie eignete sich dafür insbesondere, da sie einerseits von ihren Herausgebern mit ausführlichen Paratexten ausgestattet wurde, und da andererseits der Zensurprozess und die in ihm angeführten Argumente anhand der verschiedenen Gutachten nachvollzogen werden können.

[33] BArch DR 1/3627a Verlag Das Neue Berlin, 1968–69, S. 463.

[34] BArch DR 1/3627a Verlag Das Neue Berlin, 1968–69, S. 463.

[35] Um welche Erzählungen es sich gehandelt hat, konnte nicht rekonstruiert werden.

[36] BArch DR 1/3627a Verlag Das Neue Berlin, 1968–69, S. 463 f.

[37] BArch DR 1/3627a Verlag Das Neue Berlin, 1968–69, S. 462.

Es lassen sich letztlich vier Dimensionen des Richtens rekonstruieren. Zunächst ist während der Konzeption der Anthologie von den Herausgebern ein Urteil zu fällen. Aus der Fülle an möglichen Texten gilt es, eine exemplarische Sammlung zusammenzustellen. Sowohl in den Paratexten als auch in den Gutachten wird dabei deutlich, dass die Kriminalerzählung grundsätzlich im literaturhistorischen Kanon nicht hoch geschätzt wird und dass zusätzlich zielgerichtet Texte aufgenommen wurden, die von nicht-kanonisierten Autorinnen und Autoren stammen. Hiermit lassen sich die Bände in die Kategorie der programmatischen Anthologie einordnen, die kanongestaltend wirken will. Dem entspricht auch die ausführliche literaturhistorische Einleitung, die das Feld kartiert. Die Textauswahl provoziert zweitens ein Urteil der Zensorinnen und Zensoren, das im abschließenden Verlagsgutachten im Sinne eines Aushandlungsprozesses zu einer Textzusammenstellung und einer ideologischen Begründung dieser führen muss, die einen Druck vertretbar erscheinen lassen. Hierbei gibt es harte Argumente, die etwa zu Anpassungen in der Textauswahl führen, und weiche, die vor allem die sozialistische Passung des Projekts dokumentieren. Die dritte Dimension liegt in der Gattung der Kriminalerzählungen begründet, die im Sinne dieser weichen Argumente nicht zum Selbstzweck gesammelt werden, sondern die Leserschaft im Sinne einer kommunistischen Gemeinschaft formen sollten. Dies erschien im Nachgang des 11. Plenums des Zentralkomitees umso dringlicher. Die Textauswahl muss dabei ein Rechtsverständnis befördern, indem nicht das Individuum schuldig ist, sondern die kapitalistische Klassengesellschaft die Lebensbedingungen so gestaltet, dass das Individuum in kriminelles Verhalten getrieben wird. Sie geht damit mit der Präambel des Strafgesetzbuchs konform. Die ausgewählten Texte wiederum bedingen die vierte Dimension des Urteilens, nämlich die implizite Leserlenkung. Diese erfolgt durch Perspektive, Figurenzeichnung und Informationsvergabe.

Literatur

Achermann, Eric et al.: Pitaval/*Causes célèbres*. In *Enzyklopädie Recht und Literatur*, Hrsg. Gutmann, Thomas, Eberhard Ortland und Klaus Stierstorfer. https://lawandliterature.eu/index.php/de/inhalt?view=article&id=37&catid=11 (zuletzt zugegriffen am 19. April 2023).

Anz, Thomas. 1998. Einführung [in den Teil Theoretische und methodische Grundlagen]. In *Kanon, Macht, Kultur. Theoretische, historische und soziale Aspekte ästhetischer Kanonbildung*, Hrsg. Renate von Heydebrand, S. 3–8. Stuttgart/Weimar: J. B. Metzler.

BArch DR 1/3626a Verlag Das Neue Berlin, 1966.

BArch DR 1/3627 Verlag Das Neue Berlin, 1968–69.

BArch DR 1/3627a Verlag Das Neue Berlin, 1968–69.

Genç, Metin. 2018. Gattungsreflexion/Schemaliteratur. In *Handbuch Kriminalliteratur. Theorien – Geschichte – Medien*, Hrsg. Susanne Düwell et al., S. 3–13. Stuttgart: J. B. Metzler.

Graf, Oskar Maria. [1969] 1979. Wer ist Schuld? In *Wer ist schuld? Die deutsche Kriminalerzählung von Schiller bis zur Gegenwart*, Bd. 3, Hrsg. Hans-Joachim Kruse und Herbert Greiner-Mai, 3. Aufl., S. 48–57. Berlin (O.): Das Neue Berlin.

Grahn, Gerlinde. 1996. Greiner-Mai, Herbert. In *Biographisches Handbuch der SBZ/DDR, 1945–1990*, Bd. 1, Hrsg. Gabriele Baumgartner und Dieter Hebig, S. 242. München u. a.: Saur.

Häntzschel, Günter. 2007. Art. Anthologie. In: *Reallexikon der deutschen Literaturwissenschaft: Neubearbeitung des Reallexikons der deutschen Literaturgeschichte,* Bd. I: A–F, Hrsg. Georg Braungart et al., Sp. 98–101. Berlin/Boston: De Gruyter.

Hanauska, Annika. 2018. Detektiv, In *Handbuch Kriminalliteratur. Theorien – Geschichte – Medien*, Hrsg. Susanne Düwell et al., S. 224–231. Stuttgart: J. B. Metzler.

Honecker, Erich. [1965] 2000. Bericht des Politbüros an die 11. Tagung des Zentralkomitees der SED, 15.–18.12.1965. In *Kahlschlag. Das 11. Plenum des ZK der SED 1965. Studien und Dokumente*, Hrsg. Günter Agde, 2. Aufl., S. 238–251. Berlin (O.): Aufbau Taschenbuch Verlag.

Korn, Uwe Maximilian. 2021. Edition und Kanon in der DDR. Mit besonderer Würdigung von Zensurgutachten als Forschungsquelle. In *Kanonbildung und Editionspraxis*, Hrsg. Jörn Bohr, Gerald Hartung und Rüdiger Nutt-Kofoth, S. 171–182. Berlin/Boston: De Gruyter.

Kruse, Hans-Joachim. [1967] 1978. Einleitung. In *Wer ist schuld?. Die deutsche Kriminalerzählung von Schiller bis zur Gegenwart*, Bd. 1, Hrsg. Hans-Joachim Kruse und Herbert Greiner-Mai, 4. Aufl., S. 5–32. Berlin (O.): Das Neue Berlin.

Kruse, Hans-Joachim. [1969] 1979. Einleitung. In *Wer ist schuld? Die deutsche Kriminalerzählung von Schiller bis zur Gegenwart*, Bd. 3, Hrsg. Hans-Joachim Kruse und Herbert Greiner-Mai, 3. Aufl., S. 5–13. Berlin (O.): Das Neue Berlin.

Lokatis, Siegfried. 2008. Neu-Berliner Krimis. In *Zensurspiele. Heimliche Literaturgeschichten aus der DDR*, Hrsg. Simone Barck und Siegfried Lokatis, S. 235–237. Halle a. d. S.: Mitteldeutscher Verlag.

Ministerium der Justiz. 1968. *Strafgesetzbuch der Deutschen Demokratischen Republik. StGB. Textausgabe mit Sachregister.* Berlin (O.): Staatsverlag der Deutschen Demokratischen Republik.

Müller, Heiner. [1969] 1979. Das Eiserne Kreuz. In *Wer ist schuld? Die deutsche Kriminalerzählung von Schiller bis zur Gegenwart*, Bd. 3, Hrsg. Hans-Joachim Kruse und Herbert Greiner-Mai, 3. Aufl., S. 278 f. Berlin (O.): Das Neue Berlin.

Pfeiffer, Hans. 1960. *Die Mumie im Glassarg. Bemerkungen zur Kriminalliteratur.* Rudolstadt: Greifenverlag.

Pforte, Dieter. 1969–70. Die deutschsprachige Anthologie. Ein Beitrag zu ihrer Theorie. In *Die deutschsprachige Anthologie*, Hrsg. Joachim Bark und Dieter Pforte, S. XIII–CXXIV. Frankfurt a. M.: Klostermann.

Planitz, Hans. 1950. *Deutsche Rechtsgeschichte*, Graz: Böhlau.

Reimann, Brigitte. [1969] 1979. Das Geständnis. In *Wer ist schuld? Die deutsche Kriminalerzählung von Schiller bis zur Gegenwart*, Bd. 3, Hrsg. Hans-Joachim Kruse und Herbert Greiner-Mai, 3. Aufl., S. 331–376. Berlin (O.): Das Neue Berlin.

Rose, Dirk. 2022. Anthologische Literaturgeschichte. Synopse eines Forschungsfeldes (mit vier Fallbeispielen). *Euphorion* 116, S. 39–77.

Schiller, Friedrich. 1786. Verbrecher aus Infamie. Eine wahre Geschichte. *Thalia* 1(2), S. 20–58.

Schiller, F[riedrich]. 1792. Vorrede. In *Merkwürdige Rechtsfälle als ein Beitrag zur Geschichte der Menschheit. Nach dem Französischen Werk des Pitaval durch mehrere Verfasser ausgearbeitet und mit einer Vorrede begleitet.* Hrsg. [Friedrich] Schiller, fol. *2r–[*4]v. Jena: Christ[ian] Heinr[ich] Cuno's Erben.

Schönert, Jörg. 1992. Vorwort. In *Erzählte Kriminalität. Zur Typologie und Funktion von narrativen Darstellungen in Strafrechtspflege, Publizistik und Literatur zwischen 1770 und 1920.* Hrsg. Jörg Schönert, S. 1–10. Tübingen: Max Niemeyer.

Ulrich, Carmen. 2021. Anthologien der SBZ und frühen DDR. Zwischen kulturpolitischer Direktive und ästhetischem Experiment". In *Die Argusaugen der Zensur. Begutachtungspraxis im Leseland*, Hrsg. Siegfried Lokatis und Martin Hochrein, S. 579–606. Stuttgart: Hauswedell.

Valentin, Thomas. [1969] 1979. Die Socken. In *Wer ist schuld? Die deutsche Kriminalerzählung von Schiller bis zur Gegenwart*, Bd. 3, Hrsg. Hans-Joachim Kruse und Herbert Greiner-Mai, 3. Aufl., S. 132–137. Berlin (O.): Das Neue Berlin.

Laienstrafrichter und ihre juristische Unterweisung

„Pourquoi non?“ Vermittlung von Rechtskenntnissen an Rezipientinnen in den *Causes célèbres*

Sebastian Speth

Der Anwalt am Pariser Parlement François Gayot de Pitaval geht in den 30er-Jahren des 18. Jahrhunderts ein Wagnis ein, wenn er seine Prozessgeschichten explizit auch an Leser*innen* adressiert. Dass seine *Causes célèbres* damit nicht gleich zu Romanen werden, ist in der zeitgenössischen Diskussion um Frauenbildung keine Selbstverständlichkeit. Der Beitrag untersucht nicht nur, wie Gayot de Pitaval das von ihm intendierte Publikum modelliert, das gleichermaßen Männer und Frauen sowie Juristen und fachliche Laien umfassen sollte, sondern auch wie er sich peritextuell gegen die Angriffe seiner Kritiker verteidigt. Innerhalb einer Männerdomäne reklamiert er einen Bildungsauftrag, nach dem rechtliches Wissen popularisiert und gerade auch Frauen vermittelt werden soll. – Ein Skandalon für seine Berufskollegen, wie der Blick auf die deutsche Rezeption zeigt. Am Beispiel der Geschichte des Sieur d'Anglade wird abschließend deutlich, inwiefern die *Causes célèbres* juristische Urteilskompetenz vermitteln, die für die Leserrinnen und Leser auch dann relevant ist, wenn ihnen das professionelle Richteramt verschlossen blieb.

Dieser Beitrag wurde gefördert mit Mitteln der Deutschen Forschungsgemeinschaft im Rahmen des SFB 1385 ‚Recht und Literatur' an der (Westfälischen Wilhelms-)Universität Münster.

S. Speth (✉)
SFB 1385 Recht und Literatur, Universität Münster, Deutschland
E-Mail: sspeth@uni-muenster.de

© Der/die Autor(en), exklusiv lizenziert an Springer-Verlag GmbH, DE, ein Teil von Springer Nature 2024

N. Celik und S. Speth (Hrsg.), *Rezipienten als Straf- und Kunstrichter,* Literatur und Recht 11, https://doi.org/10.1007/978-3-662-68307-1_9

1 Gayot de Pitaval, der eingebildete Advokat und das Ideal eines Kunstrichters

„Pourquoi non?", warum eigentlich nicht (Gayot 1735b, S. xxv)? Warum sollte ein Jurist ein Werk wie die *Causes célèbres,* das von Frauen gelesen wird, nicht rezipieren dürfen? Warum ist es verdächtig für den Wissensgehalt, wenn ein Werk unterhaltsam geschrieben ist? Und umgekehrt: Warum sollten sich Juristen möglichst hermetisch ausdrücken und auf Latein oder Griechisch schreiben, sodass „les secrets de la Jurisprudence" geheim bleiben und das Gros der Bevölkerung nicht versteht, was Recht ist und wie ein gerechtes und billiges Urteil zustande kommt (Gayot 1735b, S. xxiij)?

Diese Fragen evoziert ein kurzes, wie ein Dramentext gestaltetes Gespräch, das Gayot de Pitaval der erweiterten Neuauflage des ersten Bandes seiner *Causes célèbres et intéressantes, avec les jugemens qui les ont décidées* voranstellt. Es sei ihm brieflich von einem Freunde mitgeteilt worden, der sich auf einen Gayot wohlbekannten Edelmann beruft („le Sieur Regalite que vous connoissez", Gayot 1735b, S. xxj). Dieser Edelmann gehört dem Brief nach zu urteilen dem Salon der „Marquise de ***" an, in deren „l'appartement" die Unterhaltung stattgefunden habe (Gayot 1735b, S. xxj). Gegenstand des Gesprächs war das ursprüngliche Erscheinen des ersten Bandes der *Causes célèbres.* Mit Hilfe des brieflich bezeugten (oder geschickt fingierten) Rezeptionsaktes stellt Gayot den Druck seines Werks als ein literarisches Ereignis von Rang dar, das sogar die Aufmerksamkeit der Salons erregte. *Ex post* betrachtet ist diese Behauptung sicher nicht aus der Luft gegriffen. Immerhin wird der erste Band allein bei Guillaume Cavelier innerhalb zweier Jahre mindestens drei Mal aufgelegt. Hinzu kommen weitere Pariser Ausgaben bei Theodore Le Gras, Jean de Nully und der Witwe Delaulne. Bereits 1735 druckt Jean Neaulme das Werk in Den Haag nach. Gayot (1740b, S. 20) wird später von bis zu 4.000 Exemplaren sprechen, wobei unklar bleibt, auf welche Ausgaben er sich bezieht.

Neben der Marquise und dem Sieur geraten in diesem Gespräch ein Komödienautor und zwei Anwälte über den Bericht ihrer ersten Leseeindrücke in einen regelrechten Streit. Die Marquise, die als Salonnière das Thema allererst setzt, tut ihre Überraschung kund: „[S]ans dégoût", also ohne den scheinbar erwarteten ‚Ekel', habe sie das Werk von einem Ende bis zum anderen durchgelesen, quasi verschlungen, und dabei habe sie sich mit den Fragen der Justiz („les questions du Palais") „sans peine", also ohne die Mühsal, welche der Gegenstand vor der Lektüre evoziert haben mag, vertraut gemacht (Gayot 1735b, S. xxj). Endlich gebe es mit den *Causes célèbres* „un Livre de Jurisprudence' que des Dames peuvent lire" (Gayot 1735b, S. xxj). Mit der Feststellung, dass er ein juristisches Werk verfasst habe, das fachliche Laien und insbesondere Frauen mit dem Recht vertraut macht, stilisiert sich Gayot zu einem Vorreiter der Aufklärung und zwar am Übergang von einer weiblichen zu einer männlichen Aufklärung, wie Renate Baader diesen anhand der französischen Salonkultur herausarbeitet (vgl. Baader 1986, S. 278–285).[1]

Gegenspieler der Marquise ist einer der beiden Anwälte. Bereits die nebentextuelle Sprecherbezeichnung „L'Avocat *ad honores*" prägt einen Typus vor, wie er aus der zeitgenössischen Komödienliteratur bekannt ist. Denn dieser Advokat ist Jurist nur dem Namen nach. Er ist damit die Kontrastfigur zu „L'Avocat", den der Briefschreiber als „estimé", als ‚hochgeachtet' bezeichnet (Gayot 1735b, S. xxj) und der das Unternehmen der *Causes célèbres* im Gegensatz zu seinem Berufskollegen billigt. Die Kritik des Avocat *ad honores* setzt dabei auf zwei Ebenen an: Zum einen handelt es sich um einen Verriss im Wortsinn, denn das Werk tauge für nichts anderes als „pour faire des maculatures" (Gayot 1735b, S. xxvj). Grund dieser maximalen Geringschätzung ist nicht etwa ein stilistisches Werturteil, sondern der Vorwurf fehlender Praxistauglichkeit. Er klagt Gayot an („je lui fais son procès"), da die *Causes célèbres* als juristisches Nachschlagewerk ungeeignet seien (Gayot 1735b, S. xxiv).

Schwerer wiegt, dass der Avocat *ad honores* zum anderen den Vorwurf des Geheimnisverrats erhebt. Hierfür schränkt er den Kreis derer, die qua Profession überhaupt befähigt seien, in dieser Sache zu richten, auf sich selbst und den anderen anwesenden Advokaten ein (vgl. Gayot 1735b, S. xxiij). Denn es gelte, ihre beruflichen Interessen gegen einen Anwalt zu verteidigen, der „blâmable" sei, „de mettre les secrets de la Jurisprudence entre les mains du beau monde" (Gayot 1735b, S. xxiij). Diese Form der Vulgarisierung entweihe die Rechtsgelehrsamkeit und schlimmer noch, Gayot öffne damit „le trésor d'une science prodigieuse" (Gayot 1735b, S. xxiij). Popularisierung von Wissen gilt hier also als Verrat der Geheimnisse einer Wissenschaft, die auf den finanziellen Vorteil der Eingeweihten ausgerichtet ist. Dieser Umstand setzt die Unwissenheit der zu schröpfenden Laien voraus.

Zeigt sich der Komödienautor gegen Ende des Salongesprächs inspiriert, „une Comédie du stile de Moliere" zu verfassen (Gayot 1735b, S. xxvj), so macht dieser intertextuelle Verweis deutlich, wie Gayot den Avocat *ad honores* verstanden wissen möchte. In dieser Figur kulminieren Aspekte der Gelehrtensatire, die Molière etwa in *Le Malade imaginaire* auf Vertreter von Jurisprudenz und Medizin verteilt. Attestiert er den einen lediglich Gewinnsucht, tritt bei den anderen ein Habitus hinzu, der darauf ausgerichtet ist, vermeintliche Arkana zu schützen. Vertreter der Rechtsgelehrsamkeit ist in Molières letztem Werk[2] Bonnefoys, ein auf Eigennutz bedachter Notar.[3] Dieser möchte Argan, den eingebildeten Kranken, als Komplize von dessen zweiter Frau Béline um sein Vermögen bringen. Um dies zu

---

[1] Gayot schmeichelt sich mit der Vorstellung, dass es „les Dames" gebe, die mit seinen *Causes célèbres* erstmals „un Livre de Droit" gelesen hätten (Gayot 1734a, S. ij).

[2] Uraufführung am 10. Februar 1673, Erstdruck posthum 1674. Die Druckgeschichte ist durch den Tod des Autors verkompliziert (vgl. Forestier, Bourqui und Piéjus 2010, S. 1561–1566).

[3] Während sich Molières Spott nur auf rangniedere Juristen wie Notare ergießt, bleibt die *noblesse de robe* unangetastet (vgl. Wasserbäch 2017, S. 247).

bewerkstelligen, führt Bonnefoys aus, dass es mit dem in Paris geltenden Gewohnheitsrecht („la Coutume") unvereinbar sei, der neuen Gemahlin – an den Kindern aus erster Ehe vorbei – etwas zu vererben (vgl. Molière [1674] 2010, S. 654 f.). Ziel der Intrige ist, Argan zu einer Schenkung zu Lebzeiten („un don mutuel entre vifs") zu verleiten (Molière [1674] 210, S. 654). Auch solle Argan seinen angestammten Advokaten nicht zu Rate ziehen,[4] da diesem die Fähigkeit mangle, sich über geltendes Recht hinwegzusetzen („qui ne savent pas disposer en fraude de la Loi", S. 655). Bereitschaft zum Betrug wird hier zum vermeintlichen Qualitätsmerkmal.

Darüber hinaus schart Argan eine Gruppe von Ärzten und Apothekern um sich. Ihr Hauptinteresse besteht lediglich darin, ihn in seiner fixen Idee krank zu sein, zu bestärken.[5] Besonders eindrücklich wird das kritisierte Ethos des Ärztestandes an dem angehenden Mediziner Thomas vorgestellt. Diesem fehle es nach seinem Vater an „imagination", außerdem sei er begriffsstutzig („cette lenteur à comprendre"); doch gerade diese Eigenschaften sprächen für sein „jugement", für sein Urteilsvermögen in Diagnosefragen (Molière [1674] 2010, S. 676). Schließlich dürfe man sich weder von praktischen Erfahrungen noch vom Wandel wissenschaftlicher Erkenntnisse im (blinden) Glauben an die überkommenen Autoritäten verunsichern lassen (vgl. Molière [1674] 2010, S. 676). Solange man nur nach „des règles de l'Art" verfahre, sei es nicht entscheidend, ob man den Patienten heile (Molière [1674] 2010, S. 677). Denn es gehe einem Arzt letztlich um *den* und nicht um *das* Verdienst und jener berechnet sich nach Behandlungen und Verschreibungen und eben nicht nach dem Erfolg. Es erscheint nachgerade unsinnig, einen Behandlungserfolg anzustreben, da an einem genesenen Patienten nicht länger zu verdienen ist. Indem es sich bei der Erkrankung Argans um bloße Einbildung, um eine fixe Idee handelt, entlarvt Molière ein auf Selbsterhaltung optimiertes System bloßer Scheinbehandlung mit vollkommen willkürlichen Diagnosen (vgl. Molière [1674] 2010, S. 685). Hier wäre jedes kritische Urteilsvermögen vollkommen fehl am Platz.

Was Argans einsichtsvoller Bruder Béralde hinsichtlich der Arzneikunst konstatiert, lässt sich angesichts von Gayots Avocat *ad honores* auf die Jurisprudenz übertragen:

> la plupart d'entre aux [médecins] sont de très bon Humanistes qui parlent fort bien Latin, qui savent nommer en Grec toutes les maladies, les définir; mais pour les guérir, c'est ce qu'il ne savent pas. [...] toute leur science est renfermée en un pompeux Galimatias, et un spécieux babil. (Molière [1674] 2010, S. 695 f.)

---

[4] Bereits diese Gegenüberstellung deklassiert Bonnefoys und setzt ihn in Verbindung mit dem letztlichen Scheitern seines Plans dem Gelächter der Zuschauer aus (vgl. Wasserbäch 2017, S. 247 f.).

[5] Zur Medizinerfigur bei Molière vgl. Wasserbäch 2017, S. 250–256.

Wichtig ist demnach allein der reine Akt lateinischer oder griechischer Bezeichnung. Doch fehlt aufgrund der Ignoranz gegenüber Praxis und Erkenntnisgewinn zugleich eine Entsprechung von Bezeichnendem und Bezeichnetem. Was im einen Fall die Patienten, im anderen die Klienten blenden soll, ist „un pompeux Galimatias", ein letztlich sinnfreies Wortgeklingel, dessen einziger Zweck darin besteht, fachliche Laien zu beeindrucken und zu übertölpeln. Wie ein Behandlungserfolg für die kritisierten Mediziner bestenfalls nachrangig, eher sogar kontraproduktiv, da geschäftsschädigend ist, wollen Anwälte wie der Avocat *ad honores* nicht eigentlich Recht schaffen, sondern lediglich die Prozesse – um der eigenen Geltungs- und Gewinnsucht Willen – in die Länge ziehen.

Molières eingebildeter Kranker wird letztlich ins spielinterne System integriert und dem realweltlichen Gelächter des Publikums preisgegeben.[6] Gayots Avocat *ad honores* wird im Salongespräch dagegen bloßgestellt. Zugleich sollen die intendierten Leserinnen und Leser dem Beispiel der Marquise folgen und sich mithilfe der Lektüre der *Causes célèbres* Rechtskenntnisse aneignen, welche die eigene Urteilsfähigkeit weiterentwickeln. Wer weiß, was Recht ist, versteht auch, sich Recht zu verschaffen und zwar mithilfe von Anwälten, die redlich sind.

Gerade der Vorzug der Pitavalgeschichten, nicht nur zu unterhalten, sondern unterhaltend zu belehren, ist denn auch ein weiterer Gegenstand des Salongesprächs. Es hätte eben nicht gereicht, wenn Gayot nur die Geschichten erzählt hätte, wie der Komödienautor fordert (vgl. Gayot 1735b, S. xxij).[7] Aufgrund der Tatsache, dass auch die relevanten Gesetze am Rand referenziert und im Haupttext erläutert werden, dass hier die Urteilssprüche überliefert sind und diese verständlich begründet werden, findet das Werk Anerkennung vor dem „petit tribunal" des hochgeschätzten Advokaten (Gayot 1735b, S. xxiv). In letzter Konsequenz steht hier nicht Gayot vor dem Kunstrichter, sondern Horaz („Vous faites le procès à Horace") und seine Forderung, das Nützliche mit dem Angenehmen zu verbinden („qui veut qu'on joigne l'utile à l'agréable", Gayot 1735b, S. xxij).

Was Gayot mit diesem Peritext gleichfalls zum Ausdruck bringt, ist sein Anspruch, sowohl von Laien als auch von Fachkollegen rezipiert zu werden: Die Marquise wird ihre Privatbibliothek um die weiteren im Erscheinen befindlichen Bände erweitern („Je meublerai ma petite bibliotheque des Tomes", Gayot 1735b,

---

[6] Dass Argan von seiner eingebildeten Krankheit geheilt wird, steht nicht zu erwarten. Ohne jedes Studium wird er im abschließenden Zwischenspiel in die medizinische Fakultät aufgenommen (vgl. Molière [1674] 2010, S. 711–718). Sein als Bakkalaureus in makkaronischem Latein gehaltener Monolog liefert dabei ein beredtes Zeugnis, dass er seinen Galimathias gelernt hat (vgl. Molière [1674] 2010, S. 717). Immerhin ist er am Ende der Komödie in die Lage versetzt, sich selbst Aderlass, Klistier und Purgation verschreiben zu können. Insofern er damit nicht länger auf einen Schwiegersohn vom Fach angewiesen ist, steht er immerhin einer Hochzeit der Liebenden nicht mehr im Wege.

[7] Dies entspricht allerdings der weiteren Gattungsgeschichte, wie sich anhand der *Faits des Causes célèbres* von François Alexandre Garsault (Amsterdam 1757) oder auch an dem von Wilhelm Häring und Julius Eduard Hitzig begründeten *Neuen Pitaval* (Leipzig 1842–1890) belegen lässt (vgl. Achermann et al. 2022, Rn. 12 und 44–51).

S. xxvj). Und der hochgeschätzte der beiden Juristen wird gegen alle Bedenken des entlarvten Avocat *ad honores* auch beruflich auf das Werk zurückgreifen („pour moi, je ferai usage dans les occasions des Causes Célébres", Gayot 1735b, S. xxv). Betont Gayot in seinen Vorreden immer wieder, dass es ihm um eine Unterweisung, um *‚instruction‘* gehe, zielt er damit nämlich nicht nur auf den Geheimnisverrat an fachlich Außenstehende („d'instruire en révélant les mysteres de la Jurisprudence", Gayot 1735a, S. viij), sondern auch auf die Unterstützung praktizierender Volljuristen. So stünden seine *Causes célèbres* im Vergleich mit den zeitgenössisch weit verbreiteten Urteilssammlungen klar im Vorteil: Denn während dort „les véritables motifs", welche die Richter zu ihrem Urteil bewogen hätten, fehlten, gebe er mit den Urteilsbegründungen den Rezipienten „les véritables régles" an die Hand, die auch in anderen, jeweils aktuell anhängigen Fällen zu berücksichtigen seien (Gayot 1735a, S. xviij). Durch seine Innovation also, die Urteile historischer Prozesse zu begründen (vgl. Achermann 2024a), werden die erzählten Geschichten zu Präzedenzfällen, deren Rezeptionswert über eine reine Unterhaltungslektüre auch für Leser von Profession hinausweist. Gayot gibt damit nicht nur Laien Kenntnisse an die Hand, um Fälle besser beurteilen zu können, womit er Rezipienten und Rezipientinnen quasi zu Richtern macht, sondern er zielt auch auf professionelle Richter als intendierte Rezipienten.

In zwei weiteren Peritexten, einer Vorrede und einem offenen Brief, vertieft Gayot de Pitaval die aufgezeigte Thematik weiter. So liefert er im *Avertissement* zum elften Band ein Äquivalent zum Salongespräch, wenn er von einer Gesellschaft berichtet, an der er selbst teilgenommen habe und auf der ebenfalls über seine *Causes célèbres* diskutiert worden sei. Ein Kritiker habe Kürzungen eingefordert, wogegen sich Gayot inkognito verwehrt habe. Man solle sich doch zunächst in die Lage des Autors versetzen, ehe man dessen Werk verdamme (vgl. Gayot 1738, S. ij) – Einfühlungsvermögen also als Grundlage eines gerechten Urteils. Denn wenn man einem gemischten Publikum – einschließlich „des lectrices d'un goût délicat" (Gayot 1738, S. iij) – gerecht werden wolle, so seien Zugeständnisse erforderlich. Gemeint sind vor allem Abschweifungen, wie Gayot andernorts ausführt (vgl. Gayot 1740b, S. 2 und 13).[8] Zwar überzeugt dies den Kritiker nicht, doch stellt Gayot am Ende des „dispute" fest, dass er des „jugement" durch den professionellen Kritiker eigentlich ja gar nicht benötige, schließlich habe er das Publikum auf seiner Seite (Gayot 1738, S. iv).[9] Das konstatierte Geschmacksurteil ist nichts anderes als eine Akklamation per Hammelsprung.

[8] Explizit hebt Gayot hervor, dass er – anders als andere Autoren – in seine Fassung der Geschichte der berüchtigten Giftmörderin Marquise de Brinvilliers Zitate aus den zeitgenössischen Briefen der Marquise de Sévigné integriert habe (vgl. Gayot 1740b, S. 15 f.). Diese Innovation ist jedoch noch nicht Teil des Erstdrucks. Wie der oben zitierte Dialog kommen sie in den Redaktionsstufen der Jahre 1734/1735 hinzu.

[9] Immer wieder spielt Gayot seinen Erfolg beim Publikum gegen die Einwände seiner Kritiker aus (vgl. Gayot 1737, S. ix f.; Gayot 1740a, S. ij f.).

Dem fünfzehnten Band der *Causes célèbres* ist ein offener Brief an die beiden Abbés Claude-Pierre Goujet und Pierre-François Guyot Desfontaines vorangestellt.[10] Gayot nennt ihre Namen hier zwar nicht, wohl aber in der unmittelbar davor abgedruckten Vorrede (vgl. Gayot 1740a, S. vij). Ihre Hauptkritikpunkte seien Gayots Hang zu Abschweifungen, die vom eigentlichen Rechtsfall wegführten, sowie die Oberflächlichkeit seiner Analysen (vgl. Gayot 1740b, S. 2). Als Literaturkritiker verfügen Goujet und Desfontaines über ein privilegiertes Urteil. Denn allein schon, da sie einen größeren Kreis an Leserinnen und Lesern erreichen, hat ihr Urteil Gewicht, und wenn es Einfluss auf die Lesegewohnheiten ihrer Rezipienten hat, sogar Geltung. Doch nicht aufgrund ihrer Kritik, sondern erst, wenn er ihren Ratschlägen folgen würde, verlöre Gayot seiner Ansicht nach sein Publikum. Denn eine nicht-literarisierte Sammlung juristischer Textsorten („des extraits des Plaidoyers", „les Arrêts") würde es weder vermögen, die fachlichen Laien zu fesseln (Gayot 1740b, S. 10), noch bliebe damit erhalten, was wie oben ausgeführt die *Causes célèbres* zu Präzedenzfällen macht. Ähnlich wie der Avocat *ad honores* des Salongesprächs fordert Gayot in seinem offenen Brief nun selbst fachliche Kompetenzen ein, wenn man sich aufschwinge, sein Werk nicht nur zu lesen, sondern zu kritisieren. Da aber weder Goujet noch Desfontaines über hinreichende Rechtskenntnisse verfügen („ils ne possedent pas la Jurisprudence"), so sei ihr Urteil despotisch: „une jurisdiction despotique" (Gayot 1740b, S. 21).

Diesem Negativbeispiel steht das Ideal eines Kunstrichters gegenüber, wie es Gayot in der Vorrede zum achten Band seiner Sammlung ausweist: „[Le] caractere d'un Critique dont on a dit qu'il loüoit avec plaisir, qu'il censuroit avec modération, & parsoissoit toujours douter quand il condamnoit" (Gayot 1739, S. ix).[11] In der zeitgenössischen Übersetzung der *Causes célèbres* lautet diese zentrale Erwiderung gegenüber seinen Kritikern: „Sie sind sehr weit von dem Charakter eines Kunstrichters entfernt, von dem man gesaget hat, daß er mit Vergnügen lobe, mit Mäßigung tadle und allezeit zu zweifeln scheine, wenn er verdammte" (Gayott 1750, fol.)(4r. f.). Grundvoraussetzung eines gerechten Urteils ist somit die persönliche Eignung des Kritikers, es handelt sich um eine Frage des Charakters. Wer ‚hochgeschätzt' sein wolle, dessen Urteil dürfe nicht von der Eigenliebe („leur amour propre") diktiert werden (Gayot 1739, S. ix). Außerdem solle sich jeder „Censeur" (Gayot 1739, S. x; „Bücherrichter", Gayott 1750, fol.)(4v.) bewusst machen, dass auch die beste Kritik nicht an die Arbeitsleistung eines Schriftstellers heranreiche: „L'Art de Momus est bien au-dessous de celui d'Apollon" (Gayot 1739, S. x).[12] Kunstrichterliche Urteilsfähigkeit bedarf also auch der

[10] Auf ihre Rezensionen in der Zeitschrift *Le Pour et Contre* geht Zelle 2024 näher ein.

[11] Die Formulierung stammt von Antoine Houdar de La Motte. Mit diesen Worten richtet er sich in seiner *Réponse au discours de réception* an Jean-François Leriget de La Faye (vgl. La Motte [1730] 1808, S. 186).

[12] Gayot spielt hier die Qualitäten des Momos, die griechische Personifikation des Tadels, gegen diejenigen Apollons als Gott der Dichtkunst und als höchster Richter am Musenhof gegeneinander aus.

Bescheidenheit. Eingedenk des Vorhergesagten kann sich der Kritiker dabei in die Lage des Autors versetzen und sein Urteil gemäß der ursprünglichen Publikationsintention fällen. Für die Kritik von Texten, die einem fachlichen Anspruch genügen wollen, ist daher eine professionelle Vertrautheit mit dem Gegenstand vorauszusetzen. Eigene praktische Erfahrungen und das Wissen um den wissenschaftlichen Fortschritt verhindern den blinden Glauben an überkommene Autoritäten, deren Maßstab einem Werk wie den *Causes célèbres* nicht gerecht würde. Damit ein solches Urteil glaubwürdig ist, müssen jedoch noch zwei weitere Kriterien erfüllt sein: Zum Ersten muss eine einmal getroffene Entscheidung Bestand haben. So fällt es auf den Kritiker und sein Urteil zurück, wenn er wetterwendisch ein Werk bei der einen Gelegenheit lobe, bei der nächsten dagegen tadle (vgl. Gayot 1740a, S. vj). Zum Zweiten ist es für Gayot verdächtig, wenn eine Kritik der herrschenden Meinung widerspricht (vgl. Gayot 1738, S. iv, und die Angaben in Fußnote 10). Eine Diskrepanz zwischen dem Publikumserfolg eines Werkes und eines abschätzigen Urteils deute also darauf hin, dass dieses nicht mehrheitsfähig ist. Es sagt dann mehr über die persönlichen Vorlieben des Kritikers aus als über die Qualität des beurteilten Werks.

2 *Unpartheyische Critick,* deutsche Verhältnisse und Vorurteile über das ‚gelehrte Frauenzimmer'

Rezensionszeitschriften sind institutionalisierte Organe eines rezipientenseitigen Urteils. Zwischen 1750 und 1759 gibt Johann August Bach eine solche Zeitschrift in Leipzig unter dem Titel *Unpartheyische Critick über Juristische Schriften inn- und ausserhalb Deutschland* heraus. Der ersten Nummer stellt er eine Vorrede voran, in der er „die Eigenschaften eines guten Journalisten" aufzählt (Bach 1750b, fol.)(2v.). Da der in beiden Rechten promovierte Jurist dieses Idealbild analog zu den Anforderungen an einen Richter zu modellieren vorgibt, lohnt es im vorliegenden Zusammenhang, die Textstelle wörtlich zu zitieren:

> Ein guter Journalist ist nichts anders als ein Richter gelehrter Schriften, der die Freundschafft und Feindschafft, Haß und Neid, zu seinen Beysitzern hat: der Partheylichkeit aber die Feder führen lässet. Er lobt und tadelt, belohnt und strafft: Er verdammt oder vergiebt gelehrte Sünden; und dieses alles mit der größten Freyheit, daß man sagen sollte, er habe den Löse- und Bindeschlüssel in seinen Händen. Ihm stehet frey, gleichsam ein heiliges Jahr zu eröffnen, und Indulgenzen auszutheilen. (Bach 1750b, fol.)(2v.–)(3v.)

Die Macht eines Richters gelehrter Schriften ist demnach unbeschränkt und von göttlicher Autorität. Er kann nicht nur strafen, sondern auch belohnen, und zwar nach eigenem Ermessen und parteiisch. Kann Freundschaft ihn gewogen machen, so ist es gleich eine Dreiheit von „Feindschafft, Haß und Neid", die ihn zur Verdammung ermächtigt. Wohlgemerkt schreibt Bach von ‚Verdammung' und nicht von ‚Verurteilung'. Schließlich sind es „gelehrte Sünden", derer sich die zu rezensierenden Schriftsteller schuldig machen. Der „Löse- und Bindeschlüssel" in den

Händen des richtenden Journalisten ist denn auch der Schlüssel Petri, von Jesus selbst den Aposteln verliehen, damit im Himmel gebunden sei, was sie auf Erden binden, und dass dort los sei, was sie hier lösen werden (vgl. Mt 16,19). Angesichts des zahlenmäßigen Missverhältnisses von positiven und negativen Grunddispositionen sind Strafnachlässe in Form von Indulgenzen oder gar eine Generalamnestie anlässlich eines Heiligen Jahres nicht unbedingt zu erwarten, ein hartes Urteil der Verdammung dagegen wahrscheinlich.

Doch verhalte es sich in der Praxis genau umgekehrt, schließlich komme nur eine ausgewählte Gruppe von Schriftstellern überhaupt vor den gelehrten Richterstuhl:

> Hier wird jeder Scribent vorgelassen, der nur die Insignien dieses Richters recht zu verehren weiß. Eine in Goldpapier eingebundene Disputation, ein prächtig eingekleidetes Buch, mit Silber oder Gold begleitet, ein mit Complimenten ausgeschmückter Brief ist dasjenige Licht, wodurch einem guten Journalisten die Augen erleuchtet werden, daß er die Vortrefflichkeit einer Schrift sehen kann. (Bach 1750b, fol.)(3v. f.)

Vorgelassen werde also nur, wer bereit sei, den Journalisten durch handfeste Bestechung gewogen zu machen. Voraussetzung für diese Bereitschaft ist, dass die Schriftsteller einsehen lernen, dass ihre Erzeugnisse eben nicht vortrefflich sind. Daher solle sich ein ganzer „Hauffen kriechender Schriftsteller" einfinden, um „vor seinem Richterstuhle die Knie [zu] beugen und um Vergebung ihrer Sünden [zu] bitten" (Bach 1750b, fol.)(4r.).

Dass Bach alles sein möchte, aber kein ‚guter Journalist' im dargelegten Sinn, steht außer Frage. Spätestens beim Stichwort „Partheylichkeit" sollte seinen historischen Rezipienten klar geworden sein, dass die *Unpartheyische Critick* einen anderen Anspruch verfolgt. Dieser lässt sich *ex negativo* bestimmen als ein strenges Urteil, das gebunden an die Qualität des zu rezensierenden Werkes, unparteiisch und unbestechlich und ohne Ansehen der Person, also ohne subjektive Rücksichten oder Animositäten – oder sollte man sagen: vorurteilsfrei? – gefällt wird.

Im sechsten Stück des ersten Jahrgangs dieser Zeitschrift ist nun eine anonyme Rezension enthalten, die mit großer Wahrscheinlichkeit von Bach selbst stammt. Ihr Gegenstand sind die ersten acht Bände der deutschen Übersetzung der *Causes célèbres* im Leipziger Kiesewetter-Verlag. Die Beurteilung fällt überaus positiv aus. Denn das vorliegende Werk verbinde vorbildlich das Angenehme mit dem Nützlichen, wodurch sowohl seine Übersetzung als auch deren Besprechung gerechtfertigt seien (vgl. Bach 1750a, S. 485). Die rechtsgelehrten Rezipienten könnten hier das französische Verfahrensrecht kennenlernen und sich mit der „gerichtlichen Schreibart" der Parlamente vertraut machen (Bach 1750a, S. 488). „Ueberdieses finden sie viele wichtige Materien als z. E. die Lehre von der Beschaffenheit gültiger Zeugen, vom Stande der Kinder, von der Verschiedenheit der Klagen, und von dem Rechte der Schadloshaltung" (Bach 1750a, S. 488). Sein Lob betrifft also vornehmlich den praktischen Nutzen der Sammlung für Leser vom Fach. Da es sich bei den Lesern der *Unpartheyischen Critick* ebenfalls um ein

Fachpublikum handelt, gibt der Rezensent bei seiner Inhaltsangabe die Namen der von Gayot zitierten Advokaten an und macht ihre Gerichtsreden durch die Angabe von Seitenzahlen auffindbar (vgl. Bach 1750a, S. 489–503). Ein Griff zur deutschen Übersetzung hat nach Bach den Vorteil, dass sie den komplexen Satzbau der französischen Vorlage vereinfache und schon allein dadurch leichter zu verstehen sei (vgl. Bach 1750a, S. 503).

Auf Wortebene unterliefen den Übersetzern, die „nicht alle von gleicher Geschicklichkeit oder Behutsamkeit gewesen“ seien (Bach 1750a, S. 503), dagegen einige Schnitzer. Bach führt dafür etliche Beispiele an und beklagt ferner, dass es nicht zu einem besseren Verständnis beitrage, wenn Ämter und Institutionen der französischen Rechtsgeschichte eingedeutscht werden, da dadurch nicht immer leicht zu ersehen sei, worauf sich die Ausführungen eigentlich beziehen (vgl. 1750a, S. 503 f.).

Handelt es sich dabei gleichsam um lässliche Sünden, so wiegt es schwerer, dass Gayot alles unternehme, von dem „er sich einbildet dem Leser gefallen zu können“ (Bach 1750a, S. 488). Bach, der als Jurist in seinem juristischen Rezensionsorgan für juristisch gebildete Leser schreibt, bringt kein Verständnis dafür auf, dass in den *Causes célèbres* die Rechtsfälle so vorgetragen werden, „daß sie nicht allein von den Rechtsgelehrten, sondern von Lesern aller Art […] mit Nutzen und Vergnügen sollten gelesen werden“ (Bach 1750a, S. 486). Also nicht die Verbindung von *prodesse* und *delectare* auf der Werkseite, sondern die Vermischung von Gelehrten und Laien auf Seite der intendierten Rezipienten steht in der Kritik. „[S] elbst von dem Frauenzimmer“ wünscht Gayot „mit Nutzen und Vergnügen“ gelesen zu werden (Bach 1750a, S. 486). Die Vehemenz, mit der Bach dieses Ansinnen zurückweist, erinnert durchaus an Gayots Avocat *ad honores*, der seinem Berufskollegen vorhält, ein Buch in gelehrter Praxis nutzen zu wollen, das von Frauen gelesen werde und zwar so, wie sie Romane zu lesen pflegen.[13] So „scheinet“ es Bach „ein seltsamer Einfall zu seyn“, wenn sich Gayot „bey einem juristischen Buche Hoffnung machte, Leserinnen zu finden“ (Bach 1750a, S. 486). Bach bestreitet zwar nicht, dass gerade ältere Damen mit dem Lesen anfangen würden, doch griffen diese zu Romanen „und andern schönen Wissenschaften“, ja manche würden sich sogar „mit einem ziemlich großen Eifer auf die Gottesgelahrheit oder Arzneykunst legen“ (Bach 1750a, S. 486). Doch „mit der Rechtsgelehrsamkeit […] pflegen sie sich […] niemals zu beschäfftigen“ (Bach 1750a, S. 486).

Wirklich niemals? *Eine* historische Ausnahme macht Bach dann doch namhaft und nennt Gaia Afrania. Dieser Frau sei eine etwaige Leserin der *Causes célèbres* zu vergleichen, wenn er auch in Abrede stellt, dass in seiner Zeit eine Frau „von dieser Neigung“ existiere (Bach 1750a, S. 486). Um zu erfahren, was man in der Mitte des 18. Jahrhunderts mit Afrania verband, lässt sich Johann Heinrich Zedlers *Universal-Lexicon* heranziehen. Der kurze Eintrag informiert darüber, dass

[13] „Vous n'y pensez pas. Quoi! vous consulteriés un Ouvrage que les Dames lisent pour s'amuser, & qu'elles lisent avec autant de passion, que si elles lisoient un Roman!“ (Gayot 1735b, S. xxv).

die Ehefrau des römischen Ratsherren Licinius Buccio selbst Rechtssachen vor Gericht ausgefochten habe, also ohne Vertretung durch einen männlichen Anwalt. Aufgrund ihres (schlechten) Beispiels nenne man „unverschämte und verwogene Weibs-Personen" ‚Afrania' (Zedler 1732). Damit gibt Bach zu verstehen, was er von etwaigen Leserinnen der *Causes célèbres* zu halten gedenkt. Diese Form der Lektüre wäre gleichsam ein selbstentlarvender Beweis der eigenen moralischen Inferiorität. Historisch etwas weiter führt indes der Zedler-Eintrag zu Calpurnia, die man auch Carfania oder eben Gaia Afrania genannt habe. Diese Frau habe gerichtlich „ihre eigene Sache mit solcher Hefftigkeit vor der Obrigkeit" ausgeführt, dass daraufhin ein Gesetz verabschiedet worden sei, das es Frauen fortan untersagte, sich vor Gericht selbst zu vertreten (Zedler 1733). Gemeint ist damit das Edikt, das im dritten Buch der Digesten erwähnt wird und das die im höchsten Maße unverschämte Carfania („improbissima femina") zu verantworten habe (Dig. 3.1.1, § 5). Die Auslöserin der Beschränkung juristischer Betätigung von Frauen ist in dieser Deutungstradition damit selbst eine Frau. Afranias Fall kommt auch noch in Zeiten der Aufklärung wie die Erbsünde über ihre Geschlechtsgenossinnen.

Da es für Bach also weder einen weiblichen Markt gibt, noch ein solcher zu wünschen wäre, braucht man bei der schriftstellerischen Ausarbeitung von Prozess- und Rechtsfallgeschichten auch nicht auf die (vermeintlichen) Bedürfnisse eines weiblichen Publikums zu achten. Die von Gayot ersonnenen Mittel, die „natürliche[] Abscheu" der Damen „für diese Wissenschafft zu überwinden" (Bach 1750a, S. 486), sind bestenfalls vergebliche Liebesmüh. Theoretisch wohnt diesem Projekt sogar ein gewisses Gefahrenpotenzial inne, riskiert man doch das Auftreten einer deutschen ‚Afrania'. Auf jeden Fall hätte der Autor für die männlichen und juristisch gebildeten Leser, auf die ein solches Werk allein rechnen dürfe, jedoch weder „das Neue und Wunderbare" herausarbeiten, noch die Fachsprache „in eine[] wohlklingende[] Schreibart" überführen müssen (Bach 1750a, S. 486 f.).

Doch eigentlich hätte es anders kommen können. Denn die Frühaufklärung richtet sich auch in den deutschsprachigen Ländern noch an beide Geschlechter. Christian Thomasius geht in seinem *Discours von der Nachahmung der Franzosen* 1687 davon aus, dass Frauen und Männer intellektuell gleichgeartet und gleich fähig sind (vgl. Zenker 2015, S. 69). Eine natürliche Abscheu vor Teilgebieten der Gelehrsamkeit gibt es dabei nicht. Ja, in Übereinstimmung mit Samuel Pufendorf und seiner Pflichtenlehre ist vielmehr darauf zu sehen, dass „weibliche Gelehrsamkeit" *per se* „[d]ie Erkenntnis Gottes, des eigenen Selbst und der Mitmenschen" fördere (Stiening 2020, S. 186). Noch in den Moralischen Wochenschriften der 1720er-Jahre finden sich umfangreiche Bücherlisten, die sogenannten ‚Frauenzimmerbibliotheken', die gerade auch eine Lektüre von Sachliteratur gutheißen und einfordern (vgl. Brandes 1994, S. 125 f.). Mithilfe eines Vergleichs solcher Listen in zwei Auflagen der *Discourse der Mahlern* (1721–1723 und 1746) zeigt Helga Brandes anschaulich, wie sich der (männlich bestimmte) Bildungskanon für Frauen im Laufe des 18. Jahrhunderts im deutschen Sprachraum verschiebt. An die Stelle wissenschaftlich-gelehrter Werke tritt Unterhaltungslektüre: „Die enzyklopädische Ausrichtung wird weitgehend aufgegeben. Bücher über Realien werden kaum noch genannt, dafür erhält die Belletristik ein größeres Gewicht“ (Brandes 1994, S. 127). Die von Bach als Beweis gegen Gayots Hinwendung an Leserinnen angeführte Präferenz der weiblichen Leserschaft entspricht also vielmehr dem Postulat der Autoren der Moralischen Wochenschriften.

Einer der prominenten unter diesen ist Georg Friedrich Meier, Schüler und Nachfolger Alexander Gottlieb Baumgartens an der Philosophischen Fakultät der Universität Halle. In drei Artikeln entfaltet er 1748, also in direkter zeitlicher Nähe zu Bachs Rezension, in der Wochenschrift *Der Gesellige* einen Entwurf für die Förderung ‚gelehrter Frauenzimmer‘ (Hinweis bei Zenker 2015, S. 71). Die Pflichten der Frau gegen sich selbst, den Nächsten und Gott werden hier dahingehend ausgelegt, als jedwede weibliche Gelehrsamkeit dazu dienen müsse, die Pflichten als Freundin, Mutter, Tochter, Gattin und Hausmutter zu erkennen und zu erfüllen (vgl. Meier 1748c, S. 616). Die vornehmste Aufgabe ist es dabei, ‚redend‘ zu werden. Damit ist jedoch nicht *avant la lettre* der Ausgang aus selbstverschuldeter Unmündigkeit gemeint, sondern nur dass eine Frau „vermögend sey, ein angenehmes Gespräch zu führen“ (Meier 1748a, S. 130). Denn allein unter dieser Voraussetzung trage sie dazu bei, die Männer in ihrem Umkreis ‚gesellig‘ zu machen – mithin das Hauptanliegen von Meiers entsprechend benannter Wochenschrift (vgl. Vollhardt 2001, S. 253 f.). Die Forderung ist ebenso einfach wie diskriminierend: „Man verlangt von ihm [dem gelehrten Frauenzimmer] nichts weiter, als daß es so gelehrt sey, als nöthig ist, wenn man recht gesellig seyn will“ (Meier 1748b, S. 358). Verfügen Frauen dagegen nicht über die Kenntnis „wichtige[r] und nützliche[r] Wahrheiten“, seien sie lediglich in der Lage zu ‚plappern‘ (Meier 1748a, S. 133),[14] und damit den Männern, mit denen sie gesellig werden sollen, ein Ärgernis.

Um zu ersehen, welchen Wissensgebieten diese erforderlichen Wahrheiten entstammen, ist zunächst Meiers Dreiteilung in philologische, schöne und höhere Wissenschaften zu berücksichtigen (vgl. Meier 1748c, S. 610). Wie bereits die Benennung suggeriert, sind dem ‚schönen Geschlecht‘ vornehmlich die ‚schönen Wissenschaften‘ und damit die Rede- und Dichtkunst, die Historie und die Geographie vorbehalten (vgl. Meier 1748c, S. 611). Während er aufgrund mangelnder Nützlichkeit für die wahrzunehmenden Rollen jegliche philologische Gelehrsamkeit für Frauen kategorisch ablehnt, hält Meier zumindest eine (oder anderthalb) höhere Wissenschaft(en) für angemessen, um ein ‚gelehrtes Frauenzimmer‘ zu bilden: Dies betrifft vornehmlich die Weltweisheit in Form einer philosophisch-moralischen Sittenlehre und mit rigiden Einschränkungen die Theologie und zwar nur insofern sie dazu beitrage, ein gottgefälliges Leben zu führen (vgl. Meier 1748c, S. 613–615). Entscheidend ist also auch hier der Bezug auf die postulierte Lebenspraxis einer Hausfrau und Mutter. Die anderen höheren Wissenschaften, darunter „Rechtsgelehrsamkeit“ und „Arzneykunst“ (Meier 1748c, S. 613), sind den

[14] Insgesamt unterscheidet Meier (1748a, S. 130) drei Klassen von Frauen: die stummen, die plappernden und die redenden. Zenker (2015, S. 71) spricht in diesem Zusammenhang von einer auszubildenden „Kommunikationskompetenz der Frau“.

professionellen Gelehrten und damit dem männlichen Geschlecht vorbehalten. Schließlich muss – und das meint: sollte, wenn nicht darf – „[k]ein Frauenzimmer [...] eine Gelehrte von Profeßion werden" (Meier 1748b, S. 357).

Mit Meiers Artikelserie erweist sich im deutschen Diskurs um die universitäre Frauenbildung ein Vorurteil als weiterhin wirkmächtig, gegen das sich Dorothea Christiana Leporin mit ihrer *Gründlichen Untersuchung der Ursachen, die das Weibliche Geschlecht vom Studiren abhalten* entschieden zur Wehr gesetzt hatte. Gideon Stiening (2020, S. 176) erkennt, dass es sich bei der Mischung aus einem scheinbar weitreichenden Entgegenkommen in traditionellen Positionen des Geschlechterverhältnisses und deren fundamentaler Kritik um „ein[en] womöglich *systematisch* moderate[n], *strategisch* aber kluge[n] und *taktisch* konsequente[n] ‚aufklärerische[n] Feminismus" handelt. Es ist das – auch für einen Meier – nicht zu hinterfragende Dogma der Gottesebenbildlichkeit, das alle für den Menschen eingeforderten Pflichten auch für Frauen verbindlich macht. Das heißt aber zugleich, dass Frauen auch alle zur Pflichterfüllung notwendigen Rechte zukommen. Selbst dann, wenn sich *de facto* eine lebenspraktische Anwendung in engen Schranken bewege, so dient doch für sich genommen *jegliches* Studieren der Erkenntnis Gottes, des Nächsten und des eigenen Selbst (vgl. Leporin 1742, S. 116–119 [§§ 190–195]). Schließlich heile ein Studium die durch den Sündenfall bedingten Unvollkommenheiten, wenn es „Unwissenheit, Irrthum, Vorurtheile, Uebereilung, Unbeständigkeit, Zweiffel" lindert (Leporin 1742, S. 115 f. [§ 186]). Es ist damit zunächst Selbstzweck im Rahmen der gottgewollten Perfektibilität und interessiert allenfalls mittelbar im Hinblick auf Geselligkeit oder Profession (vgl. Leporin 1742, S. 130 f. [§ 219–221]).

Doch verweist Leporin durchaus auch darauf, dass es historisch variabel ist, ob Frauen Zugang zu öffentlichen Ämtern und weltlichen Berufen gewährt wird. Es gebe durchaus Beispiele von Frauen, die nicht nur juristisch tätig waren, sondern die sich auf diesem Fachgebiet sogar besonders hervortaten. So nennt sie etwa Amatoris Gozadini, die im 16. Jahrhundert in Bologna eine juristische Professur innehatte (vgl. Leporin 1742, S. 154 [§ 260]; Corvinus 1715). Der von ihr in seiner Problematik nicht bestrittene Fall Afrania könne jedenfalls nicht als Argument gelten, um Frauen *grundsätzlich* von juristischer Betätigung auszuschließen (vgl. Leporin 1742, S. 155 f. [§ 261]). Zudem habe das Studium der Rechte für Frauen auch ohne eine juristische Laufbahn praktischen Nutzen: Zum einen, „damit sie sich nicht selbst in unnütze und vergebliche Processe stürtzen", und zum anderen, dass sie in Fällen, in denen sich der Rechtsweg nicht vermeiden lässt, aufgrund eigener Einsicht in den Gang eines Verfahrens ihren männlichen Vertretern nicht „durch unanständiges Bezeigen [...] zur Last werden" (Leporin 1742, S. 157 [§ 264]). Überhaupt geht die Rechtspraxis weit über die Gerichtssäle hinaus, weswegen es nützlich ist, wenn sich Frauen etwa in Vertragsfragen auskennen (vgl. Leporin 1742, S. 157 [§ 265]). Wenn Meier (1748c, S. 613) pauschal erklärt: „Die Männer sind die Häupter und Beschützer der Weiber" und daraus ableitet, dass dies auch vor Gericht zu gelten habe, so deutet Leporin (1742, S. 159 [§ 268]) an, dass eigenes juristisches Wissen für Frauen nötig ist, „weil wir uns sonst leicht verbrennen werden“. Wo Meier also das Recht als ein Machtmittel begreift, dessen restriktiver Zugang die männliche Dominanz sichert, erkennt Leporin Rechtskenntnisse als das Mittel der Wahl, um einer möglichen Übervorteilung juristisch begegnen zu können.

Gayots de Pitaval Figur des Avocat *ad honores* zeigt, dass der Argwohn Leporins nicht aus der Luft gegriffen ist. Um sich gegen gewinnsüchtige und auf den Eigennutz bedachte Anwälte zu wappnen, die nicht daran interessiert sind, ihren Klienten und Klientinnen Recht zu verschaffen, sondern nur daran, die Prozesse kunstreich in die Länge zu ziehen, ist ein eigenes Urteilsvermögen in Rechtsfragen notwendig. Indem die *Causes célèbres* Präzedenzfälle vorhalten und erläutern, versetzen sie Rezipientinnen wie die Marquise des Salongesprächs in die Lage dazu. Die französische Salonkultur des 17. und 18. Jahrhunderts zeichnet sich dadurch aus, ein Umfeld zu schaffen, das es gerade Frauen ermöglicht, in einer Weise an gelehrten Diskursen zu partizipieren, die weit über das hinausreicht, was im Rahmen deutscher Geselligkeit vorgesehen ist. Auch daher ist es zu verstehen, dass Leporin (1742, fol. [e7]v.) erwägt, „künftig [...] vielleicht in Frantzösischer Sprache [zu] schreiben“. Dabei soll allerdings nicht verhehlt werden, dass es auch in Gayots Salongespräch sein Werk, also dasjenige eines Mannes ist, das Wissen überhaupt erst in den Diskurs einführt. Somit ist auch die Marquise de *** – ganz im Sinne Meiers (vgl. 1748b, S. 358) – auf einen männlichen Lehrer angewiesen, um sich bilden.

3 Der Fall d'Anglade und Vor-Urteile im Akkusationsprinzip

Die Pitavalgeschichte, um die es im Folgenden abschließend geht, trägt in der zeitgenössischen deutschen Übersetzung den inhaltsreferierenden Titel *Die Geschichte eines unschuldigen Mannes und einer unschuldigen Frau, welche wegen eines großen Diebstahles unrechtmäßiger Weise angeklagt worden, deren Unschuld aber erst nach ihrer Verdammung zu unehrlichen Strafen, und nach dem Tode des Mannes, ans Licht kamen.*[15] Besser bekannt ist sie unter dem Namen des unschuldigen Opfers dieses Justizirrtums: ‚Herr von Anglade‘ bzw. ‚Sieur d'Anglade‘.[16] Sie steht am Ende des ersten Bandes, um den es im oben vorgestellten Salongespräch geht. Im Folgenden wird ausgehend von der Faktur des Textes und vor dem Hintergrund der damaligen Rechtspraxis die Nützlichkeit der Lektüre für die historischen Rezipientinnen und Rezipienten der *Causes célèbres* diskutiert. Zuvor sei der Inhalt kurz umrissen:

[15] Im französischen Original lautet die Überschrift: *Un mari et sa femme accusés injustement d'un vol énorme, dont l'innocence n'éclata qu'après leur condamnation à des peines infamantes, & la mort du Mari.*

[16] Ich verwende im Folgenden die Siglen SdA für das französische Original und HvA für die historische Übersetzung ins Deutsche.

Als der Comte de Mongommery im September des Jahres 1687 aufgrund einer üblen Vorahnung vorzeitig von einer Ausfahrt zurückkommt, findet er seine Pariser Wohnung ausgeraubt. Sieur und Dame d'Anglade, die im gleichen Haus leben und ihn eigentlich begleiten wollten, jedoch kurzfristig absagten, geraten in Verdacht. Körperzeichen, seltene Münzen, widersprüchliche Angaben und einige unglückliche Aussagen führen zu Anklage, Folter und Verurteilung auf der Grundlage von Vermutungen. Noch ehe der Sieur d'Anglade seine Galeerenstrafe antreten kann, verstirbt er am 4. März 1689 infolge der enormen Belastungen des Inquisitionsprozesses, insbesondere der Folter. Während Frau und Tochter noch im Gefängnis sitzen, bringen anonyme Briefe die Justiz auf die Spur der wahren Diebe. Nach ihrer Verurteilung und Hinrichtung widmet sich der zweite Hauptteil nun einem weiteren Prozess, der klären muss, ob die Beweggründe für eine Anklage der d'Anglades ausreichten oder ob Mongommery zur Schadloshaltung der Witwe verpflichtet ist. Ganz grundsätzlich steht im Hintergrund die Frage, ob kein Verbrechen ungestraft bleiben dürfe – auch auf die Gefahr hin, einen Unschuldigen zu verderben.

Um heute einschätzen zu können, was in dieser Geschichte vom damals geltenden Recht gedeckt ist und wo sie anfängt, möglicherweise von einem Justizskandal zu erzählen, lohnt ein Blick in die Ordonnance criminelle von 1670. Sie kodifiziert im Auftrag König Ludwigs XIV. das französische Strafrecht und ist im Paris am Ende der 1680er-Jahre in Kraft (vgl. Rothweiler 2017, 10. Abs.). Die Todesstrafe ist hier als eine Selbstverständlichkeit aus der Tradition des römischen Rechts vorausgesetzt. So regelt Tit. XXV, Art. 24, der Ordonnance, dass die zum Tode Verurteilten von einem Geistlichen zum Ort der Hinrichtung zu begleiten sind. Tit. XIX, Art. 1, erlaubt es einem Richter ferner, einen Verdächtigen foltern zu lassen („appliqué à la question“), sofern gegen ihn ein erheblicher Beweis („preuve considérable“) vorliege. Allerdings gilt dies – wie es bei d'Anglade der Fall ist – nur bei einem Verbrechen, auf das die Todesstrafe steht (vgl. SdA, S. 426; HvA, S. 401). Im Übrigen ist auch nach einer Verurteilung zum Tode eine weitere Folterung möglich, um gegebenenfalls die Namen etwaiger Mittäter zu ermitteln (vgl. Tit. XIX, Art. 3). Anders als die wahren Diebe wird der Sieur d'Anglade allerdings nicht zum Tode, sondern ‚nur' zu einer Galeerenstrafe verurteilt, d. h., dass er auf einem Schiff der Marine als Ruderer eingesetzt werden sollte (vgl. Tit. XXV, Art. 13). Aufgrund der harten körperlichen Belastung, der katastrophalen hygienischen Zustände und der Gefahren von Stürmen und Kriegseinsätzen gilt diese Strafform allerdings als „eine zeitlich hinausgeschobene Todesstrafe“ (Schlosser 2008, 6. Abs.). Der Grund für die im Vergleich vermeintlich etwas mildere Bestrafung liegt darin, dass ohne Geständnis und ohne die Aussage zweier glaubwürdiger Tatzeugen nach der gesetzlichen Beweisregel kein Vollbeweis vorliegt, sondern nur Indizien und Vermutungen („ces indices, & ces présomptions“; SdA, S. 462; vgl. SdA, S. 426–428; HvA, S. 402–404 und 436). Eine Verurteilung zum Tode ist auf dieser Sachlage aber nicht möglich.

Als fatal erweist sich für den Sieur d'Anglade die Verschränkung von Akkusations- und Inquisitionsprinzip im Prozessrecht des Ancien Régime: Denn mit seiner Privatklage, die Akkusation (vgl. Tit. III: *Des plaintes, dénonciations et accusations*), bringt der geschädigte Comte de Mongommery zwar eine gerichtliche Untersuchung, die Inquisition, in Gang (vgl. Tit. XX: *De la conversion des procès civils en procès criminels, et de la réception en procès ordinaires*). Doch richtet sich das Inquisitionsverfahren dann notwendigerweise bereits gegen einen konkreten Verdächtigen.[17] Ermittelt wird hier also nicht gegen Unbekannt, sondern nur gegen den Angeklagten. Die Richter können daher gar nicht anders, als sich bei ihren Ermittlungen auf den unschuldigen, aber von Mongommery verklagten, Hausgenossen zu konzentrieren (vgl. SdA, S. 415; HvA, S. 391). Systematisch und systembedingt werden alternative Täter und Tathergänge ausgeblendet.[18] Somit kommt der Anfangsverdacht einer Vorverurteilung gleich: „Die ersten Einfälle eines Richters, bey der Einrichtung des Processes [...] sind die Triebfeder seiner ganzen Aufführung; es muß sich alles auf diese seine erste Meynung passen" (HvA, S. 396; vgl. SdA, S. 420). Ist der erste Argwohn durch die Anklage erregt, werden aus den „gleichgültigsten Handlungen" der Verdächtigen „Zeichen ihrer Verbrechen" (HvA, S. 395; vgl. SdA, S. 419).[19] Und wenn alles verdächtig erscheint, macht „eine grosse Menge zweifelhafter und entfernter Anzeigen ein gewisses, unzweifelhaftes und bündiges Anzeigen" (HvA, S. 437; vgl. SdA, S. 463).

Derjenige Punkt, der für den praktizierenden Anwalt Gayot de Pitaval das Erzählinteresse begründet, ist die Frage, ob die Verdachtsmomente für eine Anklage hinreichten oder ob Mongommery verleumderisch gehandelt habe. Die Kompetitivität einer Prozessgeschichte erlaubt es dabei, zunächst das Für und Wider je aus der Perspektive der beteiligten Parteien darzulegen, ohne selbst Position beziehen zu müssen. Nach der Ordonnance criminelle sind jene Ankläger („accusateurs") zur finanziellen Schadloshaltung („dépens, dommages et intérêts") des fälschlicherweise Beklagten verpflichtet, deren Klage („leurs plaintes") sich als verleumderisch („calomnieuses") erweist (Tit. III, Art. 7).

Die Verteidigung Mongommerys konzentriert sich darauf zu zeigen, dass der Tatbestand der Verleumdung (*calumnium*) nicht erfüllt ist (vgl. SdA, S. 471–481; HvA, S. 444–454). Daran ändere auch nichts, dass sich in der Zwischenzeit d'Anglades Unschuld erwiesen hat. Denn eine vorsätzliche Falschbeschuldigung läge nur dann vor, wenn Mongommery d'Anglade wider besseres Wissen verklagt hätte (vgl. SdA, S. 474; HvA, S. 447). Sein Vorgehen sei erst dann ‚unredlich' zu nennen, wenn er die Klage fortgeführt hätte, sobald feststand, dass er von anderen Personen bestohlen wurde (vgl. SdA, S. 479; HvA, S. 452, mit Bartolus de

[17] Zu der entsprechend gelagerten Pitavalgeschichte um Jacob Le Brun vgl. Bergengruen 2024; sowie zu „the blinding effect of legal prejudice" De Doncker 2017, S. 71. Der Vorurteilskritik innerhalb des französischen Rechtswesens ist der erste Eintrag von Achermann 2024b gewidmet.

[18] So bleibt die Unruhe des Zeugen Franz Gagnard, der eigentlich einer der Täter ist, bei seiner Aussage unbemerkt (vgl. SdA, S. 423 f.; HvA, S. 399). Später sagt er aus, dass er sofort gestanden haben würde, wenn der Kriminallieutenant ihn entsprechend verhört hätte (vgl. SdA, S. 448; HvA, S. 422 f.).

[19] Gesammelt aufgeführt werden die Verdachtsmomente SdA, S. 451–454 und 463 f.; HvA, S. 426–429 und 437 f.

Saxoferrato). Doch endete der vorangehende Prozess am Parlement de Paris mit einem Schuldspruch zulasten des Sieurs d'Anglade. Da weder eine ‚verleumderische' noch eine ‚frevelhafte Anklage' vorgelegen habe, sei Mongommery weder zur Übernahme der Unkosten noch zur Schadloshaltung der Hinterbliebenen verpflichtet (vgl. SdA, S. 484–489; HvA, S. 456–461). Alles sah danach aus, dass der Täter ein Hausgenosse sein musste, und selbst der Kriminallieutenant teilte diesen Verdacht (vgl. SdA, S. 450 und 456; HvA, S. 425 und 430). Wie hätte er da Anklage gegen einen Dieb erheben sollen, der ihm vollkommen unbekannt war? Wie sollte er jenen Bedienten verdächtigen, der sich hernach als Komplize erwies, der jedoch mit ihm zusammen auf dem Landgut weilte und daher ein Alibi hatte (vgl. SdA, S. 459; HvA, S. 433)? Bekäme die Dame d'Anglade Recht, so wage künftig niemand mehr Anklage wegen Diebstahls zu erheben, sofern keine vollgültigen Beweise vorlägen (vgl. SdA, S. 499; HvA, S. 469 f.). Zahlreiche Verbrechen blieben so aber ungeahndet. Außerdem, so der vermeintlich entlarvende Gegenvorwurf, wolle sich die Witwe vermittels dieses zweiten Prozesses am Comte de Mongommery bereichern (vgl. SdA, S. 498 f.; HvA, S. 469). Modern betrachtet ein klarer Fall versuchter Täter-Opfer-Umkehr.

Die Partei der Dame d'Anglade erklärt Mongommerys Verweigerung der Zahlung dagegen als unbillig (vgl. SdA, S. 501 f.; HvA, S. 472) und differenziert noch etwas genauer: Sie unterscheidet nämlich mit dem Strafrechtler Julius Clarus zwischen einer ‚wahrhaft verleumderischen' und einer ‚vermutlich verleumderischen Anklage' (vgl. SdA, S. 516; HvA, S. 484). Auch wenn Mongommery wahrscheinlich machen kann, dass er zum Zeitpunkt der Anklage von d'Anglades Schuld überzeugt war, so sei der Vorwurf einer ‚vermutlich verleumderischen Anklage' damit nicht widerlegt und der Anspruch auf Schadloshaltung bleibe aufrechterhalten (vgl. SdA, S. 517; HvA, S. 485). Ist der wahrhafte Verleumder seinerseits auch strafrechtlich zu verfolgen, so sei im vorliegenden Fall immerhin der verursachte Schaden zu kompensieren (vgl. HvA, S. 486–495; SdA, S. 518–528, mit weiterführender Literatur). Wenn Mongommery Recht bekäme, würden sich frevelhafte Anklagen in Fällen von Kapitalverbrechen häufen, wodurch sich keiner länger sicher fühlen dürfe (vgl. SdA, S. 534 f.; HvA, S. 500 f.). Es sei letzlich besser, „tausend Schuldige der verdienten Strafe entgehen [zu] lassen, als einen Unschuldigen ins Verderben [zu] stürzen" (HvA, S. 482; vgl. SdA, S. 514). Dieser Standpunkt entspricht einer Maxime, die sich unter wechselnden Zahlenverhältnissen (vgl. Volokh 1997, S. 174–177 und 187–190) seit der Antike nachweisen lässt, die jedoch ihre kanonisierte Form mit ‚Blackstone's principle' erst in den 1760er-Jahren findet (vgl. Epps 2015, S. 1072–1087).

Das Urteil durch das Parlement vom 17. Juni 1693 gibt der Partei der Dame d'Anglade Recht und verurteilt Mongommery zu einer Schadloshaltung von über 22.000 Livres zuzüglich Zinsen (SdA, S. 536–540; HvA, S. 502–506). Gayot bzw. sein auktorialer Erzähler schließt sich an und lobt die Billigkeit und Menschlichkeit dieses Urteilsspruchs: Denn Mongommerys Anklage sei zwar „ungerecht", aber „doch nicht frevelhaft" gewesen, vielmehr sei „sein Irrthum" zu entschuldigen (HvA, S. 506, vgl. SdA, S. 540). D'Anglades Hinterbliebene müssen schadlos gehalten werden, doch sei das Gericht Mongommery insofern entgegengekommen, als es ihm kulante Fristen einräumte, um die Ansprüche zu befriedigen.

Allein kann auch diese Summe „eine Wittwe und eine Waise wegen des Verlustes des Mannes, und des Vaters, nicht schadlos halten“ (HvA, S. 392; vgl. SdA, S. 416), wie es in der Geschichte einführend lautet. Somit erkennt Gayot die schwerwiegenden Folgen eines Justizirrtums, wenn es darum geht, „Entscheidungen nach Muthmaßungen“ treffen zu müssen (HvA, S. 391; „la maxime de juger sur des conjectures“; SdA, S. 415). Er leitet davon jedoch nicht den Appell ab, am bestehenden Verfahrensrecht etwas zu ändern. Vielmehr erkenne man an der Tatsache, „daß alle rechtschaffne Leute“ davor „zittern“ in eine ähnliche Lage zu geraten, „daß es eine andere Welt giebt, wo die Gerechtigkeit unmöglich irren, oder hintergangen werden kann, und welche die Schäden ersetzt, welche die menschliche Gerechtigkeit oft mit der besten Absicht in dieser Welt angerichtet hat“ (HvA, S. 405; vgl. SdA, S. 429). Dort also, wo die Fähigkeiten der Richter als Menschen enden, bleibe nichts anderes als das Vertrauen auf die Gerechtigkeit Gottes.

Soweit muss es aber gar nicht kommen. Pitavalgeschichten wie diejenige des Sieur d'Anglade greifen auf historische Rechtsfälle zurück und lassen die Leserinnen und Leser wie die fingierte Marquise des Salongesprächs am Prozess der gerichtlichen Entscheidungsfindung teilhaben. Doch stehen Rezipierende, die sich zum Lektürezeitpunkt oder in der Zukunft in eine ähnliche Lage versetzt sehen, damit gleichsam ‚vor dem Gesetz'. Diese Wendung meint, wie Sabine Müller-Mall (2019, S. 42) in anderem Zusammenhang ausführt, „etwas erfahren zu wollen […], das das Gesetz nicht sagt […]: nämlich *ob der eigene, singuläre Fall vom Gesetz enthalten ist*“. Gerade mit Darlegung der Argumente beider Seiten, mit dem Abdruck der historischen Urteilssprüche und den auktorialen Begründungen durch die juristisch gelehrte Erzählinstanz, verlebendigt Gayot den Wortlaut des Gesetzes. Er versetzt Rezipientinnen und Rezipienten damit in die Lage, sich selbst ein Urteil zu bilden und zwar vor jeder Anklage. So schult die Lektüre der *Geschichte eines unschuldigen Mannes und einer unschuldigen Frau* das Verantwortungsbewusstsein potenzieller Kläger. Denn gerade im Akkusationsprinzip kommt es darauf an, Beweise *be*urteilen zu können (vgl. SdA, S. 504–514; HvA, S. 474–482), ehe ein Richter ersucht wird, die Verdächtigen zu *ver*urteilen. Mongommery klagt nicht nur „auf seine Gefahr, und Unkosten“; HvA, S. 396; vgl. SdA, S. 421, und Ordonnance criminelle, Tit. III, Art. 7), sondern er bringt auch seine Nachbarn in letztlich tödliche Gefahr. Schließlich ist „[e]ine Anklage wegen eines großen Verbrechens […] ein Schmelztiegel“, in den während des Verfahrens „alle Handlungen“ geworfen werden – auch jene die gar nichts mit dem anhängigen Fall zu tun haben; und die „Ehre“ eines Angeklagten „muß sehr rein seyn, wenn sie aus demselben, ohne daß sie Schlacken zurück läßt, herauskömmt“ (HvA, S. 393; vgl. SdA, S. 417). „Richter müssen nach ihrem Amte nothwendig richten“, wie der Anwalt der Dame d'Anglade ausführt (HvA, S. 483; vgl. SdA, S. 514). Anders als der göttliche Richter sind sie den Fährnissen dieser Welt ausgesetzt und können als Menschen irren. Doch betont Gayot mit seiner Begründung des Urteils, dass es „die Kläger“ sind, die „sie zum Irrthume [verführen]“ (HvA, S. 507; vgl. SdA, S. 541).

Noch im Jahr 1734, im dritten Band seiner *Causes célèbres*, zitiert Gayot aus dem Plädoyer des Pariser Generalanwalts Henri-François d'Aguesseau. Anlass ist der Fall des Bigamisten Louis de la Pivardière, dessen erste Ehefrau in Verdacht gerät, ihn ermordet zu haben.[20] Die Leser dieser Pitavalgeschichte können nicht selbst beurteilen, ob jener Mann, der sich im Verlauf des Prozesses einstellt, ein Betrüger oder der wahre Herr von Pivardière ist. Doch stellt ihnen Gayot vor Augen, wie ein solcher Fall anzugehen ist. Abschließend führt er 15 Fragen an, die anhand seiner Geschichte beantwortet worden seien (vgl. Gayot 1734b, S. 104 f.). Diese Auflistung ist die Summe dessen, was zu erfüllen ist, damit die Öffentlichkeit in ihrem Vertrauen in das Rechtssystem nicht enttäuscht wird und sie die von diesem System gefällten Urteile als verfahrensgerecht und billig anerkennt. Auf den Punkt bringt es d'Aguesseaus Schlusswort:

> Alle diese vereinigten Beweise vermögen uns, denjenigen, der sich darstellet, für den wahrhaftigen de la Pivardiere zu erkennen. Diese Partey, die wir nehmen, [...] kann die falsche seyn; es kann seyn, daß wir uns betrogen haben: wenn wir es aber sind, so geschiehet es nach den Regeln [...]: wenn derjenige, den wir jetzo für den wahren de la Pivardiere halten, ein Betrieger ist, so können wir sagen, daß wir nichts verabsäumet haben, den Betrug zu entdecken [...] und uns vor dem Irrthume in Sicherheit zu setzen. (Gayott 1747b, S. 84)

Gayot präsentiert das Rechtswesen des Ancien Régime mit d'Aguesseau als wehrhaft gegenüber Justizirrtümern. So wurde die körperliche Ähnlichkeit mit dem Verschwundenen durch zahlreiche Zeugen bestätigt, auch wurden ihm insgesamt 600 Sachfragen gestellt, die in der Summe nur der wahre Pivardière beantworten könne, und selbst die Handschrift stimmte mit den Schriftstücken des Marquis überein (vgl. Gayott 1747b, S. 74–84; Gayot 1734b, S. 82–93). Auch sei es doch als unwahrscheinlich anzusehen, dass sich ein Betrüger einfinde, der nichts zu gewinnen, vielmehr eine Anklage wegen Bigamie zu fürchten habe. Das System ist also wehrhaft, aber nicht unfehlbar. Möchte man sich nicht, wie oben ausgeführt, mit dem festen Glauben an die *justice divine* trösten, so kann jeder und jede seinen und ihren Beitrag leisten, um richterlichen Irrtümern vorzubauen. Zum einen betrifft dies die genaue Prüfung verdächtiger Indizien und die Beurteilung der Stichhaltigkeit von Vermutungen. Zum anderen aber – und das zeigt das Verhalten der unschuldigen Opfer in der d'Anglade-Geschichte – sollte man sich der Wirkung des eigenen Verhaltens gegenüber Justizpersonen, insbesondere auch von Körperzeichen, bewusst sein (vgl. SdA, S. 453 f.; HvA, S. 428 f.). Beides betrifft Männer und Frauen gleichermaßen.

Selbst für das deutsche Laienpublikum um 1750 ist neben der pathognomischen Vorsicht möglicher Justizopfer auch die vernünftige Risikoabwägung potenziell falscher Ankläger noch immer relevant. Denn die Verschränkung von Akkusations- und Inquisitionsprinzip findet sich auch in der als ‚Carolina' bezeichneten peinlichen Halsgerichtsordnung Kaiser Karls (vgl. Oestmann 2015, S. 210–213, mit Bezug auf CCC Art. 11 und 12). Deren Relevanz schwindet erst gegen Ende

[20] Zur genuin literarischen Formung dieses Falls durch E. T. A. Hoffmann vgl. den Beitrag von Sandra Beck im vorliegenden Band.

des 18. Jahrhunderts. Anders als es die Rezension von Bach nahelegt und entgegen der vermeintlichen Gewissheit Meiers, ist eine Lektüre der Pitavalgeschichten durch Laien – einschließlich rechtlich ungelehrter Frauen – auch im Hinblick auf die juristische Praxis sinnvoll. Bachs Tremendum einer deutschen Afrania ist somit diejenige Leserin an die Seite zu stellen, die mit Bedacht und damit seltener prozessiert und die es aufgrund ihrer Leseerfahrung zu vermeiden versteht, zu einer deutschen Comtesse de Mongommery zu werden.

4 Kunstrichterliches Ideal und Urteilskompetenz in Strafsachen

In seinem Salongespräch und anderen Peritexten entwirft Gayot de Pitaval das Ideal unterhaltender Belehrung, von dem fachliche Laien ebenso profitieren wie professionelle Juristen (zum doppelten Publikum vgl. Achermann et al. 2022, Rn. 8–10). Trotz des Erfolgs bei der Leserschaft bleibt sein Vorhaben nicht unwidersprochen. Den abwertenden Rezensionen in der Zeitschrift *Le Pour et Contre* setzt er seine Vorstellung eines vorbildlichen Kunstrichters entgegen. Dieser ist bescheiden und einfühlend, fachlich kompetent aus eigener praktischer Erfahrung und beständig in seinem Urteil. Er glaubt nicht blind den überkommenen Autoritäten, sondern ist stets auf der Höhe seiner Zeit. Unbestechlichkeit und die nötige Überwindung etwaiger Vorurteile lassen sich mit Bach ergänzen. Was letztlich zählt, ist das zu beurteilende Werk und zwar erstens in Relation zur Intention des Autors. So muss es bei der kritischen Würdigung der Prozessgeschichten neben einem stilistischen Werturteil auch um eine Einschätzung der juristischen Praxistauglichkeit gehen. Zweitens kommt nach der Ansicht Gayots alle Kritik aber nicht darum herum, auch den Publikumserfolg zu würdigen. Das Geschmacksurteil der Mehrheit ist für den Kunstrichter ein Stück weit bindend.

Gayot übt mit seinem Salongespräch jedoch auch Kritik an jenen Berufskollegen, die *den* über *das* Verdienst stellen und die zum Schaden ihrer Klienten dem eigenen Interesse dienen anstelle Recht zu schaffen. Das ganze Ausmaß der Abgründe eines von der Wahrheitssuche entkoppelten Prozesswesens zeigt Stiening anhand der Pitavalgeschichte des *Herrn von Caille* auf. Diese *cause* aus dem zweiten Band von Gayots Sammlung mündet im Brief einer anonymen Dame, die angesichts der korrupten Advokaten ausruft, „daß der weibliche gesunde Verstand, ein besserer Richter seyn würde, als der männliche Verstand" (Gayott 1747c, S. 349; vgl. dazu Stiening 2024). Diese Dame ist genauso wie Gayots Marquise eine Exponentin der französischen Salonkultur, die nicht ohne realweltliche Pendants steht und die der Misogynie der deutschen Diskursverhältnisse Hohn spricht. Autoren wie Meier etablieren hier einen Bildungskanon für Frauen, an dem Bach die Praxistauglichkeit der *Causes célèbres* misst. Beide verkennen entweder eine Anwendungsmöglichkeit jenseits einer anwaltlichen oder richterlichen Berufsausübung oder sie wollen ganz bewusst das Recht als eine männliche Domäne schützen, um die zwischen den Geschlechtern herrschenden Machtverhältnisse zu zementieren. Dabei erfordert die Verschränkung von Akkusations- und Inquisitionsprozess in Strafsachen, bei der eine Anklage als Vorverurteilung das kritische Beurteilungsvermögen auch der redlichen Richter irritieren kann, verantwortungsbewusste und in Rechtsfragen geschulte Bürgerinnen und Bürger. Den Pitavalgeschichten kommt dabei als Präzedenzfällen die Aufgabe zu, potenzielle Klägerinnen und Kläger vor das Gesetz zu stellen, um gerechte und billige Urteile innerhalb des bestehenden Rechtssystems wahrscheinlicher zu machen.

Literatur

Achermann, Eric. 2024a. Recht und Literatur im Wettstreit. Das Parlement de Paris als Hort beredter Billigkeit. In *In dubio. Zweifel vor Gericht im Pitaval*, Hrsg. ders., Peter Oestmann und Sebastian Speth. Berlin: J. B. Metzler.

Achermann, Eric. 2024b. Mikrologie und die paradoxen Strategien der Vorurteilskritik. Vier Einträge. In *Register der Kritik. Schreibweisen der Aufklärung zwischen Episteme und Gattung*, Hrsg. Klaus Birnstiel, Elisabeth Décultot und Boris Previšić. Göttingen: Wallstein.

Achermann, Eric et al. 2022. Pitaval/*Causes célèbres*. In *Enzyklopädie Recht und Literatur*, Hrsg. Thomas Gutmann, Eberhard Ortland und Klaus Stierstorfer. doi: https://doi.org/10.17879/12009589706. https://lawandliterature.eu/index.php/de/inhalt?view=article&id=37&catid=11 (zuletzt zugegriffen am 19. Dezember 2022).

Baader, Renate. 1986. *Dames de lettres. Autorinnen des preziösen, hocharistokratischen und „modernen" Salons (1649–1698): Mlle e Scudéry – Mlle de Montpensier – Mme d'Aulnoy.* Stuttgart: J. B. Metzler.

[Bach, Johann August.] 1750a. Rez. Gayott von Pitaval. Erzählung sonderbarer Rechtshändel sammt deren gerichtlichen Entscheidung, aus dem Französischen übersetzt, I. II. III. IV. V. VI. VII. VIII. Theil, in 8. Leipz. 1747–1750. *Unpartheyische Critik* [sic] *über Juristische Schriften inn- und außerhalb Deutschland* 1(6), S. 484–504.

[Bach, Johann August.] 1750b. Vorrede. *Unpartheyische Critick* [sic] *über Juristische Schriften inn- und ausserhalb Deutschland* 1(1), fol.)(2r.–[)(8]v.

Bergengruen, Maximilian. 2024. Vor-Urteile. Zur Funktion des Zweifels im Fall Le Brun (alter Pitaval). In *In dubio. Zweifel vor Gericht im Pitaval*, Hrsg. Eric Achermann, Peter Oestmann und Sebastian Speth. Berlin: J. B. Metzler.

Brandes, Helga. 1994. Die Entstehung eines weiblichen Lesepublikums im 18. Jahrhundert. Von den Frauenzimmerbibliotheken zu den literarischen Damengesellschaften. In *Lesen und Schreiben im 17. und 18. Jahrhundert. Studien zu ihrer Bewertung in Deutschland, England, Frankreich*, Hrsg. Paul Goetsch, S. 125–133. Tübingen: Gunter Narr.

[Corvinus, Gottlieb Siegmund.] 1715. Art. Gozadina, in: *Nutzbares, galantes und curiöses Frauenzimmer-Lexicon, Worinnen nicht nur der Frauenzimmer geistlich- und weltliche Orden, Aemter, Würden, Ehren-Stellen, Professionen und Gewerbe* [...], *Sondern auch ein vollkommenes und auf die allerneueste Art verfertigtes Koch-, Torten- und Gebackens-Buch* [...]. Hrsg. von Amaranthes. Sp. 677–678. Leipzig: Gleditsch.

De Doncker, Jules. 2017. *A Canon of Crime: The rise and development of the causes célèbres in Europe, 1734–1890.* Diss. digital Gent.

Epps, Daniel. 2015. The Consequences of Error in Criminal Justice. *Harvard Law Review* 128(4), S. 1065–1151.

Forestier, Georges, Claude Bourqui und Anne Piéjus. 2010. Pièces publiées après la mort de Molière. Le malade imaginaire. Notice. In Molière. *Œuvres complètes*, Hrsg. Georges Forestier und Claude Bourqui. Bd. 2. S. 1542–1566. [Paris:] Gallimard.

[Gayot de Pitaval, François.] 1734a. Avertissement. In *Causes célèbres et intéressantes, avec les jugemens qui les ont décidées*. Bd. 3. S. i–xij. Paris: Guillaume Cavelier.

[Gayot de Pitaval, François.] 1734b. *Femme accusée d'avoir fait tuer son mari, qui se justifie en le représentant.* In *Causes célèbres et intéressantes, avec les jugemens qui les ont décidées.* Bd. 3. S. [1]–118. Paris: Guillaume Cavelier.

[Gayot de Pitaval, François.] 1735a. Avertissement. In *Causes célèbres et intéressantes, avec les jugemens qui les ont décidées.* Bd. 1. S. v–xx. Paris: Guillaume Cavelier [= erweitere Neuauflage].

[Gayot de Pitaval, François.] 1735b. J'ai cru que je devois faire part au Public de la Lettre suivante. In *Causes célèbres et intéressantes, avec les jugemens qui les ont décidées.* Bd. 1. S. xxj–xxvj. Paris: Guillaume Cavelier [= erweitere Neuauflage].

[Gayot de Pitaval, François.] 1735c. *Un mari et sa femme accusés injustement d'un vol énorme, dont l'innocence n'éclata qu'après leur condamnation à des peines infamantes, & la mort du Mari.* In *Causes célèbres et intéressantes, avec les jugemens qui les ont décidées.* Bd. 1. S. 415–542. Paris: Guillaume Cavelier [= erweitere Neuauflage; Sigle SdA].

[Gayot de Pitaval, François.] 1737. Avertissement. In *Causes célèbres et intéressantes, avec les jugemens qui les ont décidées.* Bd. 9. S. j–x. Paris: Guillaume Cavelier.

[Gayot de Pitaval, François.] 1738. Avertissement. In *Causes célèbres et intéressantes, avec les jugemens qui les ont décidées.* Bd. 11. S. j–xvj. Paris: Guillaume Cavelier.

[Gayot de Pitaval, François.] 1739. Avertissement. In *Causes célèbres et intéressantes, avec les jugemens qui les ont décidées.* Bd. 8. S. j–xxiv. Paris: Guillaume Cavelier [= Neuauflage].

[Gayot de Pitaval, François.] 1740a. Avertissement. In *Causes célèbres et intéressantes, avec les jugemens qui les ont décidées.* Bd. 15. S. j–viij. Paris: Guillaume Cavelier.

[Gayot de Pitaval, François.] 1740b. Lettre de l'auteur servant de défense aux Causes celebres, et de réponse a deux ecrivains periodiques. In *Causes celebres et interessantes, avec les jugemens qui les ont décidées.* Bd. 15. S. 1–22. Paris: Guillaume Cavelier.

Gayott von Pitaval [, François]. 1747a. *Die Geschichte eines unschuldigen Mannes und einer unschuldigen Frau, welche wegen eines großen Diebstahles unrechtmäßiger Weise angeklagt worden, deren Unschuld aber erst nach ihrer Verdammung zu unehrlichen Strafen, und nach dem Tode des Mannes, ans Licht kam.* In *Causes célèbres, oder Erzählung sonderbarer Rechtshändel, sammt deren gerichtlichen Entscheidung.* Aus dem Französischen übersetzt. Bd. 1. S. 391–508. Leipzig: Gottfried Kiesewetter [Sigle HvA].

Gayott von Pitaval. 1747b. *Eine Frau, welche angeklagt worden, daß sie ihren Ehemann habe umbringen lassen, rechtfertiget sich dadurch, daß sie ihn wieder darstellet.* In *Erzählung sonderbarer Rechtshändel, sammt deren gerichtlichen Entscheidung.* Aus dem Französischen übersetzt. Bd. 3. S. [1]–108. Leipzig: Gottfried Kiesewetter.

Gayott von Pitaval. 1747c. *Peter Mege, ein Schifssoldat, welcher vom Parlamente der Provence für den Herrn von Caille, einen Edelmann, von dem Parisischen Parlamente aber, für den Peter Mege erkannt worden.* In *Erzählung sonderbarer Rechtshändel, sammt deren gerichtlichen Entscheidung.* Aus dem Französischen übersetzt. Bd. 2. S. 3–352. Leipzig: Gottfried Kiesewetter.

Gayott von Pitaval [, François]. 1750. Vorbericht. In *Causes célèbres, oder Erzählung sonderbarer Rechtshändel, sammt deren gerichtlichen Entscheidung.* Aus dem Französischen übersetzt. Bd. 7. Fol.)(2r.–[)(8]r. Leipzig: Gottfried Kiesewetter.

La Motte, [Antoine Houdar] de. [1730] 1808. Réponse au discours de M. de la Faye. In *Choix de discours de réception à l'Académie Françoise, Depuis son établissement jusqu'à sa suppression* [...], Hrsg. L[éonard] Boudou. Bd. 1, S. 186–193. Paris: Demonville.

Leporin, Dorothea Christiana. 1742. *Gründliche Untersuchung der Ursachen, die das Weibliche Geschlecht vom Studiren abhalten, Darin deren Unerheblichkeit gezeiget, und wie möglich, nöthig und nützlich es sey, Daß dieses Geschlecht der Gelahrheit sich befleisse, umständlich dargeleget wird.* Nebst einer Vorrede ihres Vaters Christian Polycarp Leporin. Berlin: Johann Andreas Rüdiger.

[Meier, Georg] F[riedrich]. 1748a. o. T. *Der Gesellige, eine moralische Wochenschrift* 1(1. Theil, 16. Stück), S. 129–136.

[Meier, Georg] F[riedrich]. 1748b. o. T. *Der Gesellige, eine moralische Wochenschrift* 1(1. Theil, 43. Stück), S. 353–358.

[Meier, Georg] F[riedrich]. 1748c. o. T. *Der Gesellige, eine moralische Wochenschrift* 1(2. Theil, 75. Stück), S. 609–616.

Molière [, Jean-Baptiste Poquelin de]. [1674] 2010. *Le malade imaginaire. Comédie mêlée de musique et de danses*. Textes présentés par Georges Forestier, Claude Bourqui und Anne Piéjus. In *Œuvres complètes*, Hrsg. Georges Forestier und Claude Bourqui. Bd. 2. S. [629]–718. [Paris:] Gallimard.

Müller-Mall, Sabine. 2019. Juridische Szenen. Vor dem Gesetz / Im Gericht / In Camera. In: *Inszenierung von Recht. Funktionen – Modi – Interaktionen*, Hrsg. von Laura Münkler und Julia Stenzel, S. 41–50. Weilerswist: Velbrück.

Oestmann, Peter. 2015. *Wege zur Rechtsgeschichte: Gerichtsbarkeit und Verfahren*. Köln, Weimar, Wien: Böhlau.

Rothweiler, Estelle. 2017. Art. Ordonnances. In *Handwörterbuch zur deutschen Rechtsgeschichte*. 2., völlig überarb. und erw. Aufl. Bd. 4, Hrsg. Albrecht Cordes et al., Sp. 197–203. HRGdigital, URL: https://www.HRGdigital.de/HRG.ordonnances (zuletzt zugegriffen am 18. Juni 2020).

Schlosser, Hans. 2008. Art. Galeerenstrafe. In *Handwörterbuch zur deutschen Rechtsgeschichte*. 2., völlig überarb. und erw. Aufl. Bd. 1, Hrsg. Albrecht Cordes et al., Sp. 1914–1917. HRGdigital, URL: https://www.HRGdigital.de/HRG.galeerenstrafe (zuletzt zugegriffen am 28. Februar 2023).

Stiening, Gideon. 2020. Feministische Vorurteilskritik. Dorothea Christiane Leporins Argumente wider das Verbot des Frauenstudiums. In *Feministische Aufklärung in Europa*, Hrsg. Isabel Karremann und Gideon Stiening, S. 173–203. Hamburg: Felix Meiner.

Stiening, Gideon. 2024. Betrug, Standesanmaßung, Bigamie – und Konversionspolitik. Anmerkungen zu *Peter Mege giebt sich für den Herrn von Caille aus* (Pitaval II,1). In *In dubio. Zweifel vor Gericht im Pitaval*, Hrsg. Eric Achermann, Peter Oestmann und Sebastian Speth. Berlin: J. B. Metzler.

Vollhardt, Friedrich. 2001. *Selbstliebe und Geselligkeit. Untersuchungen zum Verhältnis von naturrechtlichem Denken und moraldidaktischer Literatur im 17. und 18. Jahrhundert*. Tübingen: Max Niemeyer.

Volokh, Alexander. 1997. *n* Guilty Men. *University of Pennsylvania Law Review* 146, S. 173–216.

Wasserbäch, Stefan. 2017. *Machtästhetik in Molières Ballettkomödien*. Tübingen: Narr Francke Attempto.

Zedler, Johann Heinrich. 1732. Art. Afrania. In *Grosses vollständiges Universal-Lexicon Aller Wissenschafften und Künste*. Bd. 1, Sp. 728. Halle/Leipzig: Johann Heinrich Zedler.

Zedler, Johann Heinrich. 1733. Art. Calpurnia. In *Grosses vollständiges Universal-Lexicon Aller Wissenschafften und Künste*. Bd. 5, Sp. 310. Halle/Leipzig: Johann Heinrich Zedler.

Zelle, Carsten. 2024. *Histoire de la Pivardiere*. Stadien ihrer Textualisierung, vor, nach und bei Gayot de Pitaval. In *In dubio. Zweifel vor Gericht im Pitaval*, Hrsg. Eric Achermann, Peter Oestmann und Sebastian Speth. Berlin: J. B. Metzler.

Zenker, Kay. 2015. Zwei Jahrzehnte Volksaufklärung (1748–1768). Meier als Herausgeber und Autor Moralischer Wochenschriften. In *Georg Friedrich Meier (1718–1777). Philosophie als „wahre Weltweisheit"*, Hrsg. Frank Grunert und Gideon Stiening, S. 55–80. Berlin/Boston: De Gruyter.

Anleitung zum Richten. Jodokus Temmes Kriminalgeschichte *Wer war der Mörder?* als Muster juridisch-literarischer Wertung

Erik Schilling

Jodokus Donatus Hubertus Temme wird 1798 in Lette (Westfalen) geboren.[1] Er studiert Rechtswissenschaften in Münster und Göttingen. Nach dem Ablegen der juristischen Examina und dem Referendariat wird er in rascher Folge Obergerichtsassessor in Arnsberg, Kreisjustizrat in Ragnit, Direktor des Inquisitoriats in Stendal, Richter am Hofgericht Greifswald und Rat am neuen Kriminalgericht Berlin. Darüber hinaus ist Temme durchgehend publizistisch tätig, nicht nur in juristischen Fragen, sondern auch als Herausgeber von Volkssagen und als Autor mehrerer Romane. Wegen politischer Äußerungen wird er 1844 nach Tilsit strafversetzt.

Im Revolutionsjahr 1848 wird Temme in die Frankfurter Nationalversammlung gewählt. Nach deren Auflösung wird er des Hochverrats angeklagt, jedoch freigesprochen. 1852 wandert er nach Zürich aus, wo er eine unbesoldete Professur erhält. Zur Finanzierung seines Lebensunterhalts veröffentlicht er (Kriminal-)Romane und Erzählungen, u. a. in der *Gartenlaube*. Der biographische Überblick in der *Neuen Deutschen Biographie* schließt mit den Worten: „Bedeutung erlangte T[emme] weniger als Jurist oder Schriftsteller, als vielmehr durch sein kompromißloses Eintreten für Recht und Freiheit des Volkes“ (Hettinger 2016). Im Folgenden wende ich mich jedoch explizit dem Juristen[2]

[1] Die Ausführungen zur Biographie folgen Hettinger (2016) sowie Ott (2006). Weitere Hinweise zur Biographie bietet Freund (1990/91).

[2] Die juristische Bedeutung Temmes, insbesondere hinsichtlich der Entwicklung des Strafverfahrensrechts in Preußen, hat Peters (2010) herausgearbeitet.

E. Schilling (✉)
Institut für Deutsche Philologie, LMU München, München, Deutschland
E-Mail: erik.schilling@lmu.de

© Der/die Autor(en), exklusiv lizenziert an Springer-Verlag GmbH, DE, ein Teil von Springer Nature 2024

N. Celik und S. Speth (Hrsg.), *Rezipienten als Straf- und Kunstrichter,* Literatur und Recht 11, https://doi.org/10.1007/978-3-662-68307-1_10

und Schriftsteller[3] Temme zu, und zwar gerade im Blick auf die Kombination der beiden Tätigkeiten.

1 Ambivalenz in Temmes *Der Studentenmord in Zürich*

In einem Beitrag zu Temmes 1872 veröffentlichtem Roman *Der Studentenmord in Zürich* untersuche ich in dem von Andreas Blödorn und Johannes Ueberfeldt herausgegebenen Band *Der Störung auf der Spur*,[4] wie einem Mordfall als sozialer und juristischer ‚Störung' auf die Spur zu kommen ist (Schilling 2024). Temmes Roman erzählt von den Ermittlungen nach der Ermordung des Studenten Ludwig Lessing. Die Ermittlungen ziehen sich anderthalb Jahre hin und umfassen die Auswertung einer Vielzahl von Spuren, Beteiligten und Motiven, die im Roman minutiös vorgenommen wird. Entwickelt wird zunächst die Hypothese eines Raubmordes; sodann werden persönliche Motive (Hass oder Rache) für verschiedene Beteiligte untersucht und ausgeschlossen; schließlich rückt der Gedanke an eine politische Tat ins Zentrum der Ermittlungen, weil sich Lessing im Rahmen des ‚Jungen Deutschland' politisch engagiert hat und – wie sich einigen von ihm verfassten Briefen entnehmen lässt – gleichzeitig als preußischer Spion tätig war.

Auffällig an Temmes *Studentenmord* sind insbesondere zwei Aspekte: die Rolle des Erzählers, der zwischen unbeteiligter Präsentation von Fakten und urteilender Bewertung derselben schwankt, sowie die potentielle Rolle der Leserinnen und

[3] Dabei verzichte ich auf eine literaturgeschichtliche Einbettung in die Gattung des Kriminalromans im 19. Jahrhundert. Einführend dazu sei verwiesen auf die Beiträge von Zelle (2018) und Düwell (2018). Kirchmeier (2015, S. 26) schreibt resümierend zu der Gattung bis zu Temme: „Die poetische Form der Fallgeschichte, die Temme verwendet, ist seit dem ausgehenden 18. Jahrhundert, seit den Kriminalerzählungen Meißners und Schillers bekannt. Die Erzählung eines singulären Kasus erfüllt seither die soziale Funktion, Differenzen zwischen Legalität und Legitimität aufzuzeigen – im vorliegenden Beispiel [Temme] also das Problem, dass die *summa iniuria*, die ‚offenbare Roheit' der Tat, das *summum ius* ist, also gerade keine ‚ungesetzliche, strafbare Handlung' darstellt", und fasst Temmes Kriminalerzählungen sodann „in der hier vorgestellten historisch-typologischen Perspektive [als] Übergangstexte. Sie enthalten noch Momente der juristischen Fallgeschichte, aber sie haben nicht mehr den Bezug zu einem rational begründeten Naturrecht, sie thematisieren bereits das Problem der Detektion, aber verfügen noch nicht über erfolgreiche Ermittlungspraktiken" (Kirchmeier 2015, S. 31).

[4] Ich habe die beiden Fallbeispiele bei zwei unterschiedlichen Anlässen des Münsteraner Sonderforschungsbereichs „Recht und Literatur" vorgestellt: zunächst im Rahmen eines Workshops des Teilprojekts A04 („Anthropologie des Verbrechens. Zur Interferenz von Poetik, Moral- und Rechtsdiskurs im Werk Jodocus Donatus Hubertus Temmes") in Münster im Juni 2022, sowie später bei einem Panel des Germanistentages, organisiert durch Nursan Celik (Teilprojekt A01: „Deutungshoheit über Texte – Recht und Literatur im Streit um gerichtliche Zensur") und Sebastian Speth (Teilprojekt A03: „Das Recht der Erfahrungsseelenkunde. Der Pitaval als Milieu- und Prozessliteratur zwischen 1730 und 1840") im September 2022. Aufgrund der unterschiedlichen thematischen Akzentuierungen werden beide Beiträge getrennt voneinander publiziert, erscheinen aber bei Metzler in derselben Reihe („Literatur und Recht") und sind im Idealfall zusammen zu lesen.

Leser, die sich insofern zur tätigen Mitarbeit an der Aufklärung des Mordes eingeladen fühlen können, als der Roman selbst den Täter nicht präsentiert. Der Text endet mit der lakonischen Feststellung:

> Wer der Mörder sei, blieb ein Geheimniß.
> Es wird gelöst werden.
> Die Acten enthalten einmal einen Fingerzeig. Er wurde nicht beachtet.
> (Temme [1872] 2006, S. 96)

Temmes *Studentenmord* – so meine im genannten Beitrag entwickelte These – kann als ein Lehrbuchfall für den Ablauf der Beweisaufnahme im Rahmen eines Kriminalprozesses gelesen werden, wie ihn der Autor selbst in seinen juristischen Schriften skizziert. Im Lauf der Lektüre schreitet die Beweisaufnahme voran; sukzessive werden verschiedene Materialien präsentiert, die auch in einem juristischen Prozess zum Einsatz kommen könnten, etwa Obduktionsberichte, behördliche Korrespondenz oder Protokolle von Zeugenvernehmungen. Auf diese Weise wird der Leser gewissermaßen zum Examenskandidaten; die Rezipientin nimmt die Rolle der Richterin ein. In dieser Rolle können sie sich an Temmes juristischen Ausführungen orientieren. Dies gilt besonders deswegen, weil keine Sprech- oder Erzählinstanz im Text eine abschließend-vereindeutigende Sichtung der Beweismittel vornimmt. Eine solche Sichtung und Bewertung müssen die Rezipientinnen und Rezipienten – sofern sie es wollen – selbst im Rahmen der Lektüre durchführen. Es bleibt somit dem Publikum überlassen, entweder mit der entstandenen Ambivalenz zu leben, also verschiedene Erklärungen für den Mord am Studenten Lessing für denkbar zu halten, oder aber diese Ambivalenz selbständig zu einer Auflösung zu vereindeutigen, im Sinne dessen, was der Erzähler mit dem kryptischen Begriff „Fingerzeig" in den „Acten" andeutet, aber nicht selbst vollzieht.

Im entscheidenden Unterschied zum *Studentenmord in Zürich* schließt Temmes 1873, also ein Jahr nach dem *Studentenmord* publizierte Kriminalgeschichte *Wer war der Mörder?* sukzessive alle infrage kommenden Verdächtigen aus, bis schließlich nur zwei übrigbleiben – und diese decken gemeinsam auf, wer von ihnen für den Mord verantwortlich ist. Die Rolle der Rezipientinnen und Rezipienten entspricht in diesem Fall stärker derjenigen eines Polizisten (personifiziert durch den Ich-Erzähler, den ermittelnden „Kriminaldirektor") als derjenigen des Richters. Gerade im Kontrast der beiden Geschichten können aber die unterschiedlichen Rollen der Rezipienten als Richter besonders deutlich hervortreten. Darum sei im Folgenden *Wer war der Mörder?* im Detail untersucht.

2 Vereindeutigung in Temmes *Wer war der Mörder?*

Wer war der Mörder? berichtet aus der Ich-Perspektive des Kriminaldirektors von zwei Tötungsdelikten, die strukturell und hinsichtlich der betroffenen Personen miteinander verbunden sind. Das erste Delikt weist „ein[en] sehr einfache[n] Hergang“ (WM, S. 143)[5] auf, der gar nicht der Aufklärung bedarf: Ein Bauer und ein Förster geraten in Streit über die genaue Menge Holz, die der Bauer aus dem königlichen Forst entnehmen darf. Als der Bauer sich weigert, das überzählige Holz wieder von seinem Wagen abzuladen, und den Förster mit der Axt bedroht, erschießt ihn dieser. Wie der Erzähler sogleich konstatiert, handelt der Förster, „wie er nach dem Gesetz handeln durfte, nach seiner Instruktion vielleicht gar handeln mußte“ (WM, S. 144). Dennoch folgt eine Untersuchung des Sachverhalts, denn dem „verletzten allgemeinen Rechtsbewusstsein gebührte […] die strengste rechtliche Genugtuung“ (WM, S. 144). Der Kriminaldirektor begibt sich an die Stelle des Vorfalls, wo ihm „[e]in neues Rätsel oder vielmehr der letzte Teil des Rätsels“ (WM, S. 148) begegnet.

Dieses „neue[] Rätsel“ betrifft die Tötung eines Forsteleven namens Alfred Felsener sieben Jahre vor der eigentlichen Handlung der Geschichte. Felsener wird eines Nachts im Wald erschossen, scheinbar von einem auf frischer Tat ertappten Wilderer. Obwohl der Wilderer verurteilt wird, streitet er die Tat ab, selbst unmittelbar vor seinem Ableben im Gefängnis, sieben Jahre später, im Beisein des Kriminaldirektors. Der Direktor lässt sich die Akten kommen, um den Fall neu zu untersuchen. In den alten Fall sind dieselben Personen verstrickt wie in das aktuelle Tötungsdelikt: der Förster Wolf, der damals noch ein einfacher Jäger war, seine jetzige Ehefrau sowie deren Vater, der damalige Förster, und ein Knecht im Forsthaus. Indem er den Tathergang rekonstruiert und Zeugen befragt, kann der Kriminaldirektor sukzessive den Kreis der Verdächtigen auf den Förster und dessen Ehefrau reduzieren. Unter Druck gesetzt, suizidiert sich der Förster, und die Ehefrau gesteht, dass ihr Mann den Forsteleven getötet habe, weil er auf ihn – als damaligen Verlobten der Ehefrau – eifersüchtig gewesen sei.

Wie ich im Folgenden darlegen möchte, hängen die beiden Handlungsstränge – die Tötung des Bauern in der Gegenwarts- sowie die Ermordung des Forsteleven in der Vergangenheitshandlung, jeweils durch den Förster – nicht nur über die Figuren miteinander zusammen, sie ergänzen einander auch funktional. Beide Fälle lassen sich im Hinblick auf ein Spannungsfeld zwischen Eindeutigkeit und Ambivalenz beschreiben. Dies betrifft erstens die geschilderten Rechtsfälle an sich, zweitens den Gang der Aufklärung derselben und drittens potentielle Konsequenzen für die Rezipientinnen und Rezipienten als (ästhetische und juristische) Richterinnen und Richter.

3 Zwei eindeutige Fälle?

Auffällig an der Kriminalgeschichte *Wer war der Mörder?* ist, dass beide Tötungsdelikte auf scheinbar unkomplizierte Weise einer vollumfänglichen Aufklärung zugeführt werden. Dies entspricht den Anforderungen, die Temme in seinem *Lehr-*

[5] Zit. hier und im Folgenden nach Temme ([1873] 2010) mit der Sigle WM.

buch des Gemeinen Deutschen Strafrechts an den Beweis im Rahmen des Strafprozesses formuliert:

> Der Beweis im Strafprozesse ist ein anderer, als im bürgerlichen Prozesse. In diesem gilt f o r m e l l e, in jenem m a t e r i e l l e Wahrheit. Im Civilprozesse wird daher nach der Verhandlungsmaxime vom Richter verfahren, findet ein streng geordnetes Beweisverfahren statt, mit Beweissatz, Beweislast, Beweisfrist, mit Präsumtionen und Fictionen; dabei überall Willkür der Parteien, den Beweisvorschriften nachzukommen, oder nicht, und den Beweis zu verlieren. Im Strafprozeß, dessen wesentliche Aufgabe die Feststellung der materiellen Wahrheit ist, kann von dem Allem nicht die Rede sein. (Temme 1876, S. 96)

Im Strafprozess geht es um eine ‚absolute Wahrheit', die es zu ermitteln gilt, während für den Zivilprozess, wie Temme ihn skizziert, nur eine ‚relative Wahrheit' charakteristisch ist, die von den Beteiligten konstruiert wird. Für den Fall des erschossenen Bauern in *Wer war der Mörder?* schildern sowohl dessen Vater, der den Fall vor dem Kriminaldirektor zur Anzeige bringt, als auch der Förster, der den Bauern erschossen hat, den Sachverhalt in identischer Weise. Die formelle Wahrheit ist also eindeutig. Dennoch schürt der Erzähler mit Nachdruck Zweifel. Als der Vater des Bauern verlangt, „[g]egen die Übergriffe, gegen die Brutalität der Beamten, müsse endlich einmal Gerechtigkeit geübt werden" (WM, S. 144), solidarisiert sich der Erzähler mit ihm und legt zugleich seinen Lesern nahe, es ebenso zu handhaben: „Hatte der alte Mann Recht? Ich glaube, keiner meiner Leser möchte daran zweifeln wollen" (WM, S. 144). Diesem vom Bauern, vom Erzähler und potentiell vom Lesepublikum geteilten intuitiven ‚Rechtsbewusstsein' bzw. ‚Rechtsgefühl' steht das positive Recht gegenüber: „Ich mußte dennoch zu seinem Begehren den Kopf schütteln. Der Förster war nach dem Gesetz völlig in seinem Recht gewesen" (WM, S. 144). Der Absatz schließt mit einem verzweifelt-ärgerlichen Ausruf des Bauern, der ein so verfahrendes Rechtssystem grundsätzlich infrage stellt: „‚Welche Gesetze! Welches Recht!', rief er" (WM, S. 144). Am Ende des (nicht einmal zwei Seiten langen) ersten Abschnitts der Erzählung ist also der formellen Wahrheit Genüge getan, dem Rechtsgefühl der Beteiligten hingegen nicht, was zu einer explizit formulierten Grundsatzkritik am Rechtssystem führt.

Ebenso eindeutig wird die formelle Wahrheit im zweiten Tötungsdelikt ermittelt. Am Ende der Geschichte fasst die Ehefrau des Försters gegenüber dem Kriminaldirektor zusammen, wie und warum ihr Mann den damaligen Forsteleven getötet habe:

> Erfahren Sie von mir die Wahrheit. Der Wilddieb war nicht der Mörder. Mein Mann war es. Eine wilde Eifersucht auf den unglücklichen Felsener hatte schon lange an ihm gezehrt [...]. Wie das Verbrechen verübt wurde? Mein Mann [...] überraschte den Wilddieb, nahm sein Gewehr und erschoß damit Felsener. (WM, S. 179 f.)

Da sich die Aussage der Ehefrau vollumfänglich mit den Zeugenaussagen und Indizien deckt, die der Kriminaldirektor im Zuge seiner Untersuchung gesammelt hat, gibt es auch in Bezug auf dieses Tötungsdelikt weder für ihn noch für das Lesepublikum einen Grund, den Sachverhalt anzuzweifeln. Zweifel könnten jedoch, wie ich im folgenden Abschnitt ausführen möchte, an der Möglichkeit bestehen, den Sachverhalt überhaupt juristisch aufzuklären: Hätte die juristische Methodik ausreichend Gewissheit in die Angelegenheit gebracht, wenn der Förster sich nicht selbst gerichtet und seine Frau in der Folge von sich aus dessen Tat dargelegt hätte?

4 Eine eindeutige Aufklärung?

Um zu prüfen, ob die Anwendung juristischer Methodik nach Lehrbuch ausreichend Gewissheit in die Angelegenheit gebracht hätte, ist die oben angedeutete vergleichende Perspektive auf Temmes juristische und literarische Schriften von Interesse. Wenn die These zutrifft, dass Temmes literarische Werke vielfach als Muster für die juristische Expertise im Umgang mit Kriminalfällen gelesen werden können (Schilling 2024), dann muss die juristische Vorgehensweise auch auf die in der Literatur geschilderten Fälle anzuwenden sein. Einschlägig unter Temmes zahlreichen juristischen Werken ist insbesondere das 1857 in fünfter Auflage erschienene, ursprünglich von Christoph Martin verfasste und von Temme überarbeitete *Lehrbuch des Teutschen gemeinen Criminal-Processes*. Darin werden genaue Hinweise für den Ablauf der Beweisaufnahme im Rahmen eines Kriminalprozesses gegeben. Für die „förmliche Beweisaufnahme“ – so das Lehrbuch – verwendet man

> sämmtliche Kenntnißquellen, welche in dem vorliegenden Falle den objectiven Thatbestand des einzelnen Verbrechens, dessen Urheber (im weiteren Sinne) und die relevanten Nebenumstände mittelbar oder unmittelbar […] aufzuklären vermögen. (Martin und Temme 1857, S. 428 f.)

In der Geschichte werden zahlreiche Informationen geboten, die es den Rezipienten als Kriminalrichtern ermöglichen können, den „objectiven Thatbestand“ zu rekonstruieren. Dies betrifft die genannten Aspekte ‚Verbrechen‘, (potentielle) ‚Urheber‘ und ‚Nebenumstände‘. Unterstützung bei der Erarbeitung des „objectiven Thatbestands“ bietet die Erzählung durch die Ich-Perspektive des Kriminaldirektors, die die Erarbeitung und Systematisierung der Fakten vornimmt. Übertragen auf den Gedanken, die Erzählung als einen Lehrbuchfall zu fassen, lässt sich dies als eine Anleitung für das Lesepublikum verstehen, wie die Untersuchung aufzubauen sei.

Der Ablauf der Tötung des Forsteleven, also das Verbrechen selbst und seine Nebenumstände, werden vom Kriminaldirektor Schritt für Schritt ermittelt, wobei dieser verschiedentlich explizit ein Zwischenfazit zieht, beispielsweise hinsichtlich der zeitlichen Umstände:

> Nun standen aber folgende Tatsachen fest: Felsener hatte um ein Viertel vor zwölf in der Nacht das Forsthaus verlassen. Der Verwalter und sein Sohn hatten den unzweifelhaft von dem Mörder herrührenden Schuß um drei Viertel eins gehört. […] Zwischen dem Fortgehen Felseners und dem Schuß lagen also genau anderthalb Stunden. Gerade so lange brauchte ein Fußgänger, um von dem Forsthaus zu der Mordstelle zu gelangen. (WM, S. 166)

Weitere Tatsachen ergeben sich aus der Befragung des Wilderers sowie zweier verlässlicher Zeugen des Geschehens. Nachdem also die Umstände des Verbrechens geklärt sind, geht es um die Ermittlung seines Urhebers. Der Verdacht liegt zunächst auf dem Wilderer, der für das Verbrechen verurteilt wurde. Doch als dieser selbst im Moment seines Todes darauf beharrt, den Forsteleven nicht getötet zu haben, ist der Kriminaldirektor von seiner Unschuld überzeugt: „‚Ist da ein Mörder gestorben?', fragte mich der Geistliche. ‚Nein', mußte ich antworten" (WM, S. 154). Ab diesem Moment kommen nach Einschätzung des Kriminaldirektors als Urheber des Mordes nur noch Personen aus dem unmittelbaren Umfeld des Forsthauses infrage: „Nur in dem Forsthause war der Mörder oder wenigstens seine Spur zu entdecken. Wahrscheinlich der Mörder selbst. Jeder konnte dort der Schuldige sein, nicht bloß der Förster" (WM, S. 168).

Um weiter zu ermitteln, begibt sich der Kriminaldirektor zum Forsthaus und befragt Zeugen. Für die Analyse seiner Vorgehensweise ist erneut ein Blick auf Temmes juristische Schriften von Interesse. In einem eigens von Temme ergänzten Abschnitt zu § 83 des *Lehrbuchs des Teutschen gemeinen Criminal-Processes* wird eine Klassifikation von Zeugen geboten. Temme unterscheidet zunächst ‚fähige' von ‚unfähigen' Zeugen, wobei im Prozess nur die erstgenannten „als Beweiszeugen zulässig sind" (Martin und Temme 1857, S. 262). Fähige Zeugen sind „classische, ‚genugsame', vollgültige, glaubwürdige, auch unverdächtige [...], wenn sie alle Bedingungen der Glaubwürdigkeit eines Zeugen für den einzelnen Fall in sich vereinigen" (Martin und Temme 1857, S. 262 f.). Zu den unfähigen Zeugen gehören hingegen beispielweise solche, „welche ein unmittelbares Interesse bei der Sache haben" (Martin und Temme 1857, S. 265 f.). Als dritte Kategorie führt Temme „verdächtige Zeugen" ein, etwa „Mitbeschuldigte, Beschädigte, Angeber, Ankläger", die ebenfalls ein Interesse an der Sache haben, aber potentiell nicht als ‚unfähig' einzustufen sind, außerdem „Ehegatten und nahe Verwandte und Verschwägerte des Angeschuldigten" sowie „Feinde und Freunde des Angeschuldigten und von diesem abhängige Personen" (Martin und Temme 1857, S. 266 f.). In allen Fällen gilt: „Die Glaubwürdigkeit der Zeugen hat der Richter von Amtswegen zu prüfen" (Martin und Temme 1857, S. 267). Genau dies erfolgt in den weiteren Abschnitten der Kriminalgeschichte.

Der Kriminaldirektor begibt sich zum Forsthaus bzw. in das nahegelegene Dorf. Dort befragt er zunächst den Pfarrer, der als ‚fähiger' Zeuge dargestellt wird: Bei ihm seien, so der Erzähler, Erkundigungen möglich, „die ich anderswo so genau und zuverlässig nicht erlangen konnte" (WM, S. 168), er sei ein „vorsichtiger und zurückhaltender Mann" (WM, S. 168). Vom Pfarrer erfährt der Direktor u. a., dass der junge Förster „schon seit Jahren ein Auge auf die Tochter des alten Försters geworfen" (WM, S. 168) hatte; eine Information, die wegen der Glaubwürdigkeit des Zeugen als zuverlässig eingestuft werden kann und sich später in der Tat als zutreffend erweist.

Der nächste Zeuge, den der Kriminaldirektor befragt, ist der Knecht des Forsthauses. Dieser wird von Beginn an als ‚verdächtiger Zeuge' dargestellt. Auch wenn er selbst nicht der Täter sein sollte, so ist er doch im Sinne des Lehrbuchs ein Freund oder ein Abhängiger des Angeschuldigten, wenn dieser, wie der Direktor deduziert hat, aus dem Forsthaus kommt. Die Darstellung des Knechts in der Geschichte leistet ihr Übriges, um diesen als ‚verdächtig' zu präsentieren: „Er erschrak heftig, als er mich sah. [...] Aber ich hatte es mit einem verschlossenen und zugleich zähen alten Mann zu tun" (WM, S. 171). Durch gezielte Nachfragen und Appelle an die Ehre des Knechts („Ihr seid immer ein ehrlicher Mann gewesen", WM, S. 171) gelingt es dem Kriminaldirektor jedoch, den Knecht von einem ‚verdächtigen' zu einem ‚fähigen' Zeugen werden zu lassen: Er erhält wichtige Informationen von ihm und kann den Kreis der Verdächtigen damit explizit auf den „Förster Wolf und seine Frau" (WM, S. 173) eingrenzen.

Als nächste Zeugin wird die Frau des Försters konsultiert, die nun – je nach hypothetischem Szenario – entweder Ehegattin des ‚Angeschuldigten', Mitbeschuldigte oder aber selbst Beschuldigte ist. In jedem Fall hat es der Kriminaldirektor bei ihr mit einer verdächtigen Zeugin zu tun, was ihr Verhalten mehrfach bestätigt: „Eine leise Röte zog über das blasse Gesicht", „[s]ie wurde auf einmal glühend rot", „sie war wieder in einer peinlichen Unruhe" (WM, S. 176 f.). Doch weil sie und ihr Mann die Beschuldigten sind, setzt das Recht dem Kriminaldirektor Grenzen. Explizit legt er die Rechtslage dar:

> Aber mußte sie denn die Wahrheit sagen? Sie war die Mörderin, oder ihr Mann war es. Das war ja mein eigener Verdacht, gerade das, was ich durch die neue Untersuchung ermitteln wollte. Konnte ich sie denn zwingen, Zeugnis gegen sich selbst, die Gattin, Zeugnis gegen den Gatten abzulegen? Ich hatte meiner Pflicht Genüge getan. Ich hatte sie nach Umständen gefragt, die nach allen Seiten ein Licht über das Verbrechen verbreiten konnten, auch für sie, auch für ihren Mann, die schon zum Gegenstande der früheren Untersuchung hätten gemacht werden sollen. Sie hatten in ihrem Resultat freilich nur den Verdacht gegen sie oder ihren Gatten fester begründet. Aber eben darum durfte ich nicht weiter in sie dringen. Jede fernere Frage konnte nun direkt auf ihre oder ihres Mannes Schuld gerichtet sein. Zu einem Zeugnis darüber durfte ich sie nicht zwingen. (WM, S. 178)

Analog zu dem ersten in der Geschichte geschilderten Fall (der Tötung des Bauern) gibt es eine Diskrepanz zwischen positivem Recht und einem diesem entgegenstehenden Rechtsgefühl. Wie für das erste Tötungsdelikt ein intuitives Unwohlsein sowohl des Bauern als auch des Kriminaldirektors über die ausbleibende Bestrafung des Försters formuliert worden war, so schimmert hier ein ähnlicher Konflikt durch. Dass der Erzähler explizit betont, dass er die Ehefrau des Försters nicht *zwingen dürfe*, gegen sich selbst oder ihren Mann auszusagen, lässt die Möglichkeit offen, dass er sie eigentlich gerne *zwingen würde*. Der Verweis auf seine berufliche „Pflicht" eröffnet darüber hinaus eine Differenzierung zwischen dem Erzähler als Amts- und als Privatperson, die sich in ihrer Auffassung möglicherweise unterscheiden.

Die Ermittlung befindet sich damit in einer aporetischen Position. Der Kreis der Verdächtigen wurde auf zwei Personen reduziert, doch weil es sich bei diesen um Ehepartner handelt, fehlt dem Recht die Handhabe zu einer verschärften Befragung. Es kommt beim Erzähler – und potentiell auch beim Lesepublikum – erneut zu einer Diskrepanz zwischen positivem Recht und Rechtsgefühl. Die Lösung dieser Situation erfolgt unerwartet und von außen: Der Förster erschießt sich und ermöglicht es seiner Gattin auf diese Weise, von ihrem Schweigen Abstand zu nehmen und dem Kriminaldirektor – und damit auch den Leserinnen und Lesern – den oben dargelegten Ablauf der Geschichte darzubieten.

Doch diese Lösung ist, wie Christian Kirchmeier (2015, S. 30) betont, „als prekär zu durchschauen, weil sie nur noch durch den literarischen Kunstgriff des ‚deus ex machina' gelingen will". Das Rechtssystem stößt – wie im Falle des getöteten Bauern – an eine Grenze, die nur außerhalb des Systems überwunden werden kann: Indem sich der Förster für seinen früheren Mord (an dem Forsteleven) selbst richtet, sühnt er *en passant* auch die ihm vorgeworfene Brutalität des Beamten gegenüber dem Bauern. Am Ende der Erzählung mag damit das Rechtsgefühl doppelt befriedigt sein; es erreicht diesen Zustand jedoch nicht als Folge erfolgreich durchgeführter Ermittlungspraktiken, sondern durch eine Reihe von Vorgängen, die außerhalb juristischer Verfahren anzusiedeln sind.

5 Ambivalenz und Vereindeutigung als juristische und literarische Praktiken

Im Einklang mit Temmes juristischen Anweisungen zur Kriminalprozess-Praxis werden in der Kriminalgeschichte *Wer war der Mörder?* Elemente geboten, die es den Rezipienten als Richtern ermöglichen, in Kenntnis des ‚objectiven Thatbestands' und der anderen Strafbarkeitsvoraussetzungen zu einem Urteil zu kommen. Doch ganz problemlos funktioniert die Theorie in der Praxis nicht – analog zu Temmes *Studentenmord in Zürich*, doch aus anderen Gründen. Am Ende von Temmes *Studentenmord* stand, wie oben zusammengefasst, die Beobachtung, dass es (vorerst) ein Geheimnis bleibe, wer den Mord zu verantworten habe. Damit übergibt Temme die *Verantwortung für die Lösung des Falls* an die Rezipienten als Kriminalrichter. Diese werden durch das lehrbuchartig umgesetzte Beispiel, die anleitenden Fragen und eine möglicherweise parallel erfolgende Lektüre der juristischen Schriften Temmes in die Lage versetzt, der Störung auf die Spur zu kommen – und zwar im doppelten Sinne: der (durch den Mord erfolgten) Störung der sozialen bzw. juristischen Ordnung und der (durch Unklarheiten in den Prozessakten erfolgten) Störung der kommunikativen Ordnung. Und so kann die Ordnung durch den Rezeptionsprozess unter Umständen wiederhergestellt werden. Ob dies tatsächlich geschieht, und wenn ja, durch wen, bleibt im *Studentenmord* offen.

Während also im *Studentenmord* die Aufklärung des ‚objectiven Thatbestands' ambivalent bleibt, gelangt der Kriminaldirektor in *Wer war der Mörder?* diesbezüglich sogar zweimal zu einem eindeutigen Urteil. Dennoch ist eine mehrfache Ambivalenz zu konstatieren. Diese betrifft sowohl das positive Recht und seine Normen als auch die Möglichkeit, mit den Verfahren des Kriminalprozesses den ‚objectiven Thatbestand' aufzuklären. Es bestehen zwar keine Zweifel hinsichtlich dessen, *was* geschehen ist. Doch der Text schürt erstens Zweifel daran, *wie* die Aufklärung vollzogen wird und *wie erfolgreich* sie dabei sein kann. Und zweitens ergeben sich Zweifel, *ob die positivrechtlichen Normen* einem etwaigen

Rechtsgefühl entsprechen. In beiden Fällen werden die Zweifel im Rahmen der Geschichte nicht gelöst, sondern – wie im *Studentenmord* – gewissermaßen den Rezipienten als Richtern zur Lösung aufgegeben. Der Unterschied zum *Studentenmord in Zürich* besteht in *Wer war der Mörder?* darin, dass die tätige Mitarbeit des Lesepublikums sich nun nicht auf *Verfahren des Rechtssystems* bezieht, sondern auf kritische Überlegungen zu *Leistungen und Grenzen des Rechtssystems insgesamt.*

Nimmt man beide Texte gemeinsam in den Blick, so sind Rezipientinnen und Rezipienten also nicht nur mit juristischen Fähigkeiten gefragt, die sie durch die Lektüre von Temmes rechtswissenschaftlichen Schriften erwerben können, sondern auch als kritische Denkerinnen und Denker. Sie werden damit im doppelten Sinne zu Richtern: hinsichtlich der juristischen Fragen im engeren Sinne und hinsichtlich solcher Überlegungen, die jenseits der Grenzen des Rechtssystems liegen und daher vielleicht gerade in einem nicht-juristischen Umfeld diskutiert werden können, etwa in einem literarischen Text. Vor diesem Hintergrund lassen sich Temmes literarische Texte als eine plurale ‚Anleitung zum Richten' verstehen.

Literatur

Düwell, Susanne. 2018. Kanonische Kriminalliteratur des 19. Jahrhunderts. In *Handbuch Kriminalliteratur. Theorien – Geschichte – Medien*, Hrsg. dies. et al., S. 285–293. Stuttgart: J. B. Metzler.

Freund, Winfried. 1990/91. Demokrat, Richter, Kriminalautor. Eine Wiederbegegnung mit Jodokus Donatus Hubertus Temme. *Amsterdamer Beiträge zur neueren Germanistik* 31–33, S. 257–271.

Hettinger, Michael. 2016. Temme, Jodocus. *Neue Deutsche Biographie* 26, S. 24 f.

Kirchmeier, Christian. 2015. Krise der Kritik. Zur Poetik von Kasus und Rätsel am Beispiel zweier Kriminalerzählungen von Jodokus D. H. Temme und Auguste Groner. In *Tötungsarten und Ermittlungspraktiken. Zum literarischen und kriminalistischen Wissen von Mord und Detektion*, Hrsg. Maximilian Bergengruen, Gideon Haut und Stephanie Langer, S. 19–38. Freiburg i. Br. u. a.: Rombach.

Martin, Christoph. 1857. *Lehrbuch des Teutschen gemeinen Criminal-Processes mit besonderer Rücksicht auf die neueren in Teutschland geltenden Strafproceßgesetze.* Fünfte Ausgabe, ergänzt und beendigt von J. D. H. Temme. Leipzig/Heidelberg: Winter.

Ott, Paul. 2006. ‚Der Studentenmord in Zürich' – ein Detektivroman ohne Ermittler. In *Jodocus Donatus Hubertus Temme: Der Studentenmord in Zürich. Criminalgeschichte*, Hrsg. Paul Ott und Kurt Stadelmann, S. 97–110. Zürich: Chronos.

Peters, Karoline. 2010. *J. D. H. Temme und das preußische Strafverfahren in der Mitte des 19. Jahrhunderts.* Berlin/New York: De Gruyter.

Schilling, Erik. 2024. Vom Umgang mit *noise* in Literatur und Recht. Jodokus Temmes Roman *Der Studentenmord in Zürich* und die Methodik der Beweisaufnahme in Temmes juristischen Schriften. In *Der Störung auf der Spur*, Hrsg. Andreas Blödorn und Johannes Ueberfeldt. Stuttgart: J. B. Metzler [im Druck].

Temme, Jodocus Donatus Hubertus. 1876. *Lehrbuch des gemeinen deutschen Strafrechts.* Stuttgart: Enke.

Temme, Jodocus Donatus Hubertus. [1872] 2006. *Der Studentenmord in Zürich. Criminalgeschichte.* Hrsg. Paul Ott und Kurt Stadelmann. Zürich: Chronos.

Temme, Jodocus Donatus Hubertus. [1873] 2010. Wer war der Mörder? In *Wer war der Mörder? Kriminalgeschichten*. Hrsg. Günther Butkus, S. 143–180. Bielefeld: Hofenberg.

Zelle, Carsten. 2018. Unkanonische Kriminalerzählungen des 19. Jahrhunderts. In *Handbuch Kriminalliteratur. Theorien – Geschichte – Medien*, Hrsg. Susanne Düwell et al., S. 274–284. Stuttgart: J. B. Metzler.

Zu Gericht über Leo Perutz' *Der Meister des Jüngsten Tages* (1923). Schuldspruch und Diegesekonstruktion als Rezeptionsaufgabe

Lea Baumgart

> Und ich sah die Toten, Groß und Klein, stehen vor dem Thron, und Bücher wurden aufgetan. Und ein andres Buch wurde aufgetan, welches ist das Buch des Lebens. Und die Toten wurden gerichtet nach dem, was in den Büchern geschrieben steht, nach ihren Werken. (Offb 20,12)

Das vorangestellte Zitat aus der Offenbarung des Johannes beschreibt den Tag des Jüngsten Gerichts; den Tag, an dem sich jeder Einzelne vor einer göttlichen Gerichtsbarkeit für seine Taten zu verantworten hat. Innerhalb der christlichen Heilsgeschichte verkörpert dieses Weltgericht den Urteilsspruch par excellence – er ist gerecht, unwiderlegbar und unausweichlich. Es ist zunächst nicht dieses Strafgericht, um das es im Folgenden gehen soll, aber sicherlich ruft Leo Perutz mit seinem Romantitel *Der Meister des Jüngsten Tages* nicht zufällig den Komplex von Schuld und Urteil auf, der mit dem Jüngsten Tag verknüpft ist.

Die Schuldfrage ist dabei ein durchaus wiederkehrendes Motiv in den Werken des österreichischen Schriftstellers,[1] der sich in der ersten Hälfte des 20. Jahrhunderts zwar großer Beliebtheit erfreute, jedoch erst in den letzten beiden Jahrzehnten wieder in den Fokus literaturwissenschaftlicher Betrachtungen gerückt ist, was nicht zuletzt den Bemühungen Hans-Harald Müllers und den Neuauflagen im dtv-Verlag zu verdanken ist. Ein wesentlicher Grund für die Vergessenheit, in die

[1] Angeführt sei hier nur *Der schwedische Reiter* (1936), in dem sich tatsächlich – oder auch nur vermeintlich – ein göttliches Strafgericht zuträgt. In diesem ist es jedoch anders als in *Der Meister des Jüngsten Tages* weniger die Gerechtigkeit des Urteils, sondern vielmehr seine tatsächliche Exekution, deren Status ambivalent verbleibt.

L. Baumgart (✉)
Neuere deutsche Literatur, Universität Siegen, Siegen, Deutschland
E-Mail: Lea.Baumgart@uni-siegen.de

© Der/die Autor(en), exklusiv lizenziert an Springer-Verlag GmbH, DE, ein Teil von Springer Nature 2024

N. Celik und S. Speth (Hrsg.), *Rezipienten als Straf- und Kunstrichter,* Literatur und Recht 11, https://doi.org/10.1007/978-3-662-68307-1_11

seine Erzählungen geraten sind, ist sicher das Exil dieses jüdischen Autors, der in späteren Jahren Schwierigkeiten hatte, auf dem deutschen Buchmarkt überhaupt noch verlegt zu werden. Was darüber hinaus die Literaturwissenschaft zu ihrer distanzierten Haltung ihm gegenüber veranlasst haben könnte, ist die Genrehaftigkeit, mit der Perutz immer wieder spielt und die dazu beigetragen haben mag, ihm den Ruf eines bloßen Unterhaltungsschriftstellers einzubringen. Dies trifft besonders auf den Roman *Der Meister des Jüngsten Tages* zu, der unter anderem auch von Walter Benjamin (1930, S. [1]) unter der Überschrift „Kriminalromane auf Reisen" rezensiert wurde, obwohl Perutz selbst sich gegen diese Bezeichnung sträubte. Es lässt sich jedoch nicht leugnen, dass die Struktur des Textes sich stark an der des klassischen Detektivromans orientiert.

Im Zentrum der Handlung stehen eine mysteriöse Selbstmordreihe im Jahr 1909 und deren versuchte Aufklärung. Den Einstieg bildet der Suizid Eugen Bischoffs vermittelt durch Freiherr von Yosch, Rittmeister der österreichischen Armee, Erzähler des Romans und – wie es sich trifft – ehemaliger Geliebter von Bischoffs Ehefrau Dina. Ausgestattet mit leidenschaftlicher Eifersucht als Motiv und ebenso mit Gelegenheit zur Veranlassung des Selbstmordes, sieht sich Yosch schon bald mit Schuldzuweisungen konfrontiert, die er zunächst kaum glaubwürdig zu widerlegen vermag. Zu seiner Verteidigung hat er nur sein Offiziersehrenwort vorzubringen. Hier springt ihm der Ingenieur Solgrub bei, der im Verlauf der Handlung gemeinsam mit seinem Bekannten Doktor Gorski das Geheimnis rund um diesen und eine Anzahl weiterer Selbstmorde lüftet. Die Figur Solgrub zeichnet sich durch die scharfe Beobachtungsgabe des klassischen Detektivs aus: Während das restliche Figurenpersonal noch von der Situation überwältigt ist, löst er bereits das Rätsel mithilfe seiner überragenden deduktiven Fähigkeiten (vgl. Koseler 1995. S. 6).[2]

Letztlich entpuppt sich der wahre Mörder als ein alter Foliant, der die Anleitung zu einer kreativitätsfördernden Droge enthält, die jedoch zugleich Schreckenshalluzinationen auslöst und die Konsumierenden so in den Selbstmord treibt. Diese Erklärung mag realweltlich unwahrscheinlich wirken, aber das allein ist innerhalb einer fiktionalen Diegese noch nicht problematisch. In jedem Fall spricht dieser Erklärungsansatz den Erzähler Yosch von sämtlicher Schuld frei und genau in diesem Punkt unterscheidet der Roman sich grundlegend vom etablierten Muster des Detektivromans mit eindeutiger Lösung. Denn gleich im Anschluss an den Freispruch werden die RezipientInnen gezwungen, ihre Einschätzung der Geschehnisse erneut zu überdenken. Die Schuldfrage wird keineswegs abschließend geklärt und das vom Titel versprochene eindeutige Urteil des Jüngsten Gerichts

[2] Die Parallelen und Unterschiede in Bezug auf die Struktur des klassischen Kriminalromans sind in Koselers Aufsatz noch genauer ausgearbeitet worden, für die vorliegende Untersuchung sind sie allerdings nur marginal relevant. Kaum zu übersehen ist der Bezug auf das berühmte Ermittlerduo Sherlock Holmes und Dr. Watson, wenn auch mit einigen Abweichungen vom bekannten Schema, wie etwa dem Tod Solgrubs noch bevor er seine Erkenntnisse mitteilen kann, wodurch diese Aufgabe Doktor Gorski zufällt. Auch das Nachwort von Hans-Harald Müller (vgl. 2004, S. 201) in der Neuauflage stellt diesen Vergleich an.

bleibt den LeserInnen vorenthalten, da Yoschs Beteiligung an Bischoffs Tod bis zum Schluss nicht ausgeschlossen werden kann. Jede Leserin, jeder Leser muss selbst entscheiden, ob Yosch nun schuldig oder doch unschuldig ist, und übernimmt so die Rolle des Richters. Dabei geht es jedoch nicht nur um die Frage der Schuld, denn diese ist gleichzeitig auch an die Konstruktion der Diegese gekoppelt. Indem die LeserInnen entscheiden, ob Yosch für den Tod Bischoffs verantwortlich ist oder nicht, entscheiden sie zugleich darüber, ob die Diegese einen Drogenrausch zulässt, der Visionen des Jüngsten Tages heraufbeschwört, oder ob sie sich an einer realweltlichen Vorstellung von Wirklichkeit orientiert. Der Richterspruch der RezipientInnen wird sowohl über die Figur als auch über die erzählte Welt verhängt. Interessanterweise wird für die Erschaffung dieses Dilemmas explizit auf eine legislative Grundlage zurückgegriffen. Das Jüngste Gericht wird der historischen Wirklichkeit eines Ehrengerichts gegenübergestellt und beide Instanzen präsentieren dem Publikum einen kontradiktorischen Urteilsspruch. Welchem Gericht geglaubt wird, bleibt den LeserInnen individuell überlassen, aber bevor es um das Urteil als solches gehen kann, muss zunächst die Struktur des Romans näher beleuchtet werden.

1 Die Struktur des Urteils

Denn eigentlich vereinfacht die Behauptung, der Roman steige mit dem Tod Eugen Bischoffs ein, den Sachverhalt: Der tatsächliche Beginn des Textes ist innerfiktional zu einem späteren Zeitpunkt zu veranschlagen. So wird der Roman eröffnet mit einem „Vorwort statt eines Nachwortes", das von Yosch verfasst wurde. Es spiegelt das letzte Kapitel, das als „Schlußbemerkungen des Herausgebers" betitelt ist und offensichtlich aus einer anderen Feder stammt. Der Text ist also in Form einer Herausgeberfiktion multiperspektivisch angelegt und es werden zwei unvereinbare Perspektiven auf das Corpus Delicti der Handlung geworfen.

Yosch beginnt seinen Bericht mit der Beteuerung, seine eigenen Erlebnisse vollkommen wahrheitsgetreu niedergeschrieben zu haben. Sein Vorwort enthält zahlreiche mysteriöse Vorausdeutungen auf den „tragischen Spuk" (Perutz 1923, JT, S. 7),[3] die er im Laufe des Romans ausführen wird.[4] Soweit ist dies als Mittel zur Spannungserzeugung nicht ungewöhnlich; ungewöhnlich hingegen ist die wiederholte Hinlenkung auf den Erinnerungsprozess, den dies erforderlich macht. Von sich selbst behauptet Yosch, seine Erinnerungen an die Geschehnisse wären „erstaunlich" (JT, S. 6) und an anderer Stelle heißt es: „An all dies erinnere ich

[3] Im Folgenden werden bei Zitaten aus *Der Meister des Jüngsten Tages* nur noch die Seitenzahlen mit Sigle JT in Klammern angegeben.

[4] Der Ausdruck „Spuk" deutet bereits auf eine übernatürliche Komponente hin und leitet insofern Yoschs Darstellung der Ereignisse ein. Von vornherein wird in den LeserInnen eine Erwartungshaltung erzeugt, die eine Akzeptanz der übersinnlichen Diegesekonstruktion zu begünstigen scheint.

mich. So deutlich steht das Relief des 26. September 1909 in meinem Gedächtnis. Um so unbegreiflicher ist es mir, wie ich den Tag [...] gegen die Mitte des Monates Oktober verlegen konnte“ (JT, S. 7). Obgleich auch diese Aussage mit einer Versicherung der eigenen Zuverlässigkeit einhergeht, lässt sie durch ihre offensichtliche Fehlerhaftigkeit in Bezug auf das veranschlagte Datum Zweifel an Yoschs Gedächtnisqualität aufkommen. In ihrem Aufsatz über textuelle Signale, die unzuverlässiges Erzählen ausweisen, listet auch Gaby Allrath (1998, S. 68) unter anderem „explizite autoreferentielle Reflexionen des Erzählers über sein eigenes Erinnerungsvermögen und dessen Unzuverlässigkeit“ auf. Von Anfang an werden die LeserInnen dazu angehalten, Yoschs Berichterstattung zu misstrauen. Hinzu kommen weitere Inkonsistenzen gleich zu Beginn. So ist der Abschnitt zwar als „Vorwort“ überschrieben, geht aber von metanarrativer Reflexion vollkommen nahtlos in die eigentliche Handlung über[5] und wird nicht etwa vom ersten, sondern von Kapitel „2“ abgelöst (JT, S. 12). Auch behauptet Yosch von der Geschichte, es käme ihm vor, „als hätte sie ein anderer erlebt oder erdacht“ (JT, S. 9). Interessant ist hier nicht nur die Abspaltung von der eigenen Persönlichkeit, die den Erzähler wiederum als unzuverlässig kennzeichnet, sondern auch das Nebeneinander von ‚erlebt‘ und ‚erdacht‘, das bereits hier angesprochen wird. Die eine Zuschreibung würde die folgende Binnenhandlung als faktisch wahr beschreiben, die andere sie hingegen auch innerdiegetisch in das Reich der Fiktion verweisen; dennoch stehen beide Ausdrücke unvermittelt nebeneinander als wären sie problemlos miteinander in Einklang zu bringen. Beide Möglichkeiten zur Interpretation der Haupthandlung, die letztlich über Yoschs Schuldhaftigkeit entscheidet, werden bereits im Vorwort vor den RezipientInnen ausgebreitet. Es soll jedoch betont werden, dass die bloße Markierung zweier widersprüchlicher Welterklärungsmodelle nicht eines der beiden mehr stützt als das andere. Zwar enthält auch die Schilderung der Ereignisse, die zum Tod Eugen Bischoffs führen, Hinweise, die für Yoschs aktive Beteiligung sprechen, doch sind es gerade diese Indizien, die die Handlung überhaupt in Gang setzen und das Rätsel kreieren, das es zu lösen gilt. Ohne hinreichendes Verdachtsmoment entfiele die Notwendigkeit zur kriminalistischen Ermittlung.

Obwohl darauf hingewiesen wird, dass Yosch über Informationen verfügt, die Bischoff in den Selbstmord treiben könnten – nämlich den Bankrott seines Bankhauses und der damit einhergehende Verlust seines Vermögens – und er auch durchaus gewillt ist, auf diese anzuspielen,[6] erlangen die RezipientInnen bis zum

---

[5] „Und darum habe ich meine Geschichte niedergeschrieben. Sie hat, wie sie nun, ein Stoß beschriebener Blätter, vor mir liegt, keinen rechten Anfang, ich weiß es wohl.

Wie begann es? Ich saß daheim an meinem Schreibtisch, die Shagpfeife zwischen den Zähnen, und blätterte in einem Buch. Da kam Doktor Gorski“ (JT, S. 10).

[6] Auch hier zeigt sich bereits eine Ambivalenz in Yoschs Selbstwahrnehmung bzw. seinem Schuldempfinden. Obwohl er den Bankrott des Bankhauses zur Sprache bringt, gibt er sich erst nach einer Zurechtweisung von außen ertappt, rechtfertigt sein Verhalten jedoch zugleich durch reine Unbedachtheit. „Ich habe eine Unvorsichtigkeit begangen in einem Augenblick der Gedankenlosigkeit, weiter nichts. Was soll es denn anderes gewesen sein?“ (JT, S. 24).

Ende des Romans keine Gewissheit über seine Schuld. Es ist erst die zusätzliche Perspektive des Herausgebers, der mit seiner Schlussbemerkung die zuvor erhaltenen Informationen in ein neues Licht rückt. Als ehemaliger Regimentskamerad Yoschs hat er es übernommen, das überlieferte Manuskript des Freiherrn *post mortem* – wenn auch im Einverständnis seiner Familie – herauszubringen. Erst durch ihn erfahren die LeserInnen nun, dass sich Yosch nach Bischoffs Selbstmord zum Verzicht auf seine Rittmeistercharge genötigt sah. Er erfuhr also innerdiegetische Konsequenzen, die er selbst dem Publikum auch zum Zeitpunkt seiner Niederschrift noch bewusst vorenthält. Für den Herausgeber ist die Schuldfrage eindeutig geklärt, für ihn steht fest, „daß Freiherr von Yosch den Hofschauspieler Bischoff, einen zu psychischen Depressionen neigenden und in diesem Zustand leicht beeinflußbaren Menschen, zum Selbstmord veranlaßt" habe (JT, S. 196). Die Entziehung des militärischen Ranges ist für ihn eine zwingende Folge aus Yoschs falschem Ehrenwort, unbeteiligt an Bischoffs Tod zu sein. Er geht sogar so weit, Belege aus Yoschs Manuskript anzuführen und die genaue Textstelle zu benennen, an der „die Darstellung mit einer jähen Wendung ins Phantastische ab[biegt]" (JT, S. 196).[7] Seine psychologische Interpretation von Yoschs „selbstquälerischem Drang, die Indizien [seiner] Tat gewaltsam umzudeuten" (JT, S. 197), wirkt, wenn nicht für jeden Rezipienten oder jede Rezipientin gleichermaßen schlüssig, so doch wenigstens textlich fundiert. Mit innerdiegetischem Zugang zu Informationen, die für die LeserInnen nicht einsehbar sind, erscheint der Status des Herausgebers zunächst einmal privilegiert, was wohl auch dadurch gestärkt wird, dass er im wahrsten Sinne das letzte Wort erhält, sowohl im Schriftbild wie auch in der Chronologie der Erzählung. Tatsächlich findet sich in der Forschungsliteratur verbreitet die Auffassung, dass der Text in erster Linie als Psychogramm eines schuldbeladenen Menschen zu lesen wäre und die Einschätzung des Herausgebers richtig sein müsse, da sie bisherige Unstimmigkeiten im Text, wie etwa Yoschs aufdringliche Aufrichtigkeitsbeteuerungen oder seine Erinnerungslücken, neutralisiert (vgl. Kittstein 2016, S. 171). Die vermeintliche Auflösung kann als für Perutz typische überraschende Schlusswendung gelesen werden, die das bisherig Gelesene retrospektiv in ein anderes Licht rückt (vgl. Lüth 1986, S. 37).[8] Alternativ dient sie als Grundlage, um die Umformung von Schuld in ein künstlerisches Produkt zur Verarbeitung derselben als Thema des Romans zu diagnostizieren (vgl. Jannidis 2007, S. 54). Auch das von Hans-Harald Müller verfasste und in der Neuauflage mitabgedruckte Nachwort schlägt sich ausdrücklich auf die Seite des

[7] Die Vorausdeutungen auf das Phantastische, die sich bereits im Vorwort finden, lässt der fiktionale Herausgeber hierbei geflissentlich außer Acht.

[8] Lüth führt hier auch Perutz' Roman *Zwischen neun und neun* (1918) an, dessen Handlung sich erst am Ende der Erzählung als Halluzination eines Sterbenden im Augenblick seines Todes herausstellt. Er ignoriert dabei jedoch die Ambivalenz, die auch diesem Text innewohnt, sodass die Auflösung in der Forschung bisher ebenfalls nicht als eindeutig rezipiert worden ist.

Herausgebers (vgl. 2004, S. 204).[9] Einen interessanten Ansatz liefert Malte Meyer, der sowohl Yosch wie auch den Herausgeber als unzuverlässig zu klassifizieren versucht und sich dabei nicht bloß auf Signale innerhalb der einzelnen Perspektiven stützt, sondern vielmehr ihre Inkommensurabilität als Kriterium für Unzuverlässigkeit herausstellt (2019, S. 403). Fast alle Beiträge beziehen sich dabei auf das ausschlaggebende Argument, das der Herausgeber abschließend ins Feld führt, denn ihm zufolge „hat die Affäre, über die der Kabinettskanzlei Sr. Majestät Bericht erstattet wurde, in einer ehrengerichtlichen Verurteilung des Freiherrn von Yosch ihren Abschluß gefunden" (JT, S. 196).

Zur Legitimation dient hier also ein Strafgericht, das den Eindruck erweckt, die LeserInnen seien der Richterfunktion enthoben und das Urteil sei bereits für sie gefällt worden. Tatsächlich scheint der ehrengerichtliche Prozess als solcher der Darstellung Yoschs zu widersprechen. Nicht nur ist er in seiner Version der Geschehnisse vollkommen schuldlos, auch wird diese Schuldlosigkeit von allen Betroffenen – vor allem von Dina und ihrem Bruder, der im Roman als moralischer Hauptankläger auftritt – anerkannt (vgl. Jannidis 2007, S. 51). Nicht nur das Urteil selbst, sondern vor allem die Erhebung der Anklage sprechen in diesem Fall zu Ungunsten Yoschs. Dennoch bleiben Unstimmigkeiten bestehen, allen voran die Tatsache, dass der Herausgeber zwar das Urteil erwähnt, nicht jedoch die Beweismittel anführt, auf deren Grundlage die Entscheidung fußt, „obwohl doch nicht schon die Behauptung, sondern erst der Nachweis, daß Yoschs Bericht unrichtig ist, den Ausführungen des Herausgebers unbezweifelbare Überzeugungskraft verliehen hätte" (Müller 1992, S. 128).[10] Das Gericht als solches stellt zwar eine Autorität dar, welche die LeserInnen für sich einzunehmen vermag, seine Vertrauenswürdigkeit kann aber vom Herausgeber nicht restlos aufrechterhalten werden. Um die Glaubwürdigkeit der Behauptung beurteilen zu können, ist es hilfreich, sich ein genaueres Bild des historisch-rechtlichen Hintergrundes zu verschaffen.

2 Das Ehrengericht

Die zum Zeitpunkt der Romanhandlung gültige Vorschrift für Offiziere der k. u. k.-Armee definiert als Aufgabe der Ehrengerichte „die Wahrung der Ehre des Officierstandes, zu diesem Zwecke Untersuchung und Beurtheilung aller jener einen Officier betreffenden Handlungen und Unterlassungen, durch welche die militärische Standesehre verletzt oder gefährdet erscheint, insoferne nicht hinsichtlich

[9] Zwar vertritt Müller diese These an anderer Stelle nicht, ihr Abdruck gemeinsam mit dem Primärtext innerhalb der Neuauflage muss allerdings zwangsläufig zu einer Verbreitung dieser Lesart führen.

[10] Müllers hier dargelegte Position ist deutlich differenzierter als die in seinem Nachwort entwickelte und plädiert für eine Unauflösbarkeit der Widersprüche, wie sie auch für diesen Aufsatz angenommen wird.

ihrer schon in den bestehenden Strafgesetzen vorgesehen ist“ (Heissenberger 1868, S. 5). Akzeptieren wir die Version des Herausgebers, wäre die Überstellung Yoschs an ein Ehrengericht die logische Konsequenz aus seinen Handlungen. Ehrengerichte sind reine „Disciplinargerichte“ (Heissenberger 1868, S. 7), die nicht zur Rechtsprechung im Falle von strafbaren Handlungen befugt sind. Auch wenn Yosch den Selbstmord Bischoffs verursacht hat, hätte er selbst nicht gewaltsam Hand angelegt und könnte nicht des Mordes angeklagt werden. Seine Verfehlung ist eine moralische. Indem er Informationen mitteilt, von denen er weiß, dass sie den labilen Mann zur Verzweiflung treiben müssen und ein deeskalierendes Einschreiten verweigert, begeht er jene Handlungen bzw. Unterlassungen, die „dem richtigen Ehrgefühle […] zuwiderlaufen“ (Heissenberger 1868, S. 5). Dennoch ist strenggenommen nicht dieses moralische Vergehen als Anklagepunkt gelesen worden, denn die Liste der möglichen Verfehlungen in den ehrengerichtlichen Vorschriften, die sich ansonsten maßgeblich aus exzessiver Trunkenheit und Schuldenmachen zusammensetzt, trifft auf Yosch nur in einem Punkt zu: Dem „Mißbrauch in der Verpfändung des Ehrenwortes oder Nichteinhaltung desselben“ (Heissenberger 1868, S. 9). Als Missbrauch qualifiziert es sich, „wenn er [der Angeklagte] wissentlich eine unwahre Thatsache mit seinem Ehrenworte verbürgt, oder wenn er sein Ehrenwort zu einer dem Strafgesetze zuwiderlaufenden Zusicherung mißbraucht“ (Heissenberger 1868, S. 11). Genau dieses vermeintlich falsche Ehrenwort gibt Yosch laut des Herausgebers, wenn er schwört, nicht mit Bischoff interagiert zu haben und an seinem Selbstmord daher unbeteiligt zu sein. Bis hierher deckt sich also die Möglichkeit der historischen Wirklichkeit mit der vom Herausgeber dargelegten Position und wenigstens die Zuständigkeit des Ehrengerichts scheint an dieser Stelle begründet.

Am eigentlichen ehrengerichtlichen Verfahren sind bei Anklage eines Rittmeisters 15 Mitglieder inklusive des Vorsitzes beteiligt; sie setzen sich aus den Offizieren des Regiments zusammen (vgl. Heissenberger 1868, S. 14). Ihre Qualifikation zur Entscheidungsfindung begründet sich dabei vornehmlich durch ihre eigene Involviertheit. Die Offiziere selbst sind es, die das größte Interesse am guten Ruf ihres Ranges haben und daher bei der Untersuchung die größte Sorgfalt walten lassen müssen (vgl. Heissenberger 1868, S. 6). Um zu einem Urteilsspruch zu gelangen, bedarf es einer Zweidrittelmehrheit (vgl. Heissenberger 1868, S. 57). Um ein ehrengerichtliches Verfahren einleiten zu können, muss eine Voruntersuchung stattfinden, die eine Vernehmung aller Beteiligten bzw. hinreichend Informierter miteinschließt. Bei Militärangehörigen ist die Zeugenvernehmung „durch das eigene oder nächste Militär-Gericht, bei allen anderen Personen aber durch die zuständige Gerichts-Behörde zu veranlassen“ (Heissenberger 1868, S. 30). Setzt man diese Regelungen voraus, scheint die ehrengerichtliche Verurteilung Yoschs durchaus überzeugend auf seine Schuldhaftigkeit hinzudeuten. Eine eindeutige Mehrheit qualifizierter Richter hat ein Urteil gefällt, das auf umfassenden Zeugenaussagen zu beruhen scheint. Schenkt man also dem Herausgeber in dieser Hinsicht Glauben, können die LeserInnen die Verantwortung getrost abgeben, da ein gerichtliches Urteil bereits gesprochen wurde.

Allerdings offenbart eine genauere Untersuchung der Vorschriften zugleich auch Unstimmigkeiten. Es ist bereits festgestellt worden, dass es im Grunde die Erhebung einer Anklage ist, die gegen Yosch spricht, auch wenn er seiner Darstellung zufolge vor allen möglichen Anklägern rehabilitiert wurde. Dies gilt tatsächlich für Anzeigen, die von außen an das Kommando, welchem Yosch untersteht, herangetragen würden. Allerdings enthält die Vorschrift zum ehrengerichtlichen Verfahren darüber hinaus einen Passus, demzufolge es „aber auch jedem Officier oder sonst nach dieser Vorschrift dem Ehrengerichte Unterworfenen unbenommen [ist], ein ehrengerichtliches Verfahren zu verlangen, wenn über sein standesgemäßes Benehmen sich Zweifel ergeben haben“ (Heissenberger 1868, S. 28). Dies ist insofern relevant als es den Kreis der möglichen Ankläger um eine Person erweitert – namentlich Yosch selbst. Zwar erscheint Dinas Bruder Felix als der wahrscheinlichste Ankläger, da er explizit mit einer Anklage vor dem militärischen Ehrengericht droht,[11] doch hieße diese Annahme unhinterfragt zu übernehmen, zugleich Yoschs ambivalentes Verhältnis zu seiner eigenen Schuld zu vernachlässigen. In Folge der ersten Beschuldigungen und der vorgebrachten Indizien ist Yosch selbst bereit, an seine eigene Schuld zu glauben und revidiert sein unausgesprochenes Eingeständnis erst, als Solgrub mit detektivischem Eifer zu seiner Verteidigung eilt. Sein Verhältnis zur Frage der eigenen Schuld bleibt jedoch von Verwirrung geprägt, wenn er sich wundert: „Ich, ich selbst habe an meine Schuld geglaubt! – Wie ist das möglich? Eine Sinnestäuschung! Ein Wachtraum hat mich genarrt! Ein fremder Wille hat mich zwingen wollen, eine Tat auf mich zu nehmen, die ich nicht begangen habe“ (JT, S. 70). Das Schuldeingeständnis vor sich selbst wird zwar zurückgenommen, doch bleibt die Möglichkeit einer Sinnestäuschung bestehen. Bezeichnenderweise kommt hier als ‚fremder Wille‘ nicht der Drogeneinfluss in Betracht, da Yosch erstmals zu einem späteren Zeitpunkt der Handlung mit dem Rauschmittel in Kontakt kommt. Das Rechtfertigungsnarrativ ist gebrochen und inkonsequent, bestehen bleibt einzig das Gefühl der Schuld, von dem Yosch unwiderlegbar betroffen scheint. Die offensichtlichste Lesart ist freilich die eines sofortig bereuten Schuldeingeständnisses. Die einfachste Erklärung für Yoschs Schuldgefühl wäre seine tatsächliche Schuld, das ist unbestreitbar. Doch würde mit dieser Lösung die restliche Romanhandlung hinfällig. Das explizite Schuldeingeständnis spräche zudem gegen die These des Herausgebers, der ja gerade auf eine zwanghafte Umdeutung der Tatsachen durch Yosch plädiert. In diesem Sinne wäre das Einräumen der Möglichkeit der eigenen Schuldhaftigkeit entgegen seinen Interessen ein Argument, das ebenso als Beleg von Aufrichtigkeit gelesen werden könnte. Hier soll weder für die eine noch die andere Seite Partei ergriffen werden; es geht einzig darum, zu zeigen, dass über Yoschs Schuld allein anhand dieser Passage nicht eindeutig geurteilt werden kann. Die einzige Sicherheit, die die LeserInnen erlangen, ist die darüber, dass Yosch sich bis zu einem

[11] „Ich werde – falls sich solch ein Schritt überhaupt noch als notwendig erweisen sollte – das Ehrengericht Ihres Regiments keinesfalls vor Ablauf dieser Woche mit Ihrer Angelegenheit bemühen“ (JT, S. 69).

gewissen Grad schuldig *fühlt*. Legt man diese Tatsache zugrunde, ist es wenigstens nicht gänzlich auszuschließen, dass Yosch selbst ein Ehrengericht beantragt hat, um die Urteilspflicht auf jemand anderen zu übertragen. Ebenso wie das Spannungsverhältnis der Perspektiven Yoschs und des Herausgebers zu einer Unschlüssigkeit bei den LeserInnen führt, so zeichnet sich bereits innerhalb der Perspektive Yoschs eine Ambivalenz ab. Yosch sieht sich nicht in der Lage, sein eigener Richter zu sein und eine versuchte Übertragung auf eine äußere Gerichtsbarkeit wäre zumindest denkbar. Diese Ausführung belegt nicht, dass Yosch Anklage gegen sich selbst erhoben hat, aber sie beweist wenigstens, dass allein die erhobene Anklage noch keinem unanfechtbaren Schuldspruch vor den Rezipierenden gleichkommt. Dass den LeserInnen der Name des Anklägers vorenthalten wird, trägt mit zur bleibenden Unsicherheit bei und zeigt, wie ausgewogen der Roman konzipiert ist, sodass ein eindeutig vom Text vorgegebenes Urteil verwehrt bleibt.

Ein weiterer Punkt in den historischen Vorschriften, der von der Forschung bisher übersehen worden ist, betrifft die Zuverlässigkeit bzw. Informiertheit des Herausgebers über ehrengerichtliche Verfahren als solche. Während er über Yoschs Motivation zum Verfassen des Manuskripts spekuliert, fragt er sich: „Hoffte er eine Wiederaufnahme des ehrenrätlichen Verfahrens zu erreichen?“ (JT, S. 196). Obwohl er diesen Gedanken zugunsten seines psychologischen Ansatzes verwirft, ist es doch beachtenswert, dass er diese Möglichkeit überhaupt in Betracht zieht. Ein Blick in die historischen Vorschriften nämlich beweist, dass die Anfechtung und Wiederaufnahme eines ehrengerichtlichen Verfahrens unzulässig wären. Das Anzweifeln des von den Standesgenossen getroffenen Urteils wäre ebenso ehrenrührig wie jeder Grund, der zur Verurteilung führen könnte und damit per definitionem ausgeschlossen (vgl. Heissenberger 1868, S. 65). Als Angehöriger des Militärs sollte dem Herausgeber diese Regelung eigentlich bekannt sein, weshalb seine Überlegungen an dieser Stelle bestenfalls schlecht informiert, wenn nicht gar bewusst irreführend wirken. Indem Yosch eine Motivation zugeschrieben wird, erscheint eine Lüge seinerseits, von welcher der Herausgeber die LeserInnen überzeugen will, umso wahrscheinlicher. Die Erdichtung der Romanhandlung durch Yosch würde schließlich nur Sinn ergeben, solange sie einen Zweck verfolgt. Historisch betrachtet kann diese Motivation jedoch unmöglich gegeben sein.[12] So harmlos diese kleine Unbedachtheit auch scheinen mag, sollte sie doch dazu dienen, die Aussagen des Herausgebers kritischer zu überprüfen. Wenn sein Wissen bezüglich Ehrengerichten im Allgemeinen bereits Lücken aufweist, ist er möglicherweise auch in Hinblick auf Yoschs Verurteilung nicht die zuverlässigste Quelle. Diese Vermutung fügt sich nahtlos zusammen mit der Tatsache, dass er uns weder die im Gerichtsverfahren angeführten Beweise und Zeugenaussagen mitteilt noch den Namen des Anklägers. Diese zweite Perspektive, die eigentlich

[12] Ob dieses Wissen bei Perutz' zeitgenössischem Publikum vorhanden war, bleibt zweifelhaft. Dass es in der gegenwärtigen Rezeption nicht vorausgesetzt werden kann, belegt die Forschungsliteratur.

als Korrektiv dienen sollte, erweist sich in mehrfacher Hinsicht als ebenso unbefriedigend und wenig beweiskräftig wie Yoschs Bericht.

Obwohl eine Anklage unter den gegebenen Umständen historisch möglich gewesen wäre und ein belegtes Urteil durchaus Autorität besessen hätte, wird die Gerichtsbarkeit innerhalb der Schlussbemerkung doch mit so vielen Unsicherheitsmarkern versehen, dass auch die irdische Legislative kein eindeutiges Urteil sprechen kann. Was den LeserInnen vermeintlich ihre Richterfunktion hätte abnehmen sollen, wirft diese nur erneut auf sie zurück, da jedes Argument für Yoschs Schuld, wenn nicht vollkommen entkräftet, so doch wenigstens in Zweifel gezogen werden kann. Der Blick in die Historie also bringt weniger Klarheit, als dass er eine bewusst auf Uneindeutigkeit abzielende Konstruktion der Diegese belegt.

3 Das Jüngste Gericht

Selbstverständlich ist ein solches Messen an realhistorischen Begebenheiten überhaupt nur sinnvoll, sobald eine Übereinstimmung der Diegese mit der Wirklichkeit der LeserInnen eingefordert wird. Dass ein Abgleich nicht vollständig gelingt, ist ein gutes Indiz dafür, dass Fiktion und Realwelt niemals deckungsgleich sind. Dennoch spielt *Der Meister des Jüngsten Tages* gerade mit dieser Erwartungshaltung. Obwohl der Herausgeber quantitativ betrachtet weniger zum Text beiträgt als Yosch, fällt es leicht, ihm zu glauben, da seine psychologische Erklärung vor dem Erfahrungshorizont der LeserInnen wahrscheinlicher wirkt als ein Rauschmittel, das Visionen des Jüngsten Gerichts provoziert. Wie bereits eingangs erwähnt ist die Frage nach den Regeln der Diegese unauflösbar verknüpft mit der Frage nach Yoschs Schuld. Eine mögliche Lösung beruht auf realweltlichen Parametern. Die alternative Erklärung erfordert die Akzeptanz des Übernatürlichen innerhalb der Diegese im Sinne des Fiktionsvertrages. Im Falle der realweltlichen Grundlage wird das Ehrengericht als Beglaubigungsinstanz bemüht. Die Untersuchung hat jedoch gezeigt, dass sich auch hier Lücken in der Argumentation ergeben, die zumindest zu einer Hinterfragung des Urteils anregen müssen. Demgegenüber steht der titelgebende Jüngste Tag. So wie die ehrengerichtliche Verurteilung die Rechtsprechung der Realwelt verkörpert, so steht das Jüngste Gericht für die Rechtsprechung innerhalb eines übersinnlichen Diegese-Modells. Eine Kontrastierung der beiden Gerichte ist die logische Konsequenz aus den bisherigen Ergebnissen.

Das Jüngste Gericht tritt an zwei prominenten Stellen des Romans in Erscheinung. Die erste und ausführlichere Beschreibung entstammt dem italienischen Manuskript, dessen Fund die rätselhaften Selbstmorde innerhalb Yoschs Bericht aufklärt.[13] Verfasst 1532 von seinem ehemaligen Schüler schildert das Manuskript

[13] Die scheinbar direkte Wiedergabe des Originalmanuskriptes ist ein weiteres Merkmal der multiperspektivischen Struktur des Romans. Allerdings gilt es zu beachten, dass die Stimme des 20. Kapitels durch den Erzähler Yosch vermittelt wird und sich mit seiner Version der Geschehnisse deckt, also in seinem Sinne aussagt und seine Unschuld bekräftigt. Wer daher vorzieht, dem

die Geschichte des Künstlers Giovansimone Chigi, der später als ‚Der Meister des Jüngsten Tages' Berühmtheit erlangen soll, da sich seine Malerei in späteren Jahren nur noch auf das Motiv des Jüngsten Gerichts beschränkt. Bemerkenswert ist, dass der ‚Meister' des Titels keineswegs auf eine Perspektive verweist, die privilegierte Einsichten in Sachen Gerechtigkeit hätte, wie es etwa für eine Gottesfigur gälte, sondern sich dezidiert auf einen Künstler bezieht. Das finale Urteil, das der Jüngste Tag verheißt, ist nicht in einem göttlichen Richter zu finden, sondern im Medium der Kunst. Wieder verweigert der Roman die Präsentation einer lenkenden Instanz und stellt als Interpretationshilfe nur den Text selbst in all seiner Uneindeutigkeit zur Verfügung.

Jener Meister erhält die Droge zur Förderung der Kreativität, die zugleich die Vision des Jüngsten Gerichts beschwört und ihre Nutzenden dadurch in den Selbstmord treibt, vom Arzt Salimbeni. Dieser wirft dem Meister die Ermordung seines Neffen vor, obwohl vor Gericht ein anderer Mann des Verbrechens für schuldig befunden wurde. Geplagt von schrecklichen Visionen ihn attackierender Dämonen fleht der Meister um Gnade und fällt vor Salimbeni auf die Knie, womit er seine Schuld eingesteht und daraufhin von diesem erlöst wird. Die Szene ist charakteristisch für den Text, da sich auch hier eine Diskrepanz zwischen weltlicher Rechtsprechung und höherer Gerechtigkeit offenbart. Das Urteil des irdischen Gerichts deckt sich nicht mit der tatsächlichen Schuld, die erst in Konfrontation mit einer höheren – oder doch wenigstens anderen – Wirklichkeit zutage tritt. Recht und Gerechtigkeit bieten ein weiteres Begriffspaar, das ebenso gegenübergestellt werden kann wie das Übersinnliche und das Realweltliche, Schuld und Unschuld, und über das letztlich die LeserInnen selbst richten müssen. Denn es gilt zu beachten, dass der Meister zwar Strafe zu fürchten scheint, jedoch nie eine verbale Bestätigung des Mordes erfolgt. Ähnlich wie bei Yosch bleibt bis zuletzt ein Restzweifel bestehen, der es den RezipientInnen abverlangt, eine jeweils eigene Lesart des Textes zu wählen.

Nun ist die Existenz einer halluzinationserzeugenden Droge alleine noch kein Merkmal für das Übersinnliche einer Diegese. Der Begriff des Phantastischen ist bisher bewusst gemieden worden, obwohl wiederholt versucht wurde, Perutz in ebenjenes Genre einzuordnen, ohne dass in der Forschung darüber bereits ein abschließender Konsens erzielt worden wäre. Obwohl eine Droge als Mörder weniger wahrscheinlich wirkt als ein eifersüchtiger Liebhaber, wäre eine solche

Herausgeber Glauben zu schenken und die Binnenerzählung als rechtfertigende Phantasterei Yoschs zu lesen, der muss davon ausgehen, dass es sich hier keineswegs um eine weitere Erzählstimme, sondern bloß um eine von Yosch fingierte Quelle handelt. In jedem Fall trägt die direkte Wiedergabe des Manuskripts zur Komplexitätssteigerung des Romans bei und erhöht den detektivischen Aufwand der LeserInnen, um zu einem Urteil zu gelangen.

Substanz doch nicht im engeren Sinne wunderbar.[14] Was ihr den Status des Übernatürlichen verleiht, ist allenfalls die Übereinstimmung der Visionen bei den betroffenen Individuen. Tatsächlich hält sich die Version eng an die biblische Darstellung, wenn der Meister sich im „Tal Josaphat" wiederfindet (JT, S. 177), in dem der Bibel zufolge das Jüngste Gericht abgehalten werden soll.[15] Der göttliche Thron und die versammelten Völker entsprechen ebenfalls den biblischen Beschreibungen, nur bei der Farbe ‚Drommetenrot' weicht Perutz von seinen Primärtexten ab. Im *Meister des Jüngsten Tages* ist es „die Farbe Drommetenrot, in der die Sonne leuchtet am Tag des Gerichts" (JT, S. 177), während die Bibel von einem Verlöschen der Gestirne ausgeht, denn „Sonne und Mond werden sich verfinstern und die Sterne ihren Schein zurückhalten" (Joel 4,15). Es ist am ehesten diese Farbe Drommetenrot, die die verwendete Droge als übernatürlich klassifiziert, da sie in ihrer geteilten Spezifität eine Vision eher als eine Halluzination nahelegt.[16] Denn auch Yosch erblickt die Farbe im Augenblick größter Verzweiflung während seines Drogenrausches: „meine Augen waren geblendet von dem Orkan der grauenvollen Farbe, Drommetenrot war ihr Name, und sie leuchtete dem Ende aller Dinge" (JT, S. 187 f.). Indem auf eine veränderte Wahrnehmung zurückgegriffen wird – exemplifiziert an einem vom Gewohnten abweichenden Farbspektrum – wird die geschilderte Realität bewusst als abweichend vom gängigen Wirklichkeitsverständnis charakterisiert. Der dramatische Höhepunkt, währenddessen Yosch kurz davorsteht, Selbstmord zu begehen, ist gleichzeitig auch der Moment, in dem die dargestellte Diegese und die Wirklichkeit der Lesenden am stärksten divergieren. Es ist der Augenblick der Entscheidung, sowohl für Yosch und sein Schicksal als auch für die Leserschaft, die sich an dieser Stelle fragen muss, welche Realitätskonzeption sie für die Diegese akzeptiert. Handelt es sich um eine rechtfertigende Fabrikation des Erzählers, so ist Yosch schuldig; existiert die Farbe Drommetenrot jedoch in der Wahrnehmung der Figuren, so ist er unschuldig.

---

[14] Obwohl also der Herausgeber selbst den Begriff bemüht, um die Ereignisse zu charakterisieren, soll das ‚Phantastische' hier im literaturwissenschaftlichen Sinne nach Tzvetan Todorov (1970, S. 34) gebraucht bzw. vermieden werden, der das Phantastische bekanntlich definiert als „die Unschlüssigkeit, die ein Mensch empfindet, der nur die natürlichen Gesetze kennt und sich einem Ereignis gegenübersieht, das den Anschein des Übernatürlichen hat". So naheliegend eine Parallelisierung mit der aufgezeigten Uneindeutigkeit in *Der Meister des Jüngsten Tages* sein mag, soll eine Diskussion der Genrezuschreibung hier außen vor bleiben.

[15] „Die Völker sollen sich aufmachen und heraufkommen zum Tal Joschafat; denn dort will ich sitzen und richten alle Völker ringsum" (Joel 4,12).

[16] Es könnte an dieser Stelle ebenso gut mit der Kraft der Suggestion argumentiert werden. Das biblische Bild des Jüngsten Gerichts ist eine kulturell weithin geteilte Vorstellung und ein Rückgriff auf das Motiv wäre bei Figuren mit Schuldkomplexen, die Strafe und Urteil fürchten, nur naheliegend. Auch ist Yosch das italienische Manuskript zum Zeitpunkt seiner eigenen Drogenerfahrung bereits bekannt und könnte seine Halluzination beeinflusst haben. Auch hier zeigt sich, wie der Roman stets einen letzten Weg der Rationalisierung offenlässt, wodurch es unmöglich wird, einen schlagenden Beweis für eine der beiden Diegesekonstruktionen zu ermitteln.

Denn es ist nicht nur die Tatsache, dass er von Visionen heimgesucht wird, die ihn freispricht. Ist die Droge tatsächlich wirksam, ist davon auszugehen, dass auch Bischoff Ähnliches durchlebte. Allein dieses Erleben würde folglich Bischoffs Selbstmord und damit Yoschs Version der Geschehnisse bestätigen. Es ist jedoch auch die Art seiner Vision, die ihn vom ‚Meister des Jüngsten Tages' unterscheidet. Während der Maler von Dämonen gepeinigt wird, die ihn scheinbar als Strafe in die Hölle hinabzuziehen drohen, sind Yoschs aufscheinende Ängste anderer Natur. Die Schreckensvisionen, mit denen Yosch sich konfrontiert sieht, beziehen sich zunächst auf eine Leprainfektion und später auf eine Einweisung in eine medizinische Einrichtung aufgrund von erblicher Demenz (JT, S. 186). Es sind eindeutig unterdrückte Ängste, die unter Einfluss der Droge hervortreten. Die Parallele zwischen Yoschs Furcht vor einer Demenzerkrankung und den wiederholten Erinnerungslücken, die er im Laufe des Textes proklamiert, ist auffällig und trägt sicher nicht dazu bei, ihn als zuverlässigen Erzähler zu charakterisieren. Dennoch soll nicht etwa davon ausgegangen werden, dass es sich bei der gesamten Binnenhandlung um eine krankheitsbedingte Halluzination handelt, da die zusätzliche Perspektive des Herausgebers diese These hinreichend widerlegt, indem sie wenigstens Bischoffs Selbstmord und Yoschs Involviertheit in den Fall bestätigt. Yoschs Furcht scheint vielmehr aus den Erfahrungen seiner eigenen Geschichte zu resultieren: Sein ambivalentes Verhältnis zur eigenen Schuldfrage ist bereits behandelt worden und ebenso wie für die LeserInnen ist auch für Yosch die Frage nach seiner Schuld an die Frage seines Realitätsverständnisses gekoppelt. Was für die LeserInnen ein spannendes Rätselspiel über die Konstruktion der Diegese darstellt, wird für die Figur innerfiktional zur existentiellen Krise, die mit dem Zweifel an der Verlässlichkeit der eigenen Wahrnehmung einhergeht. Höhepunkt dieser Krise ist der Drogenrausch, in dem nicht länger zwischen Wirklichkeit und halluziniertem Klinikaufenthalt unterschieden werden kann. Welche dramatischen Folgen dies für die Figur als Person haben kann, verdeutlicht die Tatsache, dass Yosch in diesem Augenblick den Tod als einzigen Ausweg aus seinem Dilemma ansieht. Innerhalb eines Romans, der Uneindeutigkeit zu seinem übergeordneten Thema macht, ist der Moment größter Uneindeutigkeit also auch Moment der krisenhaften Erfahrung des erzählenden Subjekts.

So erschreckend diese Visionen auf den Erzähler auch wirken mögen, sind seine Befürchtungen doch frei vom Motiv der Strafe. Obwohl Yosch komplexe Gefühle bezüglich der Schuldfrage hegt, ist die Abwesenheit eines Schuldkomplexes gerade im Moment der halluzinatorischen Heimsuchung auffällig. Die Geschichte des italienischen Malers, der sich von strafenden Dämonen bedrängt sieht, kontrastiert Yoschs Vision noch einmal besonders deutlich. Wenigstens der Logik des italienischen Manuskripts zufolge stünde eine Vision der Strafe zu erwarten und ihr Ausbleiben erscheint als weiteres Indiz für Yoschs Unschuld. In diesem Sinne spricht ihn seine Vision doppelt frei, zum einen durch ihr Auftreten, das zugleich die Todesursache Bischoffs liefert, und zum anderen durch ihre spezifische Ausführung, die nur die Ängste eines Verwirrten, aber dennoch Unschuldigen widerzuspiegeln scheint. Die Szenen des biblischen Jüngsten Gerichts stehen also der realweltlichen Wirklichkeit des Ehrengerichts entgegen.

Während das Ehrengericht eine realweltlich-realistische Diegese und die irdische Rechtsprechung verkörpert, der zufolge Yosch als schuldig anzusehen ist, stellt die übersinnliche Realität des Jüngsten Gerichts ein Sinnbild für höhere Gerechtigkeit und Yoschs Unschuld dar – so jedenfalls die einfache Unterscheidung in zwei diametral gegenüberstehende Lesarten des Romans. Wie jedoch anhand der historischen Wirklichkeit der Ehrengerichte dargelegt wurde, ist diese Unterscheidung nicht sauber zu treffen. Verschiedene Punkte, wie die Uninformiertheit des Herausgebers, lassen Zweifel an der Vertrauenswürdigkeit des präsentierten ehrengerichtlichen Urteils aufkommen und zwingen die LeserInnen, eine eigene Entscheidung zu treffen, statt das Gerichtsurteil unhinterfragt zu übernehmen. Gleiches gilt für den Urteilsspruch des Jüngsten Gerichts.

Die offensichtlichsten Angriffspunkte, die sich bieten, sind zum einen die Frage, ob nicht schon die Vision des Jüngsten Gerichts als Furcht vor einer Strafe gelesen werden könnte und so einem Schuldeingeständnis gleichkäme. Die zweite mögliche Gegenargumentation bezöge sich hingegen auf die Kontrastierung der Visionen Yoschs und des ‚Meisters', der seine Schuld schließlich ebenfalls nie explizit eingesteht. Die individuelle Art der Vision als Zeichen für Schuld oder Unschuld zu lesen, beruht immer schon auf einer Interpretation der LeserInnen, die in beiden Fällen in die Richterrolle gedrängt werden, aber vom Text nie einen unwiderlegbaren Beweis geliefert bekommen, auf den sie ihr Urteil stützen könnten.

Der entscheidende Hinweis, der auch das biblisch angelehnte Narrativ ebenso brüchig macht wie die Argumentation des Herausgebers, ist allerdings das Motiv des Kainsmals. Reinhard Lüth (vgl. 1986, S. 47) arbeitet überzeugend heraus, inwieweit Gesichtsverletzungen im Gesamtwerk von Leo Perutz wiederholt auf Schuld der Figuren verweisen, und tatsächlich bestehen auffällige Übereinstimmungen zwischen dem biblischen Zeichen und Yoschs physischer Versehrtheit. Direkt nach seinem Verlassen des Tatortes erwähnt er eine „frische Rißwunde auf der Stirne" und bekennt: „Wann und wo ich mir diese Verletzung zugezogen habe, das ist mir niemals völlig klargeworden" (JT, S. 89). Seine vorübergehende Ohnmacht kann zwar als Erklärung dienen, trotzdem haftet der Wunde durch ihr plötzliches und nicht restlos geklärtes Auftauchen etwas Mystisches an. Gleichzeitig verknüpft Yosch selbst sie mit der vermeintlichen Sichtbarkeit von Schuld, indem sie die Aufmerksamkeit der Menschen auf sich zieht:

> Als ich auf die Straße trat, wußte ich noch immer nichts von dieser Verletzung, und die verwunderten Blicke, die die Leute mir zuwarfen, erweckten eine sonderbare Vorstellung in mir. Es war mir, als wüßte schon die ganze Stadt, was sich soeben in der Villa Bischoff zugetragen hatte. Die ganze Stadt nahm Anteil an dem Ereignis, die ganze Stadt kannte mich und sah in mir den Mörder. (JT, S. 89)

Vergleicht man die Passage mit der Bibelstelle im direkten Anschluss an Kains Brudermord, so zeigen sich die Parallelen noch einmal besonders deutlich:

> Kain aber sprach zu dem Herrn: Meine Schuld ist zu schwer, als dass ich sie tragen könnte. Siehe, du treibst mich heute vom Acker, und ich muss mich vor deinem Angesicht

> verbergen und muss unstet und flüchtig sein auf Erden. So wird mir's gehen, dass mich totschlägt, wer mich findet. Aber der Herr sprach zu ihm: Nein, sondern wer Kain totschlägt, das soll siebenfältig gerächt werden. Und der Herr machte ein Zeichen an Kain, dass ihn niemand erschlüge, der ihn fände. (Gen 4,13–15)

In beiden Fällen erscheint das Zeichen ohne benennbare, physische Ursache, in beiden Fällen dient es als äußeres Erkennungsmerkmal von Schuld, das bei den Mitmenschen Aufmerksamkeit und Urteil provoziert, und in beiden Fällen bedeutet es damit die Unentrinnbarkeit vor der eigenen Schuld während der Flucht vom Tatort. Die Anlehnung an die biblische Symbolik ist insofern bemerkenswert, da sie dem Rückgriff auf das Jüngste Gericht zuwiderläuft. Eine durch Schuld verursachte Stirnwunde wäre ein übernatürliches Ereignis und grundlegend ist davon ausgegangen worden, dass eine übersinnliche Lesart der Diegese mit Yoschs Unschuld einhergeht. Keiner der beiden Realitätsentwürfe im Roman ist also konsequent und ungebrochen, wobei der Text immer Möglichkeiten der Rationalisierung offenlässt. So könnte die Stirnwunde ebenso durch einen Sturz während Yoschs vorübergehender Ohnmacht erklärt werden und besäße in diesem Fall keine Relevanz im Sinne eines göttlichen Urteils, sondern könnte in eine realweltliche Lesart des Textes integriert werden. Wieder ist es nur die Uneindeutigkeit, über die Gewissheit erlangt werden kann.

Genauso wie das Ehrengericht tendenziell für die Schuld Yoschs zu sprechen scheint, sich als Urteil für die LeserInnen jedoch nicht mit absoluter Gewissheit übernehmen lässt, so scheint auch jegliche Involviertheit des Jüngsten Gerichts eher für Yoschs Unschuld zu sprechen, ohne jedoch einen Beweis zu liefern, der sich nicht entkräften ließe. Ein ausdrückliches Urteil einer göttlichen Instanz erfolgt ebenso wenig, wie ein Einblick in die ehrengerichtlichen Verhandlungsakten gewährt wird. Die Kategorien von Recht und Gerechtigkeit, von Schuld und Unschuld, und von realweltlicher und übernatürlicher Diegese werden zwar eröffnet, verbleiben jedoch konsequent in einem Spannungsverhältnis, das sich mangels einer klaren Trennlinie nicht endgültig auflösen lässt.

4 Der Meister des Jüngsten Tages

Dass sich beide Interpretationsmöglichkeiten des Romans derart konsequent die Waage halten, dürfte die Intention hinter dem Gleichgewicht zur Genüge aufzeigen. Wie in der klassischen Phantastik sehen sich die RezipientInnen am Ende der Lektüre mit zwei gegenläufigen Weltentwürfen konfrontiert, zwischen denen es zu wählen gilt. Die Entscheidung sollte jedoch nicht auf ihrem realweltlichen Erfahrungshorizont basieren, sondern ausschließlich auf innerdiegetischen Hinweisen. Angeregt durch die Zitationen des Herausgebers werden die LeserInnen indirekt dazu angehalten, die Erzählung erneut durchzuarbeiten und sie selbst zu entschlüsseln. Sie werden dabei jedoch weniger zum Detektiv, wie es die Struktur rund um den genialen Ermittler Solgrub nahezulegen scheint, sondern vielmehr zum Richter. Denn sämtliche Fragen im Hinblick auf die Diegese sind an das

Urteil über Yoschs Schuld gekoppelt. Statt nur die Recherche auszuführen, müssen die LeserInnen selbst über Recht und Unrecht entscheiden, nachdem sie multiperspektivisch verschiedene Zeugenaussagen vorgelegt bekommen. Es melden sich Yosch und der Herausgeber zu Wort, und wenn man so will auch der Schüler des ‚Meisters des Jüngsten Tages' durch sein eingeschobenes Manuskript. Das spannende Moment des Romans ist nicht das Erkennen einer eindeutigen Lösung, sondern vielmehr das Ausbleiben einer solchen, das den Fokus nachdrücklich auf die Verantwortung der LeserInnen lenkt. Das Thema des Textes ist nicht nur Schuld, sondern das Urteilen über Schuld, das uns in zwei sehr unterschiedlichen Gerichtsformen begegnet. Durch das Ausbleiben des finalen Urteils rückt ebendiese Leerstelle ins Zentrum der Erzählung, die die LeserInnen zur aktiven Partizipation zwingt.

Was der Titel verspricht, das hält der Roman im Grunde nicht. Die Anspielung auf das Jüngste Gericht erweckt die Erwartungshaltung eines eindeutigen und unangreifbaren Urteils, das jedoch radikal verweigert wird. Das hieße allerdings, im erwähnten ‚Meister' eine richtende Instanz zu sehen, die die LeserInnen durch göttlichen Richtspruch aller Verantwortung enthebt. Aber wie sich im Laufe des Romans zeigt, verweist der ‚Meister' eben nicht auf Gott, sondern auf einen Künstler und damit auf das künstlerische Produkt als solches. Der Roman selbst stellt das Jüngste Gericht des Titels dar, er selbst ist das ‚Buch des Lebens', nach dem die Toten – in diesem Fall der verstorbene Yosch – gerichtet werden; er enthält die ‚Werke' Yoschs in all ihrer Uneindeutigkeit, nur das Urteil steht noch aus. Insofern korreliert der Titel mit dem Rezeptionsprozess, in dem die LeserInnen in die Rolle des Richters gedrängt werden und am Ende muss jeder Einzelne ein Urteil fällen, um damit über Schuld, Gerechtigkeit und Beschaffenheit der Diegese zu urteilen. *Der* Meister *des Jüngsten* Tages steht letztendlich für die individuellen Leser und Leserinnen.

Literatur

Allrath, Gaby. 1998. Textuelle Signale für die Ermittlung von Unreliable Narration. In *Unreliable Narration. Studien zur Theorie und Praxis unglaubwürdigen Erzählens in der englischsprachigen Erzählliteratur*, Hrsg. Ansgar Nünning, S. 59–79. Trier: Wissenschaftlicher Verlag Trier.

Benjamin, Walter. 1930. Kriminalromane auf Reisen. *Frankfurter Zeitung, Literaturblatt* 63(404) (1.6), S. [1]. In *Leo Perutz 1882–1957. Eine Ausstellung der Deutschen Bibliothek, Frankfurt am Main,* Hrsg. Klaus-Dieter Lehmann 1989, S. 127 f. Wien/Darmstadt: Paul Zsolnay Verlag.

Die Bibel nach der Übersetzung Martin Luthers. Stuttgart 2017.

Heissenberger, Johann. 1868. *Die Vorschrift für die Ehrengerichte in der k. k. Armee und Kriegs-Marine*. Wien: W. Braumüller.

Jannidis, Fotis. 2007. Leo Perutz: Der Meister des Jüngsten Tages. In *Leo Perutz' Romane. Von der Struktur zur Bedeutung*, Hrsg. Tom Kindt und Jan Christoph Meister, S. 49–67. Tübingen: Niemeyer.

Kittstein, Ulrich. 2016. Visionen des Grauens. Leo Perutz: Der Meister des Jüngsten Tages. In *Gestörte Ordnung. Erzählungen vom Verbrechen in der deutschen Literatur*, Hrsg. ders., S. 163–176. Heidelberg: Carl Winter.

Koseler, Michael. 1995. Leo Perutz' ‚Der Meister des jüngsten Tages'. Detektion und Verrätselung. *Quarber Merkur* 33(83), S. 3–15.
Lüth, Reinhard. 1986. Leo Perutz' ‚Der Meister des Jüngsten Tages' (1923). *Quarber Merkur* 24(65), S. 36–52.
Meyer, Malte Hendrik. 2019. Unzuverlässige und unvermittelte Vermittlung? Leo Perutz' Der Meister des Jüngsten Tages. *Wirkendes Wort* 69(3), S. 391–403.
Müller, Hans-Harald. 1992. *Leo Perutz*. München: C. H. Beck.
Müller, Hans-Harald. 2004. Drommetenrot! In Leo Perutz. *Der Meister des Jüngsten Tages*, S. 200–207. München: dtv.
Perutz, Leo. [1923] 2004. *Der Meister des Jüngsten Tages*. München: dtv.
Todorov, Tzvetan. [1970] 2013. *Einführung in die fantastische Literatur.* Berlin: Klaus Wagenbach.

Bertolt Brechts *Die Maßnahme* und Milo Raus *Die Zürcher Prozesse* im Vergleich – Urteilen zwischen Beobachtung und (Mit-)Spielen

Saskia Schicht

Bertolt Brecht sorgte mit seinem Lehrstück *Die Maßnahme* in den 1930er-Jahren für Furore. Bereits zeitgenössisch wurde es als ‚neue Ära' gefeiert (vgl. Anonym [1930] 1972, S. 323) ebenso wie als „miserables Stück" verrissen (Anonym [1930] 1972, S. 335). Es gehört bis heute zu den umstrittensten Werken des Autors. Klaus-Dieter Krabiel (2001, S. 264) zählt es sogar „zu den umstrittensten Texten der deutschen Literatur des 20. Jh.s." insgesamt.

Ähnlich erging es auch Milo Raus Stück *Die Zürcher Prozesse*, das vom 3. bis zum 5. Mai 2013 im Theater am Neumarkt in Zürich uraufgeführt wurde und ebenfalls ein breites – und durchaus geteiltes – mediales Echo fand. Rau wurde von Arte.tv „de[r] Bertolt Brecht unserer Zeit" (Pressemappe, S. 4) genannt.

Was verbindet die beiden Theaterschaffenden insbesondere in Bezug auf ihre Konzeptionen eines Gerichts auf dem Theater? Was unterscheidet sie? Dazu sollen im Folgenden *Die Maßnahme* und *Die Zürcher Prozesse* vergleichend in den Blick genommen werden. Hierbei liegt der besondere Fokus auf der zentralen Institution des Gerichts als spezifische Form der Theatergestaltung und der Bedeutung des Urteilens durch Rezipierende. So wird zuerst sukzessive gezeigt, wie beide Stücke geprägt sind von der Gerichtsverhandlung als bestimmender Modus. Ausgehend davon sollen Schlaglichter auf die Besonderheiten der Gattung Lehrstück und Raus Konzeption geworfen werden. Hierbei wird herausgestellt, dass beide jeweils eine stückimmanente Rezipierendenebene aufweisen, die auch zu realen Auswirkungen auf Rezipierende führt. Zuletzt wird gezeigt, wie auf diese Weise Spannungsfelder zwischen einem Urteilenmüssen und Urteilenkönnen bzw. -nicht-können entwickelt werden.

S. Schicht (✉)
Bielefeld School of Education, Universität Bielefeld, Bielefeld, Deutschland
E-Mail: saskia.schicht@uni-bielefeld.de

© Der/die Autor(en), exklusiv lizenziert an Springer-Verlag GmbH, DE, ein Teil von Springer Nature 2024

N. Celik und S. Speth (Hrsg.), *Rezipienten als Straf- und Kunstrichter,* Literatur und Recht 11, https://doi.org/10.1007/978-3-662-68307-1_12

1 Von der Handlung zur *Ver*handlung

„[D]ie Handlung wird zur Verhandlung“– diese Feststellung von Reinhold Grimm ([1970] 1972, S. 134) aus den frühen 1970er-Jahren ist fast schon zu einem geflügelten Wort geworden, sobald von Brechts Lehrstück *Die Maßnahme* die Rede ist. Und nicht nur für *Die Maßnahme*, sondern auch für *Die Zürcher Prozesse* von Rau ist dieser Satz eine zutreffende Beschreibung. Doch was bedeutet es, wenn die Handlung eines Stückes zur *Ver*handlung wird?

Ausschlaggebend für beide Stücke ist, dass es sich nicht lediglich um Theaterstücke handelt, in denen auch eine Gerichtsverhandlung situiert ist oder die vielleicht sogar den Höhepunkt der Handlung darstellt. Vielmehr bildet die Gerichtsverhandlung ein umfassendes und tragendes Gestaltungsprinzip. Dieses erinnert beispielsweise an die Konzeption von *Der zerbrochne Krug* von Heinrich von Kleist, das kontinuierlich in einer Gerichtsstube in Huisum spielt und sich (vorgeblich) darum dreht, wer den Krug von Marthe Rull zerbrochen hat.

In diesem Sinne ist *Die Maßnahme* als eine Art Parteigericht zu verstehen, in dem verhandelt wird, ob es legitim war, dass die Agitatoren den Jungen Genossen in China töteten und seine Leiche in eine Kalkgrube warfen, um die kommunistische Agitation nicht zu gefährden. Dieser hat sich aus Sicht der Agitatoren bedrohlich für die Bewegung verhalten. Das Lehrstück beginnt allerdings nicht mit der Verlesung dieser Anklage oder Ähnlichem, sondern mit der umfassenden Legitimierung der Tätigkeit der Agitatoren durch den Kontrollchor: „Eure Arbeit war glücklich, auch in diesem Lande/ Marschiert die Revolution, und geordnet sind die Reihen der Kämpfer auch dort./ Wir sind einverstanden mit euch“ (Brecht [1931] 1993, S. 101). Es sind die Agitatoren selbst, die das unterbrechen: „Halt, wir müssen etwas sagen! Wir melden den Tod eines Genossen. [...] Wir haben ihn getötet. Wir haben ihn erschossen und in eine Kalkgrube geworden“ (Brecht [1931] 1993, S. 101). Daraufhin kommt es zur Aufnahme eines Verfahrens, das den Inhalt des Stückes formt. Das Gerichtsverfahren in *Die Maßnahme* ist dadurch gekennzeichnet, dass die Agitatoren verschiedene Szenen nachspielen, die sie mit dem Jungen Genossen, den sie liquidiert haben, erlebten. Damit wollen sie nachweisen, dass sich der Junge Genosse falsch verhalten habe und sie ihn töten mussten, um die Agitation nicht zu gefährden. Am Ende steht ein abschließendes Urteil. Die Agitatoren, Angeklagte in dem Parteigerichtsverfahren, werden also zu Anklagenden ihrer selbst – und dann auch zu den einzigen Augenzeug*innen (vgl. Schicht 2022, S. 211). Das Lehrstück ist insofern auch ein Stück der Mündlichkeit und Erinnerung (vgl. Lethen 1999, S. 161), in dem die Agitatoren die Ereignisse in China aus ihrem Gedächtnis rekonstruieren.

Auch Milo Raus *Die Zürcher Prozesse* ist gekennzeichnet durch die Form der Gerichtsverhandlung: In diesem Stück besteht die Handlung aus einem dreitägigen Strafprozess gegen die populistische Schweizer Zeitung *Die Weltwoche*, die vor einem Geschworenengericht in drei Punkten angeklagt wird: „Schreckung der Bevölkerung“ (Rau 2014a, S. 60), „Rassendiskriminierung“ (Rau 2014a, S. 90) und

„Gefährdung der verfassungsmäßigen Ordnung" (Rau 2014a, S. 118). Die Grundidee ist, so formuliert es Scheller (2013, S. 150), „to present the present", indem hier reale Zusammenhänge und Probleme – wie die Frage danach, wie weit Pressefreiheit gehen darf – Gegenstand künstlerischer Auseinandersetzung werden.

Beide Stücke wählen also die Gerichtsverhandlung als umfassendes Gestaltungsprinzip. Auch wenn es sich bei *Die Maßnahme* sowie *Die Zürcher Prozesse* nicht um klassische Tragödien handelt, sondern beide vielmehr dieser traditionellen Konzeption mit ihrer Ästhetik etwas entgegensetzen wollen, lohnt sich in diesem Zusammenhang dennoch ein weiterführender Blick auf die sogenannte Drei-Einheiten-Lehre. Aristoteles ([4. Jh. v. Chr.] 2002, 6, 1449b [S. 19]) formuliert in seiner *Poetik*: „Die Tragödie ist Nachahmung einer guten und in sich geschlossenen Handlung von bestimmter Größe". Dies trifft auf beide Stücke in interessanter Stringenz zu – die ‚gute und in sich geschlossene Handlung von bestimmter Größe' *ist* die Gerichtsverhandlung. Am Beginn beider steht jeweils die Verfahrenseröffnung, darauf folgt die Beweisaufnahme und am Schluss steht das Urteil. Die Gerichtsverhandlung wird also zum Modus des jeweiligen Stückes und führt so die aristotelische Forderung nach Geschlossenheit und begrenzter Größe der Handlung auf die Spitze. Dass die Verhandlung zur Handlung des Stückes wird, lässt sich so auch verstehen als radikalisierte Interpretation der Forderung nach einer Einheit der Handlung. Peter Pütz weist in seiner wegweisenden Studie *Die Zeit im Drama* auf die besondere Bedeutung des Gerichts für die Zeitkonzeption in einem Drama hin. Er stellt heraus, dass ein „Grund für die Bühnenwirksamkeit des Gerichts […] die zeitliche Struktur der Spannung [ist], die sich aus dem Charakter des Fragens und Forschens ergibt" (Pütz [1970] 1977, S. 163).

Die spezifische Anlage und Konstruktion als Prozess macht eines unmittelbar klar: Am Ende *muss* auch ein konkretes Urteil stehen. *Die Maßnahme* benennt diese Unausweichlichkeit eines erfolgenden Urteils explizit, wenn der Kontrollchor ankündigt: „Stellt dar, wie es geschah und warum, und ihr werdet unser Urteil hören" (Brecht [1931] 1993, S. 101). Auch *Die Zürcher Prozesse* thematisiert die Notwendigkeit des zu fällenden Urteils deutlich, indem beispielsweise der zur Anklage gehörende Jürg Ramspeck die Geschworenen zu Beginn anspricht: „Sehr geehrte Damen und Herren Geschworene! Da Sie aufgeboten sind, ein Urteil über die Weltwoche zu fällen, halte ich es als Kenner ihrer Geschichte für angebracht, Sie auf drei Punkte hinzuweisen, die Sie bei Ihrer Beschlussfassung berücksichtigen mögen" (Rau 2014a, S. 30). In Raus grundlegender konzeptioneller Idee seines Prozess-Stückes liegt bereits die Notwendigkeit des Urteils. Denn ihr Auslöser ist „die Unmöglichkeit eines solchen Prozesses" durch die spezifische Schweizer Rechtslage (Bossart 2014, S. 6). Dieser wird die theatrale Verhandlung entgegengestellt mit explizit offenem Ausgang. Auf die Auflösung dieses offenen Ausganges, also auf das Urteil, das am Ende der drei Tage gefällt wird – vor der Folie der Unmöglichkeit einer realen Verurteilung in der Schweiz – läuft das Stück in seiner dramaturgischen Anlage zu. Diese „Ergebnisoffenheit bis zum Schluss" (Bossart 2013, S. 12) ist eines der zentralen Mittel von Milo Raus Theaterkonzeption. Rau selbst definiert das Theater als „Herstellung eine[r] Situation der Entscheidung"

(Bossart/Rau 2013, S. 23). Eine solche Situation findet sich in *Die Zürcher Prozesse* und sie greift intensiv aus auf reale Rezipierende. Sie werden durch das Stück wiederholt mit einer Notwendigkeit des Urteils konfrontiert und zugleich mit der Ergebnisoffenheit desselben.

Mit der Einheit der Handlung geht einher, dass beide Stücke auch eine entschiedene Einheit des Ortes aufweisen: Sie spielen unentwegt auf dem Boden des Gerichts(saals). Cornelia Vismann (2011, S. 38) weist darauf hin, dass es eine „strukturelle Gleichheit von einer Gerichtsverhandlung mit einem Bühnengeschehen" gibt. Weiter formuliert sie durchaus provokant:

> Beide Institutionen, Theater und Gericht, agieren schließlich in der klassischen Einheit der Handlung von Raum und Zeit. Und darum kann es für sich genommen kaum als besonders kunstvoll angesehen werden, eine Gerichtsverhandlung auf eine Theaterbühne zu übertragen. Die Kammerspieldimension ist im gerichtlichen Prozess bereits angelegt. Nichts liegt also näher, als das Geschehen von der einen auf die andere Bühne zu verlagern, ohne dass es dazu weiterer Kunstgriffe bedürfte. (Vismann 2011, S. 38 f.)

Wie bereits ausgeführt, bedienen sich beide Stücke genau dieser Einheit von Raum und Zeit (ebenso wie Handlung). Doch so einfach, wie von Vismann postuliert, scheint es bei näherer Betrachtung nicht zu sein. Worin genau liegen also die kunstfertigen Griffe von *Die Maßnahme* und *Die Zürcher Prozesse*, die beide Stücke auf besondere Weise ausprägen und insbesondere in Bezug auf das Urteilen durch die Rezipierenden wirksam werden?

Die Ausgestaltung als Gerichtsverhandlung, die das jeweilige gesamte Stück umspannt, ebenso wie die Unausweichlichkeit des Urteils, geben beiden Radikalität und Entschiedenheit. Wie bereits angedeutet, wählen *Die Maßnahme* und *Die Zürcher Prozesse* eine radikale Interpretation der Forderung nach der Einheit der Handlung, die zugleich auch die unbedingte Notwendigkeit einer Urteilsfindung im fiktionalen Setting des Theaters ermöglicht, verfahren mit dieser aber produktiv in ihren ästhetischen Ausprägungen. Dafür ist besonders der Umgang mit Zeit ausschlaggebend in den genannten Stücken.

Die Maßnahme ist gekennzeichnet durch Verdichtung. Das Stück ist insgesamt nicht sehr lang, es umfasst lediglich 27 Druckseiten in der *Berliner und Frankfurter Ausgabe* der Brecht-Werke. Doch nicht nur der Umfang, auch die Ausgestaltung des Stückes weist intensive Verdichtungen auf, die zudem die Einheit der Zeit und des Ortes punktuell aufzubrechen scheinen. Das liegt in der besonderen Struktur des Lehrstückes begründet. Die bereits zitierte Aufforderung des Kontrollchores „Stellt dar, wie es geschah und warum, und ihr werdet unser Urteil hören" (Brecht [1931] 1993, S. 101) kann auch als ästhetisches Programm von *Die Maßnahme* verstanden werden (vgl. Schicht 2022, S. 211). Diese Aufforderung konstituiert die spezifischen Strukturmuster des Stückes (vgl. Schnell 1999, S. 151 f.): Die jeweiligen Szenen beginnen mit einem narrativen Bericht, auf den jeweils eine szenische Handlung folgt, die eine Spiel-im-Spiel-Konstruktion eröffnet. In dieser werden die vergangenen Ereignisse aus der Zeit in China von den Agitatoren nachgespielt. Nach Abschluss der szenischen Handlung steht ein kurzer Bericht der Agitatoren über den weiteren Fortgang sowie eine Diskussion zwischen Kontrollchor und Agitatoren. Beim Spiel-im-Spiel ändert sich zwar nicht konkret der Ort der Handlung – auch diese szenischen Handlungen verbleiben im Gerichtssaal, es gibt keinen ontologischen Sprung in die Vergangenheit. Vielmehr stellen die nachgespielten Szenen der Agitatoren die Beweisstücke im Verfahren dar. Dennoch eröffnen sie eine Perspektive auf die Zeit, die vor dem Beginn des Lehrstücks liegt und lagern diese Ebene dem Stück gedanklich mit ein. Zugleich werden die Ereignisse, über die verhandelt wird, durch die Agitatoren verdichtet präsentiert. In den szenischen Handlungen wird auf diese Weise möglich gemacht, retrospektive Ereignisse, die sich vermutlich über mehrere Wochen hinweg zugetragen haben, im Moment der Gerichtsverhandlung dem Kontrollchor – und zugleich dem realen Publikum – in konzentrierter Form im Wortsinne *vor Augen* zu führen.

Raus Stück *Die Zürcher Prozesse* hingegen zeichnet sich durch Expansion aus. Es handelt sich um ein auffallend langes Stück. Die Uraufführung erstreckte sich über drei Tage und war pro Spieltag mehrere Stunden lang. In dieser Performance wird nichts zusammengefasst, gerafft oder gekürzt – hier wird die Verhandlung bis ins Kleinste durchexerziert. „Die Länge", darauf weist Thomas Sprecher (2016, S. 122) kritisch hin, „ist eine Chance, mehr aber noch ein Hindernis. Drei Abende für ein Stück, das wird stets die Ausnahme bleiben. [...] Es lässt sich kaum ein großes Publikum finden, das wiederholt bereit wäre, dem Geschehen über 15 Stunden hinweg zu folgen". Dem entgegen steht die Buchfassung, die nach der Performance angefertigt wurde. Die Wiedergabe des dreitägigen, insgesamt 15-stündigen Prozesses umfasst hier lediglich 133 Druckseiten und ist angereichert mit Fotos und Gerichtszeichnungen. Sie arbeitet intensiv mit Raffungen, indirekten Wiedergaben und Zitaten sowie Zusammenfassungen. Das wiederum erinnert an das ästhetische Verfahren von *Die Maßnahme*.

Beide Zeitkonzepte sind für die realen Rezipierenden deutlich spürbar und gehören als ästhetisches Grundmerkmal untrennbar zum jeweiligen Stück: in ihrer Verdichtung wie bei *Die Maßnahme* ebenso wie in ihrer Expansion in der Performance von *Die Zürcher Prozesse* und zugleich in der Verdichtung und Raffung in der Buchfassung.

2 Urteilen zwischen Beobachtung und (Mit-)Spielen – Agieren und Rezipieren im Lehr- und Prozess-Stück

Das Stück *Die Maßnahme* wird durch seinen Untertitel bereits eindeutig dem Lehrstück-Komplex in Brechts Werk zugeordnet. Dazu gehören insgesamt sechs Stücke, die in den Jahren 1929 bis 1935 entstanden (vgl. Krabiel 2006, S. 174). Brecht formulierte keine grundlegende Theorie des Lehrstücks. Der einzige Text, der als ein Entwurf zu einer solchen Theorie angesehen werden kann, ist das wahrscheinlich 1937 entstandene Fragment *Zur Theorie des Lehrstücks*. Diese Darlegung beginnt wie folgt:

> Das Lehrstück lehrt dadurch, daß es gespielt, nicht dadurch, daß es gesehen wird. Prinzipiell ist für das Lehrstück kein Zuschauer nötig, jedoch kann er natürlich verwertet werden.
>
> Es liegt dem Lehrstück die Erwartung zugrund, daß der Spielende durch die Durchführung bestimmter Handlungsweisen, Einnahme bestimmter Haltungen, Wiedergabe bestimmter Reden usw. gesellschaftlich beeinflußt werden kann. (Brecht [1937] 1993, S. 351)

Der Lehrstück-Typus ist in seiner didaktischen Adressierung zuerst einmal – aber auf keinen Fall ausschließlich – auf den Spielenden ausgerichtet. Wenn das geschehen soll, müssen Inhalt und Form des einzelnen Stückes entsprechend gestaltet sein. In *Die Maßnahme* ist dafür die Grundsituation der Gerichtsverhandlung mit ihrem Spiel im Spiel wesentlich.

Susanne Winnacker (1997, S. 21) behauptet:

> Die indirekte Darstellung des jungen Genossen, seine Abwesenheit, verweist jenseits der politischen Thematik, die eine derart komplizierte Darstellung kaum erfordert hätte, auf ein zentrales Thema der Lehrstücke, zumal der „Maßnahme": auf das sich selbst entzogene, das sich selbst auslöschende Subjekt.

Der Junge Genosse ist jedoch nicht, wie es Winnacker hier beschreibt, als ausschließlich Abwesender zu interpretieren. Vielmehr ist er gekennzeichnet durch ein diffiziles Spannungsfeld aus (eigen)leiblicher Abwesenheit und theatraler Präsenz (vgl. Schicht 2022, S. 218–233). Zuzustimmen ist Winnacker allerdings darin, dass die politische Thematik eine derart komplizierte Darstellung, wie sie in *Die Maßnahme* durch das Spiel-im-Spiel-Verfahren zu finden ist, nicht benötigt hätte. Würde es allein darum gehen, dem Publikum die Geschehnisse in China, die zur Entscheidung zur Tötung des Jungen Genossen führten, vorzuführen, wäre die Rahmenebene der Gerichtsverhandlung nicht notwendig gewesen.

Was leistet die Rahmenhandlung also für das Stück? Die Rahmenhandlung ist eine Gerichtsverhandlung und bettet damit das Geschehen in China in einen anthropologischen Diskurs um Gerechtigkeit ein. Letztlich geht es in dem Stück um die Rechtfertigung der Tötung des Jungen Genossen: „Stellt dar, wie es geschah und warum und ihr werdet unser Urteil hören" (Brecht [1931] 1993, S. 101). Ständiger Bezugspunkt für die Tötung des Jungen Genossen – die Maßnahme der Agitatoren – ist die Wirklichkeit. Mit ihr endet auch das Lehrstück, wenn der Kontrollchor sagt: *„Nur belehrt von der Wirklichkeit, können wir / Die Wirklichkeit ändern"* (Brecht [1931] 1993, S. 125 [Hervorh. im Orig.]). Lothar van Laak (2009, S. 194) weist darauf hin, dass die Gerichtsverhandlung neben dem anthropologischen Diskurs um Gerechtigkeit auch ein Diskurs um die „Darstellungsadäquatheit der Wirklichkeit in der Mimesis" ist. Das Theater erhält dadurch vermittelnde Qualität. Die Gerichtsverhandlung ist „Form der Wirklichkeitsrekonstruktion und deren performative Wieder- bzw. Neu-Herstellung" (van Laak 2009, S. 195). Denn im Prozess kommt es bei einer plausiblen Rekonstruktion der Tat zu einer „Wiederherstellung der vorherigen Situation bzw. eine[r] Satisfaktion für die Tat, die die Situation unrechtmäßig verändert hat" (van Laak 2009, S. 195).

Das Stück *Die Maßnahme* ist eine Gerichtsverhandlung, die – das wurde bereits ausgeführt – synchron zur Handlung des Stückes selbst ist. Die Agitatoren durchlaufen minutiös den Ablauf der Verhandlung. Das hat für die Spielenden der Agitatoren zur Folge, dass auch sie sich innerhalb ihrer Rolle in einem Prozess befinden und sich dazu verhalten müssen.

Gerichtsverhandlungen, so argumentiert Volker Klotz ([1957] 2011, S. 55), wählte Brecht

> auch ihrer formalen Konstellation wegen. Sie sind Grundfiguren des Dramatischen und Theatralischen: das Gegeneinander zweier Parteien, das argumentierende Streitgespräch, das abwägende Urteil, hat von jeher die Dramatiker zur Verarbeitung von Prozessen gereizt [...]. Hinzu kommt für Brecht bei diesen dramatischen Mustern die Gebärde des Vorführens, Spielens, Demonstrierens im Gegenüber von Akteuren (die Prozessierenden) und (Gerichts-)Publikum. Sie sind damit dem alten dramatischen Motiv vom Theater auf dem Theater verwandt [...].

Die Agitatoren, die innerhalb der szenischen Handlungen alle für die Nachstellung erforderlichen Rollen einnehmen, müssen sich zugleich dazu verhalten. Sie nehmen die Rolle ein, um dem Kontrollchor die Begebenheiten zu demonstrieren, und sind zugleich gezwungen, „die ‚reale' Handlungsweise des ‚jungen Genossen' Szene für Szene ‚am eigenen Leib' nachzuvollziehen und dennoch zugleich ihre ‚eigene' Haltung dazu verteidigen zu müssen" (Knopf 2000, S. 144). Die Gerichtsverhandlung erlangt hier bereits performative Qualität in Bezug auf die Ereignisse der Vergangenheit in China. Sie sind nicht bloße sprachliche Rekonstruktion, sondern performative *Wieder*hervorbringung.

Das entspricht der Annahme des eingangs zitierten Fragmentes, dass das Einnehmen und Durchführen von bestimmten Handlungsweisen, Haltungen und Reden didaktisch wirken kann. Den Schauspieler*innen obliegt mit der besonderen Spiel-im-Spiel-Konstruktion ein potenziertes Rollenspiel: Sie spielen die Agitatoren, die wiederum den Jungen Genossen spielen. Das sorgt dafür, dass die Schauspieler*innen sich reflektierend mit beiden Positionen auseinandersetzen müssen, und zwar auf drei Ebenen: mit der Haltung und den Handlungen der Agitatoren, mit dem Verhalten des Jungen Genossen und – durch das potenzierte Rollenspiel – mit der Haltung der Agitatoren, die den Jungen Genossen verkörpern und sich dazu verhalten müssen. Die Schauspieler*in „spielt zuerst die eine und dann die ihr widersprechende Rolle, woraus die Forderung einer Spielweise entwickelt wird, die sich mit der jeweiligen Rolle sowohl identifiziert als auch von ihr distanziert" (Greiner 1997, S. 121).

Zugleich lagert diese besondere Konstruktion von *Die Maßnahme* direkt eine Rezipierendenebene in das Stück selbst ein. Das ist zum einen durch die grundlegende Konstruktion der Fall, in der der Kontrollchor zum Publikum der Darstellung der Agitatoren wird. Zum anderen geschieht es dadurch, dass die Agitatoren durch das abwechselnde Einnehmen der Rolle des Jungen Genossen wiederum eine Publikumsinstanz füreinander einnehmen. *Agieren* und *Rezipieren* gehören also untrennbar zusammen. Das hat auch Auswirkungen auf ein potentielles reales Publikum. Auch das reale Publikum wird so direkt konfrontiert mit der Möglichkeit – und sogar Unausweichlichkeit – des Urteilens. Urteilenkönnen ist in *Die Maßnahme* zwangsläufig ein Urteilenmüssen.

Dieses besondere Zusammenspiel von Agieren und Rezipieren, von Beobachtung und (Mit-)Spielen, das immer auch das reale Publikum einschließt, ist auch bedeutsam für die Konstruktion der Prozess-Stücke von Rau und macht deutlich, welche gedankliche – und ästhetische – Nähe zwischen dessen Konzeption und dem Brecht'schen Lehrstück besteht. Tobi Müller konstatiert hierzu:

> Das beschreibt den therapeutischen Nutzen für die geladenen Zeugen der Anklage und der Verteidigung. Es sind alles reale Personen, die mit der Weltwoche in Berührung gekommen sind – als mutmaßliche Täter oder als Opfer. Es verhält sich zum einen also tatsächlich wie in Brechts Lehrstücken: Die Spieler selbst sollen etwas lernen, nicht das Publikum. (Müller 2014, S. 10 f.)

Müller nimmt hier direkt Bezug auf Brecht, wenn er die Anlage und Wirkung von Raus Prozess-Stücken beschreibt. Bei einem Blick auf die zuvor zitierte Einordnung von Brecht ([1937] 1993, S. 351) – „Prinzipiell ist für das Lehrstück kein Zuschauer nötig, jedoch kann er natürlich verwertet werden"– wird allerdings bereits deutlich, dass das Publikum bei dieser Theaterform keineswegs ausgeschlossen ist. Auch in Raus Theater wird durch die besondere Anlage eine Rezipierendenebene direkt adressiert und mit der Unausweichlichkeit des Urteils konfrontiert.

Es handelt sich bei Raus Konzeption der Gerichtsstücke nicht um textbasierte Theaterstücke, sondern um „Improvisationsformate" (Wahl 2013, S. 94).[1] *Die Zürcher Prozesse* basieren, anders als *Die Maßnahme*, also nicht auf einer Textfassung, die zur Aufführung kommt. Vielmehr werden hier Improvisationen genutzt, die in den sehr klaren Rahmungen und Vorgaben eines Prozesses stattfinden. Der Prozess als Form gibt den improvisierten Anteilen, die im Moment der Aufführung entstehen, Richtung und Begrenzung. Rau als Regisseur nimmt neben dieser dramaturgischen Rahmung als Gerichtsverhandlung auch Einfluss auf die Ausgestaltung durch die besondere Auswahl der Besetzung. Diese ist durchaus bemerkenswert und bedeutsam für das Format. Er selbst hebt mit Blick auf die Bedeutung des Realen in seiner Konzeption Folgendes hervor:

[1] Damit verbunden ist auch eine Frage, die für Raus Theater schwer aufzulösen ist und die im Rahmen dieser Analyse nicht erschöpfend diskutiert, sondern nur aufgeworfen werden kann: Was ist eigentlich genau das genuine Kunstwerk bei Raus Prozess-Stücken? Die Aufführung, die vom 3. bis zum 5. Mai 2013 in Zürich stattfand? Die Videoaufzeichnung? Das im Nachhinein erschienene Buch? Oder alle drei Komponenten gemeinsam? Für die Betrachtung und Analyse in diesem Aufsatz gehe ich davon aus, dass sowohl die Aufführung bzw. Performance selbst als auch die Fernsehausstrahlung und das im Nachgang entstandene Buch gleichermaßen integrale Bestandteile des Kunstwerks ‚Prozess-Stück' sind.

> Aber was an meiner Arbeit haften geblieben ist, ist diese postmoderne Assemblage-Logik: Dass ich mir zum Beispiel für die „Zürcher Prozesse" Leute zusammengesucht habe, die in alle Winde verstreut sind, um mit ihnen unter dem Vorwand eines Prozesses eine „Schweiz" zusammenzubauen, die in dieser Verdichtung unmöglich ist, die nicht existiert – die also, interessanterweise, um ein Vielfaches realer ist, als sie es in der Wirklichkeit, in der freien Wildbahn je sein könnte. (Bossart/Rau 2013, S. 32)

Schaut man sich nun die realen Personen an, die Rau ‚zusammengesucht' hat für *Die Zürcher Prozesse,* so fällt auf, dass er insbesondere bei der Besetzung des Gerichtspersonals nicht auf juristisch ausgebildete Personen zurückgreift, sondern dramaturgisch geschickt andere Professionen für diese Rollen besetzt. Das beginnt damit, dass Güzin Kar, die Gerichtsschreiberin, eigentlich Drehbuchautorin und Regisseurin und der Gerichtsdiener Matthias Riesenhuber Disponent am Theater am Neumarkt und auch dessen kaufmännischer Geschäftsführer ist (vgl. Rau 2014a, S. 158). Und sogar die Richterin ist in Raus Prozess-Theater keine juristisch ausgebildete Person, sondern die Sachbuchautorin Anne Rüffer, die „in den späten Neunzigerjahren Reportagen für die Weltwoche und Das Magazin [schrieb]" (Rau 2014a, S. 158).[2]

Rüffer zur Seite gestellt sind acht Geschworene. Diese wurden „nach bestem statistischen Gewissen aus der Lokalbevölkerung gecastet[]" (Wahl 2013, S. 100). Dabei handelt es sich um Personen „von der Pflegefachfrau bis zur schweizerisch-türkischen Islamwissenschaftlerin" (Wahl 2013, S. 100). Christine Wahl fasst dies unter dem Konzept des ‚Agora-Prinzips' (vgl. 2013, S. 100; vgl. auch Königshofer 2016, S. 60 f.) zusammen und rekurriert damit auf den zentralen antiken griechischen Platz in den Städten, an dem Märkte und Versammlungen stattfanden und der auch als Verwaltungszentrum diente (vgl. Uspenski 2006, S. 25). Dort wurden „Bürgerversammlungen, Gerichtsverfahren, aber auch Wettkämpfe und bisweilen auch gemeinsame religiöse Zeremonien" abgehalten (Höcker 2004, S. 2). Auch dieses Prinzip, das sich auszeichnet durch den Zugang für und die Partizipation durch die Öffentlichkeit, ist von Bedeutung für das Urteilen durch Rezipierende, das im Stück angelegt ist.

Es handelt sich also um ein Geschworenengericht, das, so stellt Thomas Sprecher (2016, S. 115) heraus, eine äußerst „fernsehtaugliche" Form des Prozesses ist. Ergänzend weist Sprecher (vgl. 2016, S. 116) darauf hin, dass Geschworenengerichte in der Schweiz bis auf den Kanton Tessin bereits Ende 2010 abgeschafft wurden und für den Fall, der in *Die Zürcher Prozesse* verhandelt wird, auch gar nicht zuständig gewesen wären. Das Format des Geschworenengerichts, das Rau wählt, hat neben seiner Medienwirksamkeit allerdings auch inhaltliche Bedeutung, insbesondere mit Blick auf das Urteilen durch Rezipierende. Anna Königshofer (2016, S. 61) weist darauf hin, dass die rechtlichen Grundsätze des

---

[2] Ergänzend sei angemerkt, dass auch in einem weiteren Prozess-Stück Raus, *Die Moskauer Prozesse*, die Richterin keine ausgebildete Juristin ist, sondern die russische Journalistin, Kolumnistin, Filmkritikerin, Nachrichtensprecherin und Radiomoderatorin Olga Schakina (vgl. Rau 2014b, S. 157 f.).

Gerichts – „Mündlichkeit, Unmittelbarkeit und Öffentlichkeit“ – nicht nur eine Parallele zwischen Theateraufführung und Gericht darstellen, sondern dass sie „im Format der Geschworenengerichtsbarkeit besonders auffallend ausgeprägt [sind]“. Sie führt weiter aus, dass

> die Laienrichter_innen keine Akteneinsicht [haben], damit sie sich keine Vormeinung bilden können, sondern ihre *innere Überzeugung* und damit den Schuld- oder Freispruch nur auf dem gründen, was sie während des Prozesses sehen und hören. Sie sind deshalb auch davon befreit – ganz im Gegensatz zu Berufsrichter_innen – ihr Urteil zu begründen. (Königshofer 2016, S. 61 [Hervorh. im Orig.])

Darüber hinaus „realisieren sie [die Geschworenengerichte] die aktive Teilhabe der Bevölkerung an der Rechtsprechung“ (Königshofer 2016, S. 61).

Rau entscheidet sich also dafür, ein Geschworenengericht als Format zu nutzen und damit direkt die ‚normalen‘ Bürger*innen zur entscheidenden Instanz für die Urteilsfindung zu machen. Zudem besetzt er auch die Rollen des Gerichtspersonals nicht mit juristisch geschulten Personen. Auch Rau lagert in sein Stück so die Ebene der realen Rezipierenden konsequent mit ein, indem stellvertretend für ‚das Volk‘ acht Geschworene eingebunden sind und auch die Richterin keine ‚echte‘ Richterin ist. Bei einem Blick auf die Medialität des Stückes lässt sich zudem feststellen, dass auch das reale Publikum vor Ort in der Videoausstrahlung Teil der wahrnehmbaren Inszenierung wird und hier erneut die Ebene der realen Rezipierenden dem Stück selbst eingeschrieben wird.

3 „Auch ihr jetzt denkt nach über eine Bessere Möglichkeit“ – Spannungsfelder von Urteilenmüssen und (nicht) Urteilenkönnen

Sowohl Brechts Lehrstück *Die Maßnahme* als auch Raus *Die Zürcher Prozesse* lagern jeweils eine stückimmanente Rezipierendeninstanz ein, die zwischen Agieren und Rezipieren oszilliert. Diese hat auch Auswirkungen auf das reale Publikum. Daraus ergeben sich weitere Implikationen für das Urteilenmüssen und Urteilenkönnen bzw. -nichtkönnen, das in beiden Stücken angelegt ist. Die betrachteten Stücke selbst nutzen verschiedene Mittel, um Spannungsfelder zwischen den gennnten Polen zu erzeugen. Wie geschieht dies?

In Brechts *Die Maßnahme* gibt es eine auffällige Leerstelle, wenn die Agitatoren über die Situation berichten, in der sie entschieden haben, den Jungen Genossen zu töten:

> Fünf Minuten im Angesicht der Verfolger
> Dachten wir nach über eine
> Bessere Möglichkeit.
> Auch ihr jetzt denkt nach über eine
> Bessere Möglichkeit.
> *Pause.* (Brecht [1931] 1972, S. 123 f. [Hervorh. im Orig.])

Diese Aufforderung richtet sich in der Kommunikationssituation des Stückes zuerst einmal an den Kontrollchor, dem gegenüber die Agitatoren die Situation und ihre Beweggründe für die Tötung des Genossen darbringen – in der bereits herausgearbeiteten Funktion einer dem Stück immanenten Rezipierendeninstanz. Unweigerlich aber greift diese Passage auch auf ein reales Publikum aus. Insbesondere die im Text festgelegte Pause eröffnet hier einen Reflexions- und Resonanzraum für Rezipierende, sich zu der dargestellten Situation und den Schlüssen der Agitatoren zu positionieren. Das ‚ihr' der Agitatoren ist letztlich auch ein ‚wir' der Rezipierenden. Wie ein Echo steht die ‚Bessere Möglichkeit' jeweils am Satzende und durch die Verse auch visuell untereinander. Deutlich werden denkbare alternative Handlungsoptionen als potentielle Möglichkeiten – sogar als bessere – aufgerufen. So wird die Leerstelle im Text auch zu einer expliziten *Lehr*stelle für die Rezipierenden für die Frage nach einem gerechten bzw. richtigen Urteil.

Diese gedankliche Eröffnung mehrerer Möglichkeiten ist auch für Rau bedeutsam. Auch dieser situiert in seinem Prozess-Stück *Die Zürcher Prozesse* polyvalente Perspektiven des Urteilens durch die Rezipierenden. Dies geschieht u. a., indem Rau durch die Anlage und zeitliche Expansion des Stückes – insgesamt kommen 24 Expert*innen zu Wort (vgl. Rau 2014a, S. 159–162) – eine Polyphonie von Argumenten, Sichtweisen und Perspektiven entwickelt, die immer auch potentielle Emergenzsituationen und -erfahrungen[3] erzeugen. Auch hier müssen sich Rezipierende gedanklich verhalten zu den unterschiedlichen Meinungen und Einschätzungen, die im Prozess in großer Fülle dargebracht werden.

Beide Stücke legen, wie bereits herausgearbeitet, die Unausweichlichkeit des Urteils an und eröffnen zugleich ein Spannungsfeld, indem die Rezipierenden in beiden Stücken zwar systematisch in die Position gebracht werden, über die eigene Positionierung zum dargestellten Sachverhalt nachzudenken, aber letztlich nicht aktiv und handlungswirksam urteilen können: Beiden Stücken ist gemein, dass sie kein offenes Ende haben, sondern das konkrete Urteil am Ende einen Fixpunkt bildet, der unumgänglich ist.

An beiden Stücken steht am Ende jeweils ein eindeutiges Urteil. In Raus *Die Zürcher Prozesse* fällt dieses mit einem Stimmverhältnis von 1:6 für ‚nicht schuldig' aus (vgl. Rau 2014a, S. 153). Darauf folgt die Begründung des Urteils durch die Vorsitzende der Geschworenen und weitere Geschworene. Die Vorsitzende stellt einen Bezug zur leiblichen Ko-Präsenz der Aufführungssituation her und benennt in diesem Zuge noch einmal ausdrücklich die Situation und ihre Polyphonie: „Werte Anwesende, seit Freitagabend befinden wir uns als Geschworene zusammen mit Ihnen in diesem Raum. Mit Ihnen, Menschen unterschiedlichster Herkunft, politischer Ausrichtung und Haltung" (Rau 2014a, S. 153). Abgeschlossen wird das Stück dann mit den Worten der als Richterin eingesetzten Rüffer: „Hiermit ist das Urteil gesprochen und die Verhandlung geschlossen" (Rau 2014a, S. 157) und einem Schlag mit dem Hammer, der in deutschsprachigen Gerichten

[3] Vgl. zum Begriff der Emergenz im theatralen Kontext: Fischer-Lichte [2012] 2015, S. 75–77.

eigentlich nicht gebräuchlich ist. Dieser Hammerschlag markiert in Raus Stück als performatives Moment das Ende der Gerichtsverhandlung und unterstreicht die Autorität des gesprochenen Urteils.

Die Maßnahme wiederum endet mit einem Urteil des Kontrollchors über die Handlungen und Entscheidungen der Agitatoren: „Wir sind einverstanden mit euch" (Brecht [1931] 1993, S. 125). Er wiederholt damit wörtlich den Auftakt des Lehrstücks. Anknüpfend an das Einverstandensein führt der Kontrollchor weiter aus:

> *Aber auch euer Bericht zeigt uns, wieviel*
> *Nötig ist, die Welt zu verändern:*
> [...]
> *Nur belehrt von der Wirklichkeit, können wir*
> *Die Wirklichkeit ändern.* (Brecht [1931] 1993, S. 125 [Hervorh. im Orig.])

Brechts Lehrstück operiert hier mit einer Kategorie, die auch bedeutsam für Raus Konzeption ist: die Wirklichkeit. Diese wird zur eigentlich richtenden Instanz. So ist das Lehrstück, darauf weist Ralf Schnell hin, nicht letztgültig beendet mit den letzten Worten des Kontrollchors. Vielmehr erfordere das

> *Einverstandensein des Kontrollchors mit einem neuen Sachverhalt [...] seinerseits der Kontrolle. Der Text übergibt mit seinem Ende – kraft dessen, was ich seinen deiktischen Charakter nenne – dieses letzte „einverstanden" der Prüfung durch den Leser respektive die Spieler oder das Publikum* (Schnell 1999, *S. 156)*

Diese Prüfung, die Schnell als bedeutsam für die Konstruktion von Brechts *Die Maßnahme* herausstellt, ist auch bei Raus Konzeption auszumachen. Am Ende von *Die Zürcher Prozesse* steht ein Urteil, das im und durch den inszenierten Prozess in Improvisationen hervorgebracht wurde. Doch dies bedarf, genau wie in *Die Maßnahme*, einer weiteren Prüfung. Es steht nicht letztgültig, sondern es steht wiederum zur Disposition. Diese Wirklichkeit, die zu richten aufgefordert ist, sind letztlich immer wieder auch die realen Rezipierenden, die sich in einem diffizilen Spannungsfeld aus Urteilenmüssen und zugleich Urteilenkönnen und -nichtkönnen situieren müssen, um das Urteil, dass das jeweilige Stück vorbringt, wiederum zu prüfen und zu bewerten.

Zusammenfassend lässt sich also feststellen, dass Brechts Lehrstück *Die Maßnahme* und Raus Prozess-Stück *Die Zürcher Prozesse* auffallende Parallelen in ihrer Anlage und Ausgestaltung aufweisen und zugleich jeweils eigene ästhetische Wege wählen, insbesondere um ein Urteilen durch Rezipierende anzulegen. Beide Stücke machen die Handlung zur Verhandlung und wählen auf diese Weise eine strenge Einheit von Ort, Handlung und Zeit. Die dadurch entstehende kammerspielartige Dimension der Stücke weist auf einen weiteren zentralen Aspekt hin: das Urteil, das unweigerlich am Ende erfolgen muss. Dieses ist unausweichlich in beiden angelegt und wird am Ende auch explizit gesprochen. Beide Stücke enden mit einem eindeutigen Urteil. Darüber hinaus lassen sich in *Die Zürcher Prozesse* ebenso wie in *Die Maßnahme* die Anlage einer stückimmanenten Rezipierendeninstanz finden – es kommt zu einem Wechselspiel aus Agieren und Rezipieren.

Das hat auch Auswirkungen auf ein reales Publikum. In Raus Stück wird das reale Publikum durch das Geschworenengericht sogar ganz direkt gespiegelt. In Bezug auf die Zeit wählen beide Stücke unterschiedliche Herangehensweisen und machen diese zu einer spürbaren Kategorie für Rezipierende: *Die Maßnahme* ist geprägt durch Reduktion und Verdichtung, während sich *Die Zürcher Prozesse* vordringlich durch Expansion auszeichnet. So entwickeln beide insgesamt ein Spannungsfeld zwischen der aktiven Anregung der Rezipierenden zur Bildung eines eigenen Urteils und der gleichzeitigen Unmöglichkeit eines tatsächlichen Urteilens durch die Rezipierenden, das die Stücke ästhetisch ausprägt.

Literatur

Anonym [1930]: „Die Maßnahme"/ Veranstaltung der Internationalen Tribüne in der Philharmonie. In *Bertolt Brecht. Die Maßnahme. Kritische Ausgabe mit einer Spielanleitung von Reiner Steinweg*, Hrsg. Reiner Steinweg. Frankfurt a. M.: Suhrkamp. S. 323–324.

Anonym [1930]: Brecht und Eisler: „Die Maßnahme". In *Bertolt Brecht. Die Maßnahme. Kritische Ausgabe mit einer Spielanleitung von Reiner Steinweg*, Hrsg. Reiner Steinweg. Frankfurt a. M.: Suhrkamp. S. 334–336.

Aristoteles. [4. Jh. v. Chr.] 2002. *Poetik.* Griechisch/Deutsch. Übers. und hrsg. von Manfred Fuhrmann. Stuttgart: Reclam.

Bossart, Rolf. 2013. Die Enthüllung des Realen. Vorwort. In *Die Enthüllung des Realen. Milo Rau und das International Institute of Political Murder*, Hrsg. Rolf Bossart. S. 6–13. Berlin: Theater der Zeit.

Bossart, Rolf, und Milo Rau. 2013. Das ist der Grund, warum es die Kunst gibt. In *Die Enthüllung des Realen. Milo Rau und das International Institute of Political Murder,* Hrsg. Rolf Bossart. S. 14–35. Berlin: Theater der Zeit.

Bossart, Rolf. 2014. Die Weltwoche vor Gericht? In *Die Zürcher Prozesse*, Milo Rau. S. 6–9. Berlin: Verbrecher.

Brecht, Bertolt. [1931] 1993. Die Maßnahme. In *Werke. Große kommentierte Berliner und Frankfurter Ausgabe. Stücke* 3, Hrsg. Werner Hecht et al. S. 99–125. Berlin/Frankfurt a. M.: Aufbau.

Brecht, Bertolt. [1937] 1993. Zur Theorie des Lehrstücks. In *Werke. Große kommentierte Berliner und Frankfurter Ausgabe. Schriften* 2. Teil 1, Hrsg. Werner Hecht et al. S. 351-352. Berlin/Frankfurt a. M.: Aufbau.

Fischer-Lichte, Erika. [2012] 2015. *Performativität. Eine Einführung.* Bielefeld: transcript.

Greiner, Bernhard. 1997. *Welttheater als Montage. Wirklichkeitsdarstellung und Leserbezug in romantischer und moderner Literatur.* Heidelberg: Quelle und Meyer.

Grimm, Reinhold. [1970] 1972. Bertolt Brecht. Die Maßnahme – Zwischen Tragik und Ideologie. In *Das deutsche Drama vom Expressionismus bis zur* Gegenwart, Hrsg. Manfred Brauneck. 2., erw. Aufl. S. 134–144. Bamberg: C. C. Buchner.

Höcker, Christoph. 2004. Agora. In *Metzler Lexikon Antiker Architektur. Sachen und Begriffe.* S. 2–4. Stuttgart/Weimar: J. B. Metzler.

Klotz, Volker. [1957] 2011. *Bertolt Brecht. Versuch über das Werk.* 7., durchgesehene Auflage, erweitert um einen Nachschub zur Szenischen Rhetorik im Lehrstück. Würzburg: Königshausen & Neumann.

Knopf, Jan. 2000. *Bertolt Brecht.* Stuttgart: Reclam.

Königshofer, Anna. 2016. Der Gerichtsprozess als Aufführung. Von der künsterlischen Reflexion juristischer Verfahren am Beispiel „Zürcher Porzesse" und „Please, Continue (Hamlet)". *NEUE kunstwissenschaftliche forschungen* 2. S. 60–69.

Krabiel, Klaus-Dieter. 2001. Die Maßnahme. In *Brecht Handbuch*. Bd. 1: *Stücke*, Hrsg. Jan Knopf. S. 253–266. Stuttgart/Weimar: J. B. Metzler.

Krabiel, Klaus-Dieter. 2006. Lehrstück. In *Brecht Lexikon*, Hrsg. Ana Kugli u. Michael Opitz. S. 174–176. Stuttgart/Weimar: J. B. Metzler.

Lethen, Helmut. 1999. Das Weiß der Stimme im Schallraum der MASSNAHME. In *Maßnehmen. Brecht/Eislers Lehrstück Die Maßnahme. Kontroverse. Perspektive. Praxis*, Hrsg. Inge Gellert, Gerd Koch und Florian Vaßen. S. 156–164. Berlin: Theater der Zeit.

Müller, Tobi. 2014. Das Theater als unmoralische Anstalt. In *Zürcher Prozesse*, Milo Rau. S. 10–15. Berlin: Verbrecher.

Pressemappe Milo Rau. http://international-institute.de/wp-content/uploads/Milo-Rau_Pressemappe.pdf (zuletzt zugegriffen am 21. Juli 2022).

Pütz, Peter. [1970] 1977. *Die Zeit im Drama. Zur Technik dramatischer Spannung*. 2. Aufl. Göttingen: Vandenhoeck & Ruprecht.

Rau, Milo. 2014a. *Die Zürcher Prozesse*. Berlin: Verbrecher.

Rau, Milo. 2014b. *Die Moskauer Prozesse*. Berlin: Verbrecher.

Scheller, Jörg. 2013. Stage Presents. The Director Milo Rau and his Theatrical Hyper-Allegories. In *Die Enthüllung des Realen. Milo Rau und das International Institute of Political Murder*, Hrsg. Rolf Bossart. S. 144–151. Berlin: Theater der Zeit.

Schicht, Saskia. 2022. *„Das Zeigen muß gezeigt werden." Eine Ästhetik des Zeigens im epischen Theater Bertolt Brechts*. Würzburg: Königshausen & Neumann.

Schnell, Ralf. 1999. Text und Metatext. Zur textstrategischen Dimension der MASSNAHME. In *Maßnehmen. Brecht/Eislers Lehrstück Die Maßnahme. Kontroverse. Perspektive. Praxis*, Hrsg. Inge Gellert, Gerd Koch und Florian Vaßen. S. 150–158. Berlin: Theater der Zeit.

Sprecher, Thomas. 2016. Gerichtstheater und Theatergericht – Anmerkungen zu einem Zürcher Versuch. In *Recht Populär. Populärkulturelle Rechtsdarstellungen in aktuellen Texten und Medien*. Bd. 2, Hrsg. Franziska Stürmer und Patrick Meier. S. 107–123. Baden-Baden: Nomos.

Uspenski, Natalie. 2006. Agora. In *Lexikon der Bautypen. Funktionen und Formen der* Architektur, Hrsg. Ernst Seidl. S. 25–26. Stuttgart: Reclam.

van Laak, Lothar. 2009. *Medien und Medialität des Epischen in Literatur und Film des 20. Jahrhunderts. Bertolt Brecht – Uwe Johnson – Lars von Trier*. München: Wilhelm Fink.

Vismann, Cornelia. 2011. *Medien der Rechtsprechung*. Hrsg. Alexandra Kemmerer u. Markus Krajewski. Frankfurt a. M.: S. Fischer.

Wahl, Christine. 2013. Das Agora-Prinzip. Milo Raus Prozess-Theater in Moskau und Zürich. In *Die Enthüllung des Realen. Milo Rau und das International Institute of Political Murder*, Hrsg. Rolf Bossart. S. 90–115. Berlin: Theater der Zeit.

Winnacker, Susanne. 1997. *„Wer immer es ist, den ihr hier sucht, ich bin es nicht". Zur Dramaturgie der Abwesenheit in Bertolt Brechts Lehrstück* Die Maßnahme. Frankfurt a. M. u. a.: Peter Lang.

Personen- und Werkregister

© Der/die Herausgeber bzw. der/die Autor(en), exklusiv lizenziert an Springer-Verlag GmbH, DE, ein Teil von Springer Nature 2024
N. Celik und S. Speth (Hrsg.), *Rezipienten als Straf- und Kunstrichter*, Literatur und Recht 11, https://doi.org/10.1007/978-3-662-68307-1